Joachim Raschke · Ralf Tils (Hrsg.)

Strategie in der Politikwissenschaft

Joachim Raschke
Ralf Tils (Hrsg.)

Strategie in der Politikwissenschaft

Konturen eines
neuen Forschungsfelds

Bibliografische Information der Deutschen Nationalbibliothek
Die Deutsche Nationalbibliothek verzeichnet diese Publikation in der
Deutschen Nationalbibliografie; detaillierte bibliografische Daten sind im Internet über
<http://dnb.d-nb.de> abrufbar.

1. Auflage 2010

Alle Rechte vorbehalten
© VS Verlag für Sozialwissenschaften | GWV Fachverlage GmbH, Wiesbaden 2010

Lektorat: Frank Schindler

VS Verlag für Sozialwissenschaften ist Teil der Fachverlagsgruppe Springer Science+Business Media.
www.vs-verlag.de

Das Werk einschließlich aller seiner Teile ist urheberrechtlich geschützt. Jede Verwertung außerhalb der engen Grenzen des Urheberrechtsgesetzes ist ohne Zustimmung des Verlags unzulässig und strafbar. Das gilt insbesondere für Vervielfältigungen, Übersetzungen, Mikroverfilmungen und die Einspeicherung und Verarbeitung in elektronischen Systemen.

Die Wiedergabe von Gebrauchsnamen, Handelsnamen, Warenbezeichnungen usw. in diesem Werk berechtigt auch ohne besondere Kennzeichnung nicht zu der Annahme, dass solche Namen im Sinne der Warenzeichen- und Markenschutz-Gesetzgebung als frei zu betrachten wären und daher von jedermann benutzt werden dürften.

Umschlaggestaltung: KünkelLopka Medienentwicklung, Heidelberg
Druck und buchbinderische Verarbeitung: Ten Brink, Meppel
Gedruckt auf säurefreiem und chlorfrei gebleichtem Papier
Printed in the Netherlands

ISBN 978-3-531-17066-4

Vorwort

Dieses Buch ist ein Produkt des besonderen Engagements der daran beteiligten Autoren, die bereit waren, sich vertiefend mit strategischer Politik und Strategie in der Politikwissenschaft auseinanderzusetzen. Als besonders ergiebig für die Entstehung des Bandes erwies sich ein vorbereitender Workshop im Februar 2009 am Zentrum für Demokratieforschung der Leuphana Universität Lüneburg, bei dem die Autoren erste Entwürfe ihrer Beiträge präsentieren und intensiv diskutieren konnten. Nur das augenscheinliche Interesse und eine bemerkenswerte Autorendisziplin ermöglichten die Konturierung des neuen Forschungsfelds politische Strategie – dafür bedanken wir uns herzlich.

Ein besonderer Dank geht auch an das Organisationsteam des Workshops um Dagmar Krech, Kerstin Wiebke, Michaela Stecking, Florian Reiche und Timo Eckhard, dem es hervorragend gelungen ist, die zwei Tage in Lüneburg umsichtig und gleichzeitig völlig „geräuschlos" zu gestalten. Viele der Beteiligten haben sich hinterher noch einmal ausdrücklich für die angenehme Atmosphäre der Zusammenkunft bedankt.

Darüber hinaus möchten wir der Deutschen Forschungsgemeinschaft (DFG) danken, die diesen Workshop im Rahmen ihrer Förderung des Projekts „Strategische Steuerung in Party-Government-Systemen" finanziell unterstützt hat. In diesen Dank eingeschlossen ist auch der Leiter des Zentrums für Demokratieforschung, Ferdinand Müller-Rommel, der – wie immer – großzügig Ressourcen und finanzielle Mittel für die erfolgreiche Workshop-Realisierung bereitgestellt hat.

Dieser Sammelband wäre ohne die tatkräftige Unterstützung von Franziska Zentner, Sebastian Heilmann, Stefan Hülsmann und Valeska Gerstung bei der Fertigstellung der Druckvorlage nicht zu realisieren gewesen. Auch dafür möchten wir uns ganz herzlich bedanken – immer im Bewusstsein, dass wir so manches Mal mit eigentlich „unzumutbaren" Zeitvorgaben auf Sie zugekommen sind. Aus unserer Kernmannschaft hat Heide auch bei diesem Buch wieder äußerst schnell und präzise – mit dem Blick für die sonst durchrutschende Unstimmigkeit – Lektorat und Schlusskontrolle besorgt. Schließlich gilt unser herzlicher Dank Frank Schindler vom VS Verlag für die Anregung zu diesem Buch und seine Fähigkeit, die „Just-in-time-Produktion" so unaufgeregt und effektiv zu ermöglichen.

Hamburg, Oktober 2009   Joachim Raschke und Ralf Tils

Inhaltsverzeichnis

Einführung

Joachim Raschke/Ralf Tils
Ausgangspunkte der Analyse politischer Strategie 11

Grundlagen

Elmar Wiesendahl
Rationalitätsgrenzen politischer Strategie 21

Herfried Münkler
Zum Verhältnis von politischer und militärischer Strategie 45

Helmut Wiesenthal
Emergente Strategien im Entstehungsprozess des Sozialstaats 75

Strategieanalyse und Demokratie

Manfred G. Schmidt
Strategie aus der Perspektive moderner empirischer Demokratietheorie 101

Thomas Saretzki
Strategie als Herausforderung für die deliberative Demokratietheorie 121

Wolfgang Merkel
Strategien der Demokratieförderung: Konzept und Kritik 151

Anwendungsfelder politischer Strategieanalyse

Hans Keman
Strategy Development and Variations of Party Government 183

Karl-Rudolf Korte
Strategie und Regierung: Politikmanagement unter
den Bedingungen von Komplexität und Unsicherheit 211

Ludger Helms
Strategie und politische Opposition 233

Frank Nullmeier
Strategie und politische Verwaltung. Anmerkungen
zum Strategiepotential der Ministerialverwaltung 257

Ulrich Sarcinelli
Strategie und politische Kommunikation.
Mehr als die Legitimation des Augenblicks 267

Empirische Strategieanalyse: Großbritannien und Deutschland im Vergleich

William E. Paterson
Strategy and Politics in the Blair Era 301

Reimut Zohlnhöfer
Strategisches Regieren in der Bundesrepublik:
Das Beispiel der SPD-Beschäftigungspolitik 1998-2008 323

Schluss

Joachim Raschke/Ralf Tils
Positionen einer politischen Strategieanalyse 351

Autoren 389

Einführung

Ausgangspunkte der Analyse politischer Strategie

Joachim Raschke/Ralf Tils

Strategie ist angekommen in der Politikwissenschaft. Das nehmen wir zum Anlass, die Konturen dieses Forschungsfelds innerhalb der Disziplin näher auszuleuchten. Wie lassen sich die zentralen Bereiche der Politikwissenschaft mit politischer Strategieanalyse verbinden und neu aufschließen? Wir unterstellen keineswegs, dass Politik voll von Strategie ist. Aber wo sie wirkt, brauchen wir ein analytisches Instrumentarium, das auf der Ebene allgemeiner Strategieanalyse ebenso geklärt ist wie für die verschiedenen Subdisziplinen unseres Faches. Politikwissenschaft zu erweitern durch den Einbau des Strategiefokus, das ist ein Ziel dieses Buches.

Noch muss man Strategieforschung als ein *neues Feld* innerhalb der Politikwissenschaft bezeichnen, das weder etabliert noch voll entfaltet ist. Wir befinden uns in der *Erkundungs-* und *Explorationsphase* von Strategie in der Politik. Damit ist die Disziplin spät dran. Der Begriff der Strategie ist alt, militärische und ökonomische Strategie können auf eine jahrhundertlange bzw. jahrzehntelange Tradition zurückblicken. Die bisherigen Bemühungen der politikwissenschaftlichen Strategieforschung sind noch wenig systematisch, allenfalls lose verknüpft und verteilen sich über ganz unterschiedliche Teilbereiche des Fachs. Zusammenführung, Klärung und Fortentwicklung – dazu soll dieser Band ebenfalls einen Beitrag leisten.

Wir gehen von der Notwendigkeit einer *eigenständigen* politologischen Strategieforschung aus. Politikwissenschaftliche Strategieforschung darf die militärische und ökonomische Strategieanalyse, die uns für ihren Gegenstandsbereich weit voraus sind, nicht einfach imitieren. Die Verspätung von politischer Strategie und von politikwissenschaftlicher Strategieanalyse ist ein spannendes Thema – und es bleibt schwierig, gute Gründe zu finden, die den Verzug erklären können. Hier liegt ein künftig gründlich zu erforschendes Feld. Da wir als Politikwissenschaftler spät dran sind, ist es sinnvoll, mit militärischer und ökonomischer Strategieforschung zu kommunizieren. Man kann von den theoretischen Zugängen und empirischen Erkenntnissen der militärischen Strategieanalyse und des strategischen Managements lernen. Aber, so unsere Position, politische Strategieanalyse muss ihre Grundlage in den Eigenarten von Politik finden. Dann ist klar, dass Politik nicht in Hierarchie oder Markt aufgeht, nicht vordergründig mit Gewalt- oder Tauschverhältnissen analogisiert werden darf, sondern ihren Platz im Spannungsfeld von Machtstreben und Problemlösung findet. Dann wird auch klar, dass Politik zwar ein Subsystem der Gesellschaft ist, aber eines, das von unterschiedlichen Logiken durchzogen ist und am Ende für die Legitimation, Integration und Steuerung des Ganzen eine herausragende Bedeutung hat.

Politische Strategie ist ein äußerst praxisnahes Thema. Schon der Begriff weckt die Erwartung schneller Hilfe und einfacher „Anleitungen zum Erfolgreichsein". Darauf kann Wissenschaft unterschiedlich reagieren. Sie kann sich auf die Entwicklung von Ansätzen und Theorien zur *Erklärung* politischer Strategiepraxis beschränken, oder sie kann sich – in etwas anderer Form – um die Entwicklung analytischer Instrumente zur *Orientierung* praktischen Strategiehandelns bemühen. Auch damit lassen sich mögliche Hoffnungen auf Strategie als sofort umsetzbares Rezeptwissen nicht befriedigen, aber eine am praktischen Handeln orientierte Wissenschaft sitzt schnell zwischen allen Stühlen – einer Wissenschaft, die sich die Hände nicht schmutzig machen will, und einer Praxis, die wissenschaftliche Einmischung sowieso für ignorant hält und als „systematisierte Besserwisserei" empfindet.

Wir haben uns an anderer Stelle und in anderen Zusammenhängen auch um die Praxis politischer Strategie und die Entwicklung von strategischem Orientierungswissen bemüht, in diesem Buch soll jedoch politikwissenschaftliche Strategieforschung als *Erklärungswissenschaft* im Zentrum stehen. Wir befinden uns damit auf dem festen Boden der eigenen Disziplin. Wir erklären Strategie, wir machen sie nicht. In dieser Form ist politische Strategieanalyse Teil einer ganz normalen Politikwissenschaft, die sich auf das Beschreiben und Erklären politischer Strategie in der Politik in den Dimensionen von Inhalt, Prozess und Form konzentriert.

In diesem Band werden die Konturen politikwissenschaftlicher Strategieforschung in vier Abschnitten analysiert. Der *erste* beschäftigt sich mit den *Grundlagen* politischer Strategie. Dabei stehen Fragen der Rationalitätsgrenzen von strategischer Politik, des Verhältnisses von militärischer und politischer Strategie, sowie der Einbettung von Strategie in den Kontext sozialpolitischer Großreformen im Zentrum der Aufmerksamkeit. Der *zweite* Abschnitt widmet sich dem Verhältnis von *Strategieanalyse* und *Demokratie*. Hier wird Strategie aus der Perspektive moderner empirischer Demokratietheorie untersucht, als Herausforderung für die deliberative Demokratietheorie thematisiert und in den Kontext der externen Demokratieförderung gestellt. Im *dritten* und umfangreichsten Abschnitt werden verschiedene *Anwendungsfelder* politikwissenschaftlicher Strategieforschung analysiert. Hierbei wird Strategie zum einen in die Untersuchungsbereiche von Party-Government, Regierung und Opposition, Verwaltung und politischer Kommunikation eingeordnet und zum anderen mit den jeweiligen spezifischen fachwissenschaftlichen Wissensbeständen dieser zentralen politischen Handlungsfelder ver-

Ausgangspunkte der Analyse politischer Strategie 13

knüpft. Der *vierte* und letzte Abschnitt ist der *empirisch-komparativen Strategieanalyse* vorbehalten. Darin wird am Beispiel von Großbritannien und Deutschland dokumentiert, zu welchen Ergebnissen empirisch orientierte Studien politischer Strategie kommen können. Der Fokus liegt auf Regierungen als Zentralakteuren strategischer Politik. Die hier enthaltenen Beiträge untersuchen Aspekte strategischer Regierungssteuerung unter dem britischen Premierminister Tony Blair und dem deutschen Bundeskanzler Gerhard Schröder.

Verlässt man die allgemeine Struktur des Bandes und schaut sich die Inhalte der einzelnen Beiträge genauer an, beginnt der Grundlagen-Abschnitt mit einem Beitrag von *Elmar Wiesendahl* zum Rationalitätsproblem politischer Strategie. Ausgehend vom basalen Strategieverständnis als situationsübergreifenden, erfolgsorientierten Ziel-Mittel-Umwelt-Kalkulationen analysiert er in „Rationalitätsgrenzen politischer Strategie" vielfältige Hindernisse und Grenzen der vorausschauenden, rationalen Strategiebildung. Sie liegen einerseits in kognitiven und psychologischen Schranken der rationalen Entscheidungsträger, andererseits in der generellen Entwicklungsunsicherheit, Komplexität und Eigendynamik der Umwelt. Eine adäquate Reaktion auf die Rationalitätsprobleme politischer Strategie sieht Wiesendahl in einem pragmatischen Strategieverständnis, das die strategische Konzeption permanent mit der Praxis konfrontiert und auf seine Realitätstauglichkeit prüft. Strategie soll als dynamischer, adaptionsfähiger Prozess verstanden werden, in dem das Risiko der Fehlkalkulation zum integralen Bestandteil der Strategieentwicklung wird, ohne dass man die zielstrebige und wohldurchdachte Abschätzung von Erfolgschancen aufgibt.

Herfried Münkler nimmt in seinen Reflexionen „Zum Verhältnis von politischer und militärischer Strategie" die Auffassung von Carl von Clausewitz zum Ausgangspunkt, wonach Krieg eine Fortsetzung der Politik mit anderen Mitteln ist. Münkler weist in seiner Analyse nach, dass diese Subsumtion des Militärischen unter das Politische historisch eher eine Ausnahme war. Zwar wird bei einer systematischen Reflexion die politische der militärischen Strategie durchweg vorgeordnet, in genetischer und historischer Hinsicht geht die militärische der politischen Strategie jedoch voraus. Lange Zeit blieben politische und militärische Strategie so eng ineinander verschlungen, dass eine Separierung weder erforderlich noch möglich war. Unter Rückgriff auf eine Vielzahl historischer Beispiele kann er zeigen, dass sich erst im neuzeitlichen Staat militärisches und politisches Handeln deutlicher voneinander trennen lässt. Begriffstransfers aus der Militärstrategie prägen allerdings weiterhin die kognitiven und mentalen Strukturen der politischen Strategiebildung, was sich in einer Hegemonie militärischer Begriffe bei der Formulierung politischer Strategien niederschlägt.

Helmut Wiesenthals Beitrag „Emergente Strategien im Entstehungsprozess des Sozialstaats" führt die Perspektive einer Strategieanalyse in die historisch-systematische Sozialstaatsforschung ein und identifiziert Erfolgsfaktoren für innovative sozialpolitische Reformen. Er betrachtet vier historische Fälle mit institutionellem Präzedenzcharakter und schließt daraus, dass die frühen Sozialreformen zwar das Ergebnis einer Vielzahl von strategischen Handlungen sind, jedoch kein einzelner Akteur in der Lage war, die Vielschichtigkeit der Ereignisse vollständig zu überblicken. Als erfolgsrelevante Gemeinsamkeiten der Innovationsfälle benennt er vor allem Brüche mit überlieferten Probleminterpretationen, eine innovationsförderliche Kombination aus sachlichem Innovationsinteresse und machtpolitischem Kalkül sowie ein hohes Maß an Kontinuität in einer engeren „advocacy coalition". Besondere Aufmerksamkeit widmet Wiesenthal der Rolle individueller Reformprotagonisten und deren Netzwerk- und Aufmerksamkeitsmanagement.

Im Abschnitt über Strategieanalyse und Demokratie erörtert zunächst *Manfred G. Schmidt* die Frage, welchen Beitrag moderne empirische Demokratietheorien zur Strategiedebatte leisten können. Er stellt fest, dass Strategiefragen in Demokratietheorien oft randständig geblieben sind. Schmidt unterscheidet in seinem Beitrag „Strategie aus der Perspektive moderner empirischer Demokratietheorie" jedoch mehrere theoretische Spielarten, die nützliche Anregungen zur Formulierung von Rahmenbedingungen erfolgreicher politischer Steuerung offerieren. Er kann zudem zeigen, dass die Demokratietheorie Trends verdeutlicht, die Herausforderungen für etablierte Demokratien darstellen und auch für strategisches Handeln relevant werden können. Diese Entwicklungen führen zu steigendem Steuerungsbedarf bei gleichzeitig abnehmender Steuerungsfähigkeit. Insgesamt betont Schmidt jedoch die Grenzen des Beitrags von Demokratietheorien, da Demokratie wenig Anreize für anspruchsvolle Steuerung und Strategiebildung setzt.

Thomas Saretzki greift in seinem Beitrag „Strategie als Herausforderung für die deliberative Demokratietheorie" die verbreiteten prinzipiellen Zweifel auf, die es an der Demokratieverträglichkeit und Demokratisierbarkeit von politischer Strategie gibt. Die Annahme eines kategorischen Widerspruchs zwischen Strategie und (deliberativer) Demokratie, so die These von Saretzki, erweist sich als vorschnelle Verallgemeinerung, die einer näheren Prüfung nicht standhält. Sie ist charakteristisch für einen (impliziten) Rückfall auf das Strategieverständnis der politischen Alltagssprache, das durch analytisch verkürzende Annahmen über spezifische Ziele (Macht, Eigeninteresse) und Mittel (Geheimhaltung, Täuschung) geprägt ist. Wenn hingegen der komplexere Strategiebegriff der politikwissenschaftlichen Strategieanalyse zugrunde gelegt wird, dann eröffnen sich Perspektiven für eine differenzierte Analyse und Bewertung des komplexen Wechselverhältnisses von politischer Strategie und (deliberativer) Demokratie. Auf dieser Grundlage zeigt Saretz-

Ausgangspunkte der Analyse politischer Strategie

ki einerseits, welchen Beitrag deliberative Demokratietheorie zu politischer Strategieanalyse leisten kann. Andererseits umreißt er den möglichen Beitrag der politischen Strategieanalyse für die deliberative Demokratietheorie.

Wolfgang Merkel erörtert in seinem Beitrag „Strategien der Demokratieförderung: Konzept und Kritik" die für eine umfassende Strategieentwicklung der Systemtransformation zur Demokratie erforderlichen Schritte. Erfolgreiche Strategien der Demokratieförderung müssen mindestens fünf zentrale Fragen beantworten: Wer fördert wen, wann, wie und mit welcher Wirkung? Ob die Demokratieförderung von außen die intendierte Wirkung erreicht (Wirkungsanalyse), hängt nicht zuletzt von kontextangemessenen Lösungen dieser Koordinations-, Selektions-, Timing- und Priorisierungsprobleme ab. Trotz ihrer Interdependenz können die jeweiligen Teilaspekte getrennt analysiert werden. Eine grundlegende Priorisierungsentscheidung betrifft die Anlage der Demokratieförderung, die als Top-down- oder Bottom-up-Strategie ausgestaltet werden kann. Insgesamt kommt Merkel in seiner Analyse zu dem Schluss, dass – basierend auf dem derzeitigen Forschungs- und Wissensstand – keine einfache und universelle Antwort auf die Frage gegeben werden kann, welche Strategien externer Demokratieförderung Erfolg versprechen. Allerdings bleibt die Demokratieförderung in der Praxis selbst hinter diesem bereits möglichen und erreichbaren Stand einer systematischen Strategieentwicklung noch weit zurück.

Am Anfang des Abschnitts zu unterschiedlichen Anwendungsfeldern politischer Strategieanalyse steht der Beitrag „Strategy Development and Variations of Party Government" von *Hans Keman*. Keman geht den strategischen Fähigkeiten von Parteiregierung und ihren institutionellen Grenzen nach. Er vergleicht Entstehung und Form von Parteiregierungen 20 repräsentativer Demokratien im Zeitraum von 1980 bis 2004. Das strategische Verhalten dieser Kollektivakteure beschreibt er als „verschachteltes Spiel", das wesentlich von der Lebensdauer und inneren Organisation der Parteiregierung sowie dem institutionellem Kontext bestimmt wird. Als entscheidend stellt er insbesondere die Rolle des Ministerpräsidenten, den Grad kollektiver Entscheidungsfindung im Kabinett, das Verhältnis zwischen Exekutive und Legislative sowie sub-nationale Hemmnisse heraus. „Party government", von Keman als strategischer Kern repräsentativer Demokratie identifiziert, unterscheidet sich in den untersuchten Systemen hinsichtlich Typ, Zusammensetzung, Beendigung, parlamentarische Unterstützung, Überlebensrate und Regierungswechsel. Diese unterschiedlichen Ausformungen von Parteiregierung erfordern verschiedene Typen politischer Strategie.

Karl-Rudolf Korte kennzeichnet in seinem Beitrag „Strategie und Regierung: Politikmanagement unter den Bedingungen von Komplexität und Unsicherheit" die Wirtschafskrise als ein Beispiel für aktuelle Herausforderungen strategischer

Steuerung. Spitzenakteure müssen Entscheidungen vor dem Hintergrund zunehmenden Nichtwissens treffen und sich dabei an unterschiedlichen Handlungslogiken parlamentarischer, administrativer und öffentlicher Politikarenen orientieren. Strategiefähigkeit basiert auf der Verfügbarkeit von Orientierungswissen für offene Problemsituationen. Korte beschreibt vier Fähigkeiten als Voraussetzung einer vorausschauenden Politikformulierung unter den Bedingungen von Unsicherheit: Balance zwischen informellen und formellen Strukturen, schlüssige Reformkommunikation zur Lenkung von Aufmerksamkeit und Erwartungen, Antizipation von Zeitstrukturen und zeitlichen Dynamiken für die bestmögliche Nutzung von Reformfenstern sowie die wertbasierte Begründung von Reformen.

„Strategie und politische Opposition" lautet der Titel des Beitrags von *Ludger Helms*, in dem er strategische Optionen der politischen Opposition in freiheitlich-pluralistischen Demokratien diskutiert. Unter Zugrundelegung eines weiten Oppositionsverständnisses, das parlamentarische und außerparlamentarische Oppositionsakteure einschließt, analysiert Helms zwei grundlegende strategische Zieloptionen oppositioneller Akteur: die des Machtwechsels und die der Mitregierung bzw. Verhinderung von Regierungsentscheidungen. Er stellt fest, dass selten kohärente, koordinierte und politikfeldübergreifende Oppositionsstrategien existieren, sich vielmehr eine Koexistenz kooperativer und kompetitiver Strategien beobachten lässt. Entscheidend für die Strategiewahl der Akteure sind neben der institutionellen und politischen Chancenstruktur auch der Aufbau des Parteiensystems und die parlamentarischen Mehrheitsverhältnisse. Helms erkennt eine Entwicklung, bei der die parlamentarische Opposition – vor dem Hintergrund einer wachsenden Anzahl potentieller außerparlamentarischer Oppositionsakteure, Tendenzen der Entparlamentarisierung und der wachsenden Pluralisierung der Parteiensysteme – ihr oppositionelles Primat zunehmend verliert. Er deutet die Vielfalt von Oppositionsakteuren und Strategien als einen Pluralismusindikator, auch wenn eine oppositionsfreundliche politische Kultur das Regieren erschwert.

Frank Nullmeiers Beitrag „Strategie und politische Verwaltung. Anmerkungen zum Strategiepotential der Ministerialverwaltung" analysiert die strategische Wirkungsmöglichkeit der Administration aus zwei unterschiedlichen Blickwinkeln: der Perspektive der Ministerialverwaltung und ihrer Beamten sowie der Perspektive eines strategischen Zentrums, das sich aus politischen Spitzenakteuren von Regierung, Partei und Fraktion zusammensetzt. Nullmeiers kontrastierende Überlegungen beziehen sich auf fünf Aspekte des Strategiepotentials: Organisation, Autonomie, Netzwerkbildung, Funktionalstaatlichkeit und Öffentlichkeit. Im Ergebnis wird deutlich, dass die Ministerialverwaltung durchaus über ein erhebliches Strategiepotential verfügt, die Fähigkeit zur Strategiebildung allerdings durch die funktionale Ausrichtung ihres Handelns begrenzt wird. Hinzu kommt mindes-

Ausgangspunkte der Analyse politischer Strategie

tens eine weitere gravierende Schwäche: der fehlende öffentliche Zugang zur Medienöffentlichkeit.

In „Strategie und politische Kommunikation. Mehr als die Legitimation des Augenblicks" analysiert *Ulrich Sarcinelli* zum einen kommunikationsspezifische Anforderungen strategischer Politik vor dem Hintergrund unterschiedlicher demokratietheoretischer Grundannahmen. Zum anderen unterscheidet er drei institutionelle Kontexte (Parteiendemokratie, Mediendemokratie, politisch-administrative Staatlichkeit) und arbeitet ihre spezifischen Kommunikationsbedingungen für strategische Diskurse heraus. Da demokratische Politik zustimmungsabhängig und begründungspflichtig ist, muss Kommunikation integraler Bestandteil jeder strategisch angelegten Politik sein. Strategische Kommunikation zielt auf die Entwicklung von Handlungsspielräumen und berücksichtigt insbesondere die legitimationssensiblen Phasen des Polikzyklus. Die Fähigkeit zu Strategieentwicklung und -vermittlung setzt jedoch nicht nur die Beherrschung der Medienlogik voraus, sondern erfordert auch Kommunikation in den Entscheidungsarenen der Politik.

Im empirischen Abschnitt der vergleichenden Analyse politischer Strategie in Großbritannien und Deutschland konzentriert sich *William E. Paterson* vor allem auf den Aspekt von strategischem Leadership. Er untersucht in seinem Beitrag „Strategy and Politics in the Blair Era" die Leadership-Strategie der Regierung Blair und nutzt dafür einerseits Jim Bulpitts Konzept der Staatskunst, andererseits den Strategieansatz von Joachim Raschke und Ralf Tils. Beide sind nach Auffassung von Paterson für den Fall Blair geeignet, weil sie von kollektiver Führung ausgehen und trotz ihrer Akteurzentrierung interaktive Beziehung mit der strukturellen Umwelt berücksichtigen. Obwohl Blairs programmatische Doppelkonstruktion von ökonomischer Dynamik und sozialem Zusammenhalt eher unscharfe Zielvorgaben beinhaltete, überstiegen seine strategischen Möglichkeiten die seiner Vorgänger. Dies wurde einerseits von der prosperierenden wirtschaftlichen Lage und seiner großen persönlichen Popularität begünstigt, andererseits hat er durch eine Professionalisierung der Kampagnenführung, die programmatische Modernisierung Labours und eine Stärkung des machtpolitischen Zentrums die strategischen Kapazitäten seines Amtes enorm erweitert. Kritisch stellt Paterson fest, dass die Umsetzung der Reformen angesichts der eigenen Potentiale in den meisten Politikfeldern hinter den Erwartungen zurückgeblieben ist.

Reimut Zohlnhöfer untersucht in seinem Beitrag „Strategisches Regieren in der Bundesrepublik: Das Beispiel der SPD-Beschäftigungspolitik 1998-2008" die beschäftigungspolitische Strategie der SPD in den rot-grünen Regierungsjahren und in der Großen Koalition. Er kommt zu dem Ergebnis, dass eine konsistente Beschäftigungspolitik und die Erarbeitung strategischer Optionen auf Grund der dauerhaft stark eingeschränkten Strategiefähigkeit der Partei nicht möglich waren.

Zohlnhöfer führt dies vor allem auf mangelnde Klärung der Führungsfrage und innerparteiliche Unstimmigkeit über die Richtung der Beschäftigungspolitik zurück. Als weitere erschwerende interne und externe Umweltbedingungen werden Konflikte zwischen unterschiedlichen Policy-Zielen, ein höchst kompetitiver Parteienwettbewerb sowie der innerparteiliche Konflikt zwischen Modernisierern und Traditionalisten identifiziert.

Grundlagen

Rationalitätsgrenzen politischer Strategie

Elmar Wiesendahl

1 Einleitung

Wenn Menschen Strategien entwickeln und sie umzusetzen versuchen, stoßen sie auf zahlreiche Hürden und Schwierigkeiten. Dies hat einmal mit ihnen selbst und ihren begrenzten Fähigkeiten zu tun, und dann aber auch mit den Umständen, denen sie ausgesetzt sind, wenn sie strategisch denken und handeln. Vor allen Dingen sind es dabei zwei Aspekte, die ins Gewicht fallen. Erstens geht es bei Strategie immer um die Bewältigung von Zukunft. Denn mit ihr wird ja nichts weniger als der Anspruch erhoben, Kontrolle über etwas, was erst noch eintreten wird, nämlich Zukunft, ausüben zu können. Strategie ist dabei der Glaube inhärent, durch zielgerichtetes, überlegtes Handeln erwünschte Wirkungen herbeiführen zu können, so dass ein in der Zukunft liegender Zielzustand eintritt, der sonst nicht eintreten würde. Die Crux ist zweitens dabei, dass es strategisch nicht um das Handeln selbst, sondern um die dadurch ausgelösten Wirkungen geht, die für die Zielerreichung zentral sind. Ob aber die erwünschten Wirkungen vorausbedacht und durch Handeln vorbestimmt und herbeigeführt werden können, zählt mit zu den größten Herausforderungen strategischer Theorie und Praxis.

Im Folgenden geht es darum, die Begrenzungen politischer Strategiebildung und -implementation zu skizzieren, die theoretisch und praktisch zu beachten sind, um politische Strategie daran nicht auflaufen zu lassen. Dabei wird zunächst auf Vergleichsbasis beim Kerngehalt geläufiger Strategiebegriffe angesetzt, um deren Ergiebigkeit für die politische Strategieanalyse zu analysieren. Dies schließt die Frage nach dem Beziehungszusammenhang zwischen den Komponenten des Strategiebegriffs ein, um über ein hinreichend komplexes und ganzheitliches Begriffsverständnis für die Erschließung und die Analyse des Phänomens politische Strategie zu verfügen. Dann werden auf der Grundlage dieser Vorarbeiten Hindernisse und Begrenzungen rationaler Strategiebildung aufgezeigt. Welche Schlussfolgerungen sich im Hinblick auf einen pragmatischen Strategiebegriff ziehen lassen, wird in einem Schlusskapitel erläutert.

Hier und dort wird es im Folgenden nötig sein, auf Erkenntnisse der sich mit Militärstrategie und strategischem Management befassten Literatur zurückzugreifen, weil beide Bereiche auf eine lange wissenschaftliche Tradition zurückblicken und dementsprechend über ein hohes Entwicklungsniveau verfügen. Politische Strategie ist dagegen als wissenschaftliche Disziplin noch allzu jung, wenngleich mit dem von Raschke und Tils vorgelegten Grundlagenwerk „Politische Strategie" (2007) ein Meilenstein zur Etablierung eines eigenständigen Forschungsgebiets gesetzt wurde. Gleichwohl vermag allein die strategische Managementlehre zehn Schulen strategischen Denkens zu unterscheiden (Mintzberg/Ahlstand/Lampel 1999), während es in der politischen Strategieforschung noch um grundsätzlichen Klärungsbedarf geht und darum, wie unter den Besonderheiten von Politik Strategien erfolgreich umgesetzt werden können (Wiesendahl 2008b).

2 Politische Strategie – zur Annäherung an einen komplexen Begriff

Begriffe stehen am Anfang der Erschließung eines Forschungsfelds, weil mit ihnen der relevanzträchtige Wirklichkeitsausschnitt abgesteckt wird und damit der Gegenstandsbereich, mit dem sich die Forschung befassen soll. Ohne Verständigung darüber, was Strategie ist und alles umfasst, entbehren strategisches Denken und Handeln einer stabilen Orientierungsbasis. Wie politische Strategie definiert wird, hat also einen erheblichen Einfluss auf die strategische Praxis und auf das, was an Wirklichkeit in die Strategieanalyse einbezogen wird. Raschke und Tils bemerken auf der einen Seite zu Recht (2008: 11), dass es ohne Klärung des Strategiebegriffs keine Chance gibt, mehr Rationalität in das Strategiegeschäft zu bringen. Auf der anderen Seite mangelt es aber, wie Speth (2006: 20ff.) betont, gerade an dieser konsensualen Verständigungsbasis mit der Folge, dass mit Strategiefragen befasste Praktiker und Entscheider sich nicht im Klaren sind, was Strategie besagt und was strategisches Denken und Handeln erfordert.

Trotz aller „Begriffsverwirrung" und „semantischen Anarchie", die nach Hinterhuber (2004: 17) mit dem Strategiebegriff einhergehen, kann zur grundlegenden Annäherung an das, was Strategie bedeutet, wenigstens soviel gesagt werden: Strategie ist eine spezielle Form menschlichen Handelns. Aus der Akteursperspektive wird Strategie durch das aufeinander bezogene Handeln und Interagieren von individuellen und kollektiven Akteuren hervorgebracht. Handeln, das der reinen Intuition, Spontaneität und Gedankenlosigkeit gehorcht, fällt nicht hierunter, genauso wenig wie allein zielgerichtetes, intentionales Handeln. Das spezifisch Strategische des Handelns erschließt sich erst über zwei Eigentümlichkeiten. Einmal greift Strategie in der Zielsetzung vom Zeithorizont über den Augenblick und das Hier und Heute hinaus und schlägt eine Brücke hin zur mehr oder minder weit

Rationalitätsgrenzen politischer Strategie

entfernten Zukunft. Und dann ist dem Handeln selbst ein Prozess vorgespannt, bei dem auf wohldurchdachte Art und Weise durch Suche nach geeigneten Mitteln und Maßnahmen eine Vorgehensweise festgelegt wird, mittels derer sich ein ins Auge gefasste Ziel möglichst zielgenau verwirklichen lässt.

In elementarster Form befasst sich Strategie mit dem systematischen In-Beziehung-Setzen von Zielen und Mitteln. Davon ist das Begriffsverständnis geprägt, das sowohl in der militärstrategischen als auch managementstrategischen Literatur vorherrscht. Insbesondere das militärstrategische Denken ruht in der Tradition, Strategie als Bündelung und Einsatz militärischer Mittel zur Erreichung politischer Ziele zu definieren (Eder 1998, Riemer 2007: 61ff.). So heißt es bei Harry R. Yarger im Hinblick auf eine Strategietheorie für das 21. Jahrhundert: „Strategy seeks a synergy and symmetry of objectives, concepts and resources to increase the probability of policy success and the favorable consequences that follow from the success" (zitiert in Rieger 2007: 65).

Nicht wesentlich anders, nur kürzer, definiert die strategische Management-lehre Strategie als „ein geplantes Maßnahmenbündel der Unternehmung zur Erreichung ihrer langfristigen Ziele" (Welge/Al-Laham 2008: 16); und repräsentativ für die internationale Debatte bestimmt Chandler (2001: 23) Strategie als „the determination of the basic long term goals and objectives of an enterprise, and the adaption of courses of action and the allocation of resources necessary for carrying out these goals." Mitunter neigt die strategische Managementforschung sogar dazu, Ziele und Strategien voneinander als „unterscheidbare Phänomene" zu trennen und in Strategie allein ein Konstrukt zur Zielerreichung vorgegebener Ziele zu sehen (Welge/Al-Laham 2008: 17f.).

Ins Auge gefasst wird mit diesem verbreiteten terminologischen Minimalismus der für Strategie bestimmungsbildende, unverzichtbare Kern, nämlich eine Antwort darauf zu finden, was unter Einsatz welcher Mittel und Maßnahmen unternommen werden muss, um ein zeitlich weiter entferntes Ziel zu erreichen. Nur stellt sich die Frage, ob der ganzheitlich zu erfassende Wirkungszusammenhang strategischen Denkens und Handelns hinreichend erschlossen wird, wenn Strategie auf eine Verbindung von Mitteln mit erwünschten Zielen (Ziel-Mittel-Schema) reduziert wird.

Jedenfalls haben sich Raschke und Tils bei ihrer Grundlegung politischer Strategie für eine erweiterte Begriffsbestimmung entschieden. Für sie handelt es sich bei Strategien um „erfolgsorientierte Konstrukte, die auf situationsübergreifenden Ziel-Mittel-Umwelt-Kalkulationen beruhen" (2007: 128). Grundlage strategischen Denkens bilden für sie spezifische Ziel-Mittel-Umwelt-Kalkulationen, die näher präzisiert werden als „auf *gewünschte Zustände* (Ziele) gerichtete, systematisierende und *berechnende Überlegungen* (Kalkulationen) für *zielführende Handlungsmöglichkei-*

ten (Mittel) mit Blick auf den situationsübergreifenden *relevanten Kontext* (Umwelt). [i. O. kursiv, E. W.]" (129).

Für die politische Strategielehre stellt dieser erweiterte Strategiebegriff einen Durchbruch dar, weil er Umwelt als weitere konstitutive Komponente zur Begriffsbestimmung heranzieht. Strategie erschöpft sich damit nicht mehr allein in Ziel-Mittel-Verbindungen, sondern schließt den Abgleich mit Umständen und Umweltfaktoren ein, die beeinflusst sein wollen und umgekehrt das Handeln strategischer Akteure beeinflussen. Raschke und Tils kleiden in eine Definition, was für die Praxis auf der Hand liegt: Dass Strategie ohne Berücksichtigung der Umwelt zu kurz greift und infolgedessen für den Erfolg von Strategie Ziele, Mittel und Umwelt in Beziehung gebracht und aufeinander abgestimmt werden müssen. Dies ist schon deshalb unerlässlich, weil die Erfolgsgewissheiten und die Risiken des Scheiterns einer Strategie sich nur an der genauen Erfassung und Analyse der Umweltverhältnisse ablesen lassen.

Für die politische Strategieforschung hat der erweiterte Strategiebegriff allerdings erhebliche Folgen. Einerseits läuft er auf eine deutliche Erweiterung des begrifflich erschlossenen Gegenstandsbereichs hinaus. Und andererseits erhöht sich dadurch auch das Anspruchsniveau strategischer Praxis und Theorie, zumal der Beschaffenheit der Komponenten Ziele, Mittel und Umwelt sowohl vereinzelt als auch im Zusammenspiel Rechnung getragen werden muss, um Strategie zu genügen.

3 Strategische Ziele, Mittel und Umwelt im Beziehungszusammenhang

Nach dem bisher Gesagten läuft strategisches Denken und Handeln in der Politik auf das Kunststück hinaus, strategisch Ziele, Mittel und Umwelt so miteinander in Beziehung zu setzen, dass als Folge des strategischen Handelns eine bestmögliche Zielverwirklichung herauskommt. Geneigt könnte man nun sein, das Ineinander von Zielen, Mitteln und Umwelt durch ein konsekutives Nacheinander abzuarbeiten und aufzulösen. Dies wird dem interdependenten Zusammenspiel der Bestimmungskomponenten politischer Strategie nicht gerecht. Denn die Schlüsselfragen politischer Strategie „Wo stehen wir, wo wollen wir hin und was müssen wir tun?" lassen sich nur im permanenten Rückbezug aufeinander beantworten.

3.1 Strategische Ziele

Was strategische Ziele sind und welchen Stellenwert sie im Beziehungszusammenhang vor Zielen, Mitteln und Umwelt einnehmen, sollte auf den ersten Blick problemlos zu beantworten sein. Dies stimmt zumindest für den Punkt, dass ohne Ziele strategisches Handeln unmöglich ist. Ziele richten Handeln darauf aus, wohin man will, was man erreichen will. Nach Raschke und Tils (2007: 144) verkörpern strategische Ziele „gewünschte Zustände, die strategisch erreicht werden sollen." Sie stellen einen gewünschten Soll-Zustand (desired end state) innerhalb eines mehr oder minder weit gefassten Zeitrahmens (desired end date) dar.

Je nach Prolongierung in die Zukunft können Ziele kurz-, mittel- oder längerfristiger Natur sein. So verfügte die Adenauer'sche Westpolitik über einen langfristigen Zielhorizont. Wehners Politik der Anpassung der SPD an die von den Unionsregierungen geschaffenen Realitäten hatte einen mittelfristigen Charakter. Ziele unterscheiden sich auch in ihrem Stellenwert untereinander. So lassen sich Primär- und Sekundärziele, Haupt- und Nebenziele unterscheiden. Besser noch kann ein strategisches Gesamtziel in operative Teilziele aufgeschlüsselt werden. Von der Zeitachse her bilden diese Teilziele Etappenziele, die zunächst zu realisieren sind, um an die Verwirklichung des Endziels heranzugehen. So steht vor jeder angestrebten Regierungsbeteiligung einer Partei zunächst das Etappenziel, bei anstehenden Wahlen durch entsprechendes Abschneiden eine dafür erforderliche günstige Ausgangsposition zu erringen.

Clausewitz hat das Problem der Zielhierarchisierung aus der Kriegsführungsperspektive noch grundsätzlicher angefasst, indem er zwischen den politisch definierten Zweck und den militärischen Zielen der Militärstrategie unterschied (Clausewitz 1980: 210; Freudenberg 2007: 30). Auf jeden Fall ist bei der Strategieentwicklung der Step-by-Step-Charakter der Zielbildung zu beachten. Nur so wird dem Mittel-Zweck-Abhängigkeitsverhältnis zwischen Nah- und Etappenzielen einerseits und Fern- und Endzielen andererseits Rechnung getragen. Werden die Zwischenziele nicht erreicht, bleibt das Endziel unerreichbar.

Ziele sind keine Wünsch-Dir-was-Präferenzen, die sich im luftleeren Raum bewegen. Sie benötigen stets zu ihrer Generierung eines Ausgangspunkts, um von der Frage aus, wo man steht, bestimmen zu können, wohin man will. Ziele setzen an bei einem Ist-Zustand, von dem aus ein gewünschter Soll-Zustand fixiert wird, in den der Ist-Zustand überführt werden soll. Sind strategische Akteure sich nicht über die Umstände klar, die verändert werden sollen, können auch keine realistischen und klar umrissenen Ziele formuliert werden. Die strategische Ausgangslage ist deshalb von größtem Stellenwert, um sich Ziele zu setzen.

Überträgt man diesen Ziel-Lage-Zusammenhang auf den Bereich der Politik, sind Ziele und deren Formulierung besonderen Bedingungen unterworfen. Denn Militär, Wirtschaft und Politik verfolgen je eigentümliche Logiken (Grant/Nippa 2006: 43). Politik kreist um die Organisation von Macht. Unter den Bedingungen ungehinderter Parteienkonkurrenz und freier Wahlen müssen Parteien bei ihrem Ringen um und die Ausübung von Macht öffentliche Zustimmung mobilisieren sowie Wählermehrheiten gewinnen (Wiesendahl 2002: 31). Strategisches Handeln steht, wenn es um Politikgestaltung geht, unter dem Risikovorbehalt des öffentlichen Popularitätsverlustes bzw. der Abwahl. Politische Strategie schielt infolgedessen immer mit zumindest einem Auge auf parlamentarische und Wählermehrheiten. Insofern ist der strategische Schlüssel für den Erwerb und den Erhalt politischer Macht in der Mobilisierung und Sicherung von flüchtiger und jederzeit aufkündbarer Unterstützung zu sehen. Verwundbar durch Entzug von Unterstützung zu sein, stellt die strategische Herausforderung dar, der sich Parteien zu stellen haben.

Bei der Strategiebildung tut sich hierdurch ein für die Politik charakteristisches Zielspektrum auf, bei dem mehrere zueinander spannungsgeladene Zielarten zu unterscheiden sind, die in der Praxis eng miteinander verwachsen sind. Raschke (2002: 221) unterscheidet politische Macht- und Gestaltungsziele. Strategische Sachziele fallen mit den Policy- bzw. politischen Gestaltungsintentionen strategischer Akteure zusammen. Strategische Machtziele speisen sich dagegen aus dem Macht- und Ämterstreben der aus den Parteien hervorgehender Politiker. Darüber hinaus sind bei der Strategiebildung aber auch noch strategische Interessenziele zu beachten, die im Interessenrepräsentationscharakter von Parteien wurzeln. Denn bei der Wahl von politischen Gestaltungszielen sind zwangsläufig, der Eigenart von Politik entsprechend, differierende Interessen, Wünsche und Erwartungen berührt, zumal politische Entscheidungen für die davon betroffenen gesellschaftlichen Gruppen Vorteile und Nachteile mit sich bringen. Gute oder schlechte Sachpolitik, die den Interessen- und Wertberücksichtigungsbezug ignoriert, scheitert an der Akzeptanzproblematik.

Der Bogen schließt sich mit zu berücksichtigenden identitätspolitischen Zielen. Denn strategische Akteure sind in ihrem Office- und Policy-Seeking nicht frei, sondern müssen dabei die grundlegenden Prinzipien, den Wertekanon der von ihnen vertretenden Partei und Anhängerschaft zum Ausdruck bringen. Dies verleiht dem strategischen Willen von Parteispitzen gegenüber der Parteibasis und dem harten Anhängerkern Legitimität und Unverwechselbarkeit, weil er für die grundlegenden Überzeugungen und den ideellen Markenkern der Partei einsteht. Lösen sich politische Machtvorstellungen und Zielsetzungen identitätspolitisch

Rationalitätsgrenzen politischer Strategie

vom Markenkern einer Partei, wird sich hierfür schwerlich Unterstützung mobilisieren lassen.

Wie unschwer zu erkennen ist, hängt eine Zielebene mit der anderen zusammen, weshalb beispielsweise politische Macht- oder Sachziele sich nicht, um den Preis des Unterstützungsentzugs, ohne Berücksichtigung von Interessen- und Identitätszielen formulieren und verfolgen lassen. Wird dies nicht bedacht, droht strategischem Handeln ein Desaster. Die Agenda-Politik des sozialdemokratischen Kanzlers Schröder von 2003 vermag dies drastisch zu verdeutlichen. So waren die aus der Agenda 2010 hervorgehenden Hartz I- bis Hartz IV-Reformen vielleicht von der Zielsetzung sachrational, aber keineswegs alternativlos. Interessenstrategisch deckten sich die Maßnahmen mit alten Forderungen von CDU/CSU, FDP und den Wirtschaftsverbänden, während sie die Gewerkschaften und die eigenen Stammwählerschaft vor den Kopf stießen. Die Agenda-Politik halste der Arbeitnehmerschaft einseitig Nachteile auf, ohne interessenpolitisch der Wirtschaft etwas äquivalentes ausgleichend abzuverlangen. Identitätspolitisch lud die Agenda-Politik der SPD eine massive Identitätskrise auf, die bis heute nachwirkt. Und machtpolitisch hatte die SPD in den Ländern und Kommunen durch Wahlniederlagen einen hohen Preis zu zahlen, so dass einer ganzen Generation von SPD-Nachwuchspolitikern eine Macht- und Aufstiegsperspektive verbaut wurde. Die machtstrategische Instinktlosigkeit der Agenda-Politik endete schließlich noch in der Wegbereitung für den gesamtdeutschen parlamentarischen Durchbruch der Linken.

Die Lehre, die daraus zu ziehen ist, besagt, dass politische Strategiebildung zwischen verschiedenen Zielen, die eigenen Rationalitäten gehorchen, jongliert, deren Spannungspotential beachtet und ausbalanciert sein will. Wird dagegen ein Ziel gegen ein anderes ausgespielt, geht es strategisch um ein Kostenkalkül und um Schadensbegrenzung bei einseitiger Zielverfolgung.

3.2 Strategische Mittel

Mittel bilden strategisch ein Zwischenstück zwischen der Umwelt und den Zielen. Ihr Einsatz soll ermöglichen, Umwelt so zu beeinflussen und zu verändern, dass ein gegebener Ist- in einen gewünschten Soll-Zustand übergeführt wird. Um herauszuarbeiten wie dies glückt, sind die Beziehungen und Abhängigkeiten zwischen Mitteln und Zielen einerseits und Umwelt andererseits zu klären und inwieweit Mittel dabei eine Bindegliedfunktion übernehmen.

Mittel ist ein Sammelbegriff für all das, was an Vorgehensweisen und Aktionen zum Einsatz gelangt unter Einschluss der dafür erforderlichen Human- und Sachressorcen. Richard K. Betts beschreibt Strategie als Beziehungskette zwischen

Mitteln und Zielen (2000: 6). Dies schließt aus, dass Mittel selbst Ziele sein können und sie ohne das Vorhandensein von Zielen strategisch einen Sinn machen. Der Weg ist eben nicht das Ziel. Eine Sequenz aus dem Märchen Alice im Wunderland vermag hierüber Aufschluss zu geben. So begegnet Alice im Wald ohne Namen der Grinsekatze und fragt sie nach dem Weg. Die Katze antwortet, dass das davon abhänge, wohin sie denn wolle. Als Alice entgegnet, es käme ihr nicht darauf an wohin, bescheidet die Katze, dass es dann auch nicht darauf ankäme, welchen Weg sie nehme.

Mit anderen Worten können Mittel strategisch immer nur Mittel zum Zweck sein, die es zu erreichen gilt. Ziele geraten hierdurch aber gegenüber Mitteln in eine Abhängigkeitsposition, weil es vom Gebrauch geeigneter Mittel abhängt, dass sie verwirklicht werden. Strategie bringt Mittel und Ziele in einen deterministischen Ursache-Wirkungszusammenhang mit der Hoffnung, dass vom Einsatz von Mitteln Wirkungen ausgehen, die das Eintreten eines erwünschten Zielzustands herbeiführen. Strategie befasst sich damit in Theorie und Praxis mit einer fortgesetzten Schrittfolge von aufeinander abgestimmten und ineinandergreifenden Vorgehensweisen, die im Endeffekt zum Erreichen von Zwischen- oder Endzielen führen.

Der Wahl der Mittel stellen sich einige Anforderungen. So bilden strategische Mittel für Raschke und Tils (2007: 148) Handlungsmöglichkeiten, also „erfolgsorientierte Maßnahmen im Hinblick auf das strategische Ziel (...), die auf Wegen und Ressourcen beruhen". Eingeführt wird damit ein Schlüsselbegriff, der nur solchen Mitteln eine Eignung zuspricht, die erfolgsversprechend sind. Dies ist, was uns später noch beschäftigen wird, an der Zweckmäßigkeit und Zielwirksamkeit der zur Wahl stehenden Alternativen festzumachen. Hierüber entscheidet sich deren Effektivität, wirkungsgenau vorgegebene Ziele zu erreichen.

Bei der Wahl der Mittel kommt aber auch die Umwelt ins Spiel, die mit darüber entscheidet, welcher Einsatz von Mitteln und welche Vorgehensweise wirksam sein könnten. Gegnerische Kräfteverhältnisse können bewirken, dass man zu kurz springt, oder an ungünstigen Machtverhältnissen aufläuft. Dies schließt eine nüchterne Situationsanalyse ein und die Antizipation der Potentiale und Verhaltensweisen weiterer strategischer Akteure. Ausgeleuchtet will der strategische Handlungsspielraum sein, der die Wahl der Möglichkeiten absteckt, um sich strategisch wirksam zu positionieren. Die Abhängigkeit der Mittel von den Umständen wird aber auch noch dadurch verstärkt, dass strategisches Know-how und Ressourcen in hinreichendem Ausmaß zur Verfügung stehen müssen, um bei dem Mitteleinsatz darauf zurückgreifen zu können.

Wenn auch ein strategisches Ziel längst ins Auge gefasst ist, hängt es in diesem Zusammenhang vom günstigen Zeitpunkt ab, um mit einem geeigneten

Rationalitätsgrenzen politischer Strategie 29

Schritt aktiv zu werden. So vollzog die FDP erst nach der Bundestagswahl 1980 einen Koalitionswechsel hin zur CDU/CSU, als angesichts des erzielten hohen Stimmenanteils von 10,6 Prozent das Risiko des Koalitionsbruchs mit der SPD vertretbar erschien, um bei den anschließenden vorgezogenen Wahlen durch zu erwartende Wählerverluste nicht unter die Fünf-Prozent-Hürde gedrückt zu werden. Der Stimmenanteil von 7,0 Prozent gab ihrer Vorgehensweise recht.

Schließlich müssen Mittel, die zur Wahl stehen, akzeptabel sein und mit den Anstands- und Legitimitätsvorstellungen der Öffentlichkeit und der Bevölkerung übereinstimmen. Gesellschaftlich und kulturell verankerte Werte, Normen, Konventionen, Stilfragen und nicht zuletzt prägende historische Erfahrungen und Tabus legen strategischen Vorgehensweisen enge Fesseln an. Nicht alles was nutzbringend und machbar ist, ist auch vertretbar und findet die Unterstützung der Umwelt.

3.3 Strategische Umwelt

Die Umwelt mit in den Strategiebegriff einzubeziehen, ist für ein wirklichkeitsgerechtes Strategieverständnis unabdingbar. Denn Strategie stellt einen bewussten Eingriff in bestehende Verhältnisse dar zum Zweck ihrer gezielten Veränderung. Umwelt gerät infolgedessen zwangsläufig in das Zentrum strategischen Denkens und Handelns. Genauer noch bildet sie den Dreh- und Angelpunkt für strategische Zielformulierung und die Wahl tauglicher strategischer Mittel und Vorgehensweisen.

Alle Strategie beginnt sogar mit der Umwelt: „Good strategy flows from understandig the nature of the environment and *creating a symmetry and synergy of objectives, concepts, and resources* [i. O. kursiv, E. W.] that offer the best probability of achieving the policy aims." (Yarger 2006: 31).

Umwelt ist ein unbestimmter Begriff. Sie ist für politische Strategie nur insoweit von Relevanz, wie sie auf den Ausschnitt verengt wird, in dem Politik stattfindet und sich politische Macht organisiert und politische Unterstützung mobilisiert wird. Als strategisches Umfeld steckt sie den Rahmen ab, innerhalb dessen strategisches Handeln entwickelt wird und nach den gegebenen Möglichkeiten und Restriktionen zur Entfaltung gelangt. Strategisches Denken und Handeln bedeutet mit Blick auf die gegebenen Verhältnisse, Chancen und Handlungsspielräume auszuschöpfen und die richtigen Konsequenzen aus Abhängigkeiten, Begrenzungen und Schranken zu ziehen.

Aus der Akteursperspektive liefert die politische Arena einen Ort strategischer Interaktion zwischen Wettbewerbern und ihren Hilfs- und Unterstützungsgruppen (Wiesendahl 2008b: 31ff.). Es handelt sich um eine unübersichtliche Arena, in der es zur dynamischen Artikulation von Problemen, Erwartungen, Interessen und Problemlösungen kommt und in der sich der politische Willens- und Entscheidungsbildungsprozess abspielt. Diese Arena wird von einer Vielzahl von Akteuren besetzt, die aus eigener Machtvollkommenheit in den Prozess intervenieren und den strategischen Einfluss- und Manövrierspielraum der Parteien einengen. Sie haben es mit einem Akteursensemble aus mit- und gegeneinander agierenden Konkurrenzparteien, Medien, Interessengruppen, Wählergruppierungen und zivilgesellschaftlicher Organisationen zu tun, die in wechselnder Konstellation als Erwartungsheger, Mit- oder Vetospieler deren Wege der Strategiebildung und -umsetzung kreuzen.

Die Mitakteure der politischen Arena können in jeder Phase des Policy-Zyklus mit ihren Einwirkungen, Störpotentialen und Obstruktionsmöglichkeiten das strategische Handeln von Parteien unterstützen, aber auch bedrängen, durchkreuzen, blockieren oder unterlaufen. Um Unterstützung bei der Wählerschaft zu mobilisieren, haben Parteien Wege einzuschlagen, die von Mitakteuren wie Medien und Verbänden beeinflusst, mitunter kontrolliert werden. Um Unterstützung bei Mitakteuren einzuholen, sind entsprechende Gegenleistungen zu entrichten.

Der rasche Wechsel an Ereignissen und Themenkonjunkturen, das launische und wechselhafte Meinungsklima, der Wahlenkalender und nicht zuletzt der Fluss der Probleme, die zur Lösung auf die politische Agenda drängen, diktieren den Zeitrhythmus, den politische Strategie in Rechnung zu stellen hat. Die strategische Umwelt, unter der sich politische Strategie zu bewähren hat, ist nicht nur hochkompetitiv und komplex, sondern trägt auch unübersichtliche, dynamische, gelegentlich sogar turbulente Züge (Wiesendahl 2002: 192). Politische Strategie kann vor diesem Hintergrund selbst nichts anderes sein als ein Movens. Denn während sie sich auf Ziele fixiert und nach tauglichen Mitteln der Zielverwirklichung sucht, bewegt sich die Umwelt bereits von dem, was gerade Gegenwart ist, in die Zukunft.

Um nicht die Übersicht zu verlieren, haben die strategischen Akteure dem unaufhaltsamen Fortgang der Umweltkonstellation dadurch Einhalt zu gebieten, dass sie sich auf die gerade gegebene Situation, auf ihre Lage konzentrieren. Die strategische Lage ist die zur Momentaufnahme geronnene strategische Umwelt „in situ". Über den Begriff der Lage oder Situation antwortet politische Strategie auf das Problem der Unübersichtlichkeit und Dynamik von Umwelt. Da das Hier und Heute der Lage morgen schon anders sein kann, erfasst die Lageeinschätzung nicht nur das Gegenwärtige, sondern auch, was sich als zukünftige Entwicklung abzeichnet. Dies fließt in die strategische Lageanalyse ein, die sich eine Kenntnis- und Informationsbasis nicht nur über das Gegenwärtige sondern auch über die

Rationalitätsgrenzen politischer Strategie 31

erwartbare Zukunft verschafft, um der anschließenden Strategieformulierung eine realistische Grundlage zu verschaffen (Welge/Al-Lahan 2008: 280ff.).

Mit einem Lagebild fängt man ein, in welcher Verfassung man sich selbst und die weiteren strategisch relevanten Mitspieler befinden. Es umfasst einerseits die Begutachtung der eigenen Lage, also die realistische Einschätzung der eigenen Ressourcen, Stärken, Fähigkeiten und Organisationskapazitäten. Und andererseits erfasst und beurteilt es das strategische Umfeld. Hierzu gehört grundlegend die Analyse der Wettbewerbssituation unter Einschluss möglicher Gegner und Partner. Und auch die Ausrichtung der Presse- und Rundfunklandschaft sowie des öffentlichen Meinungsklimas sind in die Analyse einzubeziehen (Speth 2006: 9).

Die strategische Lage ist für das Gelingen von Strategie von einem dermaßen großen Gewicht, dass sie der strategischen Zielfestlegung und Mittelwahl ihren Stempel aufdrückt. Die Lage ist letztendlich immer die Prüfungsinstanz, gegenüber der sich Ziele als realistisch bewähren oder im Illusionären enden. Und welche nutzbringenden Mittel und Vorgehensweisen greifbar sind, entscheidet sich daran, was die Lage hergibt. Spätestens dann wenn strategische Mittel und Ziele von den Verhältnissen aufgerieben werden, weiß man um den Schlüsselfaktor der Lage.

4   Rationale Strategiebildung und ihre Grenzen

Strategien entstehen dadurch, dass Entscheidungen getroffen werden. „Strategie handelt immer von einer Auswahl" (Grant/Nippa 2006: 44), worin der Kern des Entscheidens besteht. Strategen sind infolgedessen Entscheider, was nicht heißt, dass alle Entscheider Strategen sind. Entscheiden müssen sich mit Strategiebildung befasste Akteure deshalb, weil die erforderliche Kombination von Zielen, Mitteln und Umwelt mehrere Wahlmöglichkeiten zulässt, zwischen denen zu selektieren ist. Das kann aber nur durch Abwägen und Prüfen zwischen den Kombinationsmöglichkeiten geschehen, um letztendlich zu entscheiden, welche Wahlmöglichkeit einer anderen vorzuziehen und welche zu verwerfen ist. Strategiebildung ist damit per se ein ergebnisoffener Auswahl- und Findungsprozess, der mit dem Konstrukt Strategie endet.

Wie Joachim Raschke (2002: 210) hervorhebt, handelt es sich bei Strategien um „situationsübergreifende erfolgsorientierte Ziel-Mittel-Umwelt-Kalküle". Und näher gekennzeichnet verstehen Raschke und Tils (2008: 15) unter „Kalkulationen (...) die kausale Verknüpfung zwischen den im jeweiligen Strategiezusammenhang bedeutsamen Faktoren. Die Kalkulationen stellen gedachte Wirkungszusammenhänge zwischen den angesteuerten Zielen, vorhandenen Mitteln und relevanten

Umweltausschnitten her". Damit werden zwei Schlüsselaspekte des strategischen Kalkulierens, nämlich „Erfolgsüberlegungen" und „erwartete Wirkungen" (16), in den Mittelpunkt der Strategiebildung gerückt.

Strategiebildung ist dem Ideal nach von dem Traum beseelt, dass Menschen als strategische Akteure dazu fähig sind, auf rationale Art und Weise einen Auswahlprozess zwischen Wahlmöglichkeiten durchzuführen, der in der Entscheidung zugunsten einer bestmöglichen Alternative endet und sich zielgenau in die Praxis umsetzen lässt. Dies zu bewerkstelligen, verlangt den strategischen Akteuren fast Unmenschliches an Fähigkeiten und Kapazitäten ab, zumal es um nichts weniger geht, als in genauer Kenntnis der strategischen Situation durch sichere Abschätzung von Wirkungen möglicher Schritte und Maßnahmen mit einer bestmöglichen Strategie zukünftig eintretende Verhältnisse zugunsten gewünschter Ziele nach ihrem Willen vorbestimmen zu können. Kurz: „Wishful future follows strategy!"

Um im Sinne der Rationalitätsprämisse strategischen Entscheidens erfolgswirksame zweckdienliche Effekte des strategischen Handelns identifizieren und vorbestimmen zu können, die im Falle ihrer Implementation wunschgemäß eintreten werden, sind an die strategischen Entscheider Voraussetzungen geknüpft die auf das Modell des „rational man" (Wiesendahl 2008a: 238ff.) hinauslaufen. Strategen mit rationalen Akteuren gleichzusetzen ist nach Monroe (1991: 78) mit sieben Annahmen verbunden. So verfolgt der Akteur erstens intentional Ziele, die zweitens mit seinem Selbstinteresse korrespondieren. Er handelt drittens als Individuum auf viertens Basis bewusster Wahlhandlungen. Er verfügt fünftens über eine konsistente und stabile Präferenzordnung. Zwischen verschiedenen Wahlmöglichkeiten wählt er sechstens die Alternative mit dem erwartbar größtmöglichen Nutzen aus. Und siebtens besitzt er umfassende Informationen sowohl über erreichbare Alternativen als auch über die Konsequenzen, die im Falle ihrer Wahl und Umsetzung eintreten werden. Letzteres impliziert also die Fähigkeit zur vollständigen Voraussicht und Antizipation von Zukunft.

Das Modell des mit vollständiger Information und mit ungehinderter Rationalität ausgestatteten strategischen Entscheidungsakteurs hat über die einflussreiche präskriptive bzw. normative Entscheidungstheorie Eingang in die Betriebswissenschaft gefunden und untersucht, wie losgelöst von tatsächlichen Gegebenheiten unter Beachtung der genannten Prämissen Entscheidungen formallogisch verlaufen (Wolf 2008: 123ff.). Es geht darum, Entscheidungsbildungsprozesse so zu modellieren, dass sie dem Rationalitätsaxiom gehorchen und für gegebene Ziele bestmögliche, effiziente Zielerreichungsresultate erzielen. In diesem Modell werden kollektive Akteure, also Teams von Entscheidern, als rational und homogen handelnde „unitary actors" behandelt. Dieses Grundmodell hat eine Erweiterung auf Entscheidungen bei Sicherheit, Unsicherheit und Risiko erfahren und lässt sich in mathematische Funktionen zur formallogischen Durchdringung und Lösung von Entscheidungsproblemen kleiden. Präskriptiv ist der Ansatz deshalb, weil mit Hilfe normativer Modelle dazu beigetragen werden soll, bessere Entscheidungen zu treffen.

Eine Variante rationaler strategischer Entscheidungstheorie bildet die Spieltheorie, die mit Hilfe mathematischer Verfahren aus Akteurssicht eine „Theorie sozialer Interaktion" (Rieck 2007: 21) entwickelt hat. Ihr geht es aus mikroökonomischer Sicht um strategische Entscheidungskalküle von Akteuren bei zwei- oder Mehrpersonenspielen, die in Verfolgung ihrer eigenen interdependenten Interessen miteinander agieren und im Hinblick auf messbarer Erwartungswerte unterschiedliche Spielausgänge bewerten (Rieck 2007: 39). Je nach gewünschtem Spielergebnis können die Interaktionspartner kooperative oder nicht-kooperative Spielstrategien verfolgen. Im letzten Fall handelt es sich um Nullsummenspiele, bei denen der erzielte Spielgewinn des einen Akteurs genauso hoch ist wie der Verlust des anderen Spielers (Rieck 2007: 76).

Strategiebildung modellhaft als rationalen und zielmaximierenden Entscheidungsprozess zu konstruieren, ist von verschiedenen Seiten auf zahlreiche Einwände gestoßen. Sie gehen größtenteils auf Herbert A. Simon und die von ihm begründete verhaltenswissenschaftliche Entscheidungstheorie zurück (Bonazzi 2008: 280ff.). Sie rückt in den Mittelpunkt, wie, und mit welchem Verhalten Entscheidungsakteure Entscheidungen tatsächlich treffen und welchen Begrenzungen sie dabei unterliegen (Berger/Bernhard-Mehlich 2006).

Simons Hauptargumente gegen objektiv-rationales Entscheiden stützen sich auf die begrenzte kognitive und physiologische Ressourcenausstattung von Entscheidern, die sie mit nicht überwindbaren Schranken des Informationserwerbs und der Informationsverarbeitung konfrontieren. Auf drei Einwände bündelt Simon seine Kritik (1981: 116): So stehe erstens das erforderliche vollständige Wissen zur Antizipation der Folgen, die sich aus der Wahl einer Entscheidungsalternative ergeben könnten, nicht zur Verfügung. Zweitens sei die genaue Vorhersage von erst in der Zukunft eintretenden Wirkungen von Handlungen nicht möglich. Und drittens ließen sich nicht alle zur Wahl stehenden Entscheidungsalternativen, wie gefordert, erfassen und auf ihren Nutzen für ein bestmögliche Zielerreichung vergleichend bewerten. Kurzum könnten sich Entscheider nicht objektiver Rationalität annähern, weil sie durch die Zahl der Alternativen und die Informationsmenge, die sie beschaffen, untersuchen, verarbeiten und bewerten müssten, schlicht überfordert wären (Simon 1981: 127).

Die von Herbert A. Simon aufgezeigten kognitiven Barrieren rationaler Entscheidungsbildung sind von der Kognitionspsychologie weiterentwickelt worden, die sich als neuerer Zweig der organisationswissenschaftlichen Entscheidungsforschung etabliert hat (Neale/Tenbramsel/Galorin/Bazerman 2006: 488ff.). Sie arbeitet mit solchen Kategorien wie Cognitive Maps, Mind Maps, Schemata, Frames, Stereotypen und Attribution, die als intervenierende Variablen den Prozess der entscheidungsrelevanten Gewahrwerdung, Deutung und Erklärung von Wirklichkeit sowie der Informationsverarbeitung maßgeblich beeinflussen. Auch die Befunde dieses Forschungszweigs indizieren, dass Entscheider, gemessen an der Rationalitätsprämisse, zu kognitiven Verzerrungen der Wirklichkeit und zu Deutungs- und Erklärungsfehlschlüssen neigen.

Dietrich Dörner (2006: 26ff. 306ff.) leitet aus den kognitiven und psychologischen Schranken rationalen Entscheidens einige an der Wirklichkeit getestete charakteristische Fehler und Mängel ab, denen Entscheider unterliegen und die sich auf die Qualität von Strategieentwicklungsprozessen negativ auswirken. So lägen Entscheidungen häufiger unklare und nicht präzise abgestimmte Ziele zugrunde. Die Situation würde lückenhaft und nicht hinreichend differenziert erfasst und monokausal erklärt. An Entscheidungen würde selbst dann ignorant festgehalten, wenn überraschende Wendungen eine Kurskorrektur verlangten. Entscheider verlören sich in längst bekannten Detailproblemen, ohne den Gesamtzusammenhang des Geschehens zu beachten. Komplexe und nichtlineare Zusammenhänge und Entwicklungen überforderten das am Vergangenen und Vertrauten klebende Vorstellungsvermögen der Entscheider. Und Entscheider würden ein einmal festgelegtes Programm selbst um den Preis des Scheiterns abspulen, ohne die tatsächlich eintreffenden Wirkungen zu reflektieren.

Diesen kognitions- und sozialpsychologischen Einwänden lassen sich mit Blick auf die Besonderheit der Entscheidungssituation selbst, in der strategische Akteure stehen, weitere Rationalitätserschwernisse hinzufügen. So laboriert politische Strategiebildung weitgehend an Unsicherheit und zielt ins Ungewisse hinein. Komplexe, veränderliche Parteienumwelt und schlecht strukturierte politische Verhältnisse geben mehrdeutige, kaum greifbare Fingerzeige her, die sich nur schwer durchschauen lassen. Es herrscht Ungewissheit über den dynamischen, wechselhaften Fluss der Ereignisse. Plötzliche Ereignisse können überraschende Wendungen der Lage herbeiführen und über Annahmen zur weiteren Entwicklung der Lage kann die Zeit rigoros hinweggehen. Die Verfallsrate von Prognosen ist beeindruckend. Kaum anders als die sicherheitspolitisch militärstrategische Umwelt lässt sich auch die politische Arena als ungewiss, komplex und ambiguitär bezeichnen (Yarger 2006: 17f.). Dietrich Dörner (2006: 58) sieht strategische Entscheider dermaßen stark mit Situationen von hoher vernetzter Komplexität, Intransparenz und Eigendynamik konfrontiert, dass ein unvollständiges und fehlinformiertes Bild der Lage die Regel ist und Entscheider von Fehlannahmen ausgehen.

Eines der größten Hindernisse rationaler Strategiebildung liegt dabei in dem Interdependenzproblem, weil Strategen in Interaktion mit anderen Strategen stehen, deren Agieren und Reagieren im Vornhinein sich der Antizipation entzieht. Rüb (2005: 414) wirft deshalb einem politischen Strategiebegriff, der „an klaren Erfolgskriterien und nachvollziehbaren Ziel-Mittel-Relationen ausgerichtet ist" (Nullmeier/Saretzki 2002: 7), Illusionshaftigkeit vor. Ihm zugrunde läge eine lineare Logik, die „eindeutige Ziele und Mitteldefinitionen voraussetzt und vor einer stabilen und statischen Umwelt ausgeht". Stattdessen habe aber die Strategie eines Akteurs A die ihm nicht bekannte Strategie eines Akteurs B einzubeziehen und vice versa. Da dies nicht möglich sei, müssten hieraus weitläufige Schlussfolgerungen für die Erfolgsvoraussetzungen von Strategie gezogen werden.

Weil mit wachsender Unsicherheit der Informations- und Orientierungsbedarf ansteigt, geraten die Parteien in ein Dilemma. Sie werden in Zeiten wachsender Unsicherheit und des Berechenbarkeitsverlustes immer strategiebedürftiger, aber gerade wegen der ansteigenden Ungewissheit und Wechselhaftigkeit ihrer Lage immer strategieunfähiger. Sie haben sich für Wahlmöglichkeiten unter Unsicherheit zu entscheiden, die sich nicht sicherer macht, sondern eine Unsicherheit durch eine andere austauscht (Wiesendahl 2002: 193f.). Infolgedessen bleibt Parteien als strategischen Akteuren verschlossen, was situationsgerecht an Mitteln und Wegen bestmöglich geeignet sein könnte, um gewünschte Ziele abstrichslos zu erreichen. Aus ihrer Verunsicherung entwickeln sie eigens ein Rational der Unsicherheitsreduktion, indem sie Risiken des Fehlentscheidens und -handelns tunlichst vermeiden. Sie machen das auf zweierlei Art und Weise. Einmal greifen sie auf Mittel und Methoden zurück, die ihnen in der Vergangenheit bereits Erfolg eingebracht haben. So legt die SPD schon seit Jahren immer wieder den Erfolgsschlager „Mindestlöhne" auf in der Hoffnung, erneut und erneut in der Wählergunst punkten zu können. Die Lehren, die man derart aus Erfolgen und Misserfolgen der Vergangenheit für Gegenwart und Zukunft zieht, sind allerdings tückisch, weil sich längst die Bedingungen verändert haben, unter denen sie zuvor ihre Wirkungen entfaltet haben. Nicht minder reizvoll ist es für Parteien, Strategien nachzuahmen und zu kopieren, die von Konkurrenten erfolgreich vorexerziert wurden (Wiesendahl 2002: 198f.; Bukow 2009: 219). Sie greifen damit durch Beobachten und Lernen auf positive Erfahrungen Dritter zurück in der Hoffnung, sie für sich selbst mit gleichem Erfolg zunutze machen zu können.

Die Einwände gegen die Möglichkeit rationaler Strategiebildung ließen sich hier beenden, wenn nicht ein weiterer institutioneller Aspekt mit einzubeziehen wäre. Er rührt daher, dass Strategiebildung und Strategieumsetzung im Kontext institutioneller Einbindung erfolgt, was die Frage aufwirft, wie sich der Gruppen- und organisatorische Einbindungszusammenhang auf diesen Prozess auswirkt.

Joachim Raschke hat zu Recht betont, dass Strategieformulierung und strategische Steuerung nur durch einen kleinen Kreis von kompetenten strategischen Konzeptionären erfolgen kann, die in ihrer exklusiven Zusammensetzung ein strategisches Zentrum bilden (Raschke 2001: 29, 2002: 218). Das unverzichtbare Muss eines strategischen Zentrums darf allerdings, was dessen Leistungsfähigkeit angeht, nicht mit unrealistischen Allkompetenzillusionen überfrachtet werden (Jun 2004: 121f., Schmid/Zolleis 2009: 278). Schon Raschke selbst (2002: 232) warnt mit Blick auf einen „machtvoll und souverän steuernden politischen Kollektivakteur" vor „empirisch falschen Annahmen über unitarische, homogene, geschlossen handelnde Akteure".

Wie der Begriff des strategischen Zentrums verdeutlicht, geht Strategiebildung aus einem kollektiven Entscheidungsprozess hervor, bei dem strategische Entscheider, Entscheidungsgehilfen und strategische Berater miteinander interagieren. Selten ist es unter diesen Umständen so, dass die Beteiligten nach der Maxime der Zweckrationalität für zu entscheidende strategische Probleme die bestmöglichen, passgenauen Lösungen zu generieren verständen.

Wie der Entscheidungsbildungsprozess des 1962 zur Lösung der Kubakrise von J. F. Kennedy eingerichteten Executive Committee belegt (Wiesendahl 2008a: 240ff.), mangelte es den einbezogenen strategischen Entscheidungsakteuren nicht nur an hinreichender Information, sondern auch an einer homogenen Problemsicht der Lage. Unter gruppendynamischen Druck wechselten die Beteiligten ihre Positionen und Problemlösungsvorstellungen. Während des fünftägigen Entscheidungsbildungsprozesses zerfiel das Komitee in Einzelgruppen mit laufend wechselnder Koalitionsbildung. Anstelle bestmöglicher Mittel-Ziel-Kombinationen suchte sich das Team schließlich auf einen von allen Beteiligten akzeptierten Problemlösungsansatz zu verständigen. Im Gegensatz zur geforderten Suche nach einer bestmöglichen Strategie zur Beseitigung der auf Kuba stationierten Raketen handelten die Akteure nicht zielorientiert, sondern verfolgten interessengeleitet ihre eigene Agenda. So hatten die im Executive Committee einflussreichen vereinigten Stabschefs der US-Streitkräfte als „hidden agenda" die Umsetzung von Invasionsplänen im Sinn, die sie nach der 1961 fehlgeschlagenen Invasion in der Schweinebucht erstellen ließen. Mit der von Kennedy geforderten Beseitigung der russischen Raketen hatten diese Angriffspläne per Luft und Wasser nichts zu tun. Entsprechend bereiteten die Stabschefs vorliegende Aufklärungsergebnisse so auf, dass die Alternative Invasion Kubas und Beseitigung des Castro-Regimes durch übergesetzte amerikanische Bodentruppen zwingend erschienen (Allison 1980: 346).

Das Verhalten der Militärchefs straft die Rationalitätsprämisse strategischer Entscheidungsbildung Lügen (Wiesendahl 2008a: 245). Es wurde nicht für ein vorgegebenes Ziel nach bestmöglichen Mitteln und Wegen gesucht. Im Gegenteil verfügten die Akteure bereits über einen Lösungsansatz, für den sie nur noch ein Problem benötigten, was ihnen durch die Kubakrise zugespielt wurde. Jetzt ergab sich die Chance, eine bereits fertige Lösung einem später erst auftauchenden Problem aufzupfropfen. Das für durchdachte strategische Entscheidungsbildung elementare Prinzip „solutions follow problems" wurde so in „problems follow solutions" umgekehrt. Wesentlich hierfür ist, dass strategische Experten einer antrainierten professionellen Einschätzungs-, Beurteilungs- und Problemlösungslogik unterliegen.

In der Aufarbeitung der Kubakrise hat Graham Allison (1971) drei Entscheidungsmodelle vorgelegt, die er als Rational Actor-Modell, als organisatorisches Prozessmodell und als bürokratisches Modell bezeichnete. Das Rationalitätsmodell decke sich nicht mit der Wirklichkeit, weil politisch-administratives Entscheiden mit dem eines zielmaximierenden, vollständig informierten „unitary, rational decisionmaker" (1971: 67) gleichgesetzt werde. Dagegen müsse eine Regierungsadministration als ein Konglomerat aus semifeudalen, lose verbündeten Organisationsteilen mit einem Eigenleben betrachtet werden. Diese richteten sich an Verhaltensroutinen aus, die die Erfassung und Auswahl von Handlungsoptionen begrenzen würden. Mit Blick auf Modell drei würden Regierungsgremien in Akteursgruppen eigener Machtvollkommenheit zerfallen, die nach Regeln der Mikropolitik Machtkämpfe untereinander austrügen (144).

Insgesamt bleibt von der Vorstellung wenig übrig, dass kollektiv interagierende strategische Akteure rationale, bestmögliche Ziel-Mittel-Umwelt-Kalkulationen anstellen würden. Weit gefehlt richtet sich ihr Entscheidungsbildungsverhalten nicht mal an einer sukzessiven Phasenlogik aus, sondern folgt überspringenden, vorgreifenden, retrograden, zyklischen und zirkulären Prozessmustern (Schreyögg 2008: 56).

Wenn man all die gewichtigen Einwände gegen rationale, zielmaximierende und bestmögliche Strategiebildung und -umsetzung in der Gesamtschau zusammenfasst, lässt sich hierzu erschöpfend auf eine von Richard K. Betts (2000: 8ff.) im Kontext von Security Studies verfasste Zusammenstellung zurückgreifen, die zehn Punkte auflistet:

1. Strategie scheitere an fehlenden Prüfkriterien, mittels derer vorausschauend die Annehmbarkeiten von Risiken und die bessere Eignung einer Strategie gegenüber einer anderen feststellbar wäre. So ähnle Strategieentwicklung einem Glücksspiel.

2. Resultate folgten nicht den strategischen Plänen. Erwünschte Ziele ließen sich nicht durch Kontrolle über ihre Verursachungsfaktoren herbeizwingen.
3. Strategische Konzeptionäre ließen sich von unterbewussten individuellen Motiven und Absichten und nicht von der Logik bestmöglicher Instrumente/Mittel zur Verwirklichung angestrebter Ziele leiten.
4. Kognitive Grenzen des individuellen Gewahrwerdens und Denkens hinderten Strategen daran, Verbindungen zwischen Mitteln und Zielen zu erkennen und durchzukalkulieren.
5. Botschaften, die mit strategischen Machtdemonstrationen transportiert werden sollen, erreichten die Adressaten wegen kommunikativer Verzerrungen und kulturspezifische Deutungskontexte nicht wie vorbedacht.
6. Strategien gelangten deshalb nicht zum Ziel, weil Umsetzungsschwierigkeiten die Verbindungslinien zwischen dem Geschehen und dem, was sie gegenüber Adressaten bewirken sollen, kappen.
7. Im organisatorischen Implementierungsprozess von Strategien entwickelten institutionelle Interessen und organisatorische Routinen ein Eigenleben und gewönnen die Oberhand über die strategische Zielsetzung.
8. Die Praxis der Strategie verkehre gerade im Ernstfall die Theorie in ihr Gegenteil. Anstelle dass die Kriegsführung der Politik diene, widerstehe und konterkariere die Praxis strategische Vorgaben. Die Außerachtlassung der Ziele und der Primat der Mittel unterminierten die rationale Anlage von Strategie.
9. Strategische Logik fuße auf klarem Willen, wohlbedachter Kalkulation und Unumstößlichkeit der Entscheidung. Demokratische Wettbewerbs- und Konsensbildung arbeiteten gegen diese Standards.
10. Und Politiker tendierten als strategische Letztentscheider zu Kompromisslösungen zwischen widersprechenden Zielen. Was aber politisch erfolgversprechend wäre, sei für eine Militärstrategie tödlich.

5 Schlussfolgerungen aus der Rationalitätsbegrenzung politischer Strategie

Wie mit den nicht zu ignorierenden weitreichenden Hindernissen und Fallstricken rationaler Strategiebildung und -umsetzung umzugehen ist, führt unter den Vertretern der Strategiedebatte zu unterschiedlichen Antworten.

Eine Antwort auf die von Raschke und Tils (2007: 17f.) aufgeworfene Frage „Was folgt aus Unsicherheit, Komplexität und begrenzter Ergebnisrationalität?", könnte sein, rationale Strategie als Illusion zu verwerfen (Betts 2000: 8ff.). Strategie wäre dann nichts weiter als eine Stange, mit der im Nebel des Ungewissens und

Rationalitätsgrenzen politischer Strategie

des zufälligen Eintretens von Geschehnissen haltlos herumgestochert werden würde. Unter diesem Blickwinkel verlöre Strategie jeglichen Gedanken an Zuversicht und ließe sich der strategischen Praxis nicht einmal mehr als Beruhigungsarznei verordnen. Mehr in Richtung Ausweg zielt dagegen ein weiterer Lösungsansatz, Strategie, losgelöst von den Umständen und der konkreten Situation, auf die Formulierung allgemein gültiger strategischer Maxime zu begrenzen. Solche Prinzipien sind vor allem in der Strategielehre von Sun Tzu (1988: 66, 77; Yuen 2008: 187ff.) vorzufinden. Dieser Ansatz erntet aber massive Kritik (Riemer 2007: 47, Raschke/Tils 2007: 252ff.), weil er von der nicht haltbaren Prämisse lebt, strategische Maxime seien universell gültig und anwendbar. Zudem kann die Lösung des Rationalitätsdilemmas nicht darin bestehen, dem Problem wirkungsmächtiger Ziel-Mittel-Umwelt-Kalkulationen einfach aus dem Wege zu gehen.

Anders noch wird eine Antwort darin gesehen, Strategieentwicklung und strategische Praxis als zwei verschiedene Welten voneinander zu trennen. In der berühmten Formulierung von Graf von Moltke (1925: 241) wird dieser Gedanke in folgende Worte gekleidet: „Die Strategie ist ein System von Aushilfen. Sie ist mehr als Wissenschaft, ist die Übertragung des Wissens auf das praktische Leben, die Fortbildung des ursprünglich leitenden Gedankens entsprechend den stets sich ändernden Verhältnissen (...)". Da nach Moltke die Situation, in der es zur kriegerischen Auseinandersetzung komme, nicht vorauszuberechnen sei, ende der strategische Plan im Moment des Zusammenstoßes mit dem Gegner. Was dann folge, sei nicht durch die Exekution eines strategischen Plans prädestiniert, sondern eine Abfolge spontaner Akte (78). Rüb spitzt diese Position noch weiter zu. Für ihn trägt selbst eine unklar gehaltene, offene und flexible Strategie nur „bis zum ersten Schuss bzw. zum ersten Zug", danach würde „alles anders" werden. Damit der Strategie jegliche Richtschnurfunktion und Wappnungsfähigkeit für die reale politische Praxis abzusprechen, setzt aber die Akteure unvorbereitet den Unbillen des Geschehens aus und taucht Strategiebildung in das Licht des Überflüssigen und Nichtsnützigen.

Soweit geht als weitere Antwort das von Herbert A. Simon entwickelte Konzept der befriedigenden Rationalität nicht. Weil rationales Entscheiden nicht möglich sei, wird das Anspruchsniveau des Entscheidungsprozesses von optimaler auf befriedigende Rationalität abgesenkt (March/Simon 1976: 132). Entscheidungen bewegten sich im Rahmen verfügbarer Informationen, Alternativen und Hilfsmittel und begrenzten die Auswahl auf befriedigende Alternativen, die „gut genug" seien. Wenn so verfahren würde, ließen sich Entscheidungen ohne geistige Überforderung „mit einfachen Daumenregeln treffen" (Simon 1981: 31). Preis zu geben seien dabei „vollständige und perfekte Zielerreichung", um es mit einer „besten" Lösung bewenden zu lassen, die die Umstände, die „Umweltsituation" ermögliche und zulasse (Simon 1981: 51). Scheint dies für die Strategiebildung auf den ersten Blick ein akzeptabler Weg, ist in das Verfahren nach wie vor ein hohes Risiko des Scheiterns eingebaut, weil ja ungewiss bleibt, ob befriedigende Rationalität am Ende erfolgreich zum Ziel führt.

5.1 Umrisse eines pragmatischen Strategiebegriffs

Was aus dem Rationalitätsdilemma politischer Strategie an Lehren gezogen wird, kann nicht wirklich befriedigen. Weder kann die Lösung im Rückfall unter Mindeststandards der Strategiebildung bestehen, noch lassen sich umgekehrt unrealistische Rationalitätsansprüche durch die Hintertür wieder einführen.

Aber auch nicht aus der Welt zu schaffen ist, dass die Ungewissheit der Lage und die nicht zu leistende sichere Prognose über ihre weitere Entwicklung einerseits und die nicht hinlänglich abschätzbaren Wirkungen von Wahlmöglichkeiten Strategie auf einen Ausgangspunkt zurückwirft, bei dem eine für die optimale Zielerreichung bestmögliche und erfolgsgewisse Ziel-Mittel-Umwelt-Kombination nicht möglich ist.

Gegen die massiven Einwände halten Raschke und Tils (2007: 17ff.) den Rationalitätsanspruch von Strategie aufrecht. Sie plädieren allerdings relativierend zu „strategischen Realismus" und gehen davon aus, dass auch unter Unsicherheit *„pragmatische Strukturierung* [i. O. kursiv, E. W.] mit Sicherheitsgewinn" möglich sei, allerdings unter der „Annahme *begrenzter* [i. O. kursiv, E. W.] Effekte strategischen Handelns" (22).

In der Tat bleiben in Kenntnis von Rationalitäts- und Machbarkeitshürden strategische Handlungsspielräume gewahrt, die zu nutzen bessere gewünschte Resultate zeigen können, als sich dem Schicksal und dem Zufall hinzugeben. Strategieverzicht hieße nämlich, sich dem ungerichteten freien Spiel der Kräfte zu überlassen nach dem Motto „Es kommt wie es kommt" und daran sei nicht zu rütteln. Ein fataler Irrtum, den strategische Mitspieler in der politischen Arena zu ihren Gunsten ausnutzen könnten.

Dagegen kann ein pragmatischer Strategiebegriff auf der Grundlage strategischen Realismus aus der Rationalitätsfalle herausführen. Dies heißt zuallererst, das interdependente In-Beziehung-Setzen von Zielen, Mitteln und Umwelt bei der Strategiebildung und -umsetzung nicht preiszugeben und damit auch deren Erfolgsorientierung. Nur greift Erfolgsorientierung ins Leere, wenn sie nicht auf Realitätstauglichkeit ausgerichtet wird. Erst die Konfrontation von Strategie mit der Praxis liefert einen untrüglichen Bewährungstest, an dem sich die Realitätstauglichkeit ablesen lässt.

Rationalitätsgrenzen politischer Strategie

Um dies zu leisten, muss Strategie vom Kopf auf die Füße gestellt und zum Laufen gebracht werden. Strategie permanent der praktischen Bewährung auszusetzen, ist das Maß aller Dinge. „Strategy is a process, a constant adaption to shifting conditions and circumstances in a world where chance, uncertainty and ambiguity dominate" (Murray/Grimsley 1997: 1). Für strategischen Realismus bedeutet dies, nach Erfolgschancen zu suchen und gleichzeitig die Gefahr der Fehlkalkulation und die Logik des schlichten Scheiterns als integrale Komponenten mit in die Strategieentwicklung und deren Umsetzung einzubeziehen. Was die Erfolgschancen angeht, wird sich Strategie nie sicher sein können, den geeigneteren, besseren Weg der Zielverfolgung einschlagen zu können. Gleichwohl misst sich Strategie am kalkulierten, wohldurchdachten, zielstrebigen Handeln unter Beimischung von Vernunft. Sie entfaltet sich darin, Zukunft auf der Basis nachvollziehbarer Annahmen und Vermutungen und Erfahrungen vorauszudenken und bei dem In-Beziehung-Setzen von Lage, Zielen und Mitteln Evidenz, Intuition, Fantasie, Antizipationsgespür, ganzheitliches Denken und Plausibilität walten zu lassen. Strategie bleibt dabei Handeln ins Ungewisse hinein, was bedeutet, der nicht vorbedachten Überraschung, den nicht intendierten Folgen eigenen Tuns und den Interventionen der Gegenseite ausgesetzt zu sein. Wenn aber unbedachte und nicht vorhersehbare Risiken den ständigen Begleiter von Strategie bilden, kann dem durch vorsorgende Wappnungs- und Abwehrmaßnahmen nicht hinlänglich vorgebeugt werden. Genauso wenig kann darauf gesetzt werden, dass sich im Sinne konsekutiver Logik eine zunächst analytisch und denkerisch entwickelte Strategie anschließend wie ein Fertigprodukt in die politische Praxis umsetzen ließe.

Schon der analytische Kunstgriff, strategisches Denken vom strategischen Handeln zu trennen, ist in diesem Zusammenhang bedenklich, weil er zu dem Fehlschluss verleitet, in Ersterem einen intellektuell dominierten strategischen Konstruktions- und Designprozess zu sehen, während das Zweite dazu dient, die zu einem Konstrukt geronnene Denkleistung regiebuchmäßig zu exekutieren. Strategische Praxis ist nicht Magd der strategischen Theorie. Um Strategie zum Laufen zu bringen, verwirklicht sie sich in der Einheit von Idee und Tat. Als ganzheitlich zu betrachtender Prozess verlangt sie nach einem rekursiven Ineinandergreifen von Denken, Entscheiden, Umsetzen, Lernen und Anpassen (Wiesendahl 2002: 190, 200).

Bei solch einem pragmatischen, interaktiven Verständnis von Strategie fällt der strategischen Praxis, die über Erfolg und Misserfolg entscheidet, eine Schlüsselstellung zu. Sie stellt in Rechnung, dass bei der Komplexität und Dynamik des politischen Prozesses die Dinge nie so eintreten, wie Sie vermutet werden. Die Antwort hierauf ist „eine flexible strategische Praxis" (Raschke/Tils 2007: 389), was Strategie insgesamt, nicht nur in der Phase der Umsetzung, zu etwas dynamischen, lernenden und elastischen macht. Die Kunst von Strategie besteht in situationsgerechter prompter Adaptionsfähigkeit und in flexibler Reaktion. Für die Königsdisziplin politischer Strategie, den Wahlkampf, bringt das der erfahrene Wahlkämpfer Franz Müntefering (2009: 26) so auf den Begriff: „Gefühl für die Situation, Beweglichkeit in der Bewegung."

Der Feind von Strategie ist aus diesem Blickwinkel heraus Strategie als starres Gebilde. Erst wenn sie situativ, transitiv, rekursiv, lernoffen und wandelbar wird, ist sie den politischen Verhältnissen gewachsen.

Literatur

Allison, Graham T. 1971: Essence of Decision: Explaining the Cuban Missile Crisis, Boston: Little, Brown & Co.

Allison, Graham T. 1980: Die Kuba-Krise, in: Uthoff, Hoyo/Deetz, Werner (Hg.), Bürokratische Politik, Stuttgart: Klett-Cotta, 323-345.

Berger, Ulrike/Bernhard Mehlich, Isolde 2002: Die verhaltenswissenschaftliche Entscheidungstheorie, in: Kieser, Alfred (Hg.), Organisationstheorien, 5. Auflage, Stuttgart: Kohlhammer, 133-160.

Betts, Richard K. 2000: Is Strategy an Illusion?, in: International Security, Vol. 25, No. 2, 5-50.

Bonazzi, Giuseppe 2008: Geschichte des organisatorischen Denkens, Wiesbaden: VS Verlag für Sozialwissenschaften.

Bukow, Sebastian 2009: Parteiorganisationsreformen zwischen funktionaler Notwendigkeit und institutionellen Erwartungen, in: Jun, Uwe/Niedermayer, Oskar/Wiesendahl, Elmar (Hg.), Die Zukunft der Mitgliederpartei, Opladen: Budrich, 211-228.

Caroll, Lewis 1869: Alice's Abenteuer im Wunderland, übersetzt aus dem Englischen von Antonie Zimmermann, Leipzig: Hartknoch.

Chandler, Alfred D. 2001: Strategy and Structure. Chapters in the History of Industrial Enterprise, 22. Auflage, Cambridge: MIT Press.

Clausewitz, Carl von 1980: Vom Kriege, Nachdruck der 19. Jubiläumsausgabe, Troisdorf: Dümmler.

Dörner, Dietrich 2006: Die Logik des Misslingens. Strategisches Denken in komplexen Situationen, 5. Auflage, Reinbek: Rowohlt.

Eder, Erich 1998: Definition und Gebrauch des Begriffs „Strategie", in: Österreichische Militärische Zeitschrift, H. 2, 121-128.

Freudenberg, Dirk 2007: Der Strategiebegriff bei Clausewitz und Jomini, in: Allgemeine schweizerische Militärzeitschrift, Jg. 173, H. 10, 29-30.

Rationalitätsgrenzen politischer Strategie

Grant, Robert M./Nippa, Michael 2006: Strategisches Management. Analyse, Entwicklung und Implementierung von Unternehmensstrategien, 5. aktualisierte Auflage, München: Pearson Studium.

Hinterhuber, Hans H. 2004: Strategische Unternehmensführung, Band 1: Strategisches Denken: Vision, Unternehmenspolitik, Strategie, 7. grundl. neu bearb. Auflage, Berlin: de Gruyter.

Jun, Uwe 2004: Der Wandel von Parteien in der Mediendemokratie. SPD und Labour Party im Vergleich, Frankfurt/M.: Campus.

March, James G./Simon, Herbert A. 1976: Organisation und Individuum. Menschliches Verhalten in Organisationen, Wiesbaden: Gabler.

Mintzberg, Henry/Ahlstrand, Bruce/Lampel, Joseph 1999: Strategy Safari. Eine Reise durch die Wildnis des strategischen Managements. Frankfurt/M.: Redline.

Moltke, (Helmut) Graf von 1925: Ausgewählte Werke, 1. Band: Feldherr und Kriegslehrmeister, Berlin: Hobbing.

Monroe, Kristen Reuwick 1991: The Theory of Rational Action: What Is It? How Useful Is It for Political Science, in: Crotty, William (ed.), Political Science. Looking to the Future, Vol. 1: The Theory and Practice of Political Science, Evanston: Northwestern University Press, 77-98.

Müntefering, Franz 2009: Spiegelinterview, in: Der Spiegel, Heft 29, 26.

Murray, Williamson/Grimsley, Mark 1996: Introduction: On Strategy, in: Murray, Williamson/Bernstein, Alvin/MacGregor, Knox (eds.), Making of Strategy: Rulers, States, and War, Cambridge: Cambridge University Press.

Neale, Margret A./Tenbrunsel, Ann E./Galvin, Tiffany/Bazerman, Max. H. 2006: A Decision Perspective on Organizations: Social Cognition, Behavioural Decision Theory and the Psychological Links to Micro- and Macro-Organizational Behaviour, in: Clegg, Stewart R./Hardy, Cynthia/Nord, Walter R. (eds.), The Sage Handbook of Organization Studies, second edition, London: Sage, 485-519.

Nullmeier, Frank/Saretzki, Thomas 2002: Einleitung, in: Nullmeier, Frank/Saretzki, Thomas (Hg.), Jenseits des Regierungsalltags. Strategiefähigkeit politischer Parteien, Frankfurt/M.: Campus, 7-21.

Raschke, Joachim 2001: Die Zukunft der Grünen. „So kann man nicht regieren", Frankfurt/M.: Campus.

Raschke, Joachim 2002: Politische Strategie. Überlegungen zu einem politischen und politologischen Konzept, in: Nullmeier, Frank/Saretzki, Thomas (Hg.), Jenseits des Regierungsalltags. Strategiefähigkeit politischer Parteien, Frankfurt/M.: Campus, 207-241.

Raschke, Joachim/Tils, Ralf 2007: Politische Strategie. Eine Grundlegung. Wiesbaden: VS Verlag für Sozialwissenschaften.

Raschke, Joachim/Tils, Ralf 2008: Politische Strategie. In: Forschungsjournal NSB, Jg. 21, H. 1, 11-24.

Rieck, Christian 2007: Spieltheorie – Eine Einführung, 7. überarb. und erweit. Auflage, Eschborn: Rieck.

Riemer, Andrea K. 2007: Strategie wofür? Texte zu strategischen Überlegungen im 21. Jahrhundert, Frankfurt/M.: Lang.

Rüb, Friedbert W. 2005: „Sind Parteien noch zu retten?" Zum Stand der gegenwärtigen Parteien- und Parteiensystemforschung, in: Neue Politische Literatur, Jg. 50, 397-421.

Sun Tzu (Sunzi) 1988: Die Kunst des Krieges, hrsg. von James Clavell. München: Droemer.

Schmid, Josef/Zolleis, Udo 2009: Parteiorganisationen zwischen Anarchie und Strategie: Politik ist Organisation, in: Schalt, Fabian u. a. (Hg.), Neuanfang statt Niedergang – Die Zukunft der Mitgliederparteien, Münster: Lit, 271-288.

Schreyögg, Georg 2008: Organisation. Grundlagen moderner Organisationsgestaltung, 5. vollst. überarb. und erweit. Auflage, Wiesbaden: Gabler.

Simon, Herbert A. 1981: Entscheidungsverhalten in Organisationen, Landsberg am Lech: Verlag Moderne Industrie.

Speth, Rudolf 2005: Strategiebildung in der Politik, in: Forschungsjournal Neue Soziale Bewegungen, Jg. 18, H. 2, 20-37.

Speth, Rudolf 2006: Navigieren ohne Kompass. Strategiebildung in Parteien und NGOs, Hans Böckler Stiftung, Manuskript.

Welge, Martin K./Al-Laham, Andreas 2008: Strategisches Management. Grundlagen-Prozess-Implementierung, 5. vollständig überarb. Auflage, Wiesbaden: Gabler.

Wiesendahl, Elmar 2002: Die Strategie(un)fähigkeit politischer Parteien, in: Nullmeier, Frank/Saretzki, Thomas (Hg.), Jenseits des Regierungsalltags. Strategiefähigkeit politischer Parteien, Frankfurt/M.: Campus, 187-206.

Wiesendahl, Elmar 2008a: Spitzenführungskräfte im Licht von Menschenbildern, in: Bayer, Stefan/Stümke, Volker (Hg.), Mensch. Anthropologie in sozialwissenschaftlicher Perspektive, Berlin: Duncker & Humblot, 233-248.

Wiesendahl, Elmar 2008b: Strategische Führung zwischen Hierarchie, Markt und Demokratie, in: Forschungsjournal Neue Soziale Bewegungen, Jg. 21, H. 1, 27-36.

Wolf, Joachim 2008: Organisation, Management, Unternehmensführung. Theorien, Praxisbeispiele und Kritik, 3. vollst. überarb. u. erweit. Auflage, Wiesbaden: Gabler.

Yarger, Harry R. 2006: Strategic Theory for the 21st Century: The Little Book on Big Strategy, Strategic Studies Institute. National Defence University. Army War College, USA.

Yuen, Derek M. C. 2008: Deciphering Sun Tzu, in: Comparative Strategy, Vol. 27, 183-200.

Zum Verhältnis von politischer und militärischer Strategie

Herfried Münkler

1 Primat des Politischen in der Theorie, genetische Vorläuferschaft des Militärischen in der Geschichte

Seit jeher wird eine dem Militärischen entstammende Begrifflichkeit auf politische Konstellationen und politisches Handeln angewandt: Die Politik bekommt durch diesen Begriffstransfer eine vermeintliche Übersichtlichkeit und Klarheit, die häufig vermisst wird. Da ist von Fronten die Rede, die verhärtet sind, aber auch durchbrochen werden können, von offenen Flanken und ungeschützten Stellungen, von Scharmützeln und Schlachtordnungen, von Angriff und Verteidigung, die gerne militärischem Ethos gemäß als schneidig oder hinhaltend klassifiziert werden. Vor allem aber ist der Begriff der Strategie bzw. des Strategen selbst ein terminologischer Transfer aus dem Militärischen ins Politische. Auch wenn die Aufgaben des *strategos* von der attischen Demokratie in einem politischen Amt zusammengefasst worden waren, dessen Inhaber mit Blick auf die erforderlichen Kompetenzen nicht durch Los, sondern Wahl bestellt wurde (Tarkiainen 1972: 265f.), blieben die damit verbundenen Fähigkeiten und Leistungen doch wesentlich militärischer Art. Der Strategiebegriff wurde im Bereich des Militärischen entwickelt und geschärft, um erst anschließend auf andere Bereiche, zunächst die Politik, später auch die Ökonomie, übertragen zu werden (Wohlrapp 1998: 263). Carl Schmitts berühmte Formel variierend, wonach „alle prägnanten Begriffe der modernen Staatslehre (...) säkularisierte theologische Begriffe" seien (Schmitt 1985: 49), könnte man meinen, alle wesentlichen politischen Begriffe, die nicht auf die Statik der Legitimitäten, sondern die Dynamik intendierter Veränderung abheben, seien sekundär zivilisierte militärische Begriffe. Die in Begriffe gefasste Vorstellungswelt des Militärischen gibt danach die epistemische Ordnung vor, in welcher der politische Kampf um die Macht innerhalb des Gemeinwesens gedacht und konzipiert wird. Die Zivilität, mit der diese Begrifflichkeit konnotativ ummantelt wird, ist danach bloß die Patina, die den eigentlichen Kern der Sache verbirgt: die Bereitstellung physischer, moralischer und symbolischer Kräfte, um den je eigenen

Willen durchzusetzen – im Militärischen wie im Politischen. Die auf das Politische übertragenen militärisch-strategischen Begriffe sind dieser Sichtweise zufolge mehr als bloße Metaphern, die der Politik Klarheit und Anschaulichkeit verleihen sollen; Politik wird hier vielmehr nach den Vorgaben militärischer Strategien gedacht und konzipiert.

Auf den ersten Blick ist das eine Umkehrung von Clausewitz' berühmter Definition, wonach der Krieg „eine Fortsetzung des politischen Verkehrs, ein Durchführen desselben mit anderen Mitteln" sei (Clausewitz 1980: 210). Clausewitz hat die Politik als den Ort der politischen Zwecksetzung dem Militärischen klar vorgeordnet („denn die politische Absicht ist der Zweck, der Krieg das Mittel, und niemals kann das Mittel ohne Zweck gedacht werden", Clausewitz 1980: 210) und davon gesprochen, dass die Politik, wenn sie „die Feder mit dem Degen vertauscht", also von diplomatischer auf militärische Einflussnahme umstellt, „darum nicht aufgehört hat, nach ihren eigenen Gesetzen zu denken" (Clausewitz 1980: 998). Freilich hat er auch wiederholt darauf hingewiesen, dass sich die Politik nur solche Zwecke setzen darf, die mit den spezifischen Mitteln des Militärs erreichbar sind.[1] Die Größe der Zwecke, über welche die Politik verfügt, hängt ihrerseits von sozio-politischen Entwicklungen ab, die einer direkten politischer Einflussnahme entzogen sind und sich in einem dichten Zusammenspiel von Gesellschaftsordnung und kognitiven Dispositionen entwickeln. Im 3. Kapitel des VIII. Buches von *Vom Kriege* gibt Clausewitz einen kurzen Abriss der Kriegsgeschichte von der Antike bis in seine eigene Gegenwart, der in der „Entfesselung der Bellona" durch die Französische Revolution kulminiert. Die Folgen der Revolution für Krieg und Militärwesen fasst er wie folgt zusammen: „Der Krieg war urplötzlich wieder eine Sache des Volkes geworden, und zwar eines Volkes von 30 Millionen, die sich alle als Staatsbürger betrachteten. (...) Mit dieser Teilnahme des Volkes an dem Kriege trat statt eines Kabinetts und eines Heeres das ganze Volk mit seinem natürlichen Gewicht in die Waagschale. Nun hatten die Mittel, welche angewandt, die An-

---

[1] „Aber der politische Zweck ist (...) kein despotischer Gesetzgeber, er muß sich der Natur des Mittels fügen und wird dadurch oft ganz verändert, (...)." (Clausewitz 1980: 210). Das politisch wichtigste Beispiel für die Überforderung des Mittels durch den Zweck ist Clausewitz' Feststellung, dass Russland mit den europäischen Mächten verfügbaren Kräften nicht zu erobern sei. „Das russische Reich ist kein Land, was man förmlich erobern, d.h. besetzt halten kann, wenigstens nicht mit den Kräften jetziger europäischer Staaten, (...). Ein solches Land kann nur bezwungen werden durch eigene Schwäche und die Wirkungen des inneren Zwiespaltes." (Clausewitz 1980: 1024). In der Clausewitz-Literatur nach dem Zweiten Weltkrieg (etwa Schramm 1976: 343ff.) ist daraus eine Warnung vor dem Angriff auf die Sowjetunion im Sommer 1941 herausgelesen worden. Der Tenor dessen lautete: Hätten Hitler und die Wehrmachtsführung Clausewitz genauer gelesen und besser beherzigt, hätten sie den Krieg anders angelegt. Indem die Politik jedoch unerreichbare Zwecke vorgab, habe sie das Instrument zu deren Erreichung zerstört.

Zum Verhältnis von politischer und militärischer Strategie

strengungen, welche aufgeboten werden konnten, keine bestimmte Grenze mehr; die Energie, mit welcher der Krieg selbst geführt werden konnte, hatte kein Gegengewicht mehr, und folglich war die Gefahr für den Gegner die äußerste." (Clausewitz 1980: 970f.). Eine Politik, deren strategische Dispositionen diese neuen Dimensionen des Militärischen nicht beachtete, war zum Scheitern verurteilt. Die Ordnung des Ancien Régime ging in der Konfrontation mit der revolutionären Dynamik zugrunde.

Clausewitz bezweifelte, dass die von der Revolution angestoßene Entwicklung in der Kriegführung wieder umgekehrt oder rückgängig gemacht werden könne, da er die Begrenzung dessen, was möglich ist, in der Nachfolge Kants[2] eher als eine kognitive denn gesellschaftliche ansah. Der Politik jedenfalls gestand er in dieser Frage nur einen beschränkten Einfluss zu. So stellt er fest, „daß die Schranken, die gewissermaßen nur in der Bewußtlosigkeit dessen, was möglich ist, lagen, wenn sie einmal eingerissen sind, sich nicht leicht wieder aufbauen lassen, und daß, wenigstens jedes Mal, sooft ein großes Interesse zur Sprache kommt, die gegenseitige Feindschaft sich auf die Art erledigen wird, wie es in unseren Tagen geschehen ist." (Clausewitz 1980: 972f.). Im Gefolge der Revolution hatte sich der tatsächliche dem absoluten Krieg angenähert, wobei Clausewitz mit letzterem den Kulminationspunkt aller Eskalationsprozesse bezeichnete, die aus dem Begriff des Krieges entwickelt werden konnten (Clausewitz 1980: 193-195). Ein Merkmal dieses absoluten Krieges war, dass politische und militärische Strategien kongruent wurden.

Der Politik, von Clausewitz im Wesentlichen als Staatshandeln begriffen (Paret 1993: 350ff.), geht seiner Theorie zufolge eine gesellschaftliche und kognitive Entwicklung voraus, die über Umfang und Größe der verfügbaren militärischen

---

[2] Die Parallelstelle zu Clausewitz' Überlegungen findet sich in Kants „Streit der Fakultäten", wo von der „Revolution eines geistreichen Volkes, die wir in unseren Tagen haben vor sich gehen sehen", die Rede ist, welche „in den Gemütern aller Zuschauer (die nicht selbst in diesem Spiele mit verwickelt sind) eine Teilnehmung dem Wunsche nach [gefunden habe], die nahe an Enthusiasm grenzt, und deren Äußerung selbst mit Gefahr verbunden war, die also keine andere, als eine moralische Anlage im Menschengeschlecht zur Ursache haben kann." (Kant 1964: 358). Für Kant ist dies ein starker Indikator für die Richtigkeit der geschichtstheoretischen Annahme eines Fortschritts des Menschengeschlechts, „denn ein solches Phänomen in der Menschengeschichte vergißt sich nicht mehr, weil es eine Anlage und ein Vermögen in der menschlichen Natur zum Besseren aufgedeckt hat, dergleichen kein Politiker aus dem bisherigen Laufe der Dinge herausgeklügelt hätte." (Kant 1964: 361). Während Kant eine Folge der Revolution in der Entwicklung einer Verfassung sieht, die den Angriffskrieg meiden lässt, „wodurch der Krieg (der Quell aller Übel und Verderbnis der Sitten) abgehalten" wird (Kant 1964: 358f.), hat in Clausewitz' Sicht die Revolution den Krieg „seiner wahren Natur, seiner absoluten Vollkommenheit sehr genähert". (Clausewitz 1980: 972). Für beide ist jedoch entscheidend, dass die Revolution eine Wissensschranke durchstoßen hat, die durch Vergessen nicht wieder geschlossen werden kann.

Mittel und der denkbaren politischen Ziele entscheidet. Die sozio-politischen Konstellationen geben bei Clausewitz den Rahmen dessen vor, was politisch angestrebt und militärisch erreicht werden kann. Somit liegt die Annahme nahe, dass sich im Rahmen dieser Entwicklung auch das Verhältnis zwischen politischer und militärischer Strategie verändert, wobei nicht nur die Abstände zwischen beiden Strategien größer und kleiner werden, sondern auch das Verhältnis selbst in Abhängigkeit von den jeweiligen sozio-politischen Konstellationen gedacht werden muss. Diese Annahme einer sich mit den Rahmenbedingungen verändernden Relation zwischen politischer und militärischer Strategie liegt den nachfolgenden Überlegungen zugrunde. Dementsprechend ist das Verhältnis zwischen beiden weder deskriptiv noch normativ fixierbar, sondern hängt von Umständen ab, über die weder die politischen noch die militärischen Strategen verfügen und die seitens der Theorie auch nicht nachträglich zu fixieren sind.

Fassen wir diese ersten Beobachtungen und Überlegungen zusammen, so heißt das, dass bei einer systematischer Reflexion die politische der militärischen Strategie durchweg vorgeordnet wird, in historischer Beobachtung die Art der dominierenden Verordnung aber variiert, und in genetischer Hinsicht die militärische der politischen Strategie vorausgeht, was sich nicht zuletzt in der Hegemonie militärischer Begriffe bei der Formulierung politischer Strategien niederschlägt. Eine Erklärung dafür könnte darin bestehen, dass sich ein strategiefähiges politisches Zentrum[3] erst lange nach der Herausbildung militärischer Strategien entwickelt und die Verfügung über die kollektiv verbindlichen Entscheidungen des Gemeinwesens an sich gezogen hat. Oder anders formuliert: Politische und militärische Strategie waren über lange Zeit, zumindest was die Selbstbehauptung eines Gemeinwesens gegen äußere Konkurrenten anbetrifft, so eng ineinander verschlungen, dass eine Separierung beider weder erforderlich noch möglich war. Obendrein lag die Verfügung über beide Strategien zumeist in ein und derselben Hand, so dass es in Reflexion und Entscheidungsprozess zwar zu Priorisierungen der einen gegenüber der anderen Strategie gekommen sein mag, diese sich aber nicht institutionell verfestigten und demgemäß auch keine eigenen Logiken und Regularien ausgebildet wurden. Clausewitz' Formel, wonach der Krieg „freilich seine eigene Grammatik, aber nicht seine eigene Logik" hat (Clausewitz 1980: 991), erhält erst auf einem relativ fortgeschrittenen Niveau der institutionellen Ausdifferenzierung des Politischen Gültigkeit.

Selbst zu Clausewitz' Zeiten ist die Subsumtion des Militärischen unters Politische in der Schärfe, wie er sie in *Vom Kriege* vorgetragen hat, nur von wenigen

---

[3]   Die Begriffe der Strategiefähigkeit und des strategischen Zentrums finden sich bei Raschke/Tils 2007: 168ff. und 273ff.

Zum Verhältnis von politischer und militärischer Strategie

geteilt worden. Clausewitz' schärfster zeitgenössischer Konkurrent, der Schweizer Antoine Henry Jomini, hat sie ebenso abgelehnt (Marwedel 1978: 185ff.) wie die Philosophen Johann Gottlieb Fichte und Georg Wilhelm Friedrich Hegel. Fichte tut dies auf der Grundlage eines emphatischen Freiheitsbegriffs und Hegel mit Blick auf seine dialektische Geschichtsphilosophie (Münkler 2002: 53ff. und 131f.). Sogar Clausewitz selbst hat in seiner „Bekenntnisdenkschrift" von 1812 (Clausewitz 1966: 682-750) den unbedingten Primat einer staatspolitischen Handlungslogik zurückgewiesen und seinen Überlegungen eine existenzielle Vorstellung des Krieges zugrunde gelegt, innerhalb derer eine eindeutige Unterscheidung zwischen politischer und militärischer Strategie kaum möglich war und eine Subsumtion des Militärischen unters Politische dezidiert zurückgewiesen wurde (Münkler 2002: 91ff.). Es liegt also nahe, zwischen einer „existenziellen" und einer „instrumentellen" Auffassung des Krieges zu unterscheiden und festzuhalten, dass eine Zweck-Mittel-Beziehung zwischen politischer und militärischer Strategie, wie sie bei dem Verweis auf Clausewitz in der Regel unterstellt wird, nur in letzterer möglich und sinnvoll ist. Wo es hingegen um die Selbstkonstitution eines politischen Körpers im antiimperialen oder antikolonialen Befreiungskampf geht, wie etwa bei Kleist, Fichte und dem Clausewitz der „Bekenntnisdenkschrift", aber auch bei einigen Theoretikern der antiimperialen-antikolonialen Befreiungskämpfe nach dem Zweiten Weltkrieg,[4] lassen sich politische und militärische Strategie grundsätzlich nicht voneinander separieren. Dementsprechend ist davon auszugehen, dass auch einige Strategien des Kleinkriegs sowie des Terrorismus[5] keine systematische Separation des Politischen und Militärischen kennen bzw. ihr konzeptioneller Kern gerade in der Verknüpfung von beidem besteht. Zu den Folgen dessen gehört, dass dort, wo politische Akteure auf solche Gegenstrategien stoßen, keine Verständigung über Erfolg und Scheitern, Sieg und Niederlage möglich ist. Der Gegner wechselt permanent seine Gestalt und ist einmal eine politische Partei, dann wieder ein militärischer Kampfverband und schließlich eine soziale Hilfsorganisation. Die Hisbollah im Libanon ist dafür ein Beispiel. Die Inversion politischer und militärischer Strategie führt zu einer schier endlosen Fortsetzung des gewaltsam ausgetragenen Konflikts. Eine symmetrische Konfrontation politisch-militärischer Akteure liegt jedenfalls nur dann vor, wenn beide in tendenziell gleicher Weise politische und militärische Strategien voneinander separieren und einen klaren Primat des Politi-

---

[4] Das gilt nicht für die dezidiert instrumentalistisch angelegten Partisanenstrategien Mao Tse-tungs und Che Guevaras, die in einer marxistischen Tradition stehen, um so mehr aber für alle Konzeptionen, die der Gewalt im Anschluss an Georges Sorel eine politisch-therapeutische Funktion beimessen (dazu Münkler 1981).

[5] Zur Unterscheidung zwischen Strategien des Partisanenkrieges und solchen des Terrorismus vgl. Münkler 1992: 142ff.

schen denken. Erst dann sind Frieden und Krieg verlässlich unterscheidbar und es kann im Clausewitzschen Sinn davon die Rede sein, dass die Politik die Feder gegen den Degen eintausche. Wo das nicht der Fall ist, haben wir es mit asymmetrischen Kriegen und Konflikten zu tun (Buciak 2007). Der Grad der Asymmetrie variiert dabei hinsichtlich strategischer Kreativität, politischer Rationalität sowie völkerrechtlicher Legitimität.[6] Auf der Grundlage solcher Asymmetrien ist eine Fülle von Akteuren militärisch strategiefähig geworden, bei denen dies unter den Bedingungen institutioneller Staatlichkeit nicht der Fall wäre.

2 Historische Beispiele für die Verknüpfung von politischer und militärischer Strategie

Auch wenn die Züge wandernder Völker, wie sie in der europäischen Geschichte paradigmatisch mit der Völkerwanderung in der Spätantike verbunden sind, weniger den Eindruck einer planvollen Strategie als vielmehr eines Umherirrens zwischen der Suche nach neuen Siedlungsgebieten und dem Ausweichen vor dem Druck militärischer Gegner machen, weisen sie doch Elemente strategischer Planung auf, die nicht aufs Taktische reduziert werden können. Es handelt sich dabei um großräumig angelegte Vorstellungen, in denen die Eroberung neuer Siedlungsgebiete mit der Ethnogenese neuer Völkerschaften verbunden ist. Im Verlauf der Völkerwanderung treten einige Akteure hervor, bei denen von einem strategischen Umgang mit diesen Herausforderungen gesprochen werden kann. Im Verlauf von Wanderung, fortwährenden Kämpfen, Eroberung, Besetzung und Verteidigung neuer Siedlungsgebiete bildeten sich aus lockeren Verbänden von Kriegern und ihrem Anhang Völkerschaften, die sich in die Annalen der Geschichte eingeschrieben haben, und aus den Anführern dieser Wanderzüge wurden charismatische Könige, die hereditäre Traditionen bildeten und denen die Herausbildung einer von kriegerischem Erfolg getrennten Legitimität gelang (Wenskus 1961, Demandt 1980). In der Begrifflichkeit Max Webers lässt sich von einer Generierung charismatischer Legitimität im Eroberungskrieg und der schrittweisen Transformation charismatischer in traditionale Legitimität mit der Behauptung der eroberten Gebiete sprechen.

Aber diese traditionale Legitimität musste sich im Kampf gegen nachdrängende Völkerschaften wie Rückeroberungsversuche der ehemaligen Herren behaupten, d.h. sie konnte sich nicht dauerhaft von dem Erfordernis einer charismatischen Behauptung im Kampf ablösen. Die Geschichte der Franken und der Auf-

---

[6]   Zu den Fragen von Symmetrie und Asymmetrie ausführlich Münkler 2006.

Zum Verhältnis von politischer und militärischer Strategie

stieg der Merowinger sind dafür ein Beispiel. Das Theorem der Ethnogenese besagt dabei, dass die Völker als identifizierbare und handlungsfähige Entitäten erst durch Eroberung und Landnahme entstanden sind. Zwar hat es die Franken schon vor der Eroberung Galliens gegeben, aber im Prozess der erfolgreichen Landnahme hat sich ihre Zusammensetzung verändert, neue Völkerschaften wurden integriert und eine Inklusionsattraktivität aufgebaut, in deren Folge ein neues Volk entstand. So wurden die Franken erst zu dem, als was sie in die Geschichte eingegangen sind, und vermutlich sind sie als Volk vor der Eroberung Galliens nur darum identifizierbar, weil sie als Eroberer erfolgreich waren. Die Ethnogenesen der Völkerwanderungszeit haben nicht nur das spätere Europa in seiner nationalen Diversität geprägt, sondern sich auch in den Natiogenesen des antikolonialen bzw. antiimperialen Befreiungskampfs im 20. Jahrhundert wiederholt. Auch hier spielten Anführer eine Rolle, die im Kampf ein Charisma erwarben, das sich politisch kapitalisieren ließ. Die Strategie des Partisanenkrieges, d.h. das spezifische Konzept einer Ausdehnung des Krieges in Raum und Zeit (Heilbrunn 1963: 519f., Hahlweg 196b: 149ff., von der Heydte 1972: 23ff.), diente dabei der parallelen Entwicklung einer politischen Strategie, und in der Verbindung beider konnten dann auch politische Zwecke formuliert werden, die vor Beginn der Kämpfe jeglicher Plausibilität entbehrt hätten. Die von Clausewitz formulierte Zweck-Ziel-Mittel-Relation wurde dabei tendenziell umgekehrt. Ähnliches wird man auch für die Ethnogenese der Völkerwanderungszeit annahmen dürfen: Die Strategie formte sich im Verlauf der Wanderzüge, und dies war nur möglich, weil politische und militärische Dimensionen eng miteinander verbunden waren. Die Separation beider, so lässt sich resümieren, schafft strukturelle Klarheit und Ordnung; die Inversion beider dagegen ermöglicht bzw. erhöht Flexibilität.

Die Wanderung der germanischen Völkerschaften war mit der Verwandlung von Bauern in Krieger verbunden, und in deren Verlauf kam es zur Auflösung jener Völkerschaften, die sich in der Periode der Sesshaftigkeit gebildet hatten, weil ein Teil des ursprünglichen Volkes zurückgelassen wurde, aber es kam auch durch die Verschmelzung der verschiedenen Stammesgruppen, die sich dem Heereszug anschlossen, zu einer neuen Ethnogenese. So war es auch beim Zug der Ostgoten nach Italien: Während beträchtliche Teiles des Volkes auf dem Balkan zurückblieben, wo den Goten Siedlungsgebiete zugewiesen worden waren, schlossen sich dem Heereszug auch Rugier an, die bei dem Versuch, nach Italien einzudringen, von dem germanischen Heerführer Odoaker zurückgeschlagen worden waren, dazu Gruppen von Abenteurern, darunter auch einzelne Römer (Enßlin 1947: 66ff., Wolfram 1979: 347ff.). Entscheidend aber war, dass sich mit dem Amalersproß Theoderich ein Mann an die Spitze des Heereszugs setzte, der dazu über eine doppelte Legitimation verfügte: Einerseits entstammte er einer gotischen Königssippe und besaß ein Charisma, das ihn zum Anführer qualifizierte, und gleichzeitig hatte ihn der oströmische Kaiser Zenon zum *patricius per Italiam* ernannt und zum Feldzug gegen den Italien beherrschenden Odoaker aufgefordert. Beide Legitimationen waren freilich prekär, denn sie waren an den Sieg im Kampf gebunden. Durch Siege in den Jahren 489 und 490 hat Theoderich seine provisorische in eine definitive Legitimation verwandelt; nach dem endgültigen Sieg über Odoaker riefen ihn die Teilnehmer des Feldzugs zum König aus (Wolfram 1979: 352f.). Von nun an herrschte Theoderich über die ostgermanisch-gotischen Krieger als Heerkönig und über die römische Bevölkerung Italiens als *patricius per Italiam*, der außerdem den römischen Militärtitel eines *magister utriusque militiae praesentalis* führte. In seiner Person vereinigte er die römisch-magistratische und die gentil-herrschaftliche Legitimation des Gotenreichs. Die Verbindung zwischen beidem waren seine militärischen Erfolge.

Ganz offensichtlich war Theoderich mehr als ein geschickter Taktiker, der in den von ihm gewonnenen Schlachten die Kräfte richtig aufgestellt und in den Kampf geführt hatte.[7] Ohne strategische Fähigkeiten hätte er seinen Kontrahenten Odoaker nicht zur Schlacht stellen und in Ravenna einschließen können. Obendrein nutzte er die Erfolge der ersten Schlachten, um sich durch Zuzug germanischer Krieger zu verstärken, wobei die Unterstützung westgotischer Kontingente im Krieg um Italien den Ausschlag gab. Taktische Erfolge erst schufen die Voraussetzung für eine Strategie, die in einer dauerhaften Beherrschung Italiens gipfelte. Vergleicht man Theoderichs Kriegführung mit der des Westgoten Alarich, der einige Jahrzehnte zuvor in Italien eingefallen und es bis zur Stiefelspitze durchquert hatte, so lässt sich bei ihr überhaupt erst von einer Strategie sprechen. Dabei sind militärische und politische Strategie freilich nicht in einer Zweck-Mittel-Relation miteinander verbunden. Das war nur bei dem politischen Auftrag der Fall, den Theoderich vom oströmischen Kaiser erhalten hatte und der dem Zug der Ostgoten eine strukturelle Ordnung verlieh, die dieser in deren eigener Wahrnehmung nicht hatte. In dieser nämlich musste Theoderich durch sein persönliches Agieren in der Schlacht[8] die ihm folgenden Krieger davon überzeugen, dass er Charisma besaß bzw. ihn sein Charisma nicht verlassen hatte. Wenn wir uns The-

---

[7] Von einem germanischen Heerkönig wurde erwartet, dass er nicht auf den Feldherrnhügel hinter seinen Kriegern stand, sondern diese persönlich anführte und an ihrer Spitze kämpfte. John Keegan (1997: 25ff.) hat den Typus heroischer Führerschaft am Beispiel des Makedonenkönigs Alexander entwickelt, der die Eigenschaften des Feldherrn und des Vorkämpfers miteinander verband.

[8] In der germanisch-deutschen Heldendichtung ist Theoderich in der Gestalt des Dietrich von Bern überliefert; hier ist er ein Held und kein Stratege. Die germanische Wahrnehmung und Überlieferung hatte keinen Sensus für die Dimensionen des Strategischen.

Zum Verhältnis von politischer und militärischer Strategie

oderich als politisch-militärischen Akteur vorstellen, so musste er immer mehreres gleichzeitig sein, und die Ebenen, auf denen er agierte, lassen sich in keinem nach Zweck und Mittel gegliederten Subsumtionsverhältnis ordnen. Ein erfolgreich bestandener Zweikampf konnte für ihn durchaus strategische Bedeutung haben, und zwar in militärischer wie politischer Hinsicht. Der von dem US-General Krulak gebrauchte Begriff des „strategischen Gefreiten" – eigentlich ein Oxymoron, das besagen soll, dass in modernen Kampfsituationen den Handlungen eines einfachen Soldaten strategische Bedeutung zukommen kann, weil sie Folgen haben können, die für den Ausgang des Krieges entscheidend sind[9] – lässt sich mit umgekehrter Blickrichtung auf den Gotenkönig anwenden: Immer wieder musste Theoderich als gewöhnlicher Kämpfer siegreich sein, um sich als militärischer und politischer Stratege behaupten zu können.[10] – Was wie ein Charakteristikum postmoderner Kriegführung anmutet, nämlich die Erosion der Trennlinien zwischen Strategie und Taktik sowie zwischen politischem und militärischem Handeln, lässt sich bereits in den spätantiken und frühmittelalterlichen Konstellationen ausmachen. Diese Vermischung und Verbindung ist bis weit ins Mittelalter hinein vorherrschend geblieben; erst mit der Institutionalisierung regulärer Ämter und der Ausbildung von Karrierezügen, also der Entstehung des neuzeitlichen Staates, hat sich das geändert.

Eine Ämterordnung mit klar umrissenen Kompetenzen – Webers Idealtypus der rationalen Legitimität – hat es freilich in der politischen Welt der Antike bereits gegeben, ansatzweise in den griechischen Poleis, stärker ausgebildet in der späten römischen Republik und der Kaiserzeit. Aber auch hier sind die Grenzen der Separier- und Subsumierbarkeit von Militärischem und Politischem immer wieder deutlich geworden, was nahelegt, dass es sich bei der von Clausewitz paradigmatisch entwickelten Unterordnung der militärischen unter die politische Strategie[11] um die idealtypische Herausstellung einer spezifischen Konstellation handelt, die historisch eher die Ausnahme als die Regel darstellt. Wenn sie bei der Bestimmung des Verhältnisses zwischen politischer und militärischer Strategie zur Norm ge-

---

[9] Ein Beispiel dafür sind die Fotographien der systematischen Demütigung und Folterung irakischer Gefangener in Abu Ghraib, die von Soldaten und Unteroffizieren gemacht worden sind. Diese Bilder haben nicht nur den Verlauf des Feldzugs beeinflusst, sondern auch die internationale Beurteilung des Krieges geprägt.

[10] Das schließt nicht aus, dass der immer wieder als Kämpfer geforderte Anführer ein genialer Stratege sein kann, wie dies bei den Großkhans der Mongolen der Fall war, die sich vorzüglich auf großräumig angelegte strategische Operationen verstanden.

[11] Die subsumptive Separation von politischer und militärischer Strategie wird in der Clausewitzschen Theorie durch seine ähnlich angelegte Definition von Strategie und Taktik ergänzt. Danach ist „die Taktik die Lehre vom Gebrauch der Streitkräfte im Gefecht, die Strategie die Lehre vom Gebrauch der Gefechte zum Zweck des Krieges". (Clausewitz 1980: 271).

macht wird, von der aus dann Abweichungen und Ausnahmen beobachtet werden, führt dies zu einer normativen Überfrachtung der beschreibenden Beobachtung, die eine Fülle von Verzerrungen und Irritationen nach sich zieht. Deswegen dient die Clausewitzsche Definition hier nicht als Ausgangspunkt der Überlegungen,[12] sondern wird selbst als Explanandum behandelt.

3 Militärische Strategiebildung unter bürgerschaftlicher Kontrolle

Stand bei germanischen Heerkönigen wie mongolischen Großkans das Erfordernis einer Charismabestätigung durch persönliches Kämpfertum einer stärkeren Ausdifferenzierung von politischer und militärischer Strategie entgegen, so haben andere Zugangswege zur Macht eine stärkere Differenzierung beider Strategien befördert. Als Alternativen zum Kämpfer sind der Prophet und der Redner ins Auge zu fassen. Tatsächlich bietet das Alte Testament eine Fülle von Beispielen, in denen von Konflikten zwischen den auf ihre politisch-militärische Macht gestützten Königen und den sich auf göttliche Offenbarung berufenden Propheten die Rede ist (Noth 1986: 217ff., Soggin 1991: 131ff.). Folgt man der Darstellung des Alten Testaments, so kam es vor allem in der Konfrontation mit den expansiven Großreichen Mesopotamiens und Ägyptens zur Herausbildung zweier strategischer Linien, von denen eine den beiden Großreichen eine an der Stärkung der militärischen Fähigkeiten orientierte Bündnispolitik entgegensetzte, der sie die Fragen des religiösen Kults unterordnete, während die andere politische Bündnisse und militärisches Handeln göttlichen Geboten und Anweisungen unterwarf, zu denen die Propheten für sich einen privilegierten Zugang reklamierten. Nicht der daraus erwachsene Konflikt zwischen König- und Prophetentum ist hier von Belang, sondern die Folgen der jeweiligen Linie für das Verhältnis von politischer und militärischer Strategie. Während die Könige alles auf die militärische Gegenmacht setzten, entschied in der Sicht der Propheten allein die Ausrichtung an Gottes Willen über Rettung oder Untergang des Volkes. Dementsprechend entwarfen sie eine politische Strategie, die militärisch-strategischen Fragen eine dezidiert nachgeordnete Rolle zuwies. Dagegen ging es den Königen und ihrem militärischen Führerkorps um politisch-militärische Bündnisse, die nicht an den Vorgaben des religiösen Kultes ausgerichtet sein konnten. Das Alte Testament ist eine – in der Regel

---

[12] Tatsächlich hat sich der Neoclausewitzianismus der nuklearen Konfrontation vor allem auf die subsumtive Separation von Politik, Strategie und Taktik konzentriert. Das hatte angesichts des kategorischen Imperativs der Kriegsvermeidung gute Gründe. Den paradigmatischen Text dieser Clausewitz-Interpretation hat Raymond Aron (1980) geschrieben.

Zum Verhältnis von politischer und militärischer Strategie

parteiische – Darstellung dieses Konflikts und seiner Folgen. Die Geschichte des „Kampfes zwischen Politik und Religion (Burleigh 2008) ist immer auch eine Auseinandersetzung über das Verhältnis von politischer und militärischer Strategie. Dabei hat die Religion keineswegs eine wesentlich pazifistische oder pazifizierende Rolle gespielt, sondern oftmals bellizistische Dispositionen ohne Aussicht auf militärischen Erfolg befördert. In einer Kultur, die das Religiöse aus der Direktionsgewalt der Politik verbannt und die Religion als Privatangelegenheit neutralisiert hat, erscheint dies als Einbruch der Irrationalität in die Politik. In einer eschatologisch geprägten Weltsicht dagegen repräsentieren Religion und Offenbarung eine höhere Form von Rationalität, der die Letztentscheidung in Fragen der Strategiebildung einzuräumen ist. Dabei wird die Strategiebildung freilich nicht als solche thematisiert, sondern als eine Befolgung göttlicher Gebote und Anweisungen dargestellt.

Deutlich anders sind die Verhältnisse im Falle eines mit rhetorischen Mitteln konstituierten Zugangs zur Strategiebildung, wie er paradigmatisch in der attischen Demokratie erfolgte. Nicht als mutiger und sieggewohnter Einzelkämpfer in der Schlacht, sondern qua rednerischer Überzeugungskraft in der Volksversammlung gewann man hier Einfluss auf die grundlegenden politischen Entscheidungen der Stadt und gelangte in mit militärischen Angelegenheiten befasste Ämter. Die auf einer hohen Partizipationsbereitschaft der Bürger begründete athenische Demokratie verzichtete auf die Bereitstellung einer Truppe von Berufssoldaten und erwartete statt dessen von jedem vollberechtigten Bürger, dass er sich dem Stadtstaat seinen Fähigkeiten und seinem Vermögen entsprechend als Berittener, Schwerbewaffneter oder Leichtbewaffneter zur Verfügung stellte. Demgemäß wollten diese Bürger nicht nur in politischen Grundsatzfragen, sondern auch bei der Entwicklung militärischer Strategien mitentscheiden. In der direkt-partizipativen Demokratie Athens fiel diese Entscheidung qua Abstimmung nach einer zumeist kontrovers geführten Debatte, in der unterschiedliche Strategien vorgestellt, deren Vorzüge betont sowie die Nachteile beleuchtet worden waren. Idealiter erfolgte diese Entscheidung auf der Basis der je vorgetragenen Argumente. Dabei mag der Umstand, dass ein Redner in früheren Kriegen erfolgreich gewesen ist, eine Rolle gespielt haben, aber im Allgemeinen beanspruchte die Volksversammlung, sich in Abwägung der besseren Argumente und nicht in Würdigung früherer Verdienste zu entscheiden. Militärische und politische Fragen wurden also nach demselben Modus behandelt. War in der taktischen Situation der Schlacht der Kommandogewalt des *strategos* Folge zu leisten, so fielen die großen strategischen Entscheidungen in einem öffentlichen Beratungsprozess, an dem jeder Bürger teilnehmen konnte. Die militärische Strategie war für die Athener kein Arkanum, das vor dem Gegner geheim gehalten wurde. Überraschung und

List hatten in der Strategie keinen Platz, sondern blieben auf die Ebene des Taktischen beschränkt.[13] Zusammenfassend heißt das, dass in einem bürgerschaftlichen Militärwesen der Unterschied zwischen Taktik und Strategie sehr viel stärker ausgeprägt ist als der zwischen militärischer und politischer Strategie. Taktik ist eine Frage von Befehl und Gehorsam, wohingegen die Strategie in bürgerschaftlicher Beratung festgelegt wird.

Am Anfang dieser Entwicklung steht Themistokles, der die Athener auf dem Höhepunkt der Perserkriege dazu gebracht hatte, auf die Verteidigung ihrer Stadt gegen die persische Übermacht zu verzichten, sie stattdessen zu evakuieren und die Entscheidung auf See zu suchen. Der Sieg bei Salamis hat ihm Recht gegeben; in strategischer Hinsicht war seine rednerische Überzeugungskraft gegenüber der eigenen Bürgerschaft ebenso wichtig wie auf taktischer Ebene das listige Spiel mit falschen Informationen, das die persischen Geschwader bei Salamis in die Falle gehen ließ. Thukydides, der Historiker des Peloponnesischen Krieges, hat alle für Athen wichtigen Wendungen dieses Krieges auf Strategiedebatten der athenischen Volksversammlung zurückgeführt – von Perikles' Kriegsplan einer strategischen Defensive gegenüber Sparta über die von Kleon initiierte Wende zu einer offensiveren Kriegführung bis zu dem verhängnisvollen Entschluss einer Ausweitung des Krieges in das westliche Mittelmeer, der in der sizilianischen Katastrophe endete. Alle diese militärstrategischen Entscheidungen liefen auf eine grundsätzliche Neuausrichtung der Politik hinaus. Nach Auffassung des Thukydides waren nicht taktische Fehlschläge für die Niederlage Athens verantwortlich, sondern entscheidend waren die Beschlüsse der Volksversammlung, die er voll skeptischer Distanz darstellt. Weil die Athener nicht sorgfältig zwischen politischem Zweck („mit dem Krieg") und militärischem Ziel („in dem Krieg") unterschieden, haben sie Perikles' großen Plan nicht verstanden und sich schließlich auf eine für sie verhängnisvolle Kriegsstrategie eingelassen. Im Lichte der Clausewitzschen Systematik lässt sich Thukydides so verstehen, dass Athen an einer Vernachlässigung des Unterschieds zwischen politischen Zwecken und militärischen Zielen gescheitert ist. Die Fähigkeit zu einer solchen Unterscheidung ist freilich an die Professionalisierung des

---

[13]   Clausewitz, der Taktik und Strategie als „zwei in Raum und Zeit sich (…) durchdringende, aber doch wesentlich verschiedene Tätigkeiten" (1980: 277) begriffen hat, hat Taktik als den Bereich der schnellen Entscheidungen und des entschlossenen Handelns definiert, Strategie hingegen als den der Bedenklichkeiten und Zweifel, wo alles gut und sorgfältig bedacht sein will (1980: 347). Thukydides lässt Perikles im Epitaph auf die Gefallenen des ersten Kriegsjahres den Verzicht auf Geheimhaltung auf den Ebenen der politischen und militärischen Strategiebildung so erläutern: „Wir gewähren jedem Zutritt zu unserer Stadt, und niemals verwehren wir durch Fremdenaustreibungen jemandem etwas Wissens- und Sehenswertes, dessen unverhüllte Schau etwa dem Freunde nutzen könnte; denn wir bauen weniger auf Rüstung und Überraschung als auf unseren eigenen zur Tat entschlossenen Mut." (Thukydides 2006: 139).

Zum Verhältnis von politischer und militärischer Strategie

Entscheidungsprozesses gebunden und setzt eine stärkere Geheimhaltung voraus, als dies bei allgemeinen bürgerschaftlichen Beratungen möglich ist. Direktpartizipative Entscheidungsprozeduren, so folgt daraus, führen zu einer weitgehenden Inversion von politischer und militärischer Strategie.

Gleichzeitig zeigt die genauere Beschäftigung mit Perikles' Kriegsplan, dass dieser nicht wesentlich auf genuin militärischen Überlegungen beruht, wie der Mobilisierbarkeit und Stärke der militärischen Kräfte oder der Topographie des Geländes, sondern dass Perikles an den sozio-ökonomischen Konstellationen der Kontrahenten und den damit verbundenen Mentalitäten der Bevölkerung ansetzt, um anschließend geopolitische Überlegungen ins Zentrum der Strategie zu stellen. Perikles' Strategie erwächst nicht aus der professionellen Perspektive eines Berufsmilitärs, sondern aus dem Blickwinkel eines Politikers,[14] der sehr viel mehr erfasst, als dies einer aufs Militärische spezialisierten Professionalität möglich ist.

Auf dieser Basis kommt Perikles zu dem Schluss, es sei für Athen am besten, gegen Sparta und seine Verbündeten keine schnelle militärische Entscheidung auf dem Schlachtfeld zu suchen, sondern einen Ermattungskrieg zu führen, in dessen Verlauf die auf eine schnelle Entscheidung angewiesenen Feinde allmählich erschöpft und ausgelaugt würden, um schließlich auf die weitere Verfolgung ihrer politischen Ziele mit militärischen Mitteln zu verzichten. Im Kern ging es Perikles darum, dass sich die Feinde durch ihre eigenen Anstrengungen einen Schaden zufügten, der sie zur Resignation zwang, so dass die Athener auf das unwägbare Risiko einer Schlacht verzichten konnten.[15] Also erklärt er: „Von ihrer eigenen Hände Arbeit leben die Peloponnesier, weder persönlich noch im Staat verfügen sie über Geldmittel, sodann sind sie in länger andauernden und überseeischen Kriegen unerfahren, weil sie wegen ihrer Armut nur kurze Zeit gegeneinander Krieg führen können. Solche Leute können weder Schiffe bemannen noch Landheere häufig aussenden, da sie von ihren Gütern dann entfernt sind und sich doch gleichzeitig aus dem eigenen Besitz verpflegen müssen, wobei sie noch dafür vom Meer abgesperrt sind. (...) Mit ihren Leibern kämpfen Leute, die von ihrer eigenen Hände Arbeit leben, bereitwilliger als mit Geld, denn bei jenen sind sie zuversicht-

---

[14] Zur Einbettung von Perikles' militärstrategischen Fähigkeiten in seine wirtschaftlichen und politischen Kompetenzen vgl. Kagan 1992: 313ff.; eine anregende Diskussion über die Plausibilität und Richtigkeit der perikleischen Grundannahmen findet sich bei Lehmann 2008: 221ff.

[15] Als erster hat der deutsche Militärhistoriker Hans Delbrück die strategischen Überlegungen des Perikles rekonstruiert (Delbrück 1890, Delbrück 2000, Bd. 1: 139ff.) und daraus die über Clausewitz' Polarität von „Vernichtungskrieg" und „bloßer bewaffneter Beobachtung" (Clausewitz 1980: 271) hinausgehende Unterscheidung zwischen „Niederwerfungs- und Ermattungsstrategie" entwickelt (Delbrück 2000, Bd. 4: 582ff.). In einer anderen Begrifflichkeit könnte man auch von einer strategischen Asymmetrie sprechen, auf der Perikles' Kriegsplan aufgebaut ist (Münkler 2006: 163f., 210f.).

lich, sie aus Gefahren retten zu können, bei diesem sind sie nicht sicher, ob sie es nicht vorher aufbrauchen, zumal wenn wider Erwarten, was doch wahrscheinlich ist, sich ihnen der Krieg in die Länge zieht. Denn in einer einzigen Schlacht allen Griechen die Stirn zu bieten, dazu sind die Peloponnesier und ihre Bundesgenossen imstande, zu kämpfen aber gegen eine Macht von ganz anderer Art, sind sie außerstande, (...)." (Thukydides 2000: 107f.).

In Perikles' Überlegungen spielen weniger genuin militärische Faktoren als vielmehr Zeit und Geld die entscheidende Rolle, und er sucht die Auseinandersetzung mit den schlachterprobten Spartanern dort, wo sie schwach und unerfahren sind. Die von ihm gepflegte Art der Strategiebildung verweigert sich der Restriktion auf genuin militärische Kompetenzen und weist dem Militärischen eine untergeordnete Rolle in der Konfrontation zu. Indem Perikles die Ressourcen einer Seemacht mit denen einer Landmacht vergleicht, gewinnt er daraus jene Siegeszuversicht, die in der Volksversammlung den Ausschlag für die Konfrontationspolitik gegenüber Sparta und seinen Verbündeten gibt.[16] Die Erklärung dafür, dass Athen diesen Krieg schließlich doch verloren hat, ist der rote Faden durch das Werk des Thukydides. Es gehört zu den Pointen der Kriegs- und Militärgeschichte, dass einige deutsche Althistoriker während des Ersten Weltkriegs aus der Niederlage der Seemacht Athen gegen die Landmacht Sparta die Zuversicht bezogen, dass auch in diesem Kriege die Landmacht Deutschland gegen die Seemacht England die Oberhand behalten werde. Sie haben gewissermaßen darauf vertraut, dass der Ausgang von Kriegen doch im engeren Bereich des Militärischen entschieden werde, dass nicht überlegene wirtschaftliche Ressourcen, sondern die Tapferkeit und Opferbereitschaft der Truppen den Ausschlag gebe. Darin spiegelte sich die im kaiserlichen Deutschland vorherrschende Sicht, wonach die Führung eines Krieges gemäß den Vorgaben der militärischen Strategie zu erfolgen habe und dabei politische wie wirtschaftliche Gesichtspunkte zurückzustehen hätten. Paradigmatisch für diese Sichtweise ist Werner Sombarts kleine Kriegsschrift *Händler und Helden* (1915). In den großen Kriegen des 20. Jahrhunderts jedoch hat sich diese für Landmächte typischen Fixierung auf die unmittelbare militärische Konfrontation der *grand strategy* der britischen Seemacht in Verbindung mit den US-amerikanischen Industriekapazitäten als unterlegen erwiesen.[17]

---

[16] Dass die Kriegspolitik des Perikles in Athen keineswegs unumstritten war, zeigt die von Aristophanes in seinen Komödien mehrfach geäußerte Kritik (Münkler 2002: 19ff.)

[17] Ob der Krieg für Deutschland nach dem Scheitern des Schlieffenplans im Herbst 1914 verloren war oder der Kriegsausgang nach dem Ausscheiden Russlands aus der Entente im Herbst 1917 noch einmal auf Messers Schneide stand, gehört zu den bis heute in der Kriegshistoriographie kontrovers diskutierten Fragen.

4 Imperiale Strategie und die Strategiebildung von Territorialstaaten

Der perikleische Kriegsplan hat den Unterschied von Land- und Seemächten ins Zentrum gestellt. In einer im Verlauf des Zweiten Weltkriegs entstandenen Gelegenheitsschrift hat Carl Schmitt (1981) diese Unterscheidung für die Entwicklung strategischer Dispositive fruchtbar zu machen versucht,[18] wobei er an die gegen Ende des 19. Jahrhunderts zwischen Alfred Mahan und Halford Mackinder geführte geopolitische Debatte über den strategischen Vorrang der Weltmeere oder der asiatischen Landmasse anschließen konnte (Sprengel 1996: 70ff.). Es ging Schmitt freilich um mehr als die anregende Entfaltung zweier konträrer geopolitischer Perspektiven, sondern er wollte die spezifische „Ortung" von Völkerrechtsordnungen aufzeigen, wie er sie dann in *Der Nomos der Erde* (Schmitt 1950) ausgeführt hat (Blindow 1999: 126ff.). Gegen die Kontrastierung von Land- und Seemächten – wobei nach Schmitt (1981: 23) noch zwischen thalassischen und ozeanischen Kulturen unterschieden werden muss – soll hier die von Imperien und Territorialstaaten gestellt und mit der Frage verbunden werden, ob womöglich die Strategiebildung, gleichgültig ob politischen oder militärischen Zuschnitts, in Imperien prinzipiell anderen Imperativen folgt als in Territorialstaaten, die Bestandteile eines Staatensystems sind, über dessen Normen und Regularien sie nicht verfügen.[19] Die nachfolgenden Passagen sollen die These untermauern, dass Strategiebildung in Imperien eine andere ist als in Staaten und dass dies auch das Verhältnis von politischer und militärischer Strategie betrifft. Das erklärt die notorischen Irritationen und Missverständnisse zwischen Europäern und USA und macht die Sonderrolle verständlich, die Großbritannien im Verbund der europäischen Staaten spielt. Danach sind nicht so sehr die jeweiligen Werte und Normen für die Art politischer und militärischer Strategiebildung ausschlaggebend, wie Habermas und Derrida in ihrer auf eine eigenständige Positionierung des Europäer bedachten Stellungnahme angenommen haben (Habermas/Derrida 2004), sondern ausschlaggebend ist die Unterscheidung zwischen Imperium und Staatensystem die über die Art der Strategiebildung, das Verhältnis zwischen politischer und militärischer Strategie sowie den Werten und Normen zukommenden Status entscheidet.

Staaten sind Bestandteile einer politischen Ordnung, über deren Struktur und Fortbestand sie nicht verfügen. Vielmehr ergibt sich die Ordnung eines Staatensys-

---

[18] „Die Weltgeschichte ist eine Geschichte des Kampfes von Seemächten gegen Landmächte und von Landmächten gegen Seemächte." (Schmitt 1981: 16).

[19] Zu einer ausführlichen Darlegung des Unterschieds zwischen Imperien und Territorialstaaten vgl. Münkler 2005.

tems aus dem konfligierenden wie konsensuellen Zusammenwirken der diesem System zugehörigen oder zurechenbaren Akteure, und demgemäß bemessen sich auch Zwecksetzung, Zielfindung und Ressourcenmobilisierung der Akteure gemäß den Vorgaben dieses Systems. Dabei kann es zu revolutionären Umbrüchen kommen, die zu fundamentalen Veränderungen, aber auch zur Aufsprengung des Staatensystems führen können, d.h. das System kann sich nach einer Periode revolutionärer Veränderungen restabilisieren, es kann sich aber auch auflösen und durch eine strukturell andere Ordnung abgelöst werden. In der Regel sind solche Veränderungs- und Zerfallsperioden mit der Auflösung der zuvor geltenden Formen von Strategiebildung verbunden. Solche revolutionären Dynamiken können, wie im Fall der Französischen Revolution, wesentlich politischer Art sein, sie können aber auch aus technologischen Entwicklungen resultieren, wie dies für die so genannte militärische Revolution des 16. und 17. Jahrhunderts angenommen wird,[20] die nicht nur die Art der innereuropäischen Kriegführung grundlegend verändert, sondern auch eine militärische Expansion der Europäer ermöglicht hat, mit der sich für viele Staaten die politischen Erwartungshorizonte fundamental veränderten. So kam es im Gefolge dieser militärtechnologischen Revolution zu einer Stabilisierung des europäischen Staatensystems unter der Dominanz von fünf Mächten (Pentarchie),[21] während einzelne dieser Mächte gleichzeitig überseeische Imperien aufbauten, die zum Teil bis ins 20. Jahrhundert hinein Bestand hatten. Für das hier behandelte Verhältnis zwischen politischer und militärischer Strategie ist daran interessant, dass sich die Strategiebildung ein und desselben Akteurs danach unterschied, ob sie für das europäische Staatensystem oder die imperiale Politik in der außereuropäischen Welt entworfen wurde. Dabei kam es freilich zu Konfusionen, die in global ausgetragenen Konflikten mündeten, vom „Weltkrieg" des 18. Jahrhunderts zwischen Großbritannien und Frankreich, der sowohl in Europa als auch in der „Neuen Welt" ausgetragen wurden, bis zu den Versuchen einzelner Akteure des europäischen Staatensystems, ihre Hegemonialposition in imperiale Dominanz zu verwandeln, wie dies in der Zeit der napoleonischen Kriege und der Epoche der beiden Weltkriege des 20. Jahrhunderts der Fall war.

---

[20]   Zum Konzept einer militärischen Revolution der Frühen Neuzeit vgl. Parker 1990 sowie Rogers 1995. Die jüngste Debatte über eine „revolution in military affairs", in deren Folge sich das weltpolitische Gefüge grundlegend verändert habe, schließt an die Vorstellung einer Revolutionierung der politischen Welt durch militärtechnologische Entwicklungssprünge an.

[21]   Dieser Pentarchie gehörten zunächst Spanien, Frankreich, Großbritannien, Schweden und das Habsburger Reich mit Sitz in Wien an. Später schieden Spanien und Schweden aus und wurden durch Russland und Preußen ersetzt. Jede dieser Großmächte verfügte über hegemoniale Einflusszonen. Großbritannien spielte die Rolle eines „Zünglеins an der Waage".

Zum Verhältnis von politischer und militärischer Strategie

Von solchen Staatensystemen sind imperiale Ordnungen zu unterscheiden. Im Unterschied zum Staatensystem mit seinem Zusammenspiel mehrerer reziproksymmetrischer Akteure, die sich gegenseitig als Gleiche anerkennen, sind sie nach dem Modell von Zentrum und Peripherie geordnet, d.h. sie beruhen auf der Annahme eines Ordnungsgefälles zu den Rändern des politischen Systems. Imperien anerkennen keine Gleichen neben sich, und das ist für ihr strategisches Agieren maßgeblich.[22] Normen und Werte sowie Recht und Gesetz besitzen im Zentrum eine höhere Bindekraft als an der Peripherie, und daraus ergeben sich, je nach dem, an welchem Ort der imperialen Ordnung man sich befindet, unterschiedliche strategische Optionen. Im Unterschied zu den auf symmetrische Reziprozität gepolten Akteuren des Staatensystems sind Imperien strukturell auf unterschiedliche Typen von Strategiebildung ausgelegt. Sie beziehen ihre Rechtfertigung daraus, dass sie sich als Garanten einer Ordnung begreifen, die allein sie in Raum und Zeit aufrechterhalten. Was von außen herandrängt, ist diesem Selbstverständnis nach nicht eine andere Ordnung, sondern Unordnung. Imperiale Dominanz rechtfertigt sich somit aus der Vorstellung eines geordneten Raumes, der sich durch gesteigerte Prosperität sowie elaborierte Werte und Normen von seiner Umwelt absetzt. Weil diese Umwelt die gute Ordnung des Imperiums bedroht, darf gegen sie mit allen Mitteln vorgegangen werden. Imperien bzw. Imperiumsaspiranten gehen gegen die an ihren Ränder Lebenden mit großer Härte und oftmals äußerster Grausamkeit vor, und dabei bedienen sie sich Formen der Gewaltanwendung, die sie sonst als verbrecherisch verurteilen. Sie verfügen strategisch also über ein sehr viel breiteres Set von Optionen als Staaten, die sich untereinander bekämpfen. Dabei legitimieren sie sich durch ihren Anspruch, in der Welt Ordnung zu schaffen und sie auf diese Weise besser zu machen. Diese Weltverbesserung kann in der Durchsetzung des rechten Glaubens, der Verbreitung von Zivilisation und technischem Fortschritt oder auch der Garantie der Menschenrechte sowie der Ausbreitung von Demokratie und Marktwirtschaft bestehen. Die imperiale Mission treibt das Imperium in immer neue Räume, in denen es seine Ordnung durchzusetzen sucht. Dadurch aber läuft es Gefahr, seine Kräfte zu überdehnen und die Bürger des Zentrums zu überfordern, denen die Lasten und Kosten der imperialen Ausdehnung zu groß werden. Die Orientierung an einem erträglichen Kosten-Nutzen-Verhältnis bei der Ausdehnung und Erhaltung des Imperiums, die Vermeidung imperialer Überdehnung somit, kann als Imperialräson bezeichnet werden; und diese Imperialräson bildet das Gegengewicht zur imperialen Mission. Im Wechsel-

---

[22] Demgemäß ist die Wahrnehmung des außerhalb der imperialen Ordnung Stehenden mit Stereotypen zivilisatorischer Über- bzw. Unterlegenheit sowie mit moralischen und ästhetischen Imaginationen aufgeladen; dazu Münkler 2008.

spiel zwischen beiden findet die politische wie die militärische Strategiebildung statt, wobei sie mit den Zyklen imperialer Machtentfaltung einmal stärker dem einen und dann wieder dem anderen Pol zuneigt.

Imperien unterscheiden sich von den in symmetrische Strukturen eingebetteten Staaten auch dadurch, dass sie es an ihren Grenzen und Peripherien mit unterschiedlichen Akteuren zu tun haben, von denen einige strukturell dem Imperium näher stehen als andere: Klientelstaaten hier, undurchsichtige Indifferenz dort, andernorts offene Feindseligkeit. Politischer Umgang und militärische Konfrontation folgen dementsprechend nicht immer denselben Grundsätzen, sondern müssen sich den jeweiligen Gegebenheiten und Herausforderungen anpassen. Außerdem müssen Imperien langfristig in die Zukunft gerichtete Perspektiven entwickeln und eine Vorstellung davon haben, wie sie die von ihnen garantierte Ordnung ausweiten oder stabil halten wollen. Sie brauchen also eine geschichtsphilosophische Perspektive, die den strategischen Orientierungsrahmen abgibt. Für dieses im Vergleich mit klassischen Territorialstaaten sehr viel komplexere Ensemble von Strategien hat sich der Begriff der *grand strategy* herausgebildet.[23] In ihr werden die wesentlichen Machtsorten in Raum und Zeit taxiert und miteinander zu einer umfassenden Perspektive verbunden. Unter diesen Machtsorten lassen sich im Anschluss an Michael Mann (1990) politische und ökonomische, militärische und kulturelle Macht verstehen, mit denen das Imperium Einfluss auf seine Umwelt nimmt. Eine solche *grand strategy* legt auch die Kombination von Machtsorten bzw. die Ersetzung der einen durch eine andere fest. Im Anschluss an Joseph Nye (2004) lässt sich davon sprechen, dass im Rahmen der *grand strategy* auch die Kombination von *hard power* und *soft power* sowie den Übergang von der einen in die andere festgelegt werden. Man kann die *grand strategy* freilich auch enger fassen, wie dies Edward Luttwak (1976) in seiner Studie über die Gesamtstrategie Roms zwischen Prinzipat und Dominat getan hat, als er sie als das Ensemble von diplomatischen und militärischen Fähigkeiten, Verkehrsinfrastruktur und Befestigungssystemen begriff, mit denen sich das Römische Reich in einer prinzipiell feindseligen Umwelt behauptete. Dabei ging es vor allem um die Kombination von Klientelstaaten und hochmobilen Truppenverbänden, die zügig von einem Reichsteil in einen anderen verlegt werden konnten. Damit gelang es Kaiser Augustus, die Kosten der imperialen Ordnung deutlich zu senken. Durch Schuldenerlasse und Steuersenkungen gewann er die Unterstützung der römischen Bürgerschaft und konnte das Reich nach der Ära der Bürgerkriege konsolidieren.

---

[23] Da es im Deutschen kein begriffliches Pendend gibt, wird grand strategy auch mit „höherer Strategie" übersetzt (Liddell Hart o.J.: 391ff.), was die Bedeutung des Begriffs aber nicht wirklich erfasst. Glücklicher ist dagegen der Begriff der „Gesamtstrategie" (Luttwak 2003: 279ff.).

Zum Verhältnis von politischer und militärischer Strategie 63

Auch in der engeren Definition Luttwaks sind im Konzept der *grand strategy* also politische und militärische Strategien sowie innere und äußere Politik miteinander verbunden. Augustus löste damit ein Problem, an dem zuvor Caesar, der sehr viel stärker auf militärische Strategien gesetzt hatte, gescheitert war.[24]

Auch antiimperiale Akteure, die in ihrer Position der Schwäche nur dann eine Chance haben, wenn sie sich ebenfalls asymmetrischer Strategien bedienen, verzichten auf eine klare Trennung zwischen politischer und militärischer Strategie und orientieren den strategischen Gebrauch von Gewalt an politischen und militärischen Vorgaben, die sie in der Praxis eines Aufstands oder Partisanenkriegs eng miteinander verknüpfen. Im Unterschied zum Imperium, das auf professionelle Stäbe und Erzwingungsapparate zurückgreifen kann, müssen die Anführer einer antiimperialen Befreiungsbewegung denselben Anforderungen genügen, wie sie für die germanischen Heerkönige im Prozess der Ethnogenese beschrieben worden sind, d.h. sie müssen nicht nur strategische und taktische Fähigkeiten besitzen, sondern vor allem über ein in Widerstand und Kampf erworbenes Charisma verfügen, das ihnen die Gefolgschaft ihrer Anhänger sichert, ohne dass sie auf eine formelle oder institutionelle Befehls- und Kommandogewalt über sie zurückgreifen können.[25] Die Strategie der antiimperialen Befreiungsbewegung muss demgemäß dem Imperativ der Bewahrung oder Erneuerung des Anführercharismas untergeordnet werden, und dabei ist die Fähigkeit zu situativer Anpassung wichtiger als ein strategischer „Fahrplan", wie man ihn häufig in den marxistisch inspirierten Theorien des Partisanenkrieges mit ihren klar umrissenen Etappen und Entwicklungsstufen findet. Neben der Folgebereitschaft der eigenen Anhänger und der Mobilisierung potentieller Unterstützer ist bei einer antiimperialen Strategie auch auf die äußeren Unterstützer, den so genannten „interessierten Dritten", zu achten,

---

[24] Christian Meier (1980) hat Caesars Scheitern in der paradoxen Formel von der „Ohnmacht des allmächtigen Dictators Caesar" zusammengefasst, dies aber wesentlich auf die inneren Probleme Roms bezogen, wie er auch den Erfolg des Augustus vor allem als verfassungspolitisches Problem dargestellt hat. Dabei hat er die Bedeutung der nach außen gewandten Politik und die damit verbundene Ermöglichung wohlfahrtsstaatlicher Maßnahmen unterschätzt. Bemerkenswert ist in diesem Zusammenhang auch das Urteil des britischen Feldmarschalls Montgomery über Caesar: „Als Stratege war Caesar, um das Mindeste zu sagen, sprunghaft." Und: „Als Taktiker fehlte es Caesar an Originalität." (Montgomery 1968: 104). Das ist ein Urteil aus imperialer Perspektive, wie man es in der deutschen Literatur so nicht findet.

[25] Während viele Politiker, die als charismatisch bezeichnet werden und deren Charisma als ausschlaggebend für ihre Erfolge dargestellt wird (Nippel 2000), gleichzeitig auch noch auf traditionale und rationale Herrschaftselemente zurückgreifen können, verfügen die Anführer antiimperialer Befreiungsbewegungen zumeist nur über Charisma als Mobilisierungsressource. Politische und militärische Strategie sind dem Imperativ seiner Erhaltung und Erneuerung untergeordnet. In welchem Maße sich deswegen der Kampf um die Festnahme oder Tötung des Anführers dreht, konnte zuletzt am Beispiel Osama bin-Ladens beobachtet werden.

ohne dessen materielle und ideelle Hilfe der Kampf nicht zu führen ist.[26] So unterliegt die antiimperiale Strategie einer Reihe von Imperativen, die keine klare Trennung von politischen und militärischen Elementen erlaubt und aus der Vermischung beider ihre Flexibilität und Unberechenbarkeit gewinnt.

5 Militärische und politische Strategie in der Ordnung des Staates

Zu einer klaren Trennung zwischen militärischer und politischer Strategie, die in voneinander aparten Strukturen und Karrierezügen ihren institutionellen Niederschlag findet, ist es nur im institutionellen Flächenstaat gekommen, wie er sich im frühneuzeitlichen Europa entwickelt und gegen alternative Modelle der politischen Ordnung durchgesetzt hat. Aber auch hier war es noch lange Zeit üblich, dass die voneinander unabhängigen Institutionen des Militärs und der Staatsadministration in der Person des Herrschers, der die Einheit des Staates repräsentierte, miteinander verbunden waren. Dabei war der Fürst oftmals nicht nur im formalen Sinn Oberkommandierender der Streitkräfte, sondern verstand sich auch als oberster Stratege, der die politischen und die militärischen Entscheidungen traf. Er begriff das Militär also nicht als eine nachgeordnete Institution, die politische Zweckvorgaben umsetzte, sondern sah darin das vornehmste Betätigungsfeld eines Herrschers. In der Gepflogenheit gekrönter Staatsoberhäupter, bei öffentlichen Anlässen Uniform zu tragen, hat sich das bis heute als symbolischer Restbestand gehalten. Um militärstrategische Fragen im eigentlichen Sinn haben sich freilich nur einige Herrscherpersönlichkeiten gekümmert, und das bevorzugt in Staaten, die ihren Aufstieg im Konzert der europäischen Mächte militärischen Leistungen der jüngeren Zeit verdankten. Die Wasa in Schweden, die Romanows in Russland und die Hohenzollern in Preußen sind hier vor allem zu nennen.

Die Person des Herrschers dürfte auch lange Zeit als Brücke gedient haben, über die Begriffe aus der Militärstrategie in die Politik einwanderten, um dort die kognitiven und mentalen Strukturen zu schaffen, in denen dann die politische Strategiebildung erfolgte. Neben Machiavelli, der in seinem *Principe* dem Herrscher ausdrücklich empfahl, sich eingehend mit dem Militärwesen zu befassen, um gegen äußere Feinde bestehen zu können, hat vor allem der Niederländer Justus Lipsius dabei eine wichtige Rolle gespielt, indem er die Tugend der *constantia* zur mentalen Grundlage strategisch klugen Agierens in militärischen wie politischen

---

[26] Carl Schmitt (1963: 78) hat diesen Begriff im Anschluss an Rolf Schroers (1961: 247ff.), der ihn sehr allgemein verwendet, in die Theorie des Partisanenkrieges eingeführt.

Zum Verhältnis von politischer und militärischer Strategie

Angelegenheiten erklärte. Der Neustoizismus, den Lipsius zum Ethos der Beamtenschaft wie des Offizierskorps erhob (Oestreich 1969), war neben der Person des Herrschers ein weiteres Bindeglied zwischen den Führungsvorstellungen des Militärs und der Administrationspraxis des Staates. Innere Ausgeglichenheit, Beständigkeit und Gleichmut wurde unter dem vorherrschenden Einfluss der neustoischen Ethik zur unverzichtbaren Voraussetzung für ein erfolgversprechendes strategisches Planen und Handeln: Man musste seine Affekte unter Kontrolle haben, um dem Gegner gewachsen zu sein. Auch darüber hat ein Transfer militärischer Termini in die politische Strategiebildung stattgefunden.

Ungeachtet der Verbindungen zwischen Militär und Politik in der Person des Herrschers und dem gemeinsamen Ethos der „Staatsdiener" entwickelten sich im institutionellen Flächenstaat für Kriegführung und Staatsverwaltung voneinander unabhängige Wissensformen, in die man zum Erwerb der je geforderten Fähigkeiten einsozialisiert werden musste. Im Verlauf der Zeit trennten sich beide Denk- und Handlungstypen immer stärker voneinander, wobei die Administration mit der Verstetigung ihrer Aufgaben und der Kontinuierung der dafür eingerichteten Positionen mehr und mehr von strategischen Erwartungen entlastet wurde und diese bei den politischen Entscheidungszentren oberhalb bzw. außerhalb der Regelverwaltung angesiedelt wurden. Die Routinen des administrativen Alltagsgeschehens und die Erfordernisse strategischer Kreativität und Flexibilität vertrugen sich nicht miteinander bzw. erforderten unterschiedliche kognitive Fähigkeiten und mentale Dispositionen. Währenddessen scharten die mit strategischen Aufgaben Betrauten einen Kreis von Beratern und Vertrauten um sich, der nicht institutionalisiert wurde, sondern auf persönlicher Wertschätzung und Vertrauen beruhte. Diesem Kreis politikstrategischer Berater konnten Beichtväter und Berufsmilitärs, Gelehrte und Schriftsteller, aber auch Freunde und Verwandte des jeweiligen Entscheiders angehören.[27]

Infolge der schrittweisen Trennung von Administration und politischer Strategiebildung konnte sich erstere neben der Abwicklung routinemäßiger Alltagsgeschäfte sehr viel stärker auf die Planung langfristiger Entwicklungen konzentrieren. In diese gingen sehr wohl auch strategische Anforderungen ein, jedoch nur solche, bei denen es keinen strategischen Gegenspieler gab, dem man in einer antagonistischen Polarität gegenüberstand. Diese Dimension strategischer Spiele war in dem in das Staatensystem eingebundenen institutionellen Flächenstaat[28] im Wesentlichen auf die äußere Politik beschränkt, und wenn sie doch einmal auf die

---

[27] Zum fortbestehenden Problem einer Verbindung von Entscheidungskompetenz und Strategieexpertise im modernen Parteienstaat vgl. Raschke/Tils 2007: 301f.

[28] Dazu oben, S. 60.

innere Politik übergriff, war dies ein sicheres Indiz dafür, dass der Staat am Rande eines Bürgerkriegs stand. Das hat sich erst mit der Institutionalisierung eines in den Mitteln begrenzten Konflikts im modernen Parteienstaat geändert.

Der Entwicklungssprung, den die Entstehung des institutionellen Flächenstaats gegenüber früheren und alternativen Organisationsformen des Politischen darstellt, erwächst aus der Trennung einer auf antizipierbaren und berechenbaren Größen beruhenden Planung von dem auf Unvorhersehbares und Unberechenbares eingestellten strategischen Spiel,[29] in dem Kreativität und Kombinationsfähigkeit die entscheidende Rolle spielen. Auch Clausewitz hat mit Blick auf die Kriegskunst mehrfach von einem Spiel gesprochen, „einem Spiel von Möglichkeiten, Wahrscheinlichkeiten, Glück und Unglück (...), welches in allen großen und kleinen Fäden seines Gewebes fortläuft und von allen Zweigen des menschlichen Tuns den Krieg dem Kartenspiel am nächsten stellt" (Clausewitz 1980: 208).

Mit der Verwandlung von Lehnsaufgeboten und Söldnertruppen in stehende Heere, den *miles perpetuus*, veränderte sich auch das Militärwesen, und an die Stelle kurzfristiger Initiativen und Reaktionen trat langfristige Planung. Dabei spielte sowohl die beständig wachsende Größe der Heere als auch das Erfordernis einer gesteigerten taktischen Disziplin eine wichtige Rolle.[30] Die Logistik als Bestandteil der militärischen Strategie gewann zunehmend an Relevanz, und zu ihrer Bewältigung mussten im Militär eigene administrative Strukturen aufgebaut werden, die sich um Rekrutierung, Ausbildung und Verpflegung des Militärpersonals kümmerten, unabhängig davon, ob die Truppen im Felde „standen" oder in der Garnison „lagen". Dadurch wurde die militärische Strategie im engeren Sinn entlastet und konnte auf die unmittelbare Konfrontation mit dem Gegner konzentriert werden. Bei diesem Gegner handelte es sich, insofern er dem europäischen Staatensystem zugehörte, um einen symmetrischen Kontrahenten. Dadurch wurden die je eigenen Fähigkeiten in denen der Gegenseite gespiegelt, was einerseits dem Umfang und der Zahl der aufgebotenen Kräfte und andererseits der strategischen Kreativität an der Spitze des Heeres eine größere Bedeutung verlieh. Umfang und Zahl der verfügbaren Kräfte ließen sich durch ein erhöhtes Steueraufkommen und eine stärkere Abschöpfung des gesellschaftlichen Mehrprodukts steigern, aber die Verfügbarkeit des strategischen Genies entzog sich der politischen Planung. Außerdem spielten bei der Entfaltung des Genies der Zufall und das Glück eine so

---

[29] Der Begriff des Spiels wird hier auch darum gewählt, weil mit ihm die Figur des Gegenspielers notwendig verbunden ist.

[30] Für einen Überblick zur Entwicklung des Militärwesens in der Frühen Neuzeit vgl. Kroener/Pröve 1996 sowie Luh 2004.

Zum Verhältnis von politischer und militärischer Strategie 67

große Rolle,[31] dass strategisches Agieren des Militärs sehr bald als das genaue Gegenteil des geordneten Administrierens begriffen und gefeiert wurde. Der Glanz, den das militärische Genie im Unterschied zu einem über Jahrzehnte bewährten Administrator bis heute für sich verbuchen kann, erwächst aus dem Erfolg, den es im Spiel mit dem Glück errungen hat. Dass die Kommandeure von Militäreinheiten in der Gunst des Glücks stehen müssen, ist eine in der Militär- und Kriegsgeschichte immer wieder zu hörende Formel. Sowohl bei Friedrich II. als auch bei Napoleon ist sie zu finden.

Doch die große Bedeutung des Glücks in der strategischen Konfrontation mit einem gleichartigen Gegner war mit der bürokratischen Rationalität des institutionellen Flächenstaates schwer zu vereinbaren, und so war dieser immer wieder bestrebt, den Einfluss des Glücks zurückzudrängen und einer methodengestützten Berechenbarkeit größeren Raum zu verschaffen. Was Otto Hintze (1941) für den Zusammenhang zwischen Staatsverfassung und Heeresverfassung aufgezeigt hat, gilt auch für das Verhältnis von Staatsverfassung und militärischer Strategie. So entstand unter dem Einfluss des aufgeklärten Verwaltungsstaates im 18. Jahrhundert eine strategische Schule, die auf die Domestikation des Zufalls durch die Vermeidung der Schlacht gesetzt hat. Die zu großer Differenziertheit entwickelte Manöverstrategie zielte darauf ab, den Kontrahenten durch Truppenbewegungen und die Besetzung strategischer Schlüsselpositionen von seinem Nachschub abzuschneiden und ihn so ohne das Risiko einer Schlacht zur Kapitulation zu zwingen. Die militärische Strategie wurde „verwissenschaftlicht"[32] und so jenen Formen der Administrierung des Geschehens angenähert, die auch sonst den Staat des aufgeklärten Absolutismus bestimmten.

Aber die ausgefeilte Strategie der „unblutigen Kriegführung" war an Voraussetzungen gebunden, die tief in den Strukturen des aufgeklärten Verwaltungsstaates verankert waren, so dass mit dessen Erschütterung auch diese Strategie obsolet wurde. Sie hing an einem Typ von Militär, der bei allen Operationen von vorher aufgebauten Basen aus versorgt werden musste und sich seine Verpflegung nicht durch „Requirieren in Feindesland", also Plünderung, besorgen konnte. Von leichten Truppen abgesehen, die ausgeschwärmt operierten, war dies bei den „gepressten" Verbänden des Ancien Régime wegen der hohen Desertationsgefahr nicht möglich. Disziplin und Zusammenhalt ließen sich nur gewährleisten, solange die Truppen aus Magazinen versorgt wurden, was nicht nur ihre operative Beweglichkeit verminderte, sondern sie auch für Attacken auf ihre Verbindungslinien

---

[31] Clausewitz (1980: 213) weist dem Feldherrn das „Spiel der Wahrscheinlichkeiten und des Zufalls" zu, das „in freier Seelentätigkeit" zu wagen sei. Dem hat er die Politik als die Sphäre „des bloßen Verstandes" gegenübergestellt.

[32] Vgl. dazu die Beiträge von Guerlac und Palmer in Paret 1986: 64ff. und 91ff.

anfällig machte. Die Operation größerer Verbände war deswegen nur in der Nähe von Flüssen und Kanälen möglich, auf denen Munition und Verpflegung, aber auch das Futter für die Kavallerie (Luh 2004: 42ff.) leichter und effektiver herangeführt werden konnten als auf Straßen. Es kommt nicht von ungefähr, dass die großen militärischen Auseinandersetzungen dieser Zeit stärker durch die Erfordernisse der Logistik als die strategische Kreativität des Feldherrn und den Schneid der Offiziere geprägt waren.

Das änderte sich mit der Revolution in Frankreich und dem Aufstieg Napoleons. Die bislang entscheidende Disziplin der Truppen (Warburg 2008: 128ff.) wurde nun durch eine patriotische Begeisterung abgelöst, mit der das Desertionsproblem verschwand und die Praxis der Requisition an die Stelle des Magazinsystems trat. Die Armeen konnten sich von nun an sehr viel weiträumiger bewegen, und vor allem entwickelten sie dabei eine Schnelligkeit, die unter den vorherigen Verhältnissen unvorstellbar gewesen war. An die Stelle der Flüsse und Kanäle traten nun „Heerstraßen", in der Regel gerade, baumbestandene Chausseen, mit denen die Ingenieure Napoleons das Land überzogen und auf denen die Truppen schnell verlegt werden konnten. Die Folge dessen war, dass die Schlacht nun wieder die zentrale Bedeutung in der militärischen Strategie erlangte, die Strategie selbst sehr viel stärker am Genie des Feldherrn orientiert war, gleichzeitig die Größe der Truppen aber auch die Ausbildung eines Generalstabs erforderlich machte, der einerseits den Feldherrn von den Routineaufgaben der Strategie entlastete und ihn zugleich mit strategischen Einfällen und Ratschlägen versorgte und seine Ideen auf ihre Durchführbarkeit hin prüfte (Görlitz 1977: 25ff.). Damit hatte die Strategiebildung einen Ort gefunden, an dem sie immer weiter differenziert und verfeinert werden konnte. Der abermalige Sprung in der zahlenmäßigen Vermehrung der Heere, der mit dem Eisenbahnbau, d.h. der Ersetzung von Muskelkraft durch fossile Energie, erfolgte (McNeill 1984: 199ff.), wäre ohne die Organisations- und Lenkungskapazität eines Generalstabs nicht möglich gewesen. Der Methodismus der Kriegführung war mit der Revolution vorüber, aber innerhalb des Generalstabs wurden nunmehr zentrale Aufgaben methodisiert, um dem strategischen Genie und seinem Spiel mit dem Glück Raum zu verschaffen. Der Typus unheroische Führerschaft,[33] wie er sich mit der Vergrößerung der Heere und der Industrialisierung des Krieges entwickelt hatte, wurde mit der Strahlkraft des militärischen Genies ummantelt, um die charismatische Dimension des Militärischen aufrecht-

---

[33] John Keegan (1997: 237ff.) hat den Typus des unheroischen Führers am Beispiel des Ulysses S. Grant dargestellt.

Zum Verhältnis von politischer und militärischer Strategie

zuerhalten. Die damit erfolgte Abgrenzung militärischer gegenüber politischer Strategie war freilich stärker symbolischer als realer Art.[34]

Das ändert jedoch prinzipiell nichts daran, dass sich im institutionellen Flächenstaat, erst recht im modernen Verfassungsstaat, eine Separation von militärischer und politischer Strategie entwickelt hat, die sehr viel deutlicher ausgeprägt ist als in den Ethnogenesen der Völkerwanderungszeit und den Natiogenesen der antiimperialen Befreiungsbewegungen, im bürgerschaftlich-milizförmigen Militärwesen der Stadtstaaten und Städtebünde und schließlich auch in den am Fortbestand einer ganzen Zivilisation orientierten Strukturen und Imperativen von Imperien. Diese klare Separation wiederum ist die Voraussetzung dafür, dass es zu einem Transfer militärischer Termini und Denkweisen in die politische Strategiebildung kommen konnte, denn so lange beide miteinander vermischt waren, bestand weder das Erfordernis zur Ausbildung eigener kognitiver Ordnungen noch ließen sich Transfers von einem ins andere Gebiet beobachten. Bei diesem Transfer spielten schließlich auch politische Intellektuelle eine wichtige Rolle, die sich mit Hilfe militärstrategischer Begriffe das politische Geschehen erklärten und Handlungsmöglichkeiten beschrieben.[35]

Abschließend bleibt festzuhalten, dass die Diskursivität als Bestandteil der Strategie, die in pluralistischen Demokratien von großer Bedeutung ist (Raschke/Tils 2007: 243ff.), sich auch in jenen Formen militärischer Strategiebildung beobachten lässt, in denen das Militärische vom Politischen nicht präzise separiert ist. Erst dort, wo sich mit der Ausbildung des neuzeitlichen Staates im Militär das Prinzip von Befehl und Gehorsam auf allen Ebenen durchgesetzt hat, verschwindet die Diskursivität aus der militärischen Strategie bzw. zieht sich in die abgegrenzten Strukturen des Generalstabs zurück. Das Prinzip von Befehl und Gehorsam, das in der Epoche des institutionellen Flächenstaats zu einer gewaltigen Effektivierung des Militärs geführt hat, stößt jedoch dort an seine Grenzen, wo es zu einer asymmetrischen Kriegführung kommt. Vor allem in solchen Konfrontationen muss das Verhältnis von politischer und militärischer Strategie ständig überprüft und immer wieder neu ausgerichtet werden. Das zeigt sich unter anderem darin, dass bei humanitär-militärischen Interventionen und Pazifizierungsoperationen das Konzept einer zivil-militärischen Zusammenarbeit inzwischen zu einem strategischen Schlüsselbegriff geworden ist.

---

[34] So hat Franz Walter (2009) das Verhältnis von Kanzler und Leiter des Kanzleramts während der sechzig Jahre Bundesrepublik plausibel nach dem Modell von Befehlshaber und Generalstab beschreiben können.

[35] Der bekannteste von ihnen ist der italienische Marxist Antonio Gramsci, der nach dem Ersten Weltkrieg mit der Unterscheidung von Stellungs- und Bewegungskrieg die veränderte Situation der revolutionären Kräfte zu analysieren versuchte (Gramsci 1967: 341ff.).

Literatur

Aron, Raymond 1980: Clausewitz. Den Krieg denken, Frankfurt/M.: Propyläen.

Blindow, Felix 1999: Carl Schmitts Reichsordnung. Strategie für einen europäischen Groß-raum, Berlin: Akademie Verlag.

Buciak, Sebastian (Hg.) 2008: Asymmetrische Konflikte im Spiegel der Zeit, Berlin: Verlag Dr. Köster.

Burleigh, Michael 2008: Irdische Mächte, göttliches Heil. Die Geschichte des Kampfes zwischen Politik und Religion von der Französischen Revolution bis in die Gegenwart, München: Deutsche Verlags-Anstalt.

Clausewitz, Carl von 1980: Vom Kriege, 19. Auflage hrsg. von Werner Hahlweg, Bonn: Dümmler.

Clausewitz, Carl von 1966: Schriften – Aufsätze – Studien – Briefe, hrsg. von Werner Hahlweg, Bd. 1, Göttingen: Vandenhoeck & Ruprecht.

Delbrück, Hans 1890: Die Strategie des Perikles erläutert durch die Strategie Friedrichs des Großen, Berlin: Georg Reimer.

Delbrück, Hans 2000: Geschichte der Kriegskunst im Rahmen der politischen Geschichte, 4 Bde., Berlin: Walter de Gruyter.

Demandt, Alexander 1980: Die Anfänge der Staatenbildung bei den Germanen, in: Historische Zeitschrift, Bd. 230, 273-291.

Enßlin, Wilhelm 1947: Theoderich der Große, München: Münchner Verlag.

Görlitz, Walter 1977: Kleine Geschichte des deutschen Generalstabs, 2. Auflage, Berlin: Haude Spenersche Verlagsbuchhandlung.

Gramsci, Antonio 1967: Philosophie der Praxis. Eine Auswahl, Frankfurt/M.: S. Fischer Verlag.

Habermas, Jürgen/Derrida, Jacques 2004: Philosophie in Zeiten des Terrors, Berlin: Philo Verlagsgesellschaft.

Hahlweg, Werner 1968: Guerilla. Krieg ohne Fronten, Stuttgart: Kohlhammer.

Heilbrunn, Otto 1963: Die Partisanen in der modernen Kriegführung, Frankfurt/M.: Bernhard & Graefe Verlag für Wehrwesen.

von der Heydte, Friedrich August 1972: Der moderne Kleinkrieg als wehrpolitisches und militärisches Phänomen, Würzburg: Holzner Verlag.

Hintze, Otto 1941: Staatsverfassung und Heeresverfassung (1906), in: Hintze, Otto (Hg.), Staat und Verfassung. Gesammelte Abhandlungen zur Allgemeinen Verfassungsgeschichte, Leipzig: Koehler & Amelang, 42-73.

Kagan, Donald 1992: Perikles. Die Geburt der Demokratie, Stuttgart: Klett-Cotta.

Kant, Immanuel 1964: Der Streit der Fakultäten (1798), in: Immanuel Kant, Werke, hrsg. von Wilhelm Weischedel, Bd. 9, Darmstadt: Wissenschaftliche Buchgesellschaft, 265-393.

Zum Verhältnis von politischer und militärischer Strategie

Keegan, John 1997: Die Maske des Feldherrn. Alexander der Große, Wellington, Grant, Hitler, Weinheim: Beltz Quadriga Verlag.

Kroener, Bernhard R./Pröve, Ralf (Hg.) 1996: Krieg und Frieden. Militär und Gesellschaft in der Frühen Neuzeit, Paderborn: Ferdinand Schöningh.

Lehmann, Gustav Adolf 2008: Perikles. Staatsmann und Stratege im klassischen Athen, München: Beck.

Liddell Hart, Basil H. o.J.: Strategie, Wiesbaden: Rheinische Verlags-Anstalt.

Luh, Jürgen 2004: Kriegskunst in Europa 1650-1800, Köln: Böhlau Verlag.

Luttwak, Edward N. 1976: The Grand Strategy of the Roman Empire. From the First Century A.D. to the Third, Baltimore/London: Johns Hopkins University Press.

Luttwak, Edward N. 2003: Strategie. Die Logik von Krieg und Frieden, Lüneburg: zu Klampen Verlag.

Mann, Michael 1990: Geschichte der Macht, Bd. 1, Frankfurt/M.: Campus.

McNeill, William H. 1984: Krieg und Macht. Militär, Wirtschaft und Gesellschaft vom Altertum bis heute, München: Beck.

Meier, Christian 1980: Die Ohnmacht des allmächtigen Dictators Caesar. Drei biographische Skizzen, Frankfurt/M.: Suhrkamp.

Montgomery, Bernard Law, Viscount of Alamein 1968: Kriegsgeschichte. Weltgeschichte der Schlachten und Kriegszüge, Frankfurt/M.: Bernard & Graefe Verlag für Wehrwesen.

Münkler, Herfried 1981: Perspektiven der Befreiung. Die Philosophie der Gewalt in der Revolutionstheorie Frantz Fanons, in: Kölner Zeitschrift für Soziologie und Sozialpsychologie, Jg. 33, H. 3, 437-468.

Münkler, Herfried 1992: Gewalt und Ordnung. Das Bild des Krieges im politischen Denken, Frankfurt/M.: Fischer Taschenbuch Verlag.

Münkler, Herfried 2002: Über den Krieg. Stationen der Kriegsgeschichte im Spiegel ihrer theoretischen Reflexion, Weilerswist: Velbrück Wissenschaft.

Münkler, Herfried 2005: Imperien. Die Logik der Weltherrschaft vom Alten Rom bis zu den Vereinigten Staaten, Berlin: Rowohlt.

Münkler, Herfried 2006: Der Wandel des Krieges. Von der Symmetrie zur Asymmetrie, Weilerswist: Velbrück Wissenschaft.

Münkler, Herfried 2008: Barbaren und Dämonen. Die Konstruktion des Fremden in imperialen Ordnungen, in: Baberowski, Jörg/Kaelble, Hartmut/Schriewer, Jürgen (Hg.), Selbstbilder und Fremdbilder. Repräsentation sozialer Ordnungen im Wandel, Frankfurt/M.: Campus, 153-189.

Nippel, Wilfried (Hg.) 2000: Virtuosen der Macht. Herrschaft und Charisma von Perikles bis Mao, München: Beck.

Noth, Martin 1986: Geschichte Israels, 10. Auflage, Göttingen: Vandenhoeck & Ruprecht.

Nye, Joseph 2004: Soft Power. The Means to Success in World Politics, New York: Public Affairs.

Oestreich, Gerhard 1969: Geist und Gestalt des frühmodernen Staates, Berlin: Duncker & Humblot.

Parker, Geoffrey 1996: Die militärische Revolution. Die Kriegskunst und der Aufstieg des Westens 1500-1800, Frankfurt/M.: Campus.

Paret, Peter (ed.) 1986: Makers of Modern Strategy from Machiavelli to the Nuclear Age, New Jersey: Princeton University Press.

Paret, Peter 1993: Clausewitz und der Staat. Der Mensch, seine Theorien und seine Zeit, Bonn: Dümmler.

Raschke, Joachim/Tils, Ralf 2007: Politische Strategie. Eine Grundlegung, Wiesbaden: Verlag für Sozialwissenschaften.

Rogers, Clifford J. (ed.) 1995: The Military Revolution Debate. Readings on the Military Transformation of Early Modern Europe, Boulder: Westview Press.

Schramm, Wilhelm von 1976: Clausewitz. Leben und Werk, Esslingen am Neckar: Bechtle.

Schmitt, Carl 1956: Der Nomos der Erde im Völkerrecht des Ius Publicum Europaeum, Köln: Greven Verlag.

Schmitt, Carl 1963: Theorie des Partisanen. Zwischenbemerkung zum Begriff des Politischen, Berlin: Duncker & Humblot.

Schmitt, Carl 1981: Land und Meer. Eine weltgeschichtliche Betrachtung (1942), Köln-Lövenich: Hohenheim/Edition Maschke.

Schmitt, Carl 1985: Politische Theologie. Vier Kapitel zur Lehre von der Souveränität, 4. Auflage, unveränd. Nachdr. d. 1934 erschienenen 2. Auflage, Berlin: Duncker & Humblot.

Schroers, Rolf 1961: Der Partisan. Ein Beitrag zur politischen Anthropologie, Köln/Berlin: Kiepenheuer & Witsch.

Soggin, J. Alberto 1991: Einführung in die Geschichte Israels und Judas. Von den Ursprüngen bis zum Aufstand Bar Kochbas, Darmstadt: Wissenschaftliche Buchgesellschaft.

Sombart, Werner 1915: Händler und Helden, München: Duncker & Humblot.

Sprengel, Rainer 1996: Kritik der Geopolitik. Ein deutscher Diskurs 1914-1944, Berlin: Akademie Verlag.

Tarkiainen, Tuttu 1972: Die athenische Demokratie, München: dtv.

Thukydides 2000: Der Peloponnesische Krieg, übersetzt und hrsg. von Helmuth Vretska und Werner Rinner, Stuttgart: Reclam.

Walter, Franz 2009: Charismatiker und Effizienzen. Porträts aus 60 Jahren Bundesrepublik, Frankfurt/M.: Suhrkamp.

Warburg, Jens 2008: Das Militär und seine Subjekte. Zur Soziologie des Krieges, Bielefeld: transcript.

Wenskus, Reinhard 1961: Stammesbildung und Verfassung. Das Werden der frühmittelalterlichen gentes, Köln/Graz: Böhlau.

Wohlrapp, Harald 1998: Strategie, in: Historisches Wörterbuch der Philosophie, Bd. 10, Basel: Schwabe, 261-266.

Wolfram, Herwig 1979: Geschichte der Goten. Von den Anfängen bis zur Mitte des 6. Jh. Entwurf einer historischen Ethnographie, München: Beck.

Emergente Strategien im Entstehungsprozess des Sozialstaats

Helmut Wiesenthal

1 Einleitung

Die Entstehungsgeschichte moderner Wohlfahrtsstaaten ist in einer Fülle von sozialhistorischen und sozialpolitischen Studien dokumentiert. Während die meisten dieser Studien den Fokus auf maßgebliche Interpretationen der „sozialen Frage", die in Betracht gezogenen und schließlich gewählten sozialpolitischen Instrumente sowie deren Praktikabilität, Akzeptanz und Verteilungseffekte richten, werden in einer kleinen Teilmenge von Untersuchungen auch die Prozesse der Politikentwicklung und der politischen Entscheidungsproduktion beleuchtet. Die berichteten Befunde sind durchaus geeignet, als Material für Sekundäranalysen der Strategiebildung und strategischen Interaktionen zu dienen.

Gleichwohl ist die Perspektive einer systematischen Strategieanalyse den Arbeiten der Sozialstaats- und Sozialpolitikforschung fremd geblieben. Sei es aufgrund der epistemologischen Option für Makrophänomene und Strukturdiagnosen, sei es wegen der verbreiteten Intransparenz individueller Entscheidungskalküle und der geringen Reliabilität historischer Erzählungen: Die als Erklärung der Sozialstaatsgenese angebotenen Theorien weisen den Modi und Phänomenen des strategischen Handelns bestenfalls eine Nebenrolle zu.[1] Prominenz erlangten dagegen eine ganze Reihe von alternativen Verfahren der Komplexitätsreduktion mit exklusivem Erklärungsanspruch.

So stellen *funktionalistische* Erklärungen auf einen „gesellschaftlichen Bedarf" an Sozialpolitik ab, zu dem es in den forcierten Modernisierungsprozessen des 19. Jahrhunderts kam. Kausalfaktoren für die Aktualität der „sozialen Frage" waren die ökonomische Industrialisierungsdynamik, die zunehmende Landflucht und Urbanisierung sowie die auch in der Arbeiterschaft gestiegene Lebenserwartung, die das Problem häufiger Altersarmut zur Folge hatte (Pampel/Williamson 1985). Allerdings gibt es für diesen auf Problemgenese und Innovationsbedarf abheben-

---

[1] Vgl. Alber (1979), Köhler (1979), Flora/Alber (1982) und Orloff (1993).

den Erklärungstypus nur schwache empirische Belege. Zumindest ist kein enger Zusammenhang zwischen dem Industrialisierungsniveau und den Aktivitäten der Sozialpolitikinnovation erkennbar (Köhler 1979).

Andere Erklärungsansätze weisen dem Wandel *soziokultureller Werte* eine Schlüsselrolle zu. Sie berufen sich beispielsweise auf die Ablösung des dogmatischen Verständnisses von Marktliberalismus durch „neu-liberale" Auffassungen, die auf die Notwendigkeit kollektiver bzw. staatlicher Beiträge zur individuellen Risikovorsorge abheben. Empirische Forschungen zeigen allerdings, dass die aus dem unstrittigen Wertewandel resultierenden Innovationen in erster Linie im Aufbau von privaten Selbsthilfevereinigungen und Wohlfahrtsorganisationen bestanden, die sich sodann regelmäßig der Einführung von sozialstaatlichen Programmen widersetzten (Orloff 1993).

Eine verbreitete Erklärung verweist auf die Mobilisierungserfolge der Arbeiter, die dank des allgemeinen (Männer-) Wahlrechts und sukzessiver Stimmengewinne der Arbeiterparteien den Aufbau sozialstaatlicher Sicherungen hätten erzwingen können (Korpi 1989). Insbesondere der *demokratietheoretische* Part dieser Erklärung scheint durch vergleichende Makrostudien (z.B. Berg-Schlosser/Quenter 1996) ausreichend bestätigt. Akteurorientierte Analysen zeigen jedoch, dass die sozialdemokratischen und radikalliberalen Parteien sowie die Gewerkschaften sozialstaatliche Innovationen regelmäßig mit großer Skepsis bedachten und nicht selten die Einführung staatlicher Sicherungssysteme ausdrücklich ablehnten.

Diese, populären Geschichtsbildern widersprechende Beobachtung findet ihr Spiegelbild in jenen Fällen, in denen konstitutionelle Monarchien – ganz ohne oder mit nur schwacher Präsenz einer organisierten Arbeiterbewegung – ein stärkeres Interesse an sozialpolitischen Innovationen zeigten als liberale Demokratien mit repräsentativem parlamentarischem System (Flora/Alber 1982). Sowohl in den demokratisch als auch den autokratisch verfassten Systemen waren es politisch-administrative und intellektuelle Eliten, die sich die advokatorische Vertretung von Arbeiterinteressen anheischig machten und dabei nicht selten die Machtsicherung des bestehenden Regimes im Sinn hatten. Entsprechend erfolgreich erweisen sich ein *elitentheoretischer* Ansatz der Politikanalyse (z.B. Heclo 1974) und das genaue Studium des der Innovation vorausgegangenen Orientierungswandels sowie des Zustandekommens von „cross-class coalitions" (Orloff 1993: 76).

Am deutlichsten wird der Einfluss des kontextbedachten Akteurhandelns in *institutionalistischen* Erklärungen der Politikinnovation. Sie stellen auf eine Zunahme staatlicher Handlungskapazität und verbesserte Rezeptionschancen für professionelle Expertisen ab. Damit geraten nicht nur die Ideengenese und Politikformulierung samt der Erweiterung des staatlichen Aufgabenverständnisses in den Fokus, sondern auch die Prozeduren, Rationalitätsgrenzen und Eigeninteressen der

Emergente Strategien im Entstehungsprozess des Sozialstaats

bürokratischen Organisationen, unter deren Dach die Politikentwicklung großenteils stattfand. Da zudem institutionalistische Erklärungen keine der zuvor erwähnten Faktoren ausschließen, können sie mit einem maximal inklusiven Aufmerksamkeitshorizont operieren. Er ist für die kontingenten Phänomene kognitivnormativer Art ebenso offen (Orloff 1993) wie für die emergenten Resultate der strategischen Interaktion und des politischen Wettbewerbs, einschließlich jener endogenen Dynamiken, die in Kategorien des strategischen und Politik-Lernens gefasst werden.

2 Die Fallauswahl

Für die folgende Rekonstruktion strategischer Momente in exemplarischen Entstehungsprozessen des Sozialstaats werden vier Fälle herangezogen, in denen Institutionen der sozialen Sicherung erstmals im nationalstaatlichen Rahmen eingeführt wurden. Das trifft auf die zwischen 1883 und 1888 im Deutschen Reich geschaffenen Unfall-, Kranken- und Altersrentenversicherungen zu, aber auch auf die Einführung einer allgemeinen Volksrente in Dänemark (1891) und Schweden (1913) sowie auf die gesetzliche Arbeitslosenversicherung in England (1911). Zugegeben, die Vergleichbarkeit dieser vier Fälle bewegt sich in engen Grenzen. Das notwendige Minimum ist zum einen durch die zeitliche Nähe der Fälle gegeben, die innerhalb einer Spanne von lediglich 30 Jahren (1883-1913) liegen, und zum anderen durch die formale Ähnlichkeit der politischen Systeme, die sich sämtlich im frühen Stadium der Etablierung eines kompetitiven Parteiensystems in der konstitutionellen Monarchie befanden. Die erst nach dem Zweiten Weltkrieg erfolgte Ausdifferenzierung unterschiedlicher Typen des modernen Wohlfahrtsstaats ist in dieser Phase noch nicht beobachtbar.[2] Weil die einzelnen Innovationsfälle anderenorts bereits ausführlicher beschrieben sind (Wiesenthal 2003), mag hier eine knappe Skizze ihrer je besonderen Merkmale genügen.

2.1 Die 1880er Sozialreformen im Deutschen Reich[3]

Nicht ganz zu recht wird die Entstehung der deutschen Sozialversicherungen vor allem einer Person, dem Reichskanzler Otto von Bismarck, zugeschrieben. Tatsäch-

---

[2]   Hier sei an Esping-Andersons (1990) Unterscheidung zwischen der liberalen, der konservativen und der sozialdemokratischen Variante des Sozialstaats erinnert sowie an jene zwischen „residualen" und „institutionellen" Wohlfahrtsstaaten (Sainsbury 1991).

[3]   Die folgenden Ausführungen basieren v.a. auf Köhler/Zacher (1981), Mommsen/Mock (1982), Reidegeld (1996), Ritter (1983) und Stolleis (1979).

lich war der Beitrag des in prominenter strategischer Position agierenden Kanzlers weder bei der Auslösung des Innovationsprozesses noch bei dessen Vollendung von entscheidender Bedeutung. Vielmehr stellt sich die Entstehung der Unfallversicherung für Industriearbeiter, die – anders als die Kranken- und die Invalidenversicherung – das Zentralthema der „Bismarckschen" Sozialreformen war – bei genauerer Betrachtung als Endpunkt einer Serie von Tests auf die Zustimmungsfähigkeit eines in weiten Grenzen immer wieder aufs Neue modifizierten Politikentwurfs dar. Strategische Planungen bestimmten zwar den Start des Projekts im politischen Raum, aber kaum mehr den folgenden Prozess, dessen Ergebnis stärker von einigen beharrlichen Akteuren in der Ministerialbürokratie und deren Fähigkeit zu gelegenheitsbewussten taktischen Entscheidungen geprägt war.

Im Ausgangskontext erkennen wir zwei ungleiche Akteurgruppen ohne engere Verbindungen. Die Teilnehmer am sozialkritischen Pauperismus-Diskurs bildeten den Kern einer zivilgesellschaftlichen, durchweg politikfernen „advocacy coalition" (Sabatier 1987) der Sozialreform. Urbane Eliten aus christlich-sozialen Kreisen und Mitglieder des Vereins für Socialpolitik trafen sich in der Sorge um die Folgen der Migration der ländlichen Armutsbevölkerung in die entstehenden Industriestädte. Beflügelt durch ein insgesamt innovationsfreundliches Klima diskutierte man eine Palette von zweckmäßigen Antworten auf Armut und „Sittenverfall": den Ausbau des präventiven Arbeitsschutzes, eine Reform des Haftpflichtrechts zu Gunsten der Geschädigten, die Unterstützung des Hilfskassenwesens sowie auch die Schaffung von Pflichtversicherungen (Ritter 1983: 18). Einig waren sich die Beteiligten allein in der Auffassung, dass „etwas" getan werden müsse.

Ende der 1870er Jahre entstand im politischen System eine weitere „advocacy coalition", die die Diagnosen des sozialpolitischen Diskurses zur Kenntnis nahm und in einen machtpolitischen Kontext rückte. Zu dieser Befürworterkoalition, die schließlich den Gesetzgebungsprozess auslöste, gehörten der Reichskanzler, Beamte der Ministerialbürokratie sowie Mitglieder des Reichstags (Konservative und Teile der Zentrumspartei). Die Liberalen blieben distanziert; sie wollten die soziale Frage durch Selbsthilfe gelöst sehen (Tober 1999: 36) und präsentierten erst 1887 eigene sozialpolitische Vorstellungen. Die anfangs beteiligten Vertreter der Großindustrie, aus deren Kreisen ein erster Entwurf für die Unfall-Pflichtversicherung stammte, sahen sich bald nur noch als Entscheidungsnehmer im Politikentwicklungsprozess und verloren das Interesse an der Sache.

Die „politische" Akteurgruppe war durch die Konvergenz eines machtpolitischen und eines *gesellschaftskonstruktiven* Kalküls charakterisiert: Die im Umgang mit der Arbeiterschaft betriebene Konflikt_ver_schärfung (insbesondere durch das 1878 verabschiedete Sozialistengesetz), sollte durch Maßnahmen einer gezielten Konflikt_ent_schärfung per Sozialpolitik flankiert werden. Es galt, der Sozialdemo-

Emergente Strategien im Entstehungsprozess des Sozialstaats

kratie durch Einflussnahme auf die Orientierungen der Unterschichten „das Wasser abzugraben". Dieses sozialpolitische Motiv war keine Erfindung des Reichskanzlers Bismarck. Auf mindestens zwei von der Reichsregierung veranstalteten Konferenzen (1871 und 1872) empfahlen internationale Experten der Regierung, der organisierten Arbeiterschaft mit einem Bündel aus repressiven und sozialen Maßnahmen zu begegnen. Daraufhin plädierte endlich auch der Verein für Socialpolitik (1874) für eine „Casse" der Arbeiter (Reidegeld 1996: 197-201).

Alles Weitere beruht auf den Kontingenzen der Politikentwicklung in einer diffusen Akteurkonstellation. Diese kannte zwar wenig entschiedene Befürworter, aber keine prinzipiellen und gleichzeitig mehrheitsfähigen Gegner. Die Protagonisten verstanden es, diverse Gelegenheitsfenster zu nutzen: das Auf und Ab der bei Adel und Bürgertum grassierenden Revolutionsangst, die Stimmung nach zwei Attentaten auf den Kaiser im Jahre 1878 und die Möglichkeit, die Zusammensetzung des Reichstags durch Neuwahl zu „verbessern".

Tempo und Details der Politikentwicklung waren von der Ministerialbürokratie bestimmt, die dafür lediglich vier Jahre benötigte. Zunächst hatte das Handelsministerium 1880 den Entwurf für ein kombiniertes Haftpflicht- und Arbeiterschutzgesetz präsentiert. Angesichts der Unbeliebtheit eines solchen Pakets bei der Industrie wurde diese von der Reichskanzlei zu Gegenvorschlägen ermuntert. Das industriell präferierte Versicherungsprinzip harmonierte mit der Präferenz des Kanzlers für ein „Reichsamt" zum Schutz der invaliden Arbeiter. Widerspruch kam jedoch bei verschiedenen Gruppen des Parlaments auf. Damit der dritte der Gesetzentwürfe am 06.07.1884 vom überwiegend reformunwilligen Reichstag verabschiedet werden konnte, waren erhebliche Zugeständnisse erforderlich: Der als Loyalitätsstimulus gedachte Finanzierungsbeitrag des Staates entfiel, ebenso die als Pazifizierungsinstrument geplanten Arbeiterausschüsse und der (bescheidene) Arbeitnehmerbeitrag, der eine Beteiligung von Arbeitern an der Verwaltung legitimieren sollte. Schließlich musste auch die als zentraler Träger vorgesehene Reichsversicherungsanstalt den nach ständestaatlichem Muster konzipierten Arbeitgeber-Berufsgenossenschaften weichen.

Das Zustandekommen der Reichstagsmehrheit verdankt sich einem „klerikalkonservativen" Kompromiss, den der Ministerialdirektor Robert Bosse in letzter Minute zu organisieren verstand. In einem von Konservativen und Freikonservativen getragenen Abänderungsantrag war der prinzipielle Zweck der Reform wieder erkennbar gemacht geworden, was ihm die Zustimmung des Zentrums verschaffte (Ritter 1983). Die Repräsentanten von Großindustrie und Großgrundbesitz stimmten dem ihnen zwischenzeitlich gleichgültig gewordenen Vorhaben erst zu, nachdem ihr Interesse an Schutzzöllen befriedigt worden war. Schließlich waren es nur noch die Linksliberalen und die Sozialdemokraten, die dem Unfallversicherungsgesetz die Zustimmung versagten.

Das unverhohlene Machtinteresse der staatstragenden Eliten und die klassenpolitische Polarisierung wirkten sich nicht nachteilig auf den Erfolg des Reformprojekts aus. Eher scheint die antagonistische Gegnerschaft der Sozialdemokratie die Bildung einer zustimmenden „bürgerlichen" Mehrheit erleichtert zu haben. Allerdings hatten die Initiatoren und viele anfänglichen Unterstützer im Auf und Ab des Gesetzgebungsprozesses ihr Interesse an der Sache verloren. Zielgerichtete Impulse erhielt der Politikentwicklungs- und Gesetzgebungsprozess v.a. aus der dem politischen Tagesgeschäft enthobenen Ministerialbürokratie. Hätte es sich bloß um die Initiative einer oder mehrerer politischer Parteien gehandelt, wäre das Reformvorhaben vermutlich gescheitert.

Die etwas später beschlossene Krankenversicherung sowie die Invaliditäts- und Altersrentenversicherung wurden von den Entscheidungsbeteiligten als wenig bedeutsam angesehen. So galt das 1883 verabschiedete Krankenversicherungsgesetz nicht als institutionelle Innovation, sondern als ein Komplement der Unfallversicherung. Das Rentenversicherungsgesetz von 1889 stieß in Sachen Trägerinstitution und „Reichszuschuss" auf den gleichen Widerstand wie zuvor die Unfallversicherung. Als Kompromiss wurden Landesversicherungsanstalten vorgesehen und der Reichszuschuss gestrichen. Das finanzielle Gewicht beider Innovationen galt den Beteiligten als gering. Die durchweg skeptisch gestimmte Öffentlichkeit, insbesondere die auf ihre Ablehnungshaltung fixierte Sozialdemokratie, hat den institutionellen Präzedenzcharakter erst viel später bemerkt.

2.2 Die Schaffung einer Volksrente in Dänemark und Schweden[4]

In beiden Ländern entstanden universale, nicht auf die Arbeiterschaft beschränkte Altersrentensysteme. In Dänemark betraf die „soziale Frage" vor allem die von einer Wirtschaftskrise betroffenen Landarbeiter und Kleinbauern, in Schweden das ländliche und städtische Proletariat. Von der Überwindung der grassierenden Altersarmut versprach man sich – im vorherrschenden Deutungsrahmen – eine Rückkehr zu den als „harmonisch" erlebten Sozialverhältnissen der Vergangenheit. Initiatoren und Träger der Reformprojekte waren in Dänemark die liberale (Venstre-) Partei und in Schweden die Liberalen und die Konservativen. In beiden Fällen reüssierte die Altersrente als ein Thema von begrenzter Brisanz und Aufmerksamkeit.

---

[4] Den folgenden Ausführungen liegen v.a. die Arbeiten von Baldwin (1998), Kuhnle (1978), Olsson (1990) und Petersen (1990) zu Grunde.

Emergente Strategien im Entstehungsprozess des Sozialstaats 81

In Dänemark standen die liberalen Initiatoren in einem Dauerkonflikt mit den regierenden Konservativen, denen sie sich als Partner bei der Dämpfung des sozialen Protests empfahlen. Gleichzeitig trieben sie die gegen die Regierungspolitik gerichtete Demokratiebewegung voran und umwarben die Wähler mit populären Themen. Entgegen ihrer Grundüberzeugung plädierten sie sogar für eine Ausweitung der Staatsaufgaben. Dagegen ging es den regierenden Konservativen vor allem um die Erhaltung ihrer privilegierten Position und insbesondere der Vorrechte des Oberhauses. Mit dem Aufstieg der Oppositionsparteien wuchs ihre Bereitschaft zu Kompromissen.

Die Reformbefürworter (die Liberale Partei und nahe stehende Interessenverbände) setzten zunächst Untersuchungsausschüsse durch, die den Problemstand und Handlungsbedarf erwartungsgemäß bestätigten und mit positiven ausländischen Erfahrungen konfrontierten (Kuhnle 1978: 20). Das Parlament mochte die Vorschläge der daran anknüpfenden Reformkommission aber nicht akzeptieren. Auch der Regierungsvorschlag, das Armenrecht durch Altersrenten zu ergänzen, verfehlte die parlamentarische Zustimmung; nachträgliche Bemühungen, die Finanzierung durch höhere Steuereinnahmen zu sichern, blieben ebenfalls erfolglos. Erst 1891, am Ende des insgesamt zehnjährigen Politikprozesses, wurde die allgemeine Altersrente zustimmungsfähig, und zwar als Nebenprodukt eines akuten Finanzkonflikts. Die Konservativen sahen sich genötigt, der relativ modernen, exportorientierten Landwirtschaft, die von den Liberalen repräsentiert wurde, entgegenzukommen. Sie konzedierten die Entlastung der Landwirtschaft von der Zuckersteuer (im Austausch gegen eine die städtischen Arbeiter belastende Biersteuer) und als Draufgabe eine allgemeine, steuerfinanzierte und bedürftigkeitsabhängige Altersrente.

In Schweden waren es die regierenden Konservativen, die nach deutschem Vorbild eine Entschärfung des Klassenkonflikts per Sozialreform anstrebten, da sie um ihren Machtvorsprung besorgt waren. Die der Bauernschaft verpflichteten Liberalen unterstützten das Vorhaben, aber widersetzten sich der Beschränkung auf die Industriearbeiterschaft und der vorgesehenen Beitragsfinanzierung. Die Konservativen wiederum lehnten eine Steuerfinanzierung bzw. Staatszuschüsse ab. Zwischen 1890 und 1913 griffen verschiedene Parteien- und Verbände-Gruppierungen das Thema immer wieder auf, aber blieben erfolglos. Erst 1913 gelang es den Konservativen über den Umweg einer weiteren Untersuchungskommission, den Gesetzentwurf für eine allgemeine Volksrente mit Mischfinanzierung durchzubringen. Dafür hatte man den Liberalen die Einbeziehung der Landarbeiterschaft und der Kleinbauern konzediert. Kompromissförderlich war auch die Verknüpfung der Sozialreform mit einem anderen, höher bewerteten Thema:

der Entlastung der ländlichen Bevölkerung von disproportionalen Steuerlasten und Militärpflichten.

Anders als in Dänemark beharrte jedoch die sozialdemokratische Partei Schwedens (SAP) auf antagonistischer Gegnerschaft und lehnte die Reform mit großer Entschiedenheit ab. Allerdings verstand es die Parlamentsfraktion der SAP, sich von der Parteidogmatik zu emanzipieren. Sie stimmte dem Gesetzentwurf zu und leitete damit den Wandel der Partei zu einer links-zentristischen Volkspartei ein. Wie in anderen Fällen blieb das finanz- und sozialpolitische Gewicht, das die Innovation später gewinnen sollte, außerhalb des Erwartungshorizonts. Doch sowohl in Schweden als auch in Dänemark profitierte die Politikentwicklung vom Beispiel der deutschen Sozialreformen: Es belegte die prinzipielle Machbarkeit der gesetzlichen Altersrente.

2.3 Die Arbeitslosenversicherung in Großbritannien[5]

Für die Entstehung der ersten staatlichen Arbeitslosenversicherung war die frühe Herausbildung einer „advocacy coalition" aus Sozialadministratoren, Sozialwissenschaftlern und Ministerialbeamten ausschlaggebend. Sie propagierte eine traditionskritische Sicht auf die Altersarmut der Industriearbeiterschaft, in der das Problem nicht mehr als durch „Selbsthilfe" und „charity" angemessen zu bearbeiten erschien. Die Altersarmut zu ignorieren, würde in die Hände der aufsteigenden Labour Party spielen, während staatliche Verantwortungsübernahme im Sinne des „neuen Liberalismus" zur Entschärfung des Klassenkonflikts beitragen und Gewinne an „national efficiency" ermöglichen würde. Expertenanalysen und Kommissionsberichte hatten für eine Revision des überkommenen Deutungsrahmens gesorgt, der teils bloße Symptombehandlung, teils ineffiziente Arbeitsbeschaffungsprogramme empfahl. Das als Alternative entwickelte Konzept sah eine staatliche Arbeitslosenversicherung und ein Netz von Arbeitsvermittlungen vor.

Initiatoren der Reform waren leitende Beamte der Ministerialbürokratie und die liberale Partei, die mit ihrem Beitrag zur Behebung des sozialen Problems ihre Position im Parteienwettbewerb verbessern wollte. Die Politikentwicklung profitierte von einer tendenziell wohlwollenden Öffentlichkeit. Kritik und Argwohn kamen lediglich von den traditionellen Trägern der Armutspolitik: Charity Organisations, Friendly Societies, Gewerkschaften und den kommunalen Verwaltern der Armenfürsorge. Obwohl sie wesentlich zum günstigen Klima für eine Sozialreform beigetragen hatten, blieben sie in der Debatte um konkrete Abhilfen ihren

---

[5]   Die folgenden Ausführungen beruhen insbesondere auf Cornelissen (1996), Köhler/Zacher (1981), Laybourn (1995) und Thane (1982).

Emergente Strategien im Entstehungsprozess des Sozialstaats

defensiven Organisationsinteressen verhaftet. Die Konservativen und die ihnen nahe stehenden (lokalen) Wirtschaftsverbände agierten als teils indifferente Beobachter, teils als nichtantagonistische Opposition.

Die Initiative zur Schaffung einer staatlichen Arbeitslosenversicherung ging von Spitzenbeamten des Handelsministeriums (Llewellyn Smith, Beveridge) aus. Der 1907 präsentierte Vorschlag profitierte vom akuten Anstieg der Arbeitslosigkeit im Winter 1907/08. Das Versicherungsprinzip erschien als zweckmäßiger Kompromiss zwischen den Alternativen der individuellen Selbsthilfe und einer zentralstaatlichen Trägerschaft. Als Variablen erwiesen sich der Kreis der Begünstigten, das Leistungsniveau und der Finanzierungsmodus. Die flankierende Institution einer öffentlichen Arbeitsvermittlung existierte bereits seit 1909. Um dem Konzept allgemeine Zustimmungsfähigkeit zu sichern, wurden der Wirtschaft ein niedrigeres Leistungsniveau und Rückerstattungsansprüche konzediert. Die Forderungen und Vorschläge der Labour Party, der radikalen Liberalen und der Gewerkschaften blieben unberücksichtigt, da sie für eine Parlamentsmehrheit nicht benötigt wurden. Das Reformvorhaben stand jedoch in der Aufmerksamkeitskonkurrenz mit einer von den Konservativen betriebenen Schutzzollkampagne.

Für die parlamentarische Verabschiedung bedurfte es eines passenden Gelegenheitsfensters, da der Prozess von einem Verfassungsstreit über die Vetorechte des Oberhauses aufgehalten worden war: Das Oberhaus hatte sich im April 1909 den von der Regierung gewünschten Steuererhöhungen verweigert (Cornelissen 1996: 227, Thane 1982: 87f.). Nach zweimaliger Neuwahl und der Drohung, die Mehrheitsverhältnisse durch Ernennung weiterer Peers zu verändern, gab das House of Lords nach und akzeptierte eine Beschränkung seiner Vetorechte: Die Finanzvorlagen des Unterhauses sollten von nun an „automatisch" verabschiedet werden (Laybourn 1995: 177). So gelang Ende 1911 auch die Verabschiedung des National Insurance Act II, bestehend aus Kranken- und Arbeitslosenversicherung.

Auch im britischen Fall verdankt sich die innovative Sozialreform der Koinzidenz eines öffentlichkeitswirksamen Policydiskurses mit den taktischen Kalkülen des Parteienwettbewerbs. Ausgangspunkt war eine „technische" Problemanalyse, deren Ergebnis mit politischen Strategieambitionen harmonierte. Wichtigste Träger der Politikentwicklung waren gesellschafts- und machtpolitisch ambitionierte Akteure der Staatsadministration. Gleichzeitig profitierte das Vorhaben von der Heterogenität und Schwäche der wenig ambitionierten, weil überwiegend selbstinteressierten Gegner. Im Konflikt zwischen öffentlichem Interesse und „vested interests" gelang es den Reformern sogar, neben der Arbeitslosenversicherung die unpopuläre Krankenversicherung durchzusetzen. Anders als in Deutschland, Dänemark und Schweden wurden der Innovationsgrad und die sozialintegrative Bedeutung der Reform von den Beteiligten durchaus zutreffend eingeschätzt.

3 Zur Typik der Innovationsprojekte

Die oben skizzierten Fälle anspruchsvoller Sozialreformen weisen Gemeinsamkeiten auf, die sich zu resümieren lohnen. Zum einen basiert jeder einzelne Fall auf einem markanten Bruch mit überlieferten Probleminterpretationen, institutionellen Traditionen und den bislang üblichen Zuständigkeitszuschreibungen. Der nicht unerhebliche Innovationsgrad der Reformen ist an der Anerkennung eines nachhaltigen Wandels der Sozialstruktur und der Identifikation von zuvor unbekannten bzw. „unüblichen" Staatsaufgaben abzulesen.

Zum zweiten zeichnet sich die Politikentwicklung durch einen innovationsförderlichen Motiv-Mix aus: Das sachliche (intrinsische) Innovationsinteresse paarte sich mit strategischen und taktischen (extrinsischen) Kalkülen des politischen Machtwettbewerbs. Letztere mochten entweder (wie im deutschen Fall) auf die Reproduktion einer gesellschaftlichen und institutionellen Ordnung gerichtet sein, der moralischen Reputation im Kontext des säkularen Demokratisierungsprozesses (wie in Skandinavien) gelten oder sich auf die Chancenverteilung im Parteienwettbewerb (wie in England) beziehen.

Zum dritten erweist sich die konkrete Gestalt der Sozialreformen als in hohem Maße von Institutionen des politischen Entscheidungssystems geprägt. Es sind die das Parteiensystem prägenden sozialen Cleavages, die Exklusion einzelner sozialer Klassen oder Kategorien (u.a. der Frauen) sowie konstitutionelle Repräsentationsverhältnisse und Entscheidungsprärogative, welche auf die Merkmale und Parameter der Innovation Einfluss nehmen. Gleichwohl ist in jedem der vier Fälle eine Gruppe von Protagonisten auszumachen, die die Identität und Substanz des Projektes über die zahlreichen Stufen der Konkretisierung und Propagierung bis zur Erlangung der Zustimmungsfähigkeit verteidigten. Ohne die Kontinuität dieser engeren „advocacy coalition" sind die Reformen – insbesondere angesichts des damals niedrigen parlamentarischen Konsolidierungsgrades – nicht erklärbar.

Phänomene des intentional betriebenen Deutungswandels und des *policy learning* spielten in der frühen Sozialstaatsentwicklung eine prominente Rolle. Das bestätigt die Annahmen, die dem „Advocacy Coalition Framework" (Sabatier/Jenkins-Smith 1999) zugrunde liegen. Denn für die frühe Sozialpolitik gilt noch mehr als für andere Politikfelder:

> „Policy development is essentially about a process of *problem setting*; it is concerned with developing new purposes and new interpretations of the inchoate signs of stress in the system that derive from the past." (Rein/Schon 1977: 235; Hervorhebung i.O.).

Die fundamentale Bedeutung der kognitiven und deliberativen Aspekte policyo-rientierter Interaktion steht außer Frage (Majone 1989, Sabatier/Hunter 1989). „[P]roblem-setting frames of social policy" und insbesondere „frame shifts" (Rein 1987: 30) markieren die typischen Ausgangsbedingungen von sozialpolitischen Innovationen, die sich spätestens in der Rückschau als „path-breaking" erweisen, da sie die Abkehr von einem als ineffizient oder gar dysfunktional identifizierten Status quo bedeuten (Beyer 2006). Sie wirken als Präzedenzfälle eines neuen Pfads der Institutionenbildung, selbst wenn sie in der einen oder anderen Weise vorbild-inspiriert und nur im gegebenen Kontext „neu" sind.

Der Deutungswandel bezeichnet allerdings nur eine, die früheste Schwelle er-folgreicher Sozialreformen. Ihr endgültiges Schicksal entscheidet sich erst in den strategischen Interaktionen, die im Folgenden zu diskutieren sind: in den Prozes-sen der Instrumentenwahl, der Politikentwicklung und der gesetzlichen Realisie-rung. Die hier beobachteten Hindernisse und Schwierigkeiten waren (und sind) wesentlich durch die Natur kompetitiver Parteiensysteme und die Komplexität demokratischer Entscheidungsverfahren bestimmt. Sie variieren mit der Zahl und Art der Beteiligten, der institutionellen Vetopositionen und der exogenen Einflüs-se: Demokratie ist ebenso unvereinbar mit der Vorstellung von linearen, umweglos zu realisierenden Plänen wie mit der Idee einer idealen, alle Variablen und Kon-tingenzen inkorporierenden Strategie. Was im Nachhinein als erfolgreiche Strate-gie identifiziert werden mag, ist das emergente Muster einer Vielzahl von Hand-lungen, die allesamt in einem beschränkten Aufmerksamkeitshorizont gewählt wurden und denen nur deshalb ein sinnhafter Zusammenhang attestiert werden kann, weil sie in ein markantes und zu Bewertungen aufforderndes Ereignis mün-deten.

4 Gemeinsame Strategiemomente

In wie weit die ausgewählten Beispielfälle generalisierbare Einsichten in die Pro-zesse strategischen Handelns ermöglichen, muss notwendig offen bleiben. Einer-seits unterscheiden sie sich in den institutionellen Rahmenbedingungen und dem Schwierigkeitsgrad der Innovation. Andererseits fehlt es an geeigneten Ver-gleichsdaten, d.h. an ähnlich detailliert beschriebenen Fällen des Scheiterns analo-ger Ambitionen. Es ist also nicht systematisch ausgeschlossen, dass einige der re-sümierten Beobachtungen für die Erklärung erfolgreicher Strategiemuster mehr oder weniger irrelevant sind. Die im Folgenden verwendete Differenzierung be-zieht sich auf drei analytisch unterschiedene Ebenen der Strategiebildung, die nicht mit einer zeitlichen Abfolge von Phasen gleichzusetzen sind. Die unterstellte

Mehrebenenstruktur der Strategiebildung umfasst: (1) Strategien der Problematisierung des Sachverhalts und der Thematisierung der in Frage kommenden Maßnahmen, (2) Strategien der Politikentwicklung im Hinblick auf realisierbare Maßnahmen und realisierungsfähige Akteurkonstellationen sowie (3) Strategien der Vorbereitung auf Gelegenheitsfenster und der Realisierung verbindlicher (i.d.R. parlamentarischer) Entscheidungen.

4.1 Problematisierung und Maßnahmendebatte

Auf dieser Ebene geht es um die Kreation und Plausibilisierung von Problemdeutungen, die geeignet scheinen, Reforminitiativen zu begründen und einen Reformdiskurs (wie diffus oder konzise auch immer) zu initiieren. Gegenstand des strategischen Handelns sind Interpretationen des in Frage stehenden Sachverhalts. Sie gelten seiner Neuartigkeit, insbesondere der Unangemessenheit überlieferter Deutungen, seiner Behandlungsbedürftigkeit und, last but not least, Fragen der Zuständigkeit und Verantwortung für angemessene Formen der Problembearbeitung. Strategisches Ziel ist der öffentlich wahrnehmbare Ausweis, dass es, erstens, in sachlicher und moralischer Hinsicht intolerabel ist, den betreffenden Sachverhalt zu ignorieren, dass, zweitens, adäquate Antworten auf die ausgewiesenen Probleme möglich bzw. schon existent sind und, drittens, bestimmte Akteure als zuständig anzusehen sind, zumindest aber sich ein Kreis der potentiell zuständigen Akteure identifizieren lässt.

Die Problematisierung war erfolgreich, wenn die tradierten Sichtweisen auf das – in der Regel schon seit längerem bekannte – Problem einen „frame shift" erfahren haben. Die Plausibilität der den „alten" Beruhigungsformeln überlegenen Sichtweise beruht aber keineswegs auf radikal neuartigen Lösungen, sondern vielmehr auf der nun ins Auge fallenden Anschließbarkeit von bekannten, erprobten, jedenfalls in irgend einer Weise vertrauten Instrumenten (vgl. Ashford 1986: 63). Die kognitive Innovation vollzieht sich also nicht auf der Ebene „technischen" Wissens, sondern als Wandel „sozialer" Subsumptionsregeln. Im Kern geht es um die Legitimität von Gesichtspunkten der Problemidentifikation und das Anwendungsfeld von Entscheidungsprämissen (Heclo 1974: 292), nicht jedoch um eine Veränderung der grundlegenden Wertbezüge. Das „Neue" tritt also nicht als abstrakte Idee oder fundamentalkritische Alternative auf den Plan, sondern als eine Variante des Umgangs mit Beobachtungen und Erfahrungen.

Geschickte Deutungsstrategien operieren folglich nicht mit einer prägnanten pauschalen Problemdeutung, die darauf zielt, etwas „Negatives" plötzlich als „positiv" zu verbuchen oder der Art gesellschaftlicher Reaktionen eine um 180 Grad gedrehte Richtung zu verpassen, sondern mit der *Differenzierung* überlieferter An-

Emergente Strategien im Entstehungsprozess des Sozialstaats

nahmen und Interpretationen: „Altes" Denken wird durch genauere Überlegungen besiegt. Der konzeptionelle Differenzierungsgewinn könnte zu einer allgemeineren bzw. besser verallgemeinerbaren Antwort auf die „soziale Frage" anleiten, wenn z.B. bislang ignorierte Gemeinsamkeiten von verschiedenartigen Problemen (etwa unterschiedlichen Armutskarrieren) erkannt und einem einheitlichen Bewertungsmodus unterzogen wurden.

Um gegenüber den überlieferten und zu Aspekten sozialer Identität geronnenen Deutungen möglichst wenig Angriffsfläche zu bieten, knüpften erfolgreiche Deutungsstrategen an Formen des populären Konservatismus an. Sie suggerierten z.B. die Möglichkeit, durch „Innovation" (!) zu den vermeintlich harmonischen Verhältnissen der Vergangenheit zurückzukehren. Ihr Vorhaben sollte allenfalls in instrumenteller Hinsicht, aber keinesfalls hinsichtlich der zugrunde liegenden Werte als Bruch mit der Vergangenheit verstanden werden. Das propagierte Problembewusstsein gerierte sich demgemäß nicht als Opposition zu verbreiteten Deutungen, sondern vielmehr als deren „reinere", von Widersprüchen und Irrtümern bereinigte Variante. So konnte sich die neue, aus dem „frame shift" resultierende Sicht der Dinge als prinzipiell popularisierbar erweisen.

Die auf dieser Strategieebene dominierenden Akteure, die es verstanden, eine übereinstimmende Sichtweise zu entwickeln und für das notwendige Minimum an Debattenkontinuität zu sorgen, waren Angehörige des Wissenschaftssystems und akademisch gebildete Administratoren.[6] Sie stellten auch das aktive Personal der Experten- bzw. Untersuchungskommissionen, die mit der Begutachtung der „neuen" Thematik betraut wurden. Weitere Beteiligte waren liberal gesinnte (und in der Kritik tradierter Institutionen geübte) Publizisten sowie die Vertreter von Zweckverbänden bzw. Single-issue-Bewegungen (Wohlfahrts- und Selbsthilfeverbände, NGOs etc.). Im Idealfall gelang den Deutungsakteuren die Etablierung einer „epistemic community" (vgl. Haas 1992, Fry/Hochstein 1993), die ihre Deutungskonkurrenten in Sachen Kompetenzreputation deklassieren konnte. Die Prozesse der innovativen Deutungskreation und -dissemination haben die Politikentwicklung bis nahe an ihren Endpunkt begleitet.

4.2 Politikentwicklung

Strategisches Handeln auf der Ebene der Politikentwicklung ist konditioniert vom Set der beteiligten Akteure, ihren institutionellen und informellen Spielregeln, von der Verteilung relevanter Machtressourcen (Parlamentssitze, Stimmungen in der

---

[6] „Civil servants have played a leading part in (...) framing concrete alternatives to deal with them." (Heclo 1974: 302)

Wählerschaft) und dem Fluss der politischen Ereignisse. Letztere bestimmen die Gelegenheitsstruktur für die Aufnahme und Behandlung politischer Themen sowie das Maß an (allemal knapper) Aufmerksamkeit, das sie hinter den Filtern der Medienöffentlichkeit und der politischen Tagesordnung genießen. Taktische Kalküle des Parteienwettbewerbs und der individuellen Karriereplanung steuern weitere Selektionskriterien bei.

Welche Komplexität die zur Anwendung kommenden Kriterienkataloge aufweisen können, zeigen Raschke und Tils in ihrer Diskussion des „Orientierungsschemas" politischer Strategen (Raschke/Tils 2007: 161-271). Stellvertretend für viele andere Abwägungsentscheidungen sei hier nur auf den „tradeoff" zwischen den Referenzen der Problem- und der Konkurrenzpolitik verwiesen. Während strategische Akteure auf der Ebene der Konkurrenzpolitik um „positive Differenzbildung gegenüber Dritten – vor allem auf der Grundlage von Themen" (Raschke/Tils 2007: 223) bemüht sind, kommen sie im Interesse ihrer Reputation als thematisch kompetente „Problemlöser", also auf der Ebene der Problempolitik, nicht umhin, auf die praktischen Konsequenzen der von ihnen beförderten Politiken, also auf deren mutmaßliche „Leistungen der Problemlösung" (Raschke/Tils 2007: 213) zu achten. Fundamentalkritische Positionen sind dafür umso weniger geeignet, je mehr sie sich als Alleinstellungsmerkmal bewähren. Thematische Positionen und *„political moves"* werden also vorzugsweise innerhalb eines (individuell konstruierten) Koordinatensystems gewählt, das einerseits von der Aussicht auf zuschreibbare Thematisierungserfolge und andererseits von den erwarteten bzw. als möglich unterstellten „political moves" der Gegner und Konkurrenten bestimmt ist. Man betreibt „Bündnis- und Gegnerbildung" (Raschke/Tils 2007: 231) vor dem Hintergrund eines nichtabreißenden Stroms konkurrierender Ereignisse und der nach eigenlogischen Kriterien prozessierenden Medienöffentlichkeit.

In den oben skizzierten Fällen der sozialstaatlichen Innovation kamen alle maßgeblichen Beiträge zur Politikentwicklung von Beteiligten aus der Ministerialbürokratie. Ihr privilegierter Zugriff auf die Thematik war nicht nur durch Expertise und das Engagement in den Prozessen der Problemdeutung legitimiert, sondern ergab sich auch als Konsequenz der hohen und ungefährdeten Organisationskontinuität, die von der bei Parteien üblichen Fluktuation von Personal und Themen unberührt blieb.

Zentraler Gegenstand der Politikentwicklung war die Klärung und Verschlankung des „feasible set" der in Frage kommenden Maßnahmen. Das geschah – oftmals wieder unter Einschaltung von Untersuchungsausschüssen und Expertenkommissionen – durch Auswertung von lokalen Entwicklungen und ausländischen Erfahrungen. Ausländische Exempel, wie insbesondere die im Deutschen Reich eingeführten Sozialversicherungen, dienten den Akteuren als Beleg

Emergente Strategien im Entstehungsprozess des Sozialstaats

der prinzipiellen Machbarkeit; in keinem Fall vermochten sie die Wahl der sozialpolitischen Instrumente zu präjudizieren. Diese unterlag vielmehr dem Einfluss der für die jeweilige Befürworterkoalition typischen politisch-ideologischen Präferenzen. Die frühe Festlegung eines eng definierten Instrumentariums erwies sich als wenig vorteilhaft, da sie den letzten Endes entscheidenden Akteuren zuwenig Spielraum für Kompromisse im Modus von „log rolling" bzw. „pork barrel" ließ. Besser den Kontingenzen des Realisierungsprozesses angepasst ist dagegen ein Katalog aller prinzipiell geeigneten Maßnahmen. Er mag Relevanz und Legitimität der Innovation unterstreichen, während Kompromissmöglichkeiten auf der Entscheidungsebene gewahrt bleiben.

Im Instrumentenkatalog spiegeln sich regelmäßig die konservativen Momente des Innovationsvorhabens. Ungeachtet aller Neuartigkeit und Behandlungsbedürftigkeit des Themas dominieren Elemente des vertrauten Instrumentariums die Suche nach Radikalalternativen. Die Pfadabhängigkeit der Instrumente zeigt sich in der Relevanz nationaler Traditionen und Aversionen (z.B. gegenüber dem „Zwangscharakter" des deutschen Systems). So war z.B. in Deutschland das Prinzip der Pflichtversicherung schon Teilen der Wirtschaft und der Arbeiterschaft vertraut; es hatte schon in Österreich und Preußen (1854 für Bergleute) Anwendung gefunden. Die nationalstaatliche (statt kommunale) Zuständigkeit für die neu geschaffenen Sozialsysteme galt seit längerem in Frankreich (seit 1791 für Seeleute) und Belgien (seit 1844 für Seeleute) sowie Preußen (seit 1838 in der Unfallhaftung für Eisenbahnarbeiter). Und Staatszuschüsse zu privaten oder öffentlichen Sozialversicherungen gab es bereits (seit 1851) in Belgien und (seit 1852 für freiwillig Versicherte; vgl. Kuhnle 1978: 12f.) in Frankreich. Was im historischen Durchbruch der gesamtstaatlichen Sicherungssysteme geschah, war die Verallgemeinerung bzw. positive Sanktionierung „privater", „lokaler" bzw. anderenorts erprobter Innovationen.

4.3 Realisierung

Die Ebene der verbindlichen Entscheidungsproduktion betrifft v.a. die Prozesse der Mehrheitsfindung für die parlamentarische Beschlussfassung, die in einigen Ländern den besonderen Prozeduren des Zweikammersystems gehorchen musste. Positive Entscheidungen auf dieser Ebene bringen in aller Regel den Politikentwicklungsprozess zum Abschluss. Die Ebene der Probleminterpretation bleibt davon wenig berührt; hier mögen die Diskussionen bereits beendet sein oder aber, unter Umständen von einem veränderten Akteurset bzw. in kritischer Absicht, fortgeführt werden. Ist das Vorhaben auf der Entscheidungsebene gescheitert, mag der Politikentwicklungsprozess wieder in Gang kommen und eventuell in eine veränderte Entscheidungsvorlage münden.

Im Realisierungsprozess standen die Protagonisten der sozialstaatlichen Innovation vor der Aufgabe, die notwendige Mehrheit für ihr Vorhaben mit möglichst wenig Abstrichen in der Sache zu organisieren. Je schmaler die aktive Befürworterkoalition der Reform war, desto umfangreicher fielen die Änderungen und Ergänzungen am ursprünglichen Reformkonzept aus. Für die Mehrheitsgewinnung war es günstig, wenn eine Engführung der Politikentwicklung zu Gunsten *eines* („optimalen") Gesetzentwurfs vermieden und Offenheit für prinzipiell akzeptable, alternative Gestaltungsmerkmale gewahrt wurde.

Für den letzten Schritt der parlamentarischen Beschlussfassung waren oft mehrere Anläufe nötig. Die letzten Endes erfolgreichen Befürworterkoalitionen (und hier ist ja nur von diesen die Rede) hatten sich durch vorangegangene Niederlagen nicht entmutigen lassen und ein Scheitern nicht als Urteil über die Sache, sondern als kontingentes Ergebnis der Aggregation fluktuierender Präferenzen interpretiert. Bei der in den frühen Parlamenten hohen Volatilität des Abstimmungsverhaltens galt das Auftauchen einer günstigeren Gelegenheit als nicht unwahrscheinlich.

So gelang es der (engeren) Befürworterkoalition des Öfteren, einige ihrer Gegner auf der Ebene der Politikentwicklung (insbesondere aus dem konservativen Lager) umzustimmen und in die Gruppen der Indifferenten oder Kompromissbereiten zu ziehen. Ausschlaggebend war entweder, dass die „Abtrünnigen" sich um den Ausgang einer anderen, ihnen wichtigen Angelegenheit sorgten oder aber einen tief greifenden Wandel der „Verhältnisse" und des politischen Wettbewerbsfeldes erkannten, der den Ablehnenden nachhaltigen Ansehensverlust zu bescheren versprach.

Das strategische Geschick der Reformer zeigte sich auch in Beiträgen zur Konfliktinszenierung. In einigen Fällen wurde die sozialpolitische Innovation auf Nebenschauplätzen des politischen Konflikts realisiert, nachdem (u.U. wiederholte) Versuche auf der Hauptbühne gescheitert waren. Es darf vermutet werden (die Quellenlage erlaubt leider keine genaueren Feststellungen), dass es sich als hilfreich erwies, am Aufbau eines weiteren Themas mitzuwirken, an dem vor allem den Reformgegnern gelegen war. Im Erfolgsfall konnte dann für den Verzicht auf die eigene Position in der „Nebensache" eine angemessene Kompensation in der „Hauptsache", konkret: die Zustimmung zu dem eigentlichen Reformvorhaben, erlangt werden. Sofern Sozialpolitikinnovationen, wie die Einführung von Altersrenten oder Arbeitslosenunterstützung, als Themen redistributiver Natur angesehen wurden, waren sie für finanzwirksame Kompensationen im Zusammenhang mit Haushaltsentscheidungen oder Änderungen der Handels- und Zollpolitik be-

Emergente Strategien im Entstehungsprozess des Sozialstaats 91

sonders geeignet. Im Fall der britischen Arbeitslosenversicherung wurde die Blockade des Oberhauses allerdings erst nach Änderung der (informellen) Verfassungsnormen auflösbar.

Um die Sozialreform als Nebenprodukt des parlamentarischen Prozesses oder als Nebensache im Budgetprozess zu behandeln, bedurfte es zweier Voraussetzungen: zum einen der Fähigkeit, vorangegangene Niederlagen nicht als Scheitern, sondern als Anlass zur Suche nach passenderen Gelegenheitsfenstern zu betrachten, wie sie z.B. günstigere Wahlergebnisse und allfällige Haushaltskonflikte darstellen. Und zum zweiten half es, wenn die Protagonisten der Reform über realistisch konzipierte Vorratsentscheidungen verfügten und praktikable, aber hinsichtlich der Instrumente noch variierbare Schubladenkonzepte parat hatten (vgl. Zahariadis 1999). Es erwies sich als zweckmäßig, wenn im Politikentwicklungsprozess nicht schon alle Einzelheiten des Vorhabens verbindlich festgelegt worden waren, aber die Protagonisten eine klare Präferenzordnung für die Verhandlungen über unvermeidliche Kompromisse besaßen. Diese half, zwischen dem unverzichtbaren Vorhabenkern und seinen, ideologisch oder tagespolitisch gefärbten Nebenbedingungen instrumenteller, konditionaler, finanzieller oder temporaler Natur zu differenzieren.

In allen Fällen war die letztendliche Entscheidung von machtpolitischen Kalkülen bestimmt. Dabei nahmen Akteure und Parlamentsfraktionen, die über eine Vetoposition verfügten, erheblichen Einfluss auf die konkrete Gestalt der Innovation. Ihre teilweise sehr speziellen Präferenzen und Empfindlichkeiten prägten u.a. die Modi der Finanzierung, die vorgesehene Trägerschaft und den Geltungsbereich der neuen Regelungen. Auch versahen sie das Reformpaket mit diversen Formen der Risikobegrenzung: durch anfänglich verminderte Leistungsniveaus, (u.U. sachwidrige) Beschränkungen des Geltungsbereich, Revisionsklauseln und ähnliches. Nicht wenige dieser Modifikationen liefen den Vorstellungen der Befürworterkoalition zuwider, z.B. die Entscheidung für das Versicherungsprinzip in Großbritannien, die Einführung einer inklusiven Volksrente in Schweden und die Gründung von Landesversicherungsanstalten als Rentenversicherungsträger im Deutschen Reich. Andererseits haben manche der in letzter Minute vorgenommenen Änderungen die Realisierung des Vorhabens erst ermöglicht. Denn

"[i]n the end, much of what has been specifically accomplished in state provision for old age and unemployment has depended on calculations of what the public would stomach rather than what it demanded" (Heclo 1974: 292).

Die finanzielle Ausstattung der sozialpolitischen Erstinnovationen und damit ihr haushaltspolitisches Gewicht fielen durchweg bescheiden aus. In keinem der hier betrachteten Fälle spielte der Finanzbedarf der Reform die alles entscheidende Rolle. Im Gegenteil: So war es z.B. die Reichsregierung, die bei der Einführung der Unfallversicherung im Deutschen Reich – letzten Endes erfolglos – darauf bestand, einen „Reichszuschuss" in die geplante Unfallkasse zu zahlen, u.a. um sich damit die Dankbarkeit der Arbeiter zu erkaufen. Erwiesenermaßen stand die bescheidene Finanzwirksamkeit der Innovation einer späteren Ausdehnung der Leistungen und Begünstigungen nicht im Wege. Der „revolutionäre" Charakter der Reformen war nicht in ihrem Finanzvolumen, sondern in ihren qualitativen Strukturmerkmalen angelegt, die auf nicht weniger als die Etablierung eines neuartigen Staatsziels – in Kategorien der Problemdiagnose, der Zuständigkeit, der Anspruchsrechte und der Instrumente – hinausliefen.

4.4 Der Status individueller Akteure

In den Entstehungsgeschichten des Sozialstaats wird einzelnen Personen eine überragende Bedeutung für das Gelingen der Reformvorhaben zugeschrieben. Gewiss mag daran ein zunftüblicher Bias der Historiker wie auch die Eitelkeit einiger Protagonisten beteiligt sein. Die Quellenlage begünstigte insbesondere jene prominenteren Akteure, die selbst, z.B. in ihrer Autobiographie, von ihrer Beteiligung am Reformprozess berichteten. Das gilt vor allem für damalige oder spätere Regierungschefs wie Otto von Bismarck, David Lloyd George und Winston Churchill. Dennoch kann der Einfluss der Variablen „Persönlichkeit" schwerlich überschätzt werden. Gerade in Ereignissen, die ex post als institutionelle Innovation bzw. Pfadabbruch oder Pfadbegründung identifiziert werden, erscheint die strukturelle Bedingtheit der Situation regelmäßig von scheinbar „zufälligen" Einflüssen und diskretionären Handlungen der Akteure „überdeterminiert".

Allerdings entspricht der besonderen Bedeutung, die individuellen Akteuren in Innovationsprozessen zukommt, eine forschungspraktische Kehrseite. Viele individuellen Charakteristika entziehen sich einer theorieförmigen Verallgemeinerung, zumal auch die Konstellationen, in denen sie eine prominente Rolle gespielt haben mochten, nur selten erschöpfende Beschreibung und Analyse seitens der Beobachter gefunden haben. An dieser Schranke scheitern notwendig alle Bemühungen um maximale Tiefenschärfe bei der Rekonstruktion geschichtsmächtiger strategischer Handlungsketten.

Die Sozialpolitikforschung hat glücklicherweise der Rolle individueller Reformprotagonisten so viel Beachtung geschenkt, dass es immerhin möglich ist, spezifische Beiträge und Funktionen sowie einige typische personale Charakteristika zu skizzieren. So hat Hugh Heclo die besondere Rolle jener „Mittelsmänner" bzw. politischen Unternehmer herausgearbeitet, welche auf mehreren Strategie-

Emergente Strategien im Entstehungsprozess des Sozialstaats 93

ebenen wesentlich zum Erfolg des Reformvorhabens beitrugen. Hervorgehoben wird ihre Fähigkeit, „transcendable group commitments" (Heclo 1974: 308) auszubilden und zur Entstehung individueller und interorganisatorischer Netzwerke beizutragen. Hing doch die am Erfolg der Sozialpolitik-Innovationen ablesbare Lernfähigkeit der Gesellschaft in hohem Maße vom Vorhandensein eines Netzwerks von kompetenten und engagierten „policy middlemen" ab. Diese besaßen einerseits einen herausgehobenen Status in ihren Heimatorganisationen (Heclo 1974: 311), während sie es andererseits verstanden, übertriebene Anforderungen an ihre Organisationsloyalität zu ignorieren. Ihre fachliche Expertenrolle gewährte ihnen gleichzeitig den notwendigen Legitimitätsvorsprung bei der Initiierung und Verfolgung des Vorhabens. Diese Rolle spielten u.a. der schwedische Mathematikprofessor Anders Lindstedt (Heclo 1974: 184f.), der Minister Alexandre Millerand (bei der Schaffung der französischen Arbeitslosenversicherung) sowie die britischen Regierungsbeamten Hubert Llewellyn Smith und William H. Beveridge.

Eine wichtige Funktion, welche die „politischen Unternehmer" der Sozialreform erfüllten, war die Kontinuitätssicherung des Vorhabens mittels Netzwerkkommunikation und Aufmerksamkeitsmanagement. Auf der Ebene der Problemdefinition und des Deutungswandels gelang es ihnen, den Eindruck der Bearbeitbarkeit des Themas in einem sich ausweitenden Aufmerksamkeitshorizont zu etablieren, in welchem sie sich sodann selbst als Reformprotagonisten und „Knoten" des Befürworternetzwerks zu formieren vermochten. Ihre Diskursstrategie trug wesentlich dazu bei, dass zunächst im außerstaatlichen Raum geführte Diskussionen Widerhall im politischen System fanden und Aktivitäten auf der Ebene der Politikentwicklung auslösten.

In den Prozessen der Politikentwicklung gesellten sich zu den von der (engeren) Befürworterkoalition vertretenen sach- und problembezogenen Interessen der „policy seekers" die machtpolitischen (extrinsischen) Interessen der „office seekers", d.h. des in erster Linie um seine Wiederwahl besorgten politischen Personals. Weil das Projekt gleichzeitig auch dezidierte Gegner auf den Plan rief, die ihre Interessen verletzt sahen, war das kommunikative und organisatorische Geschick der politischen Unternehmer mit einer doppelten Herausforderung konfrontiert: so viel wie möglich von dem konfliktbedingten Zuwachs an Aufmerksamkeit auf die Mühlen der eigenen Unterstützerschar zu lenken und gleichzeitig deren zunehmende Heterogenität unter Vermeidung konzeptioneller Opfer zu meistern.

Auf der Ebene der Entscheidungsvorbereitung und verbindlichen Beschlussfassung, die einige Vorhaben erst nach zwei bis vier Jahrzehnten erreichten, hatte die öffentliche Aufmerksamkeit für das Thema regelmäßig nachgelassen. Dadurch bot sich den administrativen und parteipolitischen Akteuren ein erweiterter Spielraum für die Konkretisierung der zustimmungsfähigen Gesetzesvorlage – was allerdings auch Abstriche am Vorhabenkern ermöglichte. In dieser Situation hing es wiederum von der Präsenz vermittlungskompetenter politischer Unternehmer ab, ob Sinn und Zweck des Vorhabens bewahrt blieben oder auf dem Kompromisswege verloren gingen. Indem sie als Sperrklinke gegen konzeptionelle Rückschläge wirkten und Loyalität auch über Organisationsgrenzen hinweg zu organisieren verstanden, konnten sie dem Vorhaben das notwendige Mindestmaß an sachlicher Identität sichern.

Die erfolgreichen Sozialpolitikunternehmer zeichneten sich nicht nur durch ausgeprägtes Gelegenheitsbewusstsein und ein komplex differenziertes Loyalitätsverständnis, sondern auch durch überdurchschnittliche Kommunikationsfähigkeiten aus, dank derer sie die „terms of policy debate" (Heclo 1974: 321) zu Gunsten neuer Perspektiven verändern konnten. In diesem Sinne wird dem britischen Premier Lloyd George wie auch seinem späteren Amtsnachfolger Churchill bescheinigt, sie hätten bei der Schaffung der britischen Arbeitslosenversicherung „more aggressive and opportunistic" als alle anderen Beteiligten agiert (Ashford 1986: 63).

5 Resümee

Die frühen Sozialreformen sind zwar das Ergebnis einer Vielzahl von strategischen Handlungen, aber verdanken sich keinem strategischen Masterplan. Zwar mögen manche Beteiligte ihr Handeln am letztendlich erreichten Ziel und womöglich auch einzelnen wichtigen Erfolgsvoraussetzungen ausgerichtet haben, doch war offensichtlich kein Akteur in der Lage, die Kontingenz der Ereignisse auf den Ebenen der Problematisierung, der Politikentwicklung und der Realisierung zu überblicken. Gleichwohl ist unbestreitbar, dass sich in dem breiten und wechselhaften Strom singulärer, teils nach strategischen Kalkülen, teils nach situativen Präferenzen gewählten Entscheidungen, die nur zum kleineren Teil in kalkulierbarer Weise auf einander bezogen waren, ein Möglichkeitsraum für die Realisierung des von den Protagonisten intendierten Ziels öffnete.

Zwar folgte der Gesamtprozess der Innovation keiner rationalen Strategie, doch lassen sich die Ermöglichung und die Nutzung der kontingenten Möglichkeitsräume durchaus dem Handeln individueller Akteure zuschreiben. Welche potentiell verallgemeinerbaren Erkenntnisse sind nun dem Handeln der erfolgreichen Sozialpolitikunternehmer ablesbar, da sie doch so wenig wie alle anderen die über Jahrzehnte reichenden Handlungsketten zu kontrollieren vermochten? Erfolgsrelevant war, so ist plausiblerweise anzunehmen, die Fähigkeit der maßgeblichen Reformpolitiker zur Konditionierung ihrer selbst und ihrer Heimatorganisa-

Emergente Strategien im Entstehungsprozess des Sozialstaats 95

tionen in dem Sinne, dass sie das immerwährende Bedürfnis nach normativer Selbstvergewisserung in eine Balance mit der Fähigkeit zur nüchternen Wahrnehmung der Handlungswelt zu bringen wussten. Denn der Aufgabenhorizont der erfolgreicheren Strategen besteht nicht nur aus der Außenwelt ihrer Gegenspieler und Bündnispartner, sondern erstreckt sich auch auf die Innenwelt des Akteurs, sei es der individuellen Person, sei es der Gruppe oder Organisation. Da die komplexe, dynamische Handlungswelt nur mehr im Nachhinein die Identifizierung „emergenter" Strategien gestattet, ist das Selbstmanagement des strategisch ambitionierten Akteurs als unabhängige Schlüsselvariable (vgl. Schelling 1984, Wiesenthal 1987) intendierter Erfolge anzusehen. Von seiner Fähigkeit zur Selbstkontrolle, nüchternen Umweltrezeption und zum reflexivem Lernen (vgl. Wiesenthal 1995) hängt es ab, ob der Akteur den Fallen der bequemen Selbsttäuschung und des „group think" (Janis 1972) zu entgehen und aufkommende Gelegenheiten auszubeuten vermag. Was also zählt, ist nicht so sehr die Fähigkeit, rationale Strategien zu exekutieren, sondern rationales Bemühen um den bestmöglichen Umgang mit den ubiquitären Rationalitätsschranken.

Literatur

Alber, Jens 1979: Die Entwicklung sozialer Sicherungssysteme im Licht empirischer Analysen, in: Zacher, Hans F. (Hg.), Bedingungen für die Entstehung und Entwicklung von Sozialversicherungen, Berlin: Duncker & Humblot, 123-211.

Ashford, Douglas E. 1986: The Emergence of the Welfare States, Oxford: Basil Blackwell.

Baldwin, Peter 1998: The Scandinavian Origins of the Social Interpretation of the Welfare State, in: O'Connor, Julia S./Olsen, Gregg M. (eds.), Power Resources Theory and the Welfare State: A Critical Approach, Toronto: University of Toronto Press, 312-338.

Berg-Schlosser, Dirk/Quenter, Sven 1996: Makro-quantitative vs. makro-qualitative Methoden in der Politikwissenschaft, in: Politische Vierteljahresschrift 37 (1), 100-118.

Beyer, Jürgen 2006: Pfadabhängigkeit. Über institutionelle Kontinuität, anfällige Stabilität und fundamentalen Wandel, Frankfurt/M.: Campus.

Cornelissen, Christoph 1996: Das „Innere Kabinett". Die höhere Beamtenschaft und der Aufbau des Wohlfahrtsstaates in Großbritannien, Husum: Matthiesen Verlag.

Esping-Andersen, Gøsta 1990: The Three Worlds of Welfare Capitalism, London: Polity Press.

Flora, Peter/Alber, Jens 1982: Modernization, Democratization, and the Development of Welfare States in Western Europe, in: Flora, Peter/Heidenheimer, Arnold J. (eds.), The

Development of Welfare States in Europe and America, New Brunswick: Transaction Books, 37-80.

Fry, Michael G./Hochstein, Miles 1993: Epistemic Communities: Intelligence Studies and International Relations, in: Intelligence and National Security 8 (3), 14-28.

Haas, Peter M. 1992: Introduction: Epistemic Communities and International Policy Coordination, in: International Organization 46 (1), 1-35.

Heclo, Hugh 1974: Modern Social Politics in Britain and Sweden. From Relief to Income Maintenance, New Haven/London: Yale University Press.

Janis, Irving L. 1972: Victims of Groupthink. A Psychological Study of Foreign Policy Decisions and Fiascoes, Boston: Mifflin.

Köhler, Peter A. 1979: Entstehung von Sozialversicherung. Ein Zwischenbericht, in: Zacher, Hans F. (Hg.), Bedingungen für die Entstehung und Entwicklung von Sozialversicherungen, Berlin: Duncker & Humblot, 19-88.

Köhler, Peter A./Zacher, Hans F. (Hg.) 1981: Ein Jahrhundert Sozialversicherung in der Bundesrepublik, Deutschland, Frankreich, Großbritannien, Österreich und der Schweiz, Berlin: Duncker & Humblot.

Korpi, Walter 1989: Macht, Politik, und Staatsautonomie in der Entwicklung der Sozialen Bürgerrechte. Soziale Rechte während Krankheit in 18 OECD-Ländern seit 1930, in: Journal für Sozialforschung 29 (2), 137-164.

Kuhnle, Stein 1978: The Beginnings of the Nordic Welfare States: Similarities and Differences, Acta Sociologica, Supplement, 9-35.

Laybourn, Keith 1995: The Evolution of British Social Policy and the Welfare State 1800-1993, Keele/Staffordshire: Keele University Press.

Majone, Giandemenico 1989: Evidence, Argument and Persuasion in the Policy Process, New Haven: Yale University Press.

Mommsen, Wolfgang J./Mock, Wolfgang (Hg.) 1982: Die Entstehung des Wohlfahrtsstaates in Großbritannien und Deutschland 1850-1950, Stuttgart: Klett-Cotta.

Olsson, Sven E. 1990: Social Policy and Welfare State in Sweden, Lund : Arkiv förlag.

Orloff, Ann Shola 1993: The Politics of Pensions. A Comparative Analysis of Britain, Canada, and the United States 1880-1940, Madison/Wisconsin: University of Wisconsin Press.

Pampel, Fred C./Williamson, John B. 1985: Age structure, politics, and cross-national patterns of public pension expenditures, in: American Sociological Review 50, 782-798.

Petersen, Jørn Henrik 1990: The Danish 1891 Act on Old Age Relief: A Response to Agrarian Demand and Pressure, in: Journal of Social Policy 19 (1), 69-91.

Raschke, Joachim/Tils, Ralf 2007: Politische Strategie. Eine Grundlegung, Wiesbaden: VS Verlag für Sozialwissenschaften.

Reidegeld, Eckart 1996: Staatliche Sozialpolitik in Deutschland. Historische Entwicklung und theoretische Analyse von den Ursprüngen bis 1918, Opladen: Westdeutscher Verlag.

Rein, Martin 1987: Frame-Reflective Policy Discourse, in: Österreichische Zeitschrift für Soziologie 12 (2), 27-45.

Rein, Martin/Schon, Donald A. 1977: Problem Setting in Policy Research, in: Weiss, Carol H. (ed.), Using Social Research in Public Policy Making, Lexington/MA: Lexington Books.

Ritter, Gerhard A. 1983: Sozialversicherung in Deutschland und England. Entstehung und Grundzüge im Vergleich, München: Beck.

Sabatier, Paul A. 1987: Knowledge, Policy-Oriented Learning, and Policy Change. An Advocacy Coalition Framework, in: Knowledge: Creation, Diffusion, Utilization 8 (4), 649-692.

Sabatier, Paul A./Hunter, Susan 1989: The Incorporation of Causal Perceptions into Models of Elite Belief Systems, in: Western Political Quarterly 42 (3), 229-261.

Sabatier, Paul A./Jenkins-Smith, Hank C. 1999: The Advocacy Coalition Framework: An Assessment, in: Sabatier, Paul A. (ed.), Theories of the Policy Process, Boulder/CO: Westview Press, 117-166.

Sainsbury, Diane 1991: Analysing Welfare State Variations: The Merits and Limitations of Models Based on the Residual-Institutional Distinction, in: Scandinavian Political Studies 14 (1), 1-30.

Schelling, Thomas C. 1984: Self-Command in Practice, in Policy, and in a Theory of Rational Choice, in: American Economic Review. AEA Papers and Proceedings 74 (2), 1-11.

Stolleis, Michael 1979: Die Sozialversicherung Bismarcks. Politisch-institutionelle Bedingungen ihrer Entstehung, in: Zacher, Hans F. (Hg.), Bedingungen für die Entstehung und Entwicklung von Sozialversicherungen, Berlin: Duncker & Humblot, 387-411.

Thane, Pat 1982: The Foundations of the Welfare State, London/New York: Longman.

Tober, Holger J. 1999: Deutscher Liberalismus und Sozialpolitik in der Ära des Wilhelminismus, Husum: Matthiesen Verlag.

Wiesenthal, Helmut 1987: Rational Choice. Ein Überblick über Grundlinien, Theoriefelder und neuere Themenakquisition eines sozialwissenschaftlichen Paradigmas, in: Zeitschrift für Soziologie 16 (6), 434-449.

Wiesenthal, Helmut 1995: Konventionelles und unkonventionelles Organisationslernen: Literaturreport und Ergänzungsvorschlag, in: Zeitschrift für Soziologie 24 (2), 137-155.

Wiesenthal, Helmut 2003: Beyond Incrementalism: Sozialpolitische Basisinnovationen im Lichte der politiktheoretischen Skepsis, in: Mayntz, Renate; Streeck, Wolfgang (Hg.), Die Reformierbarkeit der Demokratie. Innovationen und Blockaden. Festschrift für Fritz W. Scharpf, Frankfurt/M.: Campus, 31-70.

Zahariadis, Nikolaos 1999: Ambiguity, Time, and Multiple Streams, in: Sabatier, Paul A. (ed.), Theories of the Policy Process, Boulder/CO: Westview Press, 35-71.

Strategieanalyse und Demokratie

Strategie aus der Perspektive moderner empirischer Demokratietheorie

Manfred G. Schmidt

Spätestens seit Cnudde und Neubauer (1969) gehört die Unterscheidung zwischen „normativer" Demokratielehre und „empirischer" oder „realistischer" Demokratietheorie zum Standard. Von Letzterer handelt der vorliegende Beitrag. Ihn leitet die Frage, was die modernen empirischen Demokratietheorien zu politischen Strategieanalysen[1] in etablierten Demokratien[2] beitragen könnten. Dem Essay liegt die Sichtung des neuesten Standes der empirischen Demokratietheorie[3], einschließlich ihrer komparatistischen Spielarten[4] zugrunde.

1 Keine direkten Erträge, aber doch mittelbarer Nutzen

Die politische Strategieanalyse darf sich von der Demokratietheorie nicht allzu viel direkt Verwertbares erwarten. Fast gar nicht fündig wird sie bei den normativen Demokratietheorien. Doch auch in der empirischen Demokratietheorie sind Strate-

---

[1] Begrifflich folge ich weitgehend Raschke/Tils (2007: 127). Raschke und Tils gehen über den allgemeinen Strategiebegriff hinaus, der den genauen Plan des eigenen Vorgehens meint, den Plan, der dazu dient, ein angestrebtes Ziel so anzugehen, dass diejenigen Faktoren, die in die eigene Aktion hineinwirken könnten, von vornherein einkalkuliert werden. Strategien sind für Raschke und Tils „erfolgsorientierte Konstrukte, die auf situationsübergreifenden Ziel-Mittel-Umwelt-Kalkulationen beruhen" (Raschke/Tils 2007: 127) und im Zeichen zunehmender „Kalkulationsnotwendigkeit" und abnehmender „Kalkulationsmöglichkeit" stehen (Raschke/Tils 2007: 11). Bedenkenswert ist auch Glaabs Konzept, das auf den wahlpolitischen Lackmustest von politischen Strategien aufmerksam macht (Glaab 2008: 281). Glaabs Schlüsselfrage lautet: „Wie setze ich was durch?" – ohne bei der nächsten Wahl von den Wählern durch Abwahl bestraft zu werden (Glaab 2008: 281). Allerdings sollte die Strategiedefinition für erfolgreiche und für den – vermutlich häufiger vorkommenden – Fall scheiternder Strategien offengehalten werden. In diesem Sinne wird der Strategiebegriff im vorliegenden Beitrag verwendet.

[2] Der Fall der Übergänge zur Demokratie wird aus Gründen der Arbeitsteilung mit den Beiträgen von Wolfgang Merkel und Thomas Saretzki zu diesem Sammelband ausgeklammert.

[3] Ausgeblendet werden ältere, vor der Etablierung entwickelter liberaler Demokratien verfasste Theorien, auch solche mit Strategiebezug, etwa Marx' Lehre der wahlrechtsbedingten „Demokratischen Machtverlagerung" (Schmidt 2008: 149ff.).

102 Manfred G. Schmidt

giefragen bislang oft randständig geblieben.[5] Allerdings wirft die empirische Demokratietheorie zumindest mittelbar Erträge für politische Strategieanalysen ab. Zu diesen Erträgen zählt beispielsweise die Übertragbarkeit von Hypothesen zu den Chancen politischer Steuerung auf die Bedingungen von Strategiefähigkeit und strategischer Steuerung. Aber auch zur Bestimmung der Grenzen erfolgsorientierter Ziel-Mittel-Umwelt-Kalkulationen steuert die empirische Demokratietheorie Befunde und noch weiter zu prüfende Arbeitshypothesen bei.

2 Nicht alle Spielarten der empirischen Demokratietheorie eignen sich für die Strategieforschung: ergiebig sind insbesondere akteurszentrierte sowie input- und outputorientierte Spielarten

Potenziell ergiebig für Fragen der Strategieforschung ist allerdings nicht die gesamte empirische Demokratietheorie. Nur bedingt ertragreich für Strategieanalysen sind beispielsweise ihre strukturalistischen und systemtheoretischen Varianten, wie etwa der Machtressourcenansatz von Vanhanen (2003), die „Wohlstandstheorie der Demokratie" (Pourgerami 1991) mit dem Klassiker Lipset (1959) oder systemtheoretische Ableitungen (Luhmann 1969, 1986): Diese Beiträge abstrahieren von den zentralen Größen der Strategieforschung – (strategische) Akteure, (strategisches) Handeln und (strategische) Kalkulationen, während ihre Schlüsselvariablen – Strukturen, Funktionen, Systeme und Prozesse –, in der Strategieanalyse in der Regel nur als hochabstrakte Rahmenbedingungen von Akteuren und ihren Handlungen dienen können.

Ergiebiger für die Strategieforschung sind hingegen diejenigen Spielarten der Demokratietheorie, die nicht nur makropolitische und makrogesellschaftliche Größen im Blick haben, sondern auch die Mikro- und Mesoebene, und die zudem Individual- oder Kollektivakteure gebührend berücksichtigen. Beide Bedingungen sind typischerweise in der Transformationsforschung – bei der Erkundung von Übergängen zur Demokratie[6] – und in Teilen der partizipatorischen und der deli-

---

[4]   Überblick bei Lipset (1995), Schmidt (2008). Ergänzend wird auf Ergebnisse der Forschung über die Bedingungen von (reformpolitischer) Staatstätigkeit in Demokratien Bezug genommen.

[5]   Mit Ausnahmen, über die weiter unten berichtet wird. Ansonsten aber ist symptomatisch, dass im Index der bislang umfangreichsten Enzyklopädie der Demokratie (Lipset 1995) der Begriff Strategie nur mit zwei Einträgen belegt wird: „strategic voting" und „strategies of political emancipation" mit jeweils einem Textstellenhinweis.

[6]   Als Beispiel für andere Huntington (1991), Colomer (1991), Merkel (2009).

Strategie aus der Perspektive moderner empirischer Demokratietheorie 103

berativen Demokratietheorie gegeben[7], ferner in Analysen verhandlungs- und mehrheitsdemokratischer Strategierepertoires (Lijphart 1999, Lehmbruch 2003) und in Abhandlungen, die von der Theorie der rationalen Wahl, beispielsweise der Ökonomischen Theorie der Demokratie (Downs 1957), direkt oder mittelbar beeinflusst sind. Weil die Transformationsforschung (vgl. den Beitrag von Wolfgang Merkel in diesem Band) und die deliberative Demokratietheorie (vgl. den Beitrag von Thomas Saretzki in diesem Band) an anderer Stelle erörtert werden, sollen sie hier nicht weiter bedacht werden.[8]

Relevantes für die Strategieanalyse steuern auch Max Weber und Joseph Schumpeter bei. Beide entwickeln gleichsam eine Nullhypothese zur Strategie in der Demokratie, also die These eines nichtsignifikanten Zusammenhangs von Strategie und Demokratie. Anschlussfähig sind zudem input- und outputorientierte Spielarten der Demokratietheorie[9]. Auch diese werden im Folgenden an ausgewählten Beispielen ausführlicher erörtert. Nützliche Anregungen vermittelt insbesondere – erstens – die „electoral cycles"-Forschung (Franzese/Jusko 2006: 545), also der Zweig der Demokratieforschung, der untersucht, wie Regierungspolitik, Wirtschaftslage, Wählerreaktionen auf die Wirtschaft und Wahlergebnis zusammenhängen[10]. Bedenkenswerte Beiträge zur Strategie stammen sodann von der „partisan cycles"-Forschung (Franzese/Jusko 2006: 545), ebenfalls eine Weiterentwicklung von Downs' Ökonomischer Theorie der Demokratie. Potenziell ergiebig für die Strategieforschung ist zudem die input- und outputorientierte Demokratietheorie, die herkömmliche Demokratieanalysen mit der Staatstätigkeitsforschung verknüpft.[11]

---

[7]   Beispielsweise in der Unterscheidung dreier Strategien der Beteiligungs- und Deliberationsförderung: expansiv, integrativ und effizienzorientiert (Zittel 2007).

[8]   Die Strategieanalysen in der Lehre von der Mehrheits- und der Verhandlungsdemokratie (Lijphart 1999, Lehmbruch 2003) einerseits und in der Ökonomischen Theorie andererseits werden weiter unten bei der Erörterung von input- und outputorientierten Demokratietheorien aufgegriffen.

[9]   Der Begriff umschließt sowohl mehr oder minder ausgefeilte Theoriegebäude als auch thematisch stärker konzentrierte theorieorientierte Forschungen zu Teilgebieten der Demokratie, beispielsweise die Theorie Politischer Konjunkturzyklen (Franzese/Jusko 2006).

[10]   Also von politischen Konjunkturzyklen im Sinne von „electoral cycles" (Franzese/Jusko 2006: 545) anstelle von „partisan cycles" (Franzese/Jusko 2006: 545), die durch unterschiedliche Regierungsparteien zustande kommen.

[11]   Ihre Grundform ist die „komplexe Demokratietheorie" (Scharpf 1970). Weiterentwicklungen fügten der Grundform die Mehrebenenanalyse insbesondere am Fall Europäische Union sowie die Komparatistik hinzu, vgl. Mayntz/Streeck (2003) und als Überblick Schmidt (2008: Kapitel 16).

3 Strategierelevantes in Webers und Schumpeters Demokratietheorie

3.1 Max Weber

Max Webers Beitrag zur Demokratietheorie ist für Fragen politischer Führung direkt anschlussfähig – und mittelbar auch für die Strategieforschung (Weber 1976, 1988). Hinsichtlich der Strategiefähigkeit begabter, verantwortungsethisch handelnder Führungspersönlichkeiten urteilt Weber sogar vergleichsweise optimistisch, viel optimistischer als Schumpeter. Von Steuerungs- und Strategieoptimismus zeugt etwa Webers These, eine „plebiszitäre Führerdemokratie" (Weber 1976: 157) mit einem gewählten Regierungschef und einem direkt gewählten Präsidenten mit charismatischer Herrscherqualität brächte die beste aller demokratischen Welten zustande. Gewiss ist diese These mittlerweile überholt. Doch immerhin ist das Gegenstück zur „plebiszitären Führerdemokratie", bei Weber der Fall der „führerlosen Demokratie" (Weber 1992: 224), für die Strategieforschung nützlich. „Führerlose Demokratie" deutet Weber bekanntlich als „Herrschaft der ‚Berufspolitiker' ohne Beruf, ohne die inneren, charismatischen Fähigkeiten, die eben zum Führer machen" (Weber 1992: 224). „Führerlose Demokratie" entsteht, wenn das politische Führungspersonal nur kleingeistig, nur gesinnungsethisch ist und wenn es nicht, wie nach Weber eigentlich geboten, verantwortungsethisch und mit Machtstaatskalkül handelt. Unter diesen Bedingungen wird nicht nur jegliche politische Führung durchkreuzt, sondern auch, so lässt sich vermuten, jegliche anspruchsvolle Strategiebildung.

Auch die Entzauberung der politischen Führungsschicht in der Demokratie und durch die Demokratie wirft Licht auf Fragen politischer Leitung und – per Analogieschluss – mittelbar auf Strategiefragen. Die Demokratie, insbesondere ihre plebiszitäre Variante, ist für Weber eine Führer-Masse-Beziehung, in der das charismatische Legitimitätsprinzip „antiautoritär" oder „herrschaftsfremd" umgedeutet werden kann (Weber 1976: 155ff.). Damit wird der Herrscher allerdings zu „einem Herren von Gnaden der Beherrschten" degradiert (Weber 1976: 156). Und den können die Beherrschten, das Volk, „nach Belieben wählen und setzen, eventuell auch: absetzen" (Weber 1976: 156). Doch damit endet die Herrlichkeit des Herrschens, der politischen Führung – und der Strategie. Hier deutet sich für die Strategieanalyse eine „Nullhypothese" an, die Schumpeter in abgewandelter Form wiederauflegen wird: Anspruchsvolle Strategiefähigkeit und erfolgreiche strategische Steuerung sind in einem politischen System, das vom Demos nach seinem Belieben gesteuert wird, also meist ohne Rücksicht auf die Qualität des Regierens oder der Strategie, kaum vorstellbar.

Strategie aus der Perspektive moderner empirischer Demokratietheorie

Eine andere Lage ergibt sich, Weber zufolge, in der präsidentiellen Demokratie und in einem parlamentarischen Regierungssystem mit Premier- oder Kanzlerdominanz: In beiden Fällen kann der Regierungschef mit größerer Wahrscheinlichkeit „durchregieren" und sich hierbei als charismatischer Führer bewähren. Das sind ebenfalls für Strategiebildung günstige Rahmenbedingungen. Wenn aber die Demokratie verfassungsstaatlich streng gezügelt sein sollte und wenn verhandlungsdemokratische Strukturen dominieren, wie im Falle von „power-sharing regimes" (Norris 2008), dann sind die Chancen des „Durchregierens" erheblich geringer, so darf man Weber wohl weiterdenken. Doch damit schrumpfen die Chancen der Profilierung und Bewährung als charismatischer Herrscher sowie – so die per Übertragung naheliegende Hypothese –, die Chancen einer anspruchsvollen Strategiebildung.

3.2 Joseph A. Schumpeter

Schumpeter urteilt in Fragen politischer Leitung und Strategiebildung viel pessimistischer als Weber. Dennoch kann auch seine Diagnose zur Hypothesenbildung für Strategieanalysen genutzt werden. Zum besseren Verständnis ist hinzuzufügen, dass Schumpeters Pessimismus einerseits die nach seiner Sicht für die Demokratie typische Zentralität des Machtstrebens widerspiegelt – mithin den Vorrang des Machterwerbs und Machterhalts vor der Politikgestaltung. Andererseits gründet Schumpeters Pessimismus auf kontingenten Zeitumständen: In der Zwischenkriegszeit waren Demokratien reihenweise zusammengebrochen, und im Zweiten Weltkrieg gingen etliche von ihnen infolge militärischer Besetzung unter. Und selbst dort, wo die Demokratie weiterexistiert, wie in Amerika, wo Schumpeter seit 1932 residiert, wirkt sie auf ihn eher abstoßend als anziehend. Bringt die amerikanische Demokratie nicht schwerste außenpolitische und innenpolitische Fehler zustande? Amerikas Pakt mit Stalin wertet Schumpeter als Pakt mit dem Teufel (Swedberg 1991) – und im New Deal sieht er ein Zeichen des westlichen „March into Socialism" (Schumpeter 1996). Das ist nur Teil einer größeren schlecht laufenden Maschinerie der Demokratie, die am Ende nur vom Handel mit Stimmen geschmiert wird. Entsprechend despektierlich porträtiert Schumpeter den typischen Regierungschef einer Demokratie: Dieser gleiche „einem Reiter, der durch den Versuch, sich im Sattel zu halten, so völlig in Anspruch genommen wird, dass er keinen Plan für seinen Ritt aufstellen kann, oder (…) einem General, der vollauf damit beschäftigt ist, sich zu vergewissern, dass seine Armee seinen Befehlen gehorcht, dass er die Strategie sich selbst überlassen muss" (Schumpeter 1950: 456f.). Hier ist sie wieder: die Nullhypothese zur Strategiefähigkeit und zur strategischen Steuerung in der Demokratie.

4 Strategierelevantes in steuerungsoptimistischen „electoral cycles"- und „partisan cycles"-Theorien

Ein nennenswerter Teil der empirischen Demokratietheorie nach Schumpeter sieht das gänzlich anders. Je stärker die Demokratietheorie von steuerungsoptimistischem Gedankengut geprägt ist und je größer sie insbesondere die Steuerungsfähigkeit der Politik und die Steuerbarkeit von Wirtschaft und Gesellschaft einstuft, desto größer scheinen ihr die Handlungsspielräume auch für die politische Gestaltung zu sein, also nicht nur für Stimmeneinwerbung und Machterwerb oder Machterhalt, sondern auch für politische Gestaltung. Unter sonst gleichen Bedingungen kann Analoges für Strategiefähigkeit und Strategiebildung vermutet werden.

Steuerungs- und strategieoptimistische Sichtweisen kennzeichnen beispielsweise die Theorien des Politischen Konjunkturzyklus der 1970er Jahre. Prominente Vertreter sind etwa William Nordhaus (1975) und Edward R. Tufte (1978) sowie Bruno S. Frey mit den um Popularitätsvariablen angereicherten Zyklusanalysen (Frey 1978). Diesen Lehrgebäuden zufolge streben die Regierungen demokratischer Länder zwecks Sicherung ihrer Wiederwahlchancen danach, den Ablauf der Wirtschaft und die Staatstätigkeit wahltermingerecht und wählerwirksam zu orchestrieren, etwa im Wahljahr durch expansive Wirtschaftspolitik, Wahlgeschenke in der Sozialpolitik oder zielgruppenspezifische Steuererleichterungen. Die Rechnung werde den Wählern nach der Wahl präsentiert, beispielsweise durch höhere Arbeitslosigkeit infolge einer restriktiven Geld- und Finanzpolitik oder durch stillschweigende Rücknahme von Wahlgeschenken[12]. Der Politische Konjunkturzyklus werde von den Wählern im Grundsatz honoriert, denn diese richteten ihre Stimmabgabe, um Informationskosten zu sparen, vor allem retrospektiv an kurzfristigen wirtschaftlichen und finanziellen Tatbeständen aus. So wurden die Wähler zunächst modelliert, bis alsbald die Hinzufügung von rationalen Erwartungen die Kalkulationsgrundlage für politische Konjunkturzyklusarchitekten komplizierter machte.

Steuerungs- und strategieoptimistische Varianten finden sich sodann in Spielarten der Parteiendifferenztheorie der 1970er Jahre (Hibbs 1977). Ihnen zufolge sind die Steuerungsfähigkeit der Politik und die Steuerbarkeit der Wirtschaft so

---

[12] Dass diese Spielarten mittlerweile größtenteils von steuerungsskeptischeren Varianten der „electoral cycles"-Lehre und der „partisan cycles"-Forschung, so Franzese/Juskos Formel für die Parteiendifferenztheorie, abgelöst wurden und dass die neuere Forschung mittlerweile systematisch auch die „context conditionality" von Wahlzyklen (Franzese/Jusko 2006: 559f.) und der „economic vote" (Duch/Stevenson 2008) hervorhebt, soll nicht unerwähnt bleiben. Zur neueren Parteiendifferenztheorie insbesondere Zohlnhöfer (2009).

Strategie aus der Perspektive moderner empirischer Demokratietheorie 107

groß, dass die Regierungsparteien ihre Wahlhandlungen (im Sinne von policy choices) so punktgenau treffen und so zügig vollziehen können, dass sie zugleich die Interessen ihrer Wählerbasis bedienen und die eigenen Wiederwahlchancen im Wettbewerb mit der Opposition wahren oder mehren.[13]

5 Strategierelevante Hypothesen und Befunde der vergleichenden Demokratie- und Policyforschung

Die Lehre von den Politischen Konjunkturzyklen und die Parteiendifferenztheorie der 1970er Jahre strotzen vor Steuerungsoptimismus. Diesen Optimismus pflegen die meisten der neueren Theorien nicht länger: Zu groß waren die Zweifel an der angeblich hochentwickelten Steuerungsfähigkeit der Politik und der weitreichenden Steuerbarkeit von Wirtschaft und Gesellschaft geworden – Zweifel, die sich aus der Beobachtung zunehmender Internationalisierung von Ökonomie und Politik einerseits und sich auftürmender innenpolitischer Probleme andererseits speisten. Das bedeutet nicht Absage an Steuerungsfähigkeit und Steuerbarkeit überhaupt. Wohl aber schloss der Sinneswandel größere Sensibilität für formelle und materielle Restriktionen politischer Steuerung ebenso ein wie für institutionelle Bedingungen in ihrer Doppelrolle als „Begrenzer" und „Ermöglicher", sowie für Fragen der „Kontextkonditionalität"[14]. Das hieß größere Sensibilität, so kann man in der Sprache der Strategieforschung hinzufügen, für abnehmende Kalkulationsmöglichkeiten bei womöglich zunehmendem Kalkulationsbedarf (Raschke/Tils 2007: 11).

Diese Wende ist der Steuerungsforschung und der gesamten Demokratieforschung nicht schlecht bekommen[15]. Davon legt auch die input- und outputorientierte Demokratietheorie Zeugnis ab. Zu ihr gehören vor allem die „komplexe Demokratietheorie" (Scharpf 1970), Teile der neueren „Theorie der Sozialen Demokratie" (Meyer 2005, 2006, 2007)[16], Analysen des Zusammenhangs von Demokra-

---

[13] Auch das sieht die Forschung mittlerweile mit viel mehr Steuerungsskepsis – auch wenn unterschiedliche Regierungsparteien nach wie vor oft tiefe Spuren in der Staatstätigkeit hinterlassen, vgl. Schmidt (2001, 2010), Zohlnhöfer (2003, 2009).

[14] Vgl. nur aus der neueren Forschung zu den politischen Konjunkturzyklen Franzese/Juso (2006) und aus der neuesten Erforschung der „economic vote" Duch/Stevenson (2008).

[15] Vgl. Benz (2008), Zohlnhöfer (2003, 2009).

[16] Zur Würdigung Schmidt (2008: Kapitel 13). Man könnte die Theorie der Sozialen Demokratie, in loser und undogmatischer Anlehnung an die Lehre von der „demokratischen Machtverlagerung" bei Marx und in Verbindung mit der Machtressourcentheorie eines Esping-Andersen (1990) sowie der Parteiendifferenztheorie – durchaus strategieanalytisch angehaucht – erweitern: Das allgemeine Wahlrecht wäre das Mittel, mit dem pro-wohlfahrtsstaatliche Akteure – unter gegebenen

tiestrukturen und Regierungspolitik[17] und Studien zur Reformpolitik in der Demokratie (Mayntz/Streeck 2003, Schmidt 2005a, 2005b, Egle 2008) einschließlich der Vetospielertheorie (Tsebelis 2002)[18].

Für Steuerungs- und für Strategieanalysen liegt der besondere Charme dieser Forschungszweige darin, dass sie Handlungsoptionen für politische Gestaltung identifizieren, beschreiben und erklären, und zugleich Handlungsgrenzen politischer Steuerung aufzeigen – institutionelle, prozessuale und pfadabhängigkeitsbedingte Handlungsgrenzen. Die Befunde dieser Forschung sind auch für die Strategieforschung nützlich: Mit ihnen können beispielsweise Arbeitshypothesen über Rahmenbedingungen von Strategiefähigkeit und Chancen strategischer Steuerung formuliert werden.

5.1 Der Fall des monopolistischen Agenda-Setter

Ein Beispiel: Die Forschung zum „Agenda Setting" zeigt, dass ein monopolistischer Agenda-Setter, d.h. die exklusive Verfügungsgewalt eines (Individual- oder

---

begrenzenden und ermöglichenden institutionellen Bedingungen und unter Antizipation von Gegenkräften – zwar nicht die Systemtransformation zustande bringen, wohl aber den Auf- und Ausbau des Wohlfahrtsstaates und seine Beibehaltung auch unter widrigen ökonomischen Bedingungen.

[17] Namentlich die Studien zur Mehrheitsdemokratie und zur nichtmajoritären Demokratie, beispielsweise Lehmbruch (2003) und Lijphart (1999), sowie die neuere, zur Policyforschung geöffnete Direktdemokratieforschung (Freitag/Wagschal 2007). Die Forschung stützt die Hypothese, dass der Handlungsspielraum für größere oder sehr große Abweichungen vom Status quo in den Mehrheitsdemokratien tendenziell größer ist als in den nichtmajoritären Demokratien und letztlich auch größer als in einer Direktdemokratie nach Schweizer Bauart. Der tiefste Grund für diese Differenz liegt in den unterschiedlichen Entscheidungskosten von tiefgreifenden Reformen. Diese sind in den Mehrheitsdemokratien signifikant geringer als in anderen Demokratien, weil dort der Aufwand für die Einbindung von möglichen Mitregenten, Gegenspielern oder womöglich gar Vetospielern im Sinne der konstitutionellen und der parteipolitischen Vetospieler nach Tsebelis (2002) in der Regel erheblich geringer ist. Allerdings riskieren Mehrheitsdemokratien erheblich größere Vollzugsdefizite – aufgrund der Nichteinbindung von politisch wichtigen Betroffenengruppen.

[18] Der Grundform des Vetospielertheorems zufolge ist die Chance der politischen Gestaltung (im Sinne der Abkehr vom Status quo, beispielsweise auf dem Wege der Gesetzgebung) beeinflusst von der Zahl der Vetospieler, ihrer Kohäsion und der politisch-ideologischen Distanz zwischen ihnen. Die Chance einer Abkehr vom politischen Status quo beispielsweise ist umso größer, je kleiner die Zahl der Vetospieler ist, je größer die politisch-ideologische Kongruenz zwischen den Vetospielern ist und je inkohäsiver oder inhomogener die Vetospieler sind. Umgekehrt gilt: Die Status quo-Verhaftetheit der Politik ist umso wahrscheinlicher, je größer die Zahl der Vetospieler ist, je geringer die politisch-ideologische Kongruenz zwischen den Vetospielern ist und je kohäsiver oder homogener die Vetospieler sind – Erweiterte Varianten der Vetospielertheorie thematisieren zusätzlich den Effekt der parteipolitischen Couleur der Regierungen (im Vergleich zur Vorgängerregierung) und das Lebensalter der jeweiligen Regierung.

Strategie aus der Perspektive moderner empirischer Demokratietheorie 109

Kollektiv-)Akteurs über die Agenda der Politik, von überragender Bedeutung für politische Steuerung sein kann – und in abgeleiteter Form für die Strategieforschung. Giandomenico Majone hat den Sachverhalt im Anschluss an das McKelvey-Schofield „chaos theorem" folgendermaßen beschrieben: „McKelvey (1976) and Schofield (1976) showed that the absence of a majority-rule equilibrium implies that virtually any policy outcome is possible. Hence, those who control the agenda can engage in all sorts of manipulations. A monopoly agenda setter can achieve almost any outcome she wishes, provided she can appropriately order the sequences of paired options considered by the voting group operating under majority rule" (Majone 2006: 229f.).[19]

5.2 Bedingungen von Reformen erster, zweiter und dritter Ordnung

Ein zweites Beispiel: International vergleichenden Analysen zufolge variiert der Handlungsspielraum für ehrgeizige Reformvorhaben in Demokratien. Dass er mit der Zahl der Vetospieler, ihrer ideologischen Distanz und ihrer Kohäsion zusammenhängt, ist eine wichtige Hypothese, doch benennt sie weder eine notwendige noch eine hinreichende Bedingung für größere Reformen. Die Bedingungsgefüge von Reformpolitik sind komplexer.

Zu den Befunden der international vergleichenden Reformpolitikforschung[20] gehört der Nachweis, dass Reformen erster und zweiter Ordnung erheblich häufiger als Reformen der dritten Ordnung sind[21]. Zudem gibt es zwar viele Wege zu Reformen, doch führen nur wenige bei wirtschaftlich günstigen wie auch bei ungünstigen Lagen dorthin. Das gilt insbesondere für Reformen zweiter Ordnung, und mehr noch für Reformen dritter Ordnung. Einer dieser Wege basiert auf einer durch Not geborenen überdimensionierten Koalition. Ein zweiter relativ wetterfester Weg ist im Kontext einer Mehrheitsdemokratie begehbar, erfordert aber besonders günstige Startchancen, Rahmenbedingungen und Reformgelegenheiten im politischen Prozess. Das Paradebeispiel sind die Liberalisierungsreformen in Neuseeland in den 1980er und den 1990er Jahren.

Die Blaupause für diesen Weg zur Reform ist die Theorie der reformpolitischen Gelegenheiten. Ihre einfachste Spielart hatte der schwedische Premier Göran

---

[19] Majones Paradebeispiele sind die Ausschüsse im Kongress der Vereinigten Staaten von Amerika und das Gesetzgebungsinitiativrecht der Europäischen Kommission (Majone 2006: 230ff.).

[20] Das Folgende basiert insbesondere auf der Bilanzierung der Reformpolitikforschung in Schmidt (2005a).

[21] Reformen erster Ordnung sind Reformen mit Variation der konkreten Zielsetzungen. Reformen zweiter Ordnung schließen auch neue Politikinstrumente ein. Reformen dritter Ordnung zeichnen sich durch Änderung auch der zugrundeliegenden Regierungsphilosophie aus (Hall 1993).

Persson mit diesen Worten ausgedrückt: bei Reformen müsse man „rüde, ehrlich und schnell" handeln.[22]

Aufwendiger ist die auf Wallis (1997) zurückgehende Theorievariante. Wallis zufolge hat diejenige Regierung die besten Chancen, ein ehrgeiziges Reformvorhaben zu starten und durchzusetzen, die auf Fünferlei zählen kann:

1. eine weit verbreitete Krisenstimmung im Lande und die ebenso weit verbreitete Überzeugung, dass eine gründliche Reform unabdingbar sei;
2. ein ausdrückliches Mandat für die Reform;
3. ein Honeymoon-Effekt, das heißt die Chance, im Zeitraum kurz nach dem Regierungswechsel alle Fehler, Schwächen und Kosten der von der Regierung eingeleiteten Maßnahmen als Erbe und Verantwortung der Vorgängerregierung ausweisen zu können – nicht als Folge der Praxis der neuen Regierung;
4. eine schwache Opposition und
5. beträchtliche politisch-ideologische Homogenität der Regierungspartei oder der Regierungsparteien.

Komplizierter sind hingegen die Wege zur Reformpolitik der zweiten oder dritten Ordnung in Staaten mit teils majoritärer, teils nichtmajoritärer Demokratieform, und in reinen Konkordanzdemokratien. Aber selbst dort können hohe Reformbarrieren, etwa infolge hoher Vetospieler- oder Mitregentendichte[23], überwunden werden. Das ist vor allem bei folgenden Kontextbedingungen wahrscheinlich:

1. Eine reformpolitisch ehrgeizige Partei, die im Regierungsapparat eine dominante oder hegemoniale Position innehat

---

[22]   Digitales Volksheim, in: Der Spiegel, Nr. 19 (2000), 188-194, Zitat 190.

[23]   Vetospieler sind Akteure, von deren ausdrücklicher Zustimmung die Abkehr vom Status quo z.B. in der Gesetzgebung abhängt, so beispielsweise kraft Verfassung mit Vetorechten ausgestattete Kollektivakteure oder parteipolitische Vetospieler in Gestalt der Koalitionspartner einer Regierung (Tsebelis 2002). Der Begriff Mitregenten ist weiter als der der Vetospieler. Mitregenten sind de facto, wenngleich nicht de jure, einflussreiche Mitgestalter der politischen Willensbildung und Entscheidungsfindung, aber nicht notwendig mit einem Vetorecht ausgestattete Mitspieler, wie die konstitutionellen Vetospieler. Beispiele für Mitregenten sind mächtige Verbände, auf deren Politikpräferenzen eine Regierung in ihrer Staatstätigkeit Rücksicht nimmt, oder auch einflussreiche Verfassungsgerichte. Die Vetospieler- und Mitregentendichte eines Landes – Zahl und Wertigkeit der Vetospieler bzw. der Mitregenten im politischen Prozess – sind wichtige Indikatoren des Handlungsspielraums einer Regierung für die Abkehr vom Status quo. Je höher die Vetospieler- und die Mitregentendichte, desto tendenziell geringer ist der Handlungsspielraum. Die Bundesrepublik Deutschland gehört zu den Ländern, der internationale Vergleich lehrt es, in denen die Vetospieler- und Mitregentendichte besonders hoch ist (Schmidt 2008: Kapitel 19).

Strategie aus der Perspektive moderner empirischer Demokratietheorie 111

2. und zugleich eine geschwächte, ideologisch und organisatorisch zersplitterte Opposition gegen sich hat;
3. ein so großer Stimmen- und Mandatevorsprung vor der Opposition, dass die Regierung auf „Konsensreserven" (Czada 2003: 60) im Parteiensystem bauen kann, mit der auch der politische Protest tolerierbar ist, den große Reformen in der Regel hervorrufen;
4. die Chance der zentralstaatlichen Regierung, im Mit- und Gegeneinander von Staat und Interessenverbänden als wirkungsvoller „Konfliktmanager und Garant interessenpolitischer Tauschgeschäfte" (Czada 2003: 58) aufzutreten und hierbei Kooperationspotenziale im Beziehungsgeflecht von Staat und Verbänden zu nutzen, die im Fall eines schwachen Staates ungenutzt bleiben.
5. Nicht zuletzt zählt eine geringe Politik-Erblast zu den günstigen Voraussetzungen von Reformen zweiter und dritter Ordnung, beispielsweise vergleichsweise kleine Regulierungs- und Finanzierungslasten und ein relativ anpassungsfähiger Wohlfahrtsstaat[24].

Unter sonst gleichen Bedingungen, so kann vermutet und in empirischen Studien getestet werden, dürften solche reformfreundlichen bzw. reformbegrenzenden Rahmenbedingungen auch die Strategiefähigkeit und die Chancen strategischer Steuerung beeinflussen. Dabei ist zugleich zu bedenken, dass der Rahmen formbar ist, wie „Riker's Objection" (Shepsle 2006) lehrt: Institutionen sind nicht fest fixierte exogene Größen, sondern dehnbar, interpretierbar, veränderbar. Und Vetospieler und Veto-Positionen beispielsweise können umspielt, überspielt oder durch Gegenkräfte neutralisiert werden. Das verdeutlichen neuere Varianten der Parteiendifferenztheorie und der Reformpolitikforschung (Zohlnhöfer 2008).

5.3 Inklusive und exklusive Strategien in zentralisierten und in fragmentierten Regierungssystemen: die Egle-Hypothese

Zudem macht die „new politics of the welfare state"-Literatur auf Besonderheiten politischer Steuerung und politischer Strategie im Falle von Sanierungs-, Umbau- und Rückbaureformen aufmerksam (Pierson 2001). Im Anschluss an diese Literatur und in Weiterführung der dort entwickelten Konzepte der „politics of blame avoidance" und „politics of protest avoidance", hat Christoph Egle (2008) in sei-

---

[24] Diese Voraussetzung ist, so lehrt die Forschung zum „welfare state retrenchment", insgesamt eher bei steuerfinanzierter Sozialpolitik gegeben als bei einem aus Sozialbeiträgen der Arbeitnehmer und Unternehmer finanzierten Wohlfahrtsstaat, weil Letzterer Eigentumsrechte schafft und diese einem besonderen Rechtsschutz unterwirft, was die Konsolidierung des Sozialbudgets erheblich beeinträchtigen kann (Wagschal/Wenzelburger 2008).

nem instruktiven Vergleich von Reformpolitik in Deutschland und Frankreich zwischen zwei Strategien und zwei Strategiekontexten unterschieden: Egle differenziert zwischen inklusiver bzw. exklusiver Vorgehensweise der Regierung und operationalisiert den Strategiekontext mit der Unterscheidung zwischen einem fragmentierten und einem zentralisierten Regierungssystem. Im fragmentierten Regierungssystem, wie in der Bundesrepublik Deutschland, manifestiert sich eine inklusive Handlungsstrategie vor allem „in einer Politik der Verantwortungsteilung" (Egle 2008: 318). Einbindung der Vetospieler und der Mitregenten heißt hier die Devise. Die funktional äquivalente Vorgehensweise in einem zentralisierten System, wie in Frankreich, besteht nach Egle hingegen „in einer Politik der Protestvermeidung" (Egle 2008: 318), und zwar als Reaktion auf die dort übliche Politik der Straße. Mit einer exklusiven Vorgehensweise riskiert die Regierung im fragmentierten Regierungssystem die institutionelle Blockade, im zentralisierten System hingegen massiven gesellschaftlichen Widerstand und unstrukturierte Konfrontation. Sowohl in zentralisierten wie auch in fragmentierten Regierungssystemen ist demnach, so Egle weiter, eine inklusive Strategie erfolgversprechender. In fragmentierten Systemen ist sie sogar alternativlos, während in zentralisierten Regierungssystemen „durch eine freiwillige Selbstbeschränkung die Reformreichweite paradoxerweise erhöht werden kann" (Egle 2008: 319).

6 Speziellere Erträge für die Strategieanalyse liefert die Demokratietheorie auch durch die Erkundung gegenwärtiger und zukünftiger Herausforderungen der Demokratie

Die empirische Demokratietheorie offeriert der Strategieforschung eine Reihe potenziell ertragreicher Anregungen. Das betrifft insbesondere die Auslotung von Konstellationen, die die Strategiefähigkeit und das strategische Management stärken oder schwächen.

Auch vom prognostischen Potenzial der empirischen Demokratietheorie kann die Strategieforschung profitieren. Dieser Theorie zufolge haben selbst die leistungsfähigsten Demokratien gegenwärtig und zukünftig mit einer Reihe von strukturellen Herausforderungen zu tun[25]. Die wichtigsten Herausforderungen

---

[25] Das sind insbesondere das Globalisierungs-Demokratie-Dilemma, die mangelnde Zukunftsverantwortlichkeit der Demokratie, ihre insbesondere durch den Wahlmechanismus begrenzte Befähigung zur Fehlerkorrektur, Lücken zwischen Nachfrage und Angebot in der demokratischen Politik und Folgeprobleme der Hobbes'schen „Unbeständigkeit der Zahl", vgl. Schmidt (2008: 495ff.).

Strategie aus der Perspektive moderner empirischer Demokratietheorie 113

dürften vermutlich das Streben nach Strategiefähigkeit und strategischem Handeln ebenfalls auf eine harte Probe stellen:

- Das Globalisierungs-Demokratie-Dilemma beispielsweise erschwert nicht nur die politische Steuerung. Bleibt alles Übrige gleich, wird dieses Dilemma auch die Strategiefähigkeit bei politischen Großvorhaben beeinträchtigen.
- Gleiches gilt für die übrigen Strukturprobleme der Demokratie: Ihre Neigung zur mangelnden Zukunftsverantwortlichkeit färbt höchstwahrscheinlich auch auf ihr strategisches Potenzial ab.
- Und mit der Lücke zwischen Angebot und Nachfrage in der demokratischen Politik[26] werden sich wohl auch alle Strategen abfinden müssen.
- Folgeprobleme der Unbeständigkeit der Zahl bei Entscheidungs- und Abstimmungsprozessen[27] schließlich treffen auch jegliches strategisches Handeln an einer besonders empfindlichen Stelle. Die Unbeständigkeit der Zahl äußert sich beispielsweise in wandernden Mehrheiten und in hochgradiger demokratischer Pfadabhängigkeit: Schon geringfügige Variationen der Spielregeln können über Sieg oder Niederlage von Abstimmungen und Wahlen entscheiden. Variationen der Spielregeln, nicht etwa die Qualität der Steuerung oder der Strategie entscheiden in diesen Fällen! Damit fällt aber der Lackmustest jeder anspruchsvollen politischen Strategie, ihr Erfolg bei Wahlen[28], mit einiger Wahrscheinlichkeit negativ aus.

---

[26] Diese Lücke wird infolge eines hohen und insgesamt offenbar weiter zunehmenden Anspruchsniveaus der Wähler größer. Die Wählerschaft in den Demokratien ist dank insgesamt besserer Informiertheit, längerer Ausbildung und nachlassender Bindungen an sozialmoralische Milieus auch in der Politik anspruchsvoller und urteils- und verurteilungsfreudiger worden. So wie sie als Kunden nach niedrigen Preisen und gutem Service und als Anleger nach hohen Renditen streben, so erwarten die meisten Wähler in der Politik für wenig Einsatz hochwertige politische Leistungen, ferner intelligente, lautere, vertrauenserweckende und für geringen Lohn tätige Politiker und ein möglichst unterhaltsames politisches Spektakel. Nur an Letzterem herrscht in den modernen Demokratien kein Mangel, alle anderen Erwartungen werden oft enttäuscht, von löblichen Ausnahmen abgesehen. Daraus entstehen Nachfrage-Angebots-Diskrepanzen, die von Land zu Land und je nach Zeit unterschiedlich groß sind, mittlerweile aber alle Demokratien plagen, auch die besten unter ihnen (Dalton 2004).

[27] Gemeint ist die Hobbes'sche „Inconstancy from the Number" (Hobbes 1968: 242).

[28] „Die Erfolgskontrolle politischer Strategien findet – zugespitzt formuliert – an der Wahlurne statt" (Glaab 2008: 281).

7 Schwerpunkte und Grenzen des Beitrags der empirischen Demokratietheorie zur Strategieforschung

Die empirische Demokratietheorie steuert Anregungen und Hypothesen zur Strategieforschung bei, insbesondere zur Wirkung institutioneller Kontexte auf Strategiefähigkeit und strategisches Handeln. Auch lehrt sie, dass es sich lohnt, Steuerungs- und Strategiefragen aus vergleichender Perspektive zu beobachten. Zudem zeigt die empirische Demokratieforschung, wie schmal oftmals die Handlungskorridore sind – bei Steuerungs- und bei Strategiefragen.

Die Grenzen des Beitrags der empirischen Demokratietheorie zur Strategieforschung sind aber ebenfalls offensichtlich: Systematische Ziel-Mittel-Umwelt-Kalkulationen sind meist nicht ihr wichtigstes Thema und die starke akteurstheoretische Ausrichtung, die von der Strategieforschung verlangt wird, ist in der Regel nicht ihr Hauptprogramm.

Insoweit bestehen auffällige Parallelen zwischen dem, was die Demokratietheorie für die Strategieforschung leistet, und dem, was sie der „Leadership"-Forschung bieten kann und was sie ihr verwehrt[29].

Dass die Demokratietheorie an beiden Stellen an Grenzen stößt, wird man nicht nur als Schwäche der Theorie deuten können. Die Grenzen reflektieren auch die besondere Architektur ihres Gegenstandes: die Demokratie als Herrschaftsordnung und als hochgradig dynamischer Prozess, der regelmäßig wiederkehrende und erfolgreiche situationsübergreifende Ziel-Mittel-Umwelt-Kalkulationen außerordentlich erschwert. Im demokratischen Prozess wirken bekanntlich nicht nur wenige autoritativ mit, sondern viele. Dieser Prozess bekommt zudem fortwährend Schub von einer beweglichen, höchst anspruchsvollen Wählerschaft. In ihm entfaltet zudem die „Unbeständigkeit der Zahl" eine enorme Wirkung. Überdies geht dieser Prozess mit einer beachtlichen Wahrscheinlichkeit von Wahlniederlagen auch bei leidlich vorzeigbaren Steuerungs- und Strategieleistungen der Regierungen einher. Das mindert den Anreiz für anspruchsvolle Steuerung und anspruchsvolle Strategiebildung: der Einsatz scheint nicht recht zu lohnen. Somit ergeben sich schwierige Bedingungen für stabile, mit einiger Regelmäßigkeit zustande kommende Strategiebildung und -durchführung. Entsprechend schwierig ist das Geschäft der Theoriebildung in Sachen Strategie: Man denke nur an die zahlreichen offenen Fragen, die die Theorie der Politischen Konjunkturzyklen für Strategieinteressierte übrig lässt[30] – obwohl diese Theorie auf eine mehrere Deka-

---

[29] Vgl. Glaab (2007), Grasselt/Korte (2007), Schmidt (2007).
[30] Ein Beispiel ist die ansonsten vorzügliche Analyse von Duch/Stevenson (2008).

den umfassende intensive Forschung zurückblicken kann[31]. Die eng begrenzten Kalkulationsmöglichkeiten für Strategiebildung sind in der Tat nicht zu übersehen. Davon zeugt auch die Demokratietheorie.

8 Schlussfolgerung

In diesem Beitrag wurde gefragt, was die moderne empirische Demokratietheorie zur Strategieanalyse beitragen kann. Dazu wurde der neueste Stand der empirischen Demokratietheorie, einschließlich ihrer komparatistischen Spielarten gewürdigt und durch Ausflüge in benachbarte Gebiete der vergleichenden Staatstätigkeitsforschung ergänzt. Zusammenfassend sind die folgenden Befunde besonders berichtenswert:

1. Wer politische Strategieforschung betreibt, darf von der empirischen Demokratietheorie nicht allzu viel direkt Anwendbares erhoffen, aber doch einen mittelbaren Nutzen erwarten.
2. Potenziell ergiebig für die Strategieforschung sind – neben den in Parallelreferaten abgehandelten Beiträgen der Transformationsforschung und der deliberativen Demokratietheorie – vor allem akteurszentrierte sowie input- und outputorientierte Spielarten der Demokratietheorie.
3. Ein Teil der Demokratietheorie, namentlich die Schumpeter'sche Variante, läuft auf eine Nullhypothese hinaus: ihr zufolge durchkreuzt der demokratische Prozess allein schon die Voraussetzung von Strategiefähigkeit.
4. Ein zweite Theorierichtung ist hinsichtlich politischer Führung, Steuerung und Strategie optimistischer: man findet sie theoriegeschichtlich bei Max Weber (und zuvor schon in der Lehre von der wahlrechtsbedingten Machtverlagerung bei Marx).
5. Ausgesprochen steuerungs- und strategieoptimistisch sind sodann die im Anschluss an die Downs'sche Ökonomische Theorie der Demokratie präsentierten Theorien der Politischen Konjunkturzyklen und der Parteiendifferenz aus den 1970er Jahren.
6. Vor allem die vergleichende Demokratie- und Policyforschung weist demgegenüber ein hohes Maß an Kontextkonditionalität nach: Die Steuerungschancen variieren je nach Land und Periode und kovariieren unter anderem mit institutionellen Bedingungen und Problemlasten. Das dürfte, so die Arbeitshypothese, in der Regel auch auf die Strategiefähigkeit und die Chancen stra-

---

[31] Vgl. den Überblick bei Hibbs (2006) und insbesondere bei Franzese/Jusko (2006).

tegischer Steuerung zutreffen. Potenziell nützliche Beiträge stammen insbesondere von der Lehre des monopolistischen Agenda-Setters, der Forschung über Reformen zweiter und dritter Ordnung sowie der Egle-These der exklusiven und inklusiven Strategie.

7. Erträge für die Strategieforschung liefert zudem die Erkundung gegenwärtiger und zukünftiger struktureller Herausforderungen der Demokratie. Von diesen Herausforderungen sind allerdings eher abnehmende als zunehmende Kalkulationsmöglichkeiten zu erwarten. Die in der Strategieforschung vermutete Lücke zwischen (zunehmendem) Kalkulationsbedarf und (abnehmenden) Kalkulationsmöglichkeiten würde somit vergrößert.

8. Die empirische Demokratietheorie steuert Anregungen und Hypothesen insbesondere zu institutionellen Kontexten von Strategiefähigkeit und strategischem Handeln bei. Sie zeigt außerdem, dass die Steuerungschancen von Land zu Land verschieden sind – und legt die These nahe, dass Gleiches auch für das Gros der Strategiebildung gilt.

9. Unübersehbar sind jedoch auch die Grenzen des Beitrags, den die empirische Demokratietheorie zur Strategieforschung beisteuert: Diese Grenzen spiegeln sowohl Lücken der Theorie wider als auch Besonderheiten der Struktur und Dynamik der Demokratie, die den Entwurf und den Einsatz anspruchsvoller Strategien außerordentlich erschweren.

Literatur

Benz, Arthur 2008: Der moderne Staat. Grundlagen der politologischen Analyse, München: Oldenbourg.

Colomer, Josep M. 1991: Transitions by Agreement: Modeling the Spanish Way, in: American Political Science Review 85, 1283-1302.

Cnudde, Charles F./Neubauer, Deane E. (eds.) 1969: Empirical Democratic Theory, Chicago: Markham.

Czada, Roland 2003b: Konzertierung in verhandlungsdemokratischen Politikstrukturen, in: Jochem, Sven/Siegel, Nico A. (Hg.), Konzertierung, Verhandlungsdemokratie und Reformpolitik im Wohlfahrtsstaat. Das Modell Deutschland im Vergleich, Opladen: Leske + Budrich, 35-69.

Dalton, Russell J. 2004: Democratic Challenges, Democratic Choices: The Erosion in Political Support in Advanced Industrial Democracies, Oxford: Oxford University Press.

Downs, Anthony 1957: An Economic Theory of Democracy, New York: Harper.

Strategie aus der Perspektive moderner empirischer Demokratietheorie   117

Duch, Raymond M./Stevenson, Randolph 2008: The Economic Vote. How Political and Economic, Institutions Condition Election Results, Cambridge: Cambridge University Press.

Egle, Christoph 2008: Reformpolitik in Deutschland und Frankreich. Wirtschafts- und Sozialpolitik bürgerlicher und sozialdemokratischer Regierungen, Wiesbaden: VS Verlag für Sozialwissenschaften.

Esping-Andersen, Gösta 1990: The Three Worlds of Welfare Capitalism, Cambridge: Polity Press.

Franzese, Robert J., Jr./Jusko, Karen Long 2006: Political-Economic Cycles, in: Weingast, Barry R./Wittman, Donald A. (eds.), The Oxford Handbook of Political Economy, Oxford: Oxford University Press, 545-564.

Freitag, Markus/Wagschal, Uwe (Hg.) 2007: Direkte Demokratie. Bestandsaufnahme und Wirkungen im internationalen Vergleich, Berlin/Münster: Lit Verlag.

Frey, Bruno S. 1978: Politico-Economic Models and Cycles, in: Journal of Public Economics 9, 203-220.

Glaab, Manuela 2007: Politische Führung als strategischer Faktor, in: Zeitschrift für Politikwissenschaft 17, 303-332.

Glaab, Manuela 2008: Leistungen und Grenzen politischer Strategieberatung, in: Zeitschrift für Politikberatung 1, 280-288.

Grasselt, Nico/Korte, Karl-Rudolf 2007: Führung in Politik und Wirtschaft. Instrumente, Stile und Techniken, Wiesbaden: VS Verlag für Sozialwissenschaften.

Hall, Peter A. 1993: Policy Paradigms, Social Learning, and the State. The Case of Economic Policymaking in Britain, in: Comparative Politics 25, 275-296.

Hibbs, Douglas A., Jr. 1977: Political Parties and Macroeconomic Policy, in: American Political Science Review 71, 1467-1487.

Hibbs, Douglas A., Jr. 2006: Voting and the Macroeconomy, in: Weingast, Barry R./Wittman, Donald A. (eds.), The Oxford Handbook of Political Economy, Oxford: Oxford University Press, 565-586.

Hobbes, Thomas 1968 (1651): Leviathan. Ed. with an Introduction by C.B. Macpherson, London: Penguin.

Höffe, Otfried 2009: Ist die Demokratie zukunftsfähig?, München: Beck.

Huntington, Samuel P. 1991: The Third Wave. Democratization in the late Twentieth Century, Norman/London: University of Oklahoma Press.

Lehmbruch, Gerhard 2003: Verhandlungsdemokratie. Beiträge zur vergleichenden Regierungslehre, Wiesbaden: VS Verlag für Sozialwissenschaften.

Lijphart, Arend 1999: Patterns of Democracy. Government Forms and Performance in Thirty-Six Countries, New Haven/London: Yale University Press.

Lipset, Seymour Martin 1959: Some Social Requisites of Democracy: Economic Development and Political Legitimacy, in: American Political Science Review 53, 69-105.

Lipset, Seymour Martin (ed.) 1995: The Encyclopedia of Democracy, Bd. I-IV, London: Routledge.

Luhmann, Niklas 1969: Komplexität und Demokratie, in: Politische Vierteljahresschrift 10, 314-325.

Luhmann, Niklas 1986: Die Zukunft der Demokratie, in: Der Traum der Vernunft. Vom Elend der Aufklärung. Eine Veranstaltung der Akademie der Künste, Berlin (2. Folge), Darmstadt/Neuwied: Luchterhand, 207-217.

Majone, Giandomenico 2006: Agenda Setting, in: Moran. Michael/Rein, Martin/Goodin, Robert E. (eds.), The Oxford Handbook of Public Policy, Oxford: Oxford University Press, 228-250.

Mayntz, Renate/Streeck, Wolfgang (Hg.) 2003: Die Reformierbarkeit der Demokratie. Innovationen und Blockaden, Frankfurt/M.: Campus.

McKelvin, Richard D. 1976: Intransitivities in multidimensional voting models and some indications for agenda control, in: Journal of Economic Theory 12, 472-482.

Merkel, Wolfgang 2009: Systemtransformation. Eine Einführung in die Theorie und Empirie der Transformationsforschung, 2. Auflage, Wiesbaden: VS Verlag für Sozialwissenschaften.

Meyer, Thomas 2005: Theorien der Sozialen Demokratie, Wiesbaden: VS Verlag für Sozialwissenschaften.

Meyer, Thomas 2006: Praxis der Sozialen Demokratie, Wiesbaden: VS Verlag für Sozialwissenschaften.

Meyer, Thomas mit Hinchman, Lewis 2007: The Theory of Social Democracy, Cambridge: Wiley & Sons.

Nordhaus, William D. 1975: The Political Business Cycle, in: Review of Economic Studies 42, 169-190.

Norris, Pippa 2008: Driving Democracy. Do Power-Sharing Institutions Work?, Cambridge: Cambridge University Press.

Pierson, Paul (ed.) 2001: The New Politics of the Welfare State, Oxford: Oxford University Press.

Pourgerami, Abbas 1991: The Political Economy of Development: An Empirical Examination of the Wealth Theory of Democracy, in: Journal of Theoretical Politics 3, 189-211.

Raschke, Joachim/Tils, Ralf 2007: Politische Strategie. Eine Grundlegung, Wiesbaden: VS Verlag für Sozialwissenschaften.

Saage, Richard 2005: Demokratietheorien. Historischer Prozess – Theoretische Entwicklung – Soziotechnische Bedingungen. Eine Einführung, Wiesbaden: VS Verlag für Sozialwissenschaften.

Scharpf, Fritz W. 1970: Demokratietheorie zwischen Utopie und Anpassung, Konstanz: Universitätsverlag.

Strategie aus der Perspektive moderner empirischer Demokratietheorie

Schofield, Norman 1976: Instability of simple dynamic games, in: Review of Economic Studies 45, 575-594.

Schmidt, Manfred G. 2001: Parteien und Staatstätigkeit, in: Gabriel, Oscar W./Niedermayer, Oskar/Stöss, Richard (Hg.), Parteiendemokratie in Deutschland, Bonn: Bundeszentrale für politische Bildung, 528-550.

Schmidt, Manfred G. 2005a: Politische Reformen und Demokratie. Befunde der vergleichenden Demokratie- und Staatstätigkeitsforschung, in: Vorländer, Hans (Hg.), Politische Reform in der Demokratie, Baden-Baden: Nomos, 45-62.

Schmidt, Manfred G. 2005b: Gesamtbetrachtung, in: Geschichte der Sozialpolitik in Deutschland seit 1945. Hrsg. v. Bundesministerium für Gesundheit und Soziale Sicherung und Bundesarchiv. Band 7: Bundesrepublik Deutschland 1982-1989. Finanzielle Konsolidierung und institutionelle Reform, Bandherausgeber Manfred G. Schmidt, Baden-Baden: Nomos, 749-811.

Schmidt, Manfred G. 2007: Beiträge der Demokratietheorie zur Leadership-Forschung. Thesenpapier zur Konferenz der Expertengruppe „Leistungsorientierte Politische Führung", Bertelsmann Stiftung Berlin 12.-13. Dezember 2007.

Schmidt, Manfred G. 2008: Demokratietheorien. Eine Einführung, 4. Auflage, Wiesbaden: VS Verlag für Sozialwissenschaften.

Schmidt, Manfred G. 2010: Parties, in: Obinger, Herbert et al. (eds.), Oxford Handbook on Comparative Welfare States, Oxford: Oxford University Press. (im Erscheinen)

Schmidt, Manfred G./Ostheim, Thomas/Siegel, Nico A./Zohlnhöfer, Reimut 2007: Der Wohlfahrtsstaat. Eine Einführung in den historischen und internationalen Vergleich, Wiesbaden: VS Verlag für Sozialwissenschaften.

Schumpeter, Joseph A. 1950 (engl. 1942): Kapitalismus, Sozialismus und Demokratie, Bern: Francke.

Schumpeter, Joseph A. 1996 (1949): The March into Socialism, in: Schumpeter, Joseph A. (ed.), Capitalism, Socialism and Democracy, London/New York: Routledge, 421-433

Shapiro, Ian 2003: The State of Democratic Theory, Princeton/Oxford: Princeton University Press.

Shepsle, Kenneth A. 2006: Old Questions and New Answers About Institutions: The Riker Objection Revisited, in: Weingast, Barry R./Wittman, Donald A. (eds.), The Oxford Handbook of Political Economy, Oxford: Oxford University Press, 1031-1049.

Swedberg, Richard 1991: Joseph A. Schumpeter. His Life and Work, Cambridge: Polity Press.

Tsebelis, George 2002: Veto Players. How Political Institutions Work, Princeton: Princeton University Press.

Tufte, Edward R. 1978: Political Control of the Economy, Princeton: Princeton University Press.

Vanhanen, Tatu 2003: Democratization. A Comparative Analysis of 170 Countries, London/New York: Routledge.

Wagschal, Uwe/Wenzelburger, Georg: 2008: Roads to Success: Budget Consolidations in OECD Countries, in: Journal of Public Policy 28, 309-339.

Wallis, Joe 1997: Conspiracy and the Policy Process: A Case Study of the New Zeeland Experiment, in: Journal of Public Policy 17, Nr. 1, 1-30.

Weber, Max 1976 (1922): Wirtschaft und Gesellschaft, Tübingen: Mohr.

Weber, Max 1988 (1921): Gesammelte Politische Schriften, Tübingen: Mohr.

Weber, Max 1992 (1919): Politik als Beruf, in: Max Weber, Wissenschaft als Beruf 1917/1919 – Politik als Beruf, hg. v. Wolfgang J. Mommsen und Wolfgang Schluchter in Zusammenarbeit mit Birgitt Morgenbrot (MWG Abt. I: Schriften und Reden, Bd. 17), Tübingen: Mohr, 113-252.

Zittel, Thomas 2007: Participatory Democracy and Political Participation, in: Zittel, Thomas/Fuchs, Dieter (eds.) 2007, Participatory Democracy and Political Participation. Can participative Engineering bring Citizens back in? London/New York: Routledge, 9-28.

Zohlnhöfer, Reimut 2003: Der Einfluss von Parteien und Institutionen auf die Wirtschafts- und Sozialpolitik, in: Obinger, Herbert/Wagschal, Uwe/Kittel, Bernhard (Hg.), Politische Ökonomie. Demokratie und wirtschaftliche Leistungsfähigkeit, Wiesbaden: VS Verlag für Sozialwissenschaften, 47-80.

Zohlnhöfer, Reimut 2009: Globalisierung der Wirtschaft und finanzpolitische Anpassungsreaktionen in Westeuropa, Baden-Baden: Nomos.

Strategie als Herausforderung für die deliberative Demokratietheorie

Thomas Saretzki

1 Einleitung

Die Unterscheidung von empirischer und normativer Demokratietheorie ist in der Politikwissenschaft seit langem etabliert. Wenn auf einer politikwissenschaftlichen Tagung über das Verhältnis von politischer Strategieanalyse und Demokratie diskutiert wird und ein Beitrag das Thema „Strategie aus der Perspektive moderner empirischer Demokratietheorie" behandelt (vgl. den Beitrag von Manfred G. Schmidt in diesem Band), dann liegt es im Zuge arbeitsteiligen Vorgehens nahe, dass ein zweiter Beitrag das Thema Strategie aus der Perspektive normativer Demokratietheorie behandelt. Die Herausgeber haben das Thema für den zweiten demokratietheoretischen Beitrag aber nicht in strikter Analogie zum ersten gestellt, sondern eine anders akzentuierte Fragestellung gewählt. Vor dem Hintergrund der etablierten Unterscheidung zwischen empirischer und normativer Demokratietheorie sind daher zunächst drei Vorbemerkungen angebracht, um unangebrachten Assoziationen und möglichen Missverständnissen vorzubeugen.

Im Lichte der etablierten Unterscheidung zwischen empirischer und normativer Demokratietheorie könnte es angesichts der beiden parallel angeordneten Beiträge so scheinen, als ob die hier in diesem Beitrag behandelte deliberative Demokratietheorie als *die* normative Demokratietheorie (im Singular) schlechthin begriffen werden solle. Demgegenüber ist zunächst daran zu erinnern, dass es andere normative Demokratietheorien gibt, die sich nicht oder doch nicht vorrangig als „deliberativ" verstehen würden. Dazu gehören etwa liberale, republikanische oder kommunitaristische Demokratietheorien. Diese werden im Folgenden nicht betrachtet. Vielmehr geht es hier um die deliberative Demokratietheorie, die als eine, gegenwärtig besonders viel diskutierte, aber eben nicht die einzige Ausprägung einer Demokratietheorie verstanden wird, deren prominente Vertreter explizit auch normativ begründete Ansprüche erheben. Sieht man in den einschlägigen Diskussionszusammenhängen noch etwas genauer hin, dann findet man auch nicht „die" eine deliberative Demokratietheorie, sondern *unterschiedliche* normativ gehaltvolle Modelle deliberativer Demokratie. Schließlich gibt es in der Diskussion über deliberative Demokratie seit einigen Jahren so etwas wie einen *„empirical turn"*, also eine Hinwendung zur empirischen Untersuchung der Voraussetzungen, Gestaltungsbedingungen und Folgen deliberativer Politik in unterschiedlichen gesellschaftlichen Kontexten und unter unterschiedlichen politischen Rahmenbedingungen, sodass eine einfache und strikte Verortung der deliberativen Demokratietheorie im Rahmen der eingangs erwähnten Unterscheidung von empirischer vs. normativer Demokratietheorie nicht (mehr) ohne weiteres möglich ist.

In welchem Sinne stellt nun Strategie eine *Herausforderung* für die deliberative Demokratietheorie dar? Was kann Herausforderung heißen und wie soll dieser Begriff hier interpretiert werden? In der politischen Praxis wird die Rede von der Herausforderung heute meist zuerst in sozialer Hinsicht im Sinne von *Konkurrenz* verstanden. Herausforderung verweist danach auf einen Wettkampf um Positionen. Wer ein solches kompetitives Verständnis von Herausforderung zugrunde legt, wird zur Präzisierung des Themas vermutlich als erstes fragen: Um welche Position geht es? Und wer fordert wen heraus? Ein solches Verständnis von Herausforderung, bei dem eine der beteiligten Parteien der anderen eine Position streitig machen und sich selbst an die Stelle der anderen setzen will, erscheint in dem hier diskutierten Zusammenhang unangemessen. Wer in einem wissenschaftlichen Kontext politische Strategien analysiert und bewertet, behauptet nicht, politische Strategieanalyse im Universum politikwissenschaftlicher Ansätze und Theorien an die Stelle einer (deliberativen) Demokratietheorie setzen zu wollen. Dazu weisen Gegenstandsbereiche, Fragestellungen und Grundbegriffe viel zu große Unterschiede auf. Herausforderung kann hier also nicht sinnvoll im Sinne eines Wettkampfs verstanden werden, bei dem die Positionen, die zu besetzen sind, schon feststehen und der Wettkampf darum geführt wird, welche Seite diese Positionen besetzt.

Der Verweis auf eine Herausforderung kann aber auch als inhaltliche Infragestellung von Grundannahmen, Problematisierung von Positionen oder gar als Widerspruch zu zentralen Thesen verstanden werden. Strategie(-analyse) als Herausforderung wäre dann im Sinne von mehr oder weniger grundlegender *Kritik* an Annahmen, Behauptungen, Bewertungen oder Handlungsempfehlungen deliberativer Demokratietheorie zu verstehen. Ein solches kritisches Verständnis von Herausforderung lässt sich in einem weiteren Schritt aber auch *konstruktiv* wenden, wenn die Herausforderung als Hinweis auf anstehende Aufgaben verstanden wird, die von der kritisierten Theorie bisher vernachlässigt wurden, aber jetzt in Angriff genommen werden müssten. Ein solches kritisch-konstruktives Verständnis von Herausforderung soll im Folgenden zugrunde gelegt werden. Allerdings werden dabei Herausforderungen nicht nur in einer, sondern in beiden Richtun-

Strategie als Herausforderung für die deliberative Demokratietheorie 123

gen ausgemacht. Dieser Beitrag folgt also nicht nur einer Perspektive, in der Strategie als Herausforderung für deliberative Demokratietheorie erscheint. Vielmehr wird umgekehrt auch danach gefragt, ob und in welcher Hinsicht deliberative Demokratietheorie als Herausforderung für politische Strategieanalyse zu verstehen ist.

Um diese doppelte Fragestellung beantworten zu können, ist zunächst zu klären, welches Verständnis von Strategie hier vorausgesetzt wird (2). Zum anderen bedarf nach den oben angedeuteten Differenzierungen auch das Verständnis von deliberativer Demokratietheorie der Erläuterung (3). Auf dieser Grundlage kann dann etwas genauer gefragt werden, ob und ggf. in welcher Hinsicht zwischen Strategie und Demokratie bzw. politischer Strategieanalyse und deliberativer Demokratietheorie ein grundlegender Widerspruch besteht: Wie überzeugend sind die prinzipiellen Zweifel, die es an der Demokratieverträglichkeit, zumindest aber an der Demokratisierbarkeit von politischer Strategie gibt? (4) Wenn hier keine grundsätzliche Unverträglichkeit von Strategie und Demokratie unterstellt werden kann – und das ist die These, von der im Weiteren ausgegangen wird – dann stellt sich in der erwähnten kritisch-konstruktiven Perspektive einerseits die Frage, welchen Beitrag deliberative Demokratietheorie zu politischer Strategieanalyse leisten kann (5). Andererseits wäre nach dem Beitrag der politischen Strategieanalyse für die deliberative Demokratietheorie zu fragen (6).

2 Strategieverständnis und Strategiebegriffe

Fragt man danach, was mit „Strategie" oder „strategischem Handeln" gemeint ist, so zeigen sich bei näherer Betrachtung gewisse *Unterschiede* zwischen dem Verständnis, das in der politischen Alltagssprache weit verbreitet ist, und der Begrifflichkeit, die in der politikwissenschaftlichen Strategieanalyse entwickelt wurde. In der *politischen Alltagssprache* findet sich häufig ein Strategieverständnis, das (analytisch gesehen) eher durch spezifische Inhalte bestimmt ist, wobei meist eine oder zwei Dimensionen im Vordergrund stehen. Das alltagssprachliche Strategieverständnis ist insbesondere durch spezifische Ziele (Macht und/oder Eigeninteresse) oder durch spezifische Mittel (Geheimhaltung und/oder Täuschung) geprägt. Diese Fokussierung auf spezifische Ziele und Mittel trägt dazu bei, dass der Begriff der Strategie und die Rede von strategischem Handeln in der politischen Alltagssprache vielfach negative Konnotationen mit sich führen.

Von diesem implizit stark durch Assoziationen mit Macht und Eigeninteresse, Geheimhaltung und Täuschung geprägten Alltagsverständnis von Strategie unterscheidet sich der explizite Strategiebegriff der *politikwissenschaftlichen Strategieana-*

lyse in mehrfacher Hinsicht. „Strategien", so Raschke und Tils (2007: 127), „sind erfolgsorientierte Konstrukte, die auf situationsübergreifenden Ziel-Mittel-Umwelt-Kalkulationen beruhen." Da Strategien hier als *Konstrukte* definiert werden, fordert der politikwissenschaftliche Strategiebegriff schon durch die Begriffswahl erkennbar zu einem hermeneutisch reflektierten Umgang mit dem auf, was Handelnde als Strategie verstehen und Beobachter als Strategie zuschreiben oder (re-)konstruieren und wie sie selbst diese Prozesse des Verstehens und Zuschreibens interpretieren. Die Kennzeichnung von Strategien als *erfolgsorientiert* wirft in normativer Hinsicht die Frage nach den Dimensionen auf, in denen der mögliche Erfolg oder Misserfolg einer Strategie gemessen wird. In diesen Dimensionen stellt sich dann jeweils auch die Frage nach den Kriterien, die bei der Bewertung einer Strategie als erfolgreich oder gescheitert herangezogen werden oder herangezogen werden sollten.

In Bezug auf die *Analyse* von Strategien unterscheidet sich der politikwissenschaftliche Strategiebegriff in dreierlei Hinsicht von der Heuristik, die in der politischen Alltagssprache vorherrscht. Der politikwissenschaftliche Strategiebegriff ist erstens *komplexer* angelegt als der alltagssprachliche, da hier nicht nur zwei (Ziele, Mittel), sondern drei grundlegende Dimensionen als Bezugspunkte für strategische Kalkulationen eingeführt werden (Ziele, Mittel und Umwelt). Strategische Konstrukte sind danach nicht nur zufällig, sondern von vornherein systematisch immer auch im Hinblick auf ihre Umweltbezüge zu befragen. Der politikwissenschaftliche Strategiebegriff ist zweitens erkennbar *abstrakter* ausgerichtet, insofern hier die Ziele, die Mittel und die Umweltbezüge nicht durch spezifische inhaltliche Dimensionen (wie Macht oder Eigeninteresse) bestimmt sind. Damit ist der politikwissenschaftliche Strategiebegriff zugleich *offener* für unterschiedliche Bestimmungen von Zielen, Mitteln und Umwelten sowie für unterschiedliche Kalkulationsformen und Erfolgskriterien. Der politikwissenschaftliche Strategiebegriff vermeidet so eine Verengung auf Machtfragen und lässt unterschiedliche Konstruktionen und Rekonstruktionen von Strategien zu.

Neben diesen analytisch relevanten Merkmalen weist das Strategieverständnis insbesondere der handlungsorientierten politischen Strategieanalyse überdies zumindest implizit anders gefärbte *normative* Konnotationen auf, die sich von dem dominanten Alltagsverständnis insofern unterscheiden, als politische Strategie hier eher positiv gesehen wird: das Vorhandensein von politischen Strategien erscheint danach besser als ihr Fehlen, weil ihre Formulierung und Beachtung auf einen höheren Grad an Rationalität hindeuten. Strategisches Handeln erscheint in dieser Sicht in der Politik besser als ein bloßes Routinehandeln, das nicht überlegt auf Veränderungen in Zielen, verfügbaren Mitteln oder Umweltbedingungen reagiert, oder als das vielzitierte „Sich-Durchwursteln", das langfristige und umfassende

Strategie als Herausforderung für die deliberative Demokratietheorie

Perspektiven vermissen lässt. Es erscheint auch angemessener als bloß intuitives oder emotionales Handeln „aus dem Bauch heraus" oder als ein Situationismus, der dem Augenblick selbst verhaftet bleibt.

Es mag zu den üblichen Kinderkrankheiten einer gerade erst beginnenden politikwissenschaftlichen Strategieforschung gehören, dass in vielen Beiträgen zwar auf den expliziten Strategiebegriff der politikwissenschaftlichen Strategieanalyse verwiesen wird, das damit angesprochene Abstraktionsniveau und das Differenzierungspotential dieser konzeptionellen und kategorialen Grundlegung in der Folge dann aber nicht immer ausgeschöpft wird. Vielmehr fällt die Diskussion implizit oft auf das Strategieverständnis der politischen Alltagssprache zurück, wenn etwa in analytischer Hinsicht der Komplexitätsgrad des politikwissenschaftlichen Strategiebegriffs unterlaufen wird und doch wieder nur auf spezifische Ziele und Mittel abgestellt wird oder nur Ziel-Mittel-Relationen im Vordergrund stehen und die Dimension der Umweltbezüge vernachlässigt wird. Ebenso deutlich wird dies in evaluativer Hinsicht bei vorschnell verallgemeinernden Bewertungen (von ausgewählten Strategien oder politischer Strategie als solcher), bei denen die wechselseitigen Abhängigkeiten und Trade-offs von Zielen, Mitteln und Umweltbezügen sowie unterschiedlichen Formen der Kalkulation unzureichend beachtet werden oder die für das abgegebene Urteil jeweils zugrunde gelegten Erfolgskriterien nicht hinreichend expliziert werden. Erst auf Grundlage eines solchen, oft *impliziten Rückfalls auf das alltagssprachliche Strategieverständnis* gewinnen viele generalisierende Aussagen zum Zusammenhang von Demokratie und Strategie eine vordergründige Plausibilität, deren Geltung bei Zugrundelegung des differenzierteren Strategiebegriffs der politikwissenschaftlichen Strategieanalyse in Frage zu stellen ist (vgl. Abschnitt 4).

Die Unterschiede zwischen dem Strategieverständnis der politischen Alltagssprache und dem Strategiebegriff der politikwissenschaftlichen Strategieanalyse sind allerdings nicht alles, was es bei der Frage nach der Bedeutung von Strategie zu beachten gilt. Neben dem Verhältnis der politischen Alltagssprache zur politologischen Fachterminologie wäre zu klären, welches *Strategieverständnis in anderen Disziplinen* vorherrscht und in welchem Verhältnis dieses zu einem Strategiebegriff steht, der in der politikwissenschaftlichen Strategieanalyse zu Grunde zu legen ist. Bei dieser Vergegenwärtigung wissenschaftsspezifischer Unterschiede geraten vor allem zwei Disziplinen in den Blick, in denen die Analyse von Strategien schon sehr viel länger gepflegt wird: die Militärwissenschaften und die Betriebswirtschaftslehre. Auf Erstere gehen die Klassiker des Nachdenkens über Strategie zurück, Letztere ist mit ihren Ansätzen zum strategischen Management zu der Disziplin geworden, deren Kategorien, Konzepte und Perspektiven gegenwärtig am weitesten verbreitet sind und von der Politik ganz überwiegend zur Beratung herangezogen werden, wenn es um Strategiefragen geht. Was man heute als strategische Praxis vorfindet, ist in seiner Beschreibung und Deutung strategischen Handelns selbst oft schon auf eine ganz spezifische Art und Weise verwissenschaftlicht. Vor diesem Hintergrund kann nicht nur der implizite Rückfall auf ein alltagssprachliches Strategieverständnis analytische Beschränkungen mit sich bringen und vorschnelle Verallgemeinerungen nahe legen. Auch die unreflektierte Orientierung an dem Strategieverständnis der Militärwissenschaften oder der Betriebswirtschaftslehre wirft kritische Fragen auf (vgl. Abschnitt 5).

3   Deliberative Demokratietheorie

Moderne Demokratien sind gegenwärtig als politische Systeme nicht nur mit einer Vielzahl von grundlegenden alten und neuen gesellschaftlichen Problemen und Konflikten konfrontiert, für die Lösungen gesucht und Regelungen gefunden werden müssen. Sie unterliegen auch selbst unterschiedlichen Wandlungsprozessen. Im Zuge der Analyse und Reflektion dieses Wandels moderner Demokratie ist eine *Ausdifferenzierung der Demokratietheorie* zu beobachten. Dabei werden in der demokratietheoretischen Diskussion unterschiedliche Aspekte des Gesellschafts- und Demokratiewandels in den Vordergrund gerückt, abhängig davon, welchen gesellschaftlichen und politischen Veränderungen jeweils eine besondere Bedeutung beigemessen wird und welche normativen Maßstäbe bei der Beurteilung dieser Veränderungen herangezogen werden. Als Folge dieser Ausdifferenzierung moderner Demokratietheorie geben viele neuere Konzepte nicht mehr unterschiedliche oder entgegen gesetzte Antworten auf dieselben (alten) Fragen. Sie rücken vielmehr in erster Linie unterschiedliche gesellschaftliche Veränderungen und unterschiedliche Dimensionen demokratischer Prozesse und demokratischer Ordnungen ins Zentrum der Debatte.

Aktuell besonders breit diskutiert sind *Veränderungen* in den *räumlichen* Bezügen politischer Systeme, mit denen die Demokratie ihren institutionellen Bezugspunkt verliert, von dem aus und auf den hin sie im vergangenen Jahrhundert vor allem gedacht wurde: den demokratisch regierten Nationalstaat. Auf diese De-Nationalisierung wurde in der demokratietheoretischen Diskussion u.a. mit Konzepten einer transnationalen oder globalen Demokratie reagiert. Veränderungen hat es auch in der Sozialstruktur des Demos gegeben, in dessen Namen und für den in der Demokratie Politik gemacht wird. Zunehmende *soziale* Differenzierung, ökonomische Spaltung, kulturelle Pluralisierung bis hin zur Fragmentierung sind hier die Stichworte. Soziologische Diagnosen indizieren einen Wert- und Orientierungswandel, einen Wandel des politischen Verhaltens in Richtung auf wachsende

Strategie als Herausforderung für die deliberative Demokratietheorie 127

Beteiligungsansprüche bis hin zu einer neuen „partizipatorischen Revolution", andererseits aber auch einen Wandel der Vergemeinschaftungs- und Assoziationsverhältnisse hin zu zunehmender Individualisierung und schwindendem Gemeinsinn. Die interne soziale Heterogenität der Gesellschaft wird größer, der Vorrat an Gemeinsamkeiten nimmt ab, die Unterstellung eines Grundkonsenses wird fragwürdiger. Antworten auf die veränderte soziale Zusammensetzung und Struktur des Demos finden sich etwa in unterschiedlichen Konzepten einer Differenz-Demokratie. Veränderungen werden auch in den *zeitlichen* Bezügen von Politik konstatiert. Einerseits erfordert die Dynamik gesellschaftlichen Wandels häufig rasche Entscheidungsfindung, die mit dem Zeitbedarf demokratischer Meinungs- und Willensbildungsprozesse oft nicht vereinbar ist. Andererseits haben viele unter Zeitdruck getroffene Entscheidungen mitunter langfristig bindende Folgen, deren Reichweite den zeitlichen Horizont von Legislaturperioden bei weitem übersteigt. Schließlich haben sich auch die Politikmaterien verändert, mit denen Politik es zu tun hat. Die Veränderungen in der *sachlichen* Dimension sind vielfach beschrieben worden: Politische Probleme sind komplexer geworden, Diagnosen über Problemursachen und Prognosen über wirksame Ansätze zur Problembewältigung werden expertiseabhängiger, aber nicht unbedingt sicherer. Sucht man nach allgemeinen Charakterisierungen für den Aufgabenwandel, dann stößt man immer wieder auf die Stichworte Komplexität, Unsicherheit und Uneindeutigkeit.

In der Reaktion auf diese gesellschaftlichen Veränderungen und ihre Bearbeitung im politischen Prozess rücken unterschiedliche Demokratietheorien unterschiedliche Momente ins Zentrum ihrer Betrachtung. Konzepte deliberativer Demokratie stellen primär auf Prozesse und Verfahren der *Meinungs- und Willensbildung* ab. Fragen der verbindlichen Entscheidungsfindung oder der Umsetzung beschlossener Maßnahmen bleiben hingegen in der deliberativen Demokratietheorie zunächst einmal im Hintergrund. Diese werden eher in der wiederbelebten Debatte um alte und neue Formen direkter Demokratie bzw. in verschiedenen Konzepten einer output-zentrierten Demokratietheorie behandelt. Die Fokussierung der deliberativen Demokratietheorie auf Fragen der demokratischen Meinungs- und Willensbildung hat einerseits zur Folge, dass bestimmte Aspekte, Phasen und Funktionen des politischen Prozesses einschließlich ihrer Voraussetzungen und Probleme hier besonders deutlich in den Blick geraten.[1] Als Folge der

---

[1] Wirft man zur Verdeutlichung dieser Fokussierung einen Blick auf andere, mehrdimensionale Demokratiekonzepte, so zeigt sich beispielsweise, dass von den fünf Kriterien, die Dahl (1998: 37-38) für die Bewertung eines demokratischen Prozesses heranzieht, in der deliberativen Demokratietheorie vor allem das Kriterium „enlightened understanding" beleuchtet wird: „Within reasonable limits as to time, each member must have equal and effective opportunities for learning about the relevant alternative policies and their likely consequences". Die vier anderen Kriterien,

Fokussierung auf Fragen der Meinungs- und Willensbildung treten andere Aspekte – wie Repräsentation, Partizipation oder der gesellschaftliche und kulturelle Kontext – eher in den Hintergrund. Diese Fokussierung hat Kritik von solchen demokratietheoretischen Ansätzen hervorgerufen, die genau diese Aspekte für besonders wichtig halten. Innerhalb der deliberativen Demokratietheorie hat insbesondere die Frage nach dem Verhältnis von Deliberation zu den formalen Verfahren der Entscheidungsfindung und zu den institutionellen Rahmenbedingungen, vor allem zur Verfassung eines demokratischen Staates, Anlass zu vielfältigen Diskussionen gegeben (Bohman/Rehg 1997).

Das *Konzept* der *„deliberativen Demokratie"* ist eine amerikanische Erfindung oder besser gesagt: eine Wiederentdeckung durch Neuinterpretation. Der Begriff findet sich zuerst in einem Aufsatz von Joseph Bessette (1980), der die amerikanische Verfassung im Anschluss an die Erläuterungen ihrer „Framers" wie James Madison und Alexander Hamilton in den Federalist Papers als „deliberative Demokratie" interpretiert hat – eine Lesart, die seitdem viele Anhänger gefunden hat und die sich auch bei dem gegenwärtigen amerikanischen Präsidenten Barack Obama findet.[2] Gleichwohl bleibt es in den 1980er Jahren im Wesentlichen noch bei eher vereinzelten Aufnahmen in der demokratietheoretischen Diskussion. Eine vielfach aufgegriffene, systematisch angelegte Exposition des Konzeptes einer „deliberativen Demokratie" im Sinne eines normativen politischen Ideals hat Joshua Cohen (1989) vorgelegt. Cohen (1989: 17) vertritt ein explizit als solches formuliertes, abstraktes formales Modell eines „idealen deliberativen Verfahrens" und verbindet dieses mit stärker substantiell verstandenen Idealen einer deliberativen Assoziation. Zu einem breiter angelegten „deliberative turn" (Dryzek 2000: 1) in der Demokratietheorie ist es erst in den 1990er Jahren gekommen – nach dem prak-

---

die Dahl (1998: 37) diskutiert (effective participation, voting equality, control of the agenda, inclusion of adults), werden in der deliberativen Demokratietheorie zwar in der Regel mitgedacht, aber nicht so sehr ins Zentrum der Diskussion gerückt.

[2]   So plädiert Obama (2008: 110) bei seiner Interpretation der amerikanischen Verfassung in dezidiertem Kontrast zu einer „realistischen", machtzentrierten Lesart für einen Wechsel der Metaphorik: „one that sees our democracy not as a house to be built, but as a conversation to be had." Zur Funktion der Verfassung für den demokratischen Prozess heißt es weiter: „What the framework of our Constitution can do is organize the way by which we argue about our future. All of its elaborate machinery – its separation of powers and checks and balances and federalist principles and Bill of Rights – are designed to force us into a conversation, a 'deliberative democracy' in which all citizens are required to engage in a process of testing our ideas against an external reality, persuading others of their point of view, and building shifting alliances of consent. Because power in our government is so diffuse, the process of making law in America compels us to entertain the possibility that we are not always right and to sometimes change our minds; it challenges us to examine our motives and our interests constantly, and suggests that both our individual and collective judgements are at once legitimate and highly fallible" (Obama 2008: 110-111).

Strategie als Herausforderung für die deliberative Demokratietheorie 129

tischen Anschauungsunterricht, den die friedliche Revolution von 1989 und die damit angestoßene Demokratisierungswelle nicht nur für die Politik, sondern auch für die Politikwissenschaft gebracht hatte. Zu dieser Wende innerhalb der demokratietheoretischen Diskussion hat auch beigetragen, dass mit John Rawls (1993) und Jürgen Habermas (1992) zwei herausragende Vertreter der Politischen Philosophie in ihren Werken die Konzepte öffentlicher Deliberation und deliberativer Politik aufgegriffen und sich zu eigen gemacht haben. In der Folge ist „deliberative Demokratie" dann in den 1990er Jahren und danach in das Zentrum der demokratietheoretischen Diskussion gerückt. Dabei hat sich im Laufe der Diskussion einerseits eine interne Differenzierung unterschiedlich ausgeprägter normativer Modelle deliberativer Demokratie ergeben, die entlang von Diskussionslinien wie angloamerikanisch vs. kontinental, liberal-konstitutionalistisch vs. diskursiv, epistemisch vs. prozedural vs. substantiell beschrieben werden kann. Andererseits hat mit der Fokussierung der demokratietheoretischen Debatte auf diese Konzeption auch die Zahl der Kritiker zugenommen (Elster 1998, Fishkin/Laslett 2003, Besson/Marti 2006). Schließlich haben sich die engagierten Vertreter einer deliberativen Demokratietheorie in den letzten Jahren auch mit den Problemen und Konflikten beschäftigt, die aus den eingangs angesprochenen gesellschaftlichen Veränderungen resultieren. Dazu gehören nicht nur die Veränderungen in der sozialen Dimension mit der Zunahme gesellschaftlicher Heterogenität und kultureller Pluralität, die von den „Differenz-Demokraten" hervorgehoben wurden (vgl. Dryzek 2000: 57-80, James 2004) oder die Veränderungen angesichts neuer Politikmaterien, etwa bei komplexen Umweltproblemen (Smith 2003, Baber/Bartlett 2005), sondern auch die Veränderungen in den räumlichen Bezügen, die zur Frage nach einer deliberativen Politik in einem globalen Rahmen führen (Dryzek 2006).

Ein *gemeinsames normatives Profil* erhalten die Modelle deliberativer Demokratie zunächst einmal durch Abgrenzung von Modellen aggregativer Interessenvermittlung, denen zufolge der Prozess demokratischer Meinungs- und Willensbildung nicht als „public deliberation", sondern als Aggregation individueller Interessen und vorgegebener Präferenzen auf dem Wege von „bargaining" mit Koppelgeschäften und Kompromissen zu konzeptualisieren ist. Die Abgrenzung von solchen Modellen, die eher ökonomischen Ideen eines Marktes als der kommunikativen Rationalität eines demokratischen Forums verpflichtet sind und die auf Konzepte einer Verhandlungsdemokratie hinauslaufen, bildet meist den Ausgangspunkt für die Hinwendung zu Konzepten einer deliberativen Demokratie, unabhängig davon, ob diese zur analytischen Rekonstruktion von historischen politischen Prozessen und Institutionsbildungen herangezogen werden (vgl. z.B. Bessette 1994: xi) oder explizit normativ ausgerichtet sind (Bohman 1998: 400). Eine zweite Abgrenzung erfolgt zu elitenzentrierten Demokratiemodellen, die die Beteiligung der Bürger am demokratische Prozess auf die Wahl von konkurrierenden Eliten beschränken wollen und mit dieser Beschränkung der politischen Teilhaberechte auf Personalentscheidungen zugleich eine Abkopplung der dann von den Eliten getroffenen Sachentscheidungen von der öffentlichen Meinung bewirken. Damit ist drittens auch eine Abgrenzung von dezisionistischen Modellen verbunden, die das Moment der (irgendwie) zu treffenden Entscheidung ins Zentrum stellen und die Frage der demokratischen Meinungs- und Willensbildung über die zu regelnden öffentlichen Angelegenheiten in den Hintergrund rücken.

Nach der Wende von 1989 und der anschließenden Demokratisierungswelle findet nicht nur in der Politischen Theorie und praktischen Philosophie eine intensive Diskussion über normative Modelle deliberativer Demokratie statt. Im Zuge einer Wiederbelebung von Bürgerengagement und einer neu entstandenen Neigung zu demokratischen Experimenten bei der Bearbeitung von politischen Problemen und Konflikten entsteht nach 1989 eine bunte Vielfalt von unterschiedlichen *praktischen Projekten und Foren mit neuen Beteiligungsformen*, die teilweise von Konzepten partizipativer und deliberativer Demokratie inspiriert sind oder doch in demokratietheoretischen Reflexionen so interpretiert werden. Während ein 1998 publizierter einschlägiger Survey zwar in der Theorie bereits das Zeitalter der deliberativen Demokratie kommen sah, aber noch das Fehlen empirischer Fallstudien beklagte (Bohman 1998: 419), konnte ein weiterer Survey fünf Jahre später bereits eine Fülle von Belegen für die These notieren, dass deliberative Demokratie sich von der Stufe eines „theoretical statement" zur Stufe einer „working theory" fort bewege (Chambers 2003: 307). Die praktische Umsetzung oder Erprobung von neuen Formen demokratischer Meinungs- und Willensbildung erfolgte in unterschiedlichen partizipativen Projekten und deliberativen Designs, zu denen in den USA u.a. Citizen Juries und Citizen Panels, Deliberative Polls, Issue Forums und diverse andere „Mini Publics" gezählt werden (Gastil/Levine 2005). Auf eine großformatige, nationale Ebene zielt der Vorschlag eines Deliberation Day, ein dezentral organisiertes Netz von deliberativen Foren, auf denen jeweils an demselben Tag vor demokratischen Wahlen über unterschiedliche Vorschläge zur Lösung wichtiger nationaler Probleme diskutiert werden soll, um die Wahl der Repräsentanten dann auf der Basis von Präferenzen durchzuführen, die durch einen Prozess der deliberativen Vergegenwärtigung der wichtigen Herausforderungen für die nationale Politik gegangen ist (Ackerman/Fishkin 2004). In der Bundesrepublik Deutschland wurde die gelegentlich als „Erfindung des Politischen" beschriebene Wiederentdeckung von bürgernaher Politik nach 1989 zunächst vielfach unter der Metapher einer „Politik der runden Tische" zusammengefasst (Beck 1993: 189-193). Zu diesen neuen Politikformen werden z.B. Bürgerforen und Bürgerkonferenzen, Diskursverfahren und Stakeholder-Dialoge gezählt (vgl. Saretzki 1997, 2005b).

Strategie als Herausforderung für die deliberative Demokratietheorie 131

Der Schritt vom „theoretical statement" zu einer „working theory", die auf eine vielfältige politische Praxis verweisen kann, hat innerhalb der demokratietheoretischen Diskussion seit einigen Jahren nun zu einer Hinwendung zu den unterschiedlichen Projekten, Verfahren und Institutionen geführt, in denen sich die Praxis deliberativer Politik vollzieht und empirisch beobachten und analysieren lässt. Mit dieser empirischen Untersuchung von deliberativen Prozessen in neuen demokratischen Formen und etablierten demokratischen Institutionen vollzieht sich eine weitere Wende in der deliberativen Demokratietheorie, die als *„empirical turn"* beschrieben wird. Obwohl sie manchmal schlicht als Wechsel von einer normativen zu einer empirischen Perspektive dargestellt wird, kommt diese Wende bei näherer Betrachtung schon angesichts ihres normativ aufgeladenen Untersuchungsgegenstands in der Regel nicht ohne Rekurs auf mehr oder weniger explizite Evaluationskriterien und auch nicht ohne eigene theoretische Orientierung aus. Dabei fallen zunächst einmal zwei Varianten dieser empirischen Wende in der deliberativen Demokratietheorie auf, die sich in ihrer Theorieorientierung unterscheiden. Die empirische Untersuchung von verschiedenen Praktiken deliberativer Politik kann in Begriffen, Konzepten und in der Perspektive der Modelle deliberativer Demokratie erfolgen, die im Rahmen der normativen Diskussion expliziert und begründet worden sind. In diesen Fällen geht es um empirische Untersuchungen, die in klassischer Form auf einen Vergleich von Theorie und Praxis, von normativem Anspruch und empirisch beobachtbarer Wirklichkeit zielen, wobei der normative Bezugspunkt und sein empirisches Pendant in der Sprache der Theorie formuliert werden, deren Praxistauglichkeit getestet werden soll. Die empirische Untersuchung von Praktiken deliberativer Politik kann aber auch auf Begriffe, Konzepte und Perspektiven zurückgreifen, die anderen (möglicherweise konkurrierenden) Demokratiemodellen entnommen sind. Dann geht es in diesen Untersuchungen nicht mehr um einen Test auf die Machbarkeit eines normativen Modells deliberativer Demokratie unter bestimmten empirischen Bedingungen, sondern um seine Kritik oder Widerlegung, die freilich oft nicht explizit als solche daherkommt, oder um ein ganz anderes Modell deliberativer Politik, das nicht selten genau auf solche theoretischen Ansätze hinausläuft, von denen die ersten Konzepte einer deliberativen Demokratie sich anfangs abgesetzt haben.

Die Frage nach der angemessenen theoretischen Konzeptualisierung und analytischen Rekonstruktion von deliberativen Prozessen, die in empirischen Studien untersucht worden sind, ist also innerhalb einer weiter verstandenen empirischen Forschung zum Zusammenhang von Deliberation und Demokratie keineswegs unumstritten (Neblo 2007). Dies zeigt sich nicht zuletzt an anhaltenden Diskussionen über die angemessene begriffliche Fassung analytischer Unterscheidungen und über methodologische Probleme bei der Untersuchung kommunikativer Prozesse, die als Ausprägungen einer „deliberativen Politik" betrachtet werden (vgl. Saretzki 2007b). Dessen ungeachtet wird bei den folgenden Überlegungen ein *Verständnis* von *deliberativer Demokratietheorie* zugrunde gelegt, das nicht nur die normativen Begründungen für Modelle einer deliberativen Demokratie, sondern auch die empirischen Befunde von Studien über Voraussetzungen, Gestaltungsbedingungen und Folgen deliberativer Demokratie einschließt.

4   Strategie und Demokratie – ein Widerspruch?

Wenn über das Verhältnis von Strategie und Demokratie diskutiert wird, so tauchen dabei schnell *Unvereinbarkeitsthesen* auf. Diese beruhen auf der ebenso grundlegenden wie generalisierenden Annahme, Strategie sei als solche nicht demokratieverträglich und schon gar nicht demokratisierbar. Diese Annahme eines kategorischen Widerspruchs zwischen Strategie und Demokratie erweist sich indessen bei näherer Prüfung als vorschnelle Verallgemeinerung, die weder logisch noch empirisch zwingend ist. Demgegenüber soll hier eine These vertreten werden, die auf eine *differenzierte Analyse und Bewertung* eines komplexen Wechselverhältnisses zielt: Nicht Strategie an sich, sondern bestimmte Typen und Formen von Strategien können in einen Widerspruch zu Demokratie oder zu den Anforderungen einer normativ gehaltvollen deliberativen Demokratietheorie geraten.

Fragt man nach dem Grad der *Demokratieverträglichkeit* oder -unverträglichkeit einer ausformulierten politischen Strategie, so hängt dieser bei genauerer Betrachtung ab von den jeweiligen strategischen Zielen, Mitteln und Umweltbezügen sowie von den Kalkulationsformen und Erfolgskriterien, die dieser Strategie zugrunde gelegt werden. Eindeutig unverträglich mit Demokratie sind beispielsweise Ziele, die explizit auf Entdemokratisierung oder auf Einschränkungen von demokratischen Freiheitsrechten und Gleichheitsgrundsätzen gerichtet sind oder diese billigend in Kauf nehmen. Unverträglich mit normativen Erwartungen einer demokratischen politischen Kultur sind strategische Kalkulationen, die andere politische Akteure in einem demokratischen Gemeinwesen nur als instrumentalisierbare Ressource oder beliebig manipulierbares Publikum behandeln, nicht als freie und gleiche Bürger. Unverträglich mit den spezifischen Anforderungen einer deliberativen Demokratietheorie sind etwa Mittel, die auf bewusste Täuschung hinauslaufen oder gezielt Intransparenz über Verfahren und Inhalte von politischen Entscheidungen erzeugen wollen.

Noch etwas komplexer wird das Verhältnis von Strategie und Demokratie indessen, wenn man nicht nur eine ausformulierte politische Strategie betrachtet und diese wie ein fertiges Produkt bewertet, sondern den ganzen *Prozess des Strategy-*

Strategie als Herausforderung für die deliberative Demokratietheorie 133

Making in den Blick nimmt. Wird dieses Strategy-Making nach dem Grundmodell der Strategieanalyse als „permanentes, simultanes Arbeitsprogramm in den drei grundlegenden strategischen Handlungsbereichen Herstellung von Strategiefähigkeit, Strategiebildung und strategische Steuerung" beschrieben, und damit als „kontinuierlicher, dreidimensionaler, interdependenter Prozess" konzeptualisiert (Raschke/Tils 2007: 81), dann stellen sich einerseits Fragen nach dem Verhältnis zu *Demokratie in den drei grundlegenden strategischen Handlungsbereichen*. Und die Antworten könnten hier je nach Handlungsbereich unterschiedlich ausfallen. Denkbar – und mit einigen normativen Modellen von Parteiendemokratie kompatibel – wäre etwa, dass dem Strategy-Making in einer demokratischen Partei im Handlungsbereich der Strategiebildung ein gutes, bei der Herstellung von Strategiefähigkeit und der strategischen Steuerung aber ein weniger gutes Verhältnis zu Demokratie attestiert wird. Andererseits stellt sich nach diesem Konzept des Strategy-Making auch die Frage, in welchem Verhältnis die jeweils gewählte Form der permanenten, simultanen Bearbeitung dieser drei Handlungsbereiche zu Demokratie steht. Diese Handlungsbereiche weisen nicht nur je für sich eigene funktionale Referenzen und Dynamiken auf, die in der Folge mehr oder weniger erwünschte Wechselwirkungen zwischen den ausdifferenzierten Handlungsbereichen erzeugen. Sie sollen – nicht zuletzt wegen dieser Wechselwirkungen – auch auf eine bestimmte Art und Weise intentional zusammengeführt oder doch in koordinierter Arbeitsteilung bearbeitet werden. Wenn es auf dieser Meta-Ebene der sachlichen, sozialen und zeitlichen Koordination und Integration der drei unterschiedlichen Handlungsbereiche selbst wieder unterschiedliche *Strategien des Strategy-Making* gibt, dann wäre auch hier gesondert zu fragen, ob sich bei diesen Meta-Strategien Unterschiede ausmachen lassen, die im Hinblick auf das Verhältnis zu Demokratie einen Unterschied machen.

Betrachtet man Strategie nicht einfach als etwas Hergestelltes, also nicht wie ein Produkt, sondern – wie im Konzept des Strategy-Making – als etwas kontinuierlich immer wieder neu Herzustellendes, mithin als *Prozess*, in dem neben der Herstellung einer spezifischen politischen Strategie (Strategiebildung) auch die Kapazitäten zur Herstellung von Strategien (Strategiefähigkeit) und zur Umsetzung von Strategien (strategische Steuerung) permanent produziert und reproduziert werden müssen, dann stellt sich die Demokratiefrage nicht nur in einer ergebnisbezogenen, sondern auch in einer prozessbezogenen Perspektive. Sie wird dann meist auch begrifflich in anderer Form artikuliert. Der eingangs bei der Betrachtung spezifischer ausformulierter Strategien gewählte Begriff der *Demokratieverträglichkeit* hat inzwischen zwar weite Verbreitung gefunden. Es ist aber in diesem Zusammenhang zur Verdeutlichung der angesprochenen Perspektivendifferenz vielleicht hilfreich, sich an seine Herkunft zu erinnern. Der Begriff wurde u.a.

im Kontext der Technikfolgenabschätzung formuliert, und zwar als politikbezogene Spezifizierung des Konzepts einer Sozialverträglichkeitsprüfung. Diese ist allerdings durch eine passiv-prüfende Herangehensweise bei Analyse und Bewertung einer Technologie im Hinblick auf ihre Verträglichkeit mit den vorhandenen Strukturen, Prozessen und Funktionen der betrachteten sozialen Untersuchungseinheiten gekennzeichnet: Technologien werden danach zunächst nach eigenen Logiken außerhalb des Bereiches der Gesellschaft produziert, in dem demokratische Normen, Werte und Prinzipien Geltung beanspruchen können, kommen dann von außen auf Gesellschaft und Politik zu – und die zu prüfende Frage lautet, ob sie mit den vorhandenen demokratischen Strukturen kompatibel sind. Denkt man politische Strategien als Produkte, die (wie die eben erwähnten Technologien) andernorts nach einer anderen Logik hergestellt wurden und nun gleichsam von außen in das Terrain der Demokratie eingeführt werden, dann lässt sich die Demokratiefrage als Frage nach der Verträglichkeit dieser Produkte mit den Normen, Werten und Funktionsprinzipien der Demokratie formulieren. Wenn man politische Strategien hingegen im Sinne des Strategy-Making als Prozess konzeptualisiert, dann stellt sich die Demokratiefrage nicht aus der gleichen passiv-prüfenden Perspektive, die mit dem Begriff der Demokratieverträglichkeit verbunden ist. Vielmehr ginge es im Rahmen des umfassender und zugleich dynamischer angelegten Strategy-Making um die Perspektive der *Demokratisierung* des Prozesses, in dem Strategien gebildet, Strategiefähigkeit gesichert und politische Steuerung betrieben wird. Dieser erfolgt einerseits funktional differenziert, bedarf andererseits auch der Koordination und Integration. Zu prüfen wäre die Frage, ob, in welchen Dimensionen und in welchem Umfang dieser Prozess in seinen unterschiedlichen Handlungsbereichen und im Zusammenführen dieser Handlungsbereiche zu einem koordinierten und integrierten Strategy-Making demokratisiert werden kann und demokratisiert werden sollte.

Ob und wie die Antworten auf diese Frage nach der Demokratisierbarkeit ausfallen, wäre im Einzelfall anhand von konkreten Strategieprozessen zu prüfen. Festzuhalten ist allerdings, dass die Demokratiefrage sich erheblich komplexer darstellt, wenn man nicht ausformulierte politische Strategien betrachtet, sondern den ganzen Prozess des Strategy-Making in den Blick nimmt. Mit dem Konzept des Strategy-Making wird Strategie als funktional differenziertes System betrachtet, in dem bestimmte Aufgaben arbeitsteilig angegangen werden. Wie bei anderen Prozessen funktionaler Differenzierung, stellt sich auch hier die Frage, wie die Koordination oder Integration dieser unterschiedlichen Aufgabenbereiche organisiert ist. Schließlich bringt dieses Konzept nicht nur eine Vervielfältigung der Bereiche und Ansatzpunkte mit sich, die bei der Prüfung der Demokratiefrage beachtet werden müssen. Der Wechsel zu einem prozessual gedachten Konzept impli-

Strategie als Herausforderung für die deliberative Demokratietheorie 135

ziert auch eine dynamische, zukunftsorientierte Perspektive, in deren Rahmen sich die Frage nach dem Verhältnis von Strategie und Demokratie eher in proaktiver Hinsicht als Frage nach der Demokratisierung von etwas laufend neu Herzustellendem stellt.

Mit diesem Zuwachs an Komplexität und Dynamik im Rahmen eines Strategy-Making ist die Demokratiefrage aber nicht schon vorab entschieden. Die Suche nach einer Antwort wird nur schwieriger und macht differenziertere Analysen und Bewertungen nötig. Zwischen Strategie und Demokratie besteht kein grundlegender Widerspruch, wenn der Strategiebegriff der politikwissenschaftlichen Strategieanalyse zugrunde gelegt wird. Der Grad der Demokratisierung von Strategie hängt ab vom komplexen und kontextgebundenen Zusammenspiel einer Reihe von Faktoren, die in empirischer Strategie- und Demokratieforschung zu untersuchen und anhand von ausgewiesenen Kriterien normativer Demokratietheorie zu bewerten wären. Vorgängige (optimistische oder pessimistische) Abschätzungen der Demokratisierbarkeit von Strategie haben politikwissenschaftlich gesehen den Status von Ex-ante-Potential- bzw. Restriktionsanalysen, die als Hypothesen in empirischen Studien zu überprüfen wären. Die Frage nach dem empfehlenswerten Maß einer Demokratisierung von Strategie ist einerseits differenziert nach Strategiebildung, Strategiefähigkeit und strategischer Steuerung zu analysieren, andererseits in Bezug auf die jeweils verfolgte (Meta-)Strategie des Strategy-Making zu diskutieren. Dabei sind Unterschiede in Bezug auf Polity-, Politics- und Policy-Strategien zu erwarten.

5 Beitrag deliberativer Demokratietheorie zu politischer Strategieanalyse

Welchen Beitrag kann deliberative Demokratietheorie zu politischer Strategieanalyse leisten? Wenn man diese Frage in einem ersten Schritt von den Angeboten der deliberativen Demokratietheorie aus angeht, dann fallen bei einer konzeptionellen Betrachtung zwei Anknüpfungspunkte ins Auge, die sich in der Sprache dieser Theorie grob vereinfachend mit den Stichworten Deliberation und Demokratie bezeichnen lassen. Beide werden in der deliberativen Demokratietheorie zusammengedacht. Zur Vergegenwärtigung ihres möglichen Beitrags für die politische Strategieanalyse bietet es sich im Rahmen einer vereinfachenden und schrittweise vorgehenden Exposition allerdings an, beide Stichworte nacheinander zu behandeln.

Das erste Stichwort lautet *Deliberation*. Warum könnten deliberative Prozesse relevant sein für politische Strategien, worin könnte ihre Bedeutung für politische

Strategieanalyse liegen? Die Antwort auf diese Frage hat augenscheinlich mit der Entstehung und dem Wandel der Gegenstände einer politischen Strategieanalyse zu tun: Politische Strategien fallen nicht vom Himmel. Sie werden in der Regel auch nicht durch ein einfaches „fiat!" eines voluntaristisch agierenden, entscheidungsfreudigen Strategen in die Welt gesetzt. Umgekehrt ergeben sich Strategien nicht notwendig oder gar zwangsläufig aus vorgegebenen Interessen, feststehenden Umweltbedingungen oder verfügbaren Ressourcen, die einem politisch handelnden Akteur von sich aus sagen, wie sie am besten in einer Strategie berücksichtigt werden könnten und sollten. Diese Analyse- und Interpretationsleistungen beim Aufbau strategischen Wissens müssen politische Akteure vielmehr selbst erbringen und anschließend konstruktiv zu einer Strategie zusammenfügen. Versteht man Strategien im Sinne der oben genannten Definition als „Konstrukte" und geht von dem Grundmodell der politikwissenschaftlichen Strategieanalyse aus, das Raschke und Tils (2007: 79-82) entwickelt haben, dann handelt es sich beim Strategy-Making um einen komplexen und kontextgebundenen politischen Prozess, in dem Akteure fortlaufend Ziele definieren, Mittel prüfen, Umweltbezüge herstellen, Erfolgskriterien festlegen und die verschiedenen Bezugsgrößen ihres Orientierungsschemas in Form von strategischen Kalkulationen zueinander in Beziehung setzen. Das Orientierungsschema, auf das strategisch denkende und handelnde Akteure dabei zurückgreifen, ist seinerseits nicht einfach gegeben, sondern muss erst gebildet, fortlaufend überprüft und an Veränderungen der Bezugsgrößen angepasst werden. Strategy-Making ist danach ein kognitiv voraussetzungsvoller Prozess, in dem kollektive Akteure sich laufend ein Urteil über sich selbst, über andere Akteure, über Umweltbedingungen und über Wechselbeziehungen zwischen diesen verschiedenen Größen bilden müssen, bevor sie rational begründbare strategische Entscheidungen treffen können. Anders gesagt: Strategisch handelnde politische Akteure befinden sich in einem Prozess andauernder, kognitiv herausfordernder Meinungs- und Willensbildung über das, was sie und andere tun wollen, tun sollen und tun können. In kollektiven Handlungszusammenhängen setzt politisches Strategy-Making mithin irgendeine Form von Deliberation über Voraussetzungen, Gestaltungsbedingungen und mögliche Folgen von (unterschiedlichen) Strategien voraus. Zugespitzt gilt für kollektive Akteure und öffentliche Institutionen: keine politische Strategie ohne Deliberation. Zu fragen ist dann, wie diese deliberativen Prozesse verlaufen und verlaufen sollten und welche Implikationen die Art und Weise dieser Deliberation für Strategiebildung, Strategiefähigkeit und strategische Steuerung hat.

Wenn man sich vergegenwärtigt, dass deliberative Prozesse über politische Strategien nicht in irgendeinem, sondern in einem spezifischen politischen Kontext zu denken sind, dann führt diese Kontextualisierung zum zweiten Stichwort *De-*

Strategie als Herausforderung für die deliberative Demokratietheorie   137

mokratie. Findet ein Strategy-Making im politischen Kontext einer Demokratie statt, so erwachsen daraus eine Reihe von ermöglichenden und einschränkenden Bedingungen für die Strategiebildung, die Strategiefähigkeit und die strategische Steuerung. Möglichkeiten wie Grenzen verweisen auf grundlegende Normen und Prinzipien einer demokratisch verfassten Bürgerschaft, die nicht nur der Idee einer demokratischen Selbstgesetzgebung und Selbstregierung verpflichtet ist, sondern die ihre Mitglieder in der Regel auch mit verfassungsmäßig geschützten gleichen politischen Rechten und Pflichten ausstattet und von ihnen überdies oft erwartet, dass sie sich im Verfolgen eigener Interessen wie in ihren Bemühungen um das Gemeinwohl wechselseitig als freie und gleiche Bürger anerkennen. Mag die zuletzt genannte Erwartung auch nicht als „harte", rechtlich einklagbare institutionelle Bedingung, sondern in vielen Fällen als eher „weicher" Faktor einer mehr oder weniger demokratisch ausgeprägten politischen Kultur gelten, so verdeutlicht sie immerhin, dass politisches Strategy-Making im Kontext einer Demokratie nicht nur mit verfassungsmäßig geschützten rechtlichen Rahmenbedingungen rechnen muss, die gleichsam „von außen" Restriktionen für strategische Kalkulationen im Hinblick auf die zulässigen Ziele und Mittel implizieren. Der politische Kontext Demokratie wirkt mit seinen normativen Prinzipien und Verhaltenserwartungen auch „von innen" auf das Strategy-Making ein, wenn und insoweit die beteiligten Akteure diesen Prinzipien und Erwartungen von sich aus Rechnung tragen – bei der Deliberation über die inhaltliche Bestimmung von Zielen und Mitteln sowie bei der Gestaltung der Verfahren, in deren Rahmen die strategischen Ziel-Mittel-Umwelt-Kalkulationen diskutiert, beschlossen und umgesetzt werden. Nicht nur die Leistungsfähigkeit, sondern auch die *Legitimität* von politischen Strategien steht in einem demokratischen Kontext zur Debatte. Über das Spannungsfeld und die Möglichkeiten der Vermittlung zwischen diesen beiden Anforderungen an demokratische Politik ist in der deliberativen Demokratietheorie intensiv diskutiert worden, so dass hier ein Reservoir an Reflexionen bereit steht, auf das auch im Rahmen politischer Strategieanalyse zurückgegriffen werden kann.

Fragt man in empirischer oder praktischer Perspektive nach den *Gegenstandsbereichen*, für die Beiträge deliberativer Demokratietheorie zu politischer Strategieanalyse zu erwarten sind, dann rücken nach den oben angestellten konzeptionellen Überlegungen in erster Linie Prozesse der Meinungs- und Willensbildung und der Beratung von demokratisch organisierten kollektiven Akteuren und demokratisch verfassten politischen Institutionen über politische Strategien und strategisches Handeln in den Blick. Die gelegentlich von Skeptikern vorgebrachte Annahme, dass mit solchen deliberativen Prozessen eigentlich gar nicht zu rechnen sei, weil man Strategien vielleicht haben, aber im Kontext von Demokratien mit Parteienkonkurrenz nicht (öffentlich) über sie reden könne (vgl. z.B. Kuhn 2002: 86), erweist sich bei näherer Betrachtung konzeptionell als verkürzend und empirisch als unzutreffend. Konzeptionell verkürzend ist diese Annahme der Nicht-Kommunizierbarkeit von politischen Strategien, weil sie den Strategiebegriff mit Machterwerb und Geheimhaltung assoziiert und Strategiefähigkeit und strategisches Handeln auf individuelle Akteure beschränkt. Kollektiv organisierte Akteure müssen aber auf irgendeine Art und Weise über Strategien kommunizieren, wenn ihre Mitglieder nicht nur als einzelne Individuen, sondern als organisiertes Kollektiv auf strategisches Handeln anderer Kollektivakteure reagieren oder selbst eigene politische Strategien entwickeln wollen. Empirisch unzutreffend ist die Annahme der Nicht-Kommunizierbarkeit von politischen Strategien, weil eben solche Prozesse der Meinungs- und Willensbildung sowie Beratung über politische Strategien bei demokratisch organisierten kollektiven Akteuren wie Parteien, Verbänden, Vereinen oder Bürgerinitiativen auf Parteitagen, Mitgliederversammlungen oder bei anderen Gelegenheiten statt finden. Deliberative Prozesse über politische Strategien gibt es auch im Rahmen von demokratisch verfassten politischen Institutionen, wenn diese sich über strategische Fragen beraten lassen, weil sie sich eine Meinung über eine politische Strategie bilden und zu einem Beschluss kommen müssen.

In diesen deliberativen Prozessen werden unterschiedliche Strategie-Typen, die sich vornehmlich durch Bezüge zur Policy-, Politics- oder Polity-Dimension von Politik auszeichnen, jeweils im Vordergrund stehen – abhängig davon, in welchen organisatorischen oder institutionellen Kontext die Meinungs- und Willensbildung über diese Strategien jeweils eingebettet sind. Dabei ist allerdings keine Beschränkung auf einen bestimmten Strategie-Typ zu erwarten. In Gremien der institutionellen Politik, etwa in Parlamenten, Regierungskommissionen oder in der Ministerialverwaltung, werden Policy-Strategien zur Bearbeitung gesellschaftlicher Probleme zwar aufgabengemäß häufiger auf der Tagesordnung stehen als Politics-Strategien. Letztere stellen sich in Exekutive und Legislative aber nicht nur im außenpolitischen Bereich, sondern beispielsweise auch bei der Abstimmung zwischen verschiedenen Einheiten in föderalen Staaten und beim Umgang staatlicher Stellen mit organisierten Interessenverbänden oder großen und kleinen Bevölkerungsgruppen. Polity-Strategien, die bei Prozessen der Verfassungsgebung oder Verfassungsreform, aber auch bei anderen Fragen eines grundlegenderen institutionellen Designs für gesellschaftliche Teilbereiche oder bestimmte Politikfelder auf die Tagesordnung kommen, müssen nicht nur von den entscheidungsbefugten politischen Institutionen oder von der gesamten Bürgerschaft erörtert und bewertet werden, sie beschäftigen in der Regel auch organisierte Gruppen, Verbände und Parteien, wenn diese sich eine Meinung zu den vorgeschlagenen Alternativen bilden und einen Willen artikulieren wollen. Politics-Strategien und die damit ver-

Strategie als Herausforderung für die deliberative Demokratietheorie 139

bundenen Fragen der Ausrichtung von kollektiv organisierten Akteuren an grundlegenden strategischen Kalkülen, die etwa in Spannungsfeldern wie Kooperation und Konflikt, Öffnung oder Schließung, Konzentration oder Diversifizierung, Mobilisierung und Stabilisierung angesiedelt sind, werden in demokratischen Mitgliederorganisationen bei einem Wandel von Rahmenbedingungen und Akteurskonstellationen ebenfalls in der einen oder anderen Form zum Gegenstand der Debatte werden.

Diese deliberativen Prozesse über politische Strategien mögen also je nach Strategietyp und organisatorischem oder institutionellem Kontext unterschiedlich ausgeprägt sein. Dass mit ihnen nicht zu rechnen ist oder sie der empirischen Analyse gänzlich unzugänglich sind, ist eine unangemessene Vorannahme, die diese Prozesse aufgrund eines verengten Strategieverständnisses vorab einer politikwissenschaftlichen Strategieanalyse entzieht. Die Frage, ob Politik in einem bestimmten Fall strategisch angelegt war, ob sie strategisch ausgerichtet werden soll und kann oder ob eine Organisation oder staatliche Institution in ihrem Handeln bei Routinen, Sich-Durchwursteln oder situativen Reaktionen geblieben ist oder bleiben sollte, lässt sich gar nicht erst nachvollziehbar analysieren und bewerten, wenn diese Möglichkeit von vornherein durch bestimmte Vorannahmen über die Unmöglichkeit strategischer Politik oder ihre Nicht-Kommunizierbarkeit ausgeschlossen wird. Strategische Politik ist voraussetzungsvoll, sie kann unter bestimmten Bedingungen auch folgenreich sein. Es ist schon angesichts der naheliegenden Fragen nach den Voraussetzungen und den möglichen Folgen einer Strategie nicht zu erwarten, dass es in demokratischen Organisationen und Institutionen nicht zu Deliberation über politische Strategien kommt. Damit ist über die Transparenz oder demokratische Qualität dieser Meinungs- und Willensbildung im Einzelfall noch gar nichts gesagt. Strategische Akteure selbst stehen vor der Frage, wie diese deliberativen Prozesse in praktischer Hinsicht zu organisieren und zu institutionalisieren sind.

Folgt man der handlungsbezogenen Perspektive, die bereits bei der Betrachtung der möglichen Gegenstandsbereiche eingenommen wurde, und fragt nach dem spezifischen Beitrag der deliberativen Demokratietheorie zu einer *handlungsorientierten* politischen Strategieanalyse, dann lassen sich drei Fragestellungen nennen, die im Kontext der deliberativen Demokratietheorie vergleichsweise intensiv diskutiert wurden. Diese Diskussionen beinhalten zumindest ein gewisses Anregungspotential für eine handlungsorientierte politische Strategieanalyse. Sie lassen sich in dem hier betrachteten Zusammenhang auf die Stichworte Strategieberatung, strategische Kritik und Selbstbegrenzung strategischer Politik bringen.

Die erste Frage zielt auf (wissenschaftliche) *Strategieberatung* und ihre Probleme. Wenn man sich die Vielzahl und Komplexität der Referenzen vergegenwärtigt, die bei Ziel-Mittel-Umwelt-Kalkulationen zu berücksichtigen sind, dann wird rasch deutlich, dass eine ernsthaft verfolgte strategische Politik schon im Hinblick auf die Beschaffung, Verarbeitung und Bewertung des nötigen strategischen Wissens sehr voraussetzungsvoll und aufwendig ist. Dieser hohe Wissensbedarf ist nicht zuletzt einer der häufig genannte Gründe dafür, dass organisierte kollektive Akteure und staatliche Institutionen gar nicht ernsthaft versuchen, diesem Politiktyp zu entsprechen, obwohl sie ihm vielleicht symbolisch Tribut zollen, sondern in der Praxis erklärtermaßen oder implizit wieder auf Routinehandeln und Inkrementalismus umschalten. Wenn sich politische Akteure hingegen engagiert zu einer strategischen Politik entschließen, dann stellt sich heute meist umgehend die Frage, ob der Formulierung, Entscheidung und Umsetzung einer politischen Strategie eine Strategieanalyse vorausgehen soll und ob diese Analyse ausschließlich auf Zieldefinitionen und Lageeinschätzungen von Amts- und Mandatsträgern selbst oder auch auf (interne oder externe) wissenschaftliche Expertise und Beratungsangebote professioneller Consulting-Unternehmen zurückgreifen soll. Dabei ist auch zu klären, wie eine solche (wissenschaftlich gestützte) Strategieberatung in den Prozess der Meinungs- und Willensbildung von zivilgesellschaftlichen Foren oder demokratisch legitimierten Gremien von politischen Organisationen und Institutionen eingehen kann und soll. Diese Fragen nach dem Expertisebedarf, der Rolle von und dem Umgang mit wissenschaftlichen Experten in Prozessen demokratischer Meinungs- und Willensbildung sind insbesondere in der deliberativen Policy-Analyse bereits differenzierter diskutiert worden (Fischer 2009, Saretzki 2005a, 2007a).

Der Rückgriff auf wissenschaftliche Beratung und Strategieexperten dient nicht selten zur Vermeidung offener Kontroversen und zur vorgängigen Schließung von strategischen Möglichkeitsräumen auf dem Wege der wissenschaftlich abgestützten Konstruktion einer einzigen besten Option, zu der es keine oder doch keine rational wählbare Alternative gibt oder nach Maßgabe der Strategieexperten nicht geben sollte. In Zeiten einer weit verbreiteten „Best-Practise-Orientierung" ist auch bei der Formulierung von politischen Strategien mit dem zu rechnen, was kritisch als TINA-Syndrom bezeichnet wurde („There Is No Alternative"). Um einer solchen vorschnellen Konstruktion von Alternativlosigkeit vorzubeugen und eine offene Meinungs- und Willensbildung über politische Strategien in demokratischen Organisationen und Institutionen zu ermöglichen, ist demokratische Politik auf *strategische Kritik* angewiesen (Raschke/Tils 2007: 16-17). Erst die transparente Formulierung von strategischen Alternativen und die kritische Diskussion ihrer Voraussetzungen und Konsequenzen schafft die Grundlagen für eine offene Meinungs- und Willensbildung im Bereich strategischer Politik und ermöglicht es Mitgliedern von demokratischen Gremien und Körperschaften, eine gut informierte

Strategie als Herausforderung für die deliberative Demokratietheorie

und begründete Entscheidung auf der Basis eines „enlightened understanding" (Dahl 1998: 37) zu treffen. Strategische Kritik ist insoweit eine wichtige Bedingung, um bei Entscheidungen über politische Strategien ein solches aufgeklärtes Verständnis überhaupt erst zu schaffen. Diese kritische Aufgabe politischer Strategieanalyse ist im Kontext einer Demokratie nicht nur an die Wissenschaft zu übertragen. Vielmehr ist strategische Kritik auf eine diskussionsbereite Praxis und eine breitere Öffentlichkeit angewiesen. Für das Verhältnis von deliberativer Demokratietheorie und Strategieanalyse heißt das an dieser Stelle: Im Rahmen einer deliberativen Demokratietheorie lassen sich Bedingungen formulieren, unter denen eine kritische politische Strategieanalyse möglich ist. Mehr noch: Wie der nötige „Raum für argumentative Strategiekritik" (Raschke/Tils 2007: 16) schon im Vorfeld politischer Meinungs- und Willensbildung sowie Entscheidungsfindung geschaffen und wie er institutionell und prozedural ausgestaltet werden könnte, um mögliche strategische Alternativen auf verständliche Art und Weise zu verdeutlichen, welche unterschiedlichen institutionellen Designs und verfahrenspolitischen Optionen hier denkbar sind oder bereits experimentell erprobt wurden und welche Implikationen mit diesen Optionen verbunden sein können, ist in der Debatte um das Verhältnis von Argumentation, Beteiligung und Kritik in der Policy-Analyse und im Bereich der handlungsorientierten Ansätze deliberativer Demokratie in verschiedene Richtungen ausgelotet worden (Saretzki 2008, 2009). Diese Diskussionen wären über den Bereich von Policy-Strategien hinaus auch für Fragen nach der Funktion von Kritik im Bereich von Politics- und Polity-Strategien fruchtbar zu machen.

Die dritte Frage nach der *Selbstbegrenzung strategischer Politik* ergibt sich im Rahmen einer handlungsorientierten politischen Strategieanalyse einerseits schon aus den gewählten Zielen und dem begrenzten Realitätsausschnitt, den ein strategisch denkender und handelnder Akteur bei seinen Ziel-Mittel-Umwelt-Kalkulationen zugrunde legt (Raschke/Tils 2007: 25-26). Wer zuviel zugleich und zu schnell will oder wer wichtige Umweltbedingungen außer Acht lässt, die außerhalb seines eingeschränkten Blickfeldes liegen, das wussten schon die klassischen Klugheitslehren, der kann und wird früher oder später scheitern – an seiner Hybris oder an der Welt, die sich nicht in all ihren Wirkungszusammenhängen so verhält oder entwickelt wie angenommen. Wo die Grenzen und Prioritäten bei der Zielsetzung zu ziehen sind, welche Ressourcen mobilisiert werden können und welche Umweltbedingungen zu beachten sind, das wird in jeder an Klugheitsgeboten orientierten Strategiedebatte Gegenstand der Diskussion sein. Im Rahmen eines Zweck-Mittel-Denkens gerät dabei vor allem das Verhältnis der Mittel zu den Zielen in den Blick. Gefragt wird danach, wie effektiv und effizient die Mittel zu einer Zielerreichung beitragen. Mittel erscheinen dann als strategisch ungeeignet, wenn sie nicht effektiv oder effizient sind oder gegen bestehende rechtliche Regeln verstoßen. Die Frage nach einer Selbstbegrenzung strategischer Politik fällt dabei mit der Prüfung der Gesetzeskonformität vorgeschlagener Mittel zusammen und wird im Zweifelsfall an juristische Experten delegiert. Ein solches instrumentelles Politikverständnis hat sich indessen im Kontext moderner Demokratie bei vielen politischen Problemen und gesellschaftlichen Konflikten als unzureichend erwiesen. Politische Streitfragen, bei denen grundlegende Wertkonflikte, ethnische, sprachliche und religiöse Unterschiede, Fragen der kulturellen Identität, vergangenes Unrecht oder spezifische lokale Aspekte im Spiel sind, lassen sich im Bezugsrahmen einer reinen Zweck-Mittel-Rationalität nicht angemessen erfassen und beschreiben. Sie erfordern vielmehr das, was in klassischen Diskussionen individuellen Handelns als Urteilskraft bezeichnet wurde. Kollektive Akteure und politische Institutionen können ein gemeinsames Pendant zu der Idee individueller Urteilsfähigkeit bei komplexen Problemen strategischer Politik nun der deliberativen Demokratietheorie zufolge in dem Maße ausbilden, wie sie ihre Fähigkeiten zu offener und integrativer demokratischer Meinungs- und Willensbildung entwickeln. In einem solchen Rahmen stellt sich die Frage nach der Selbstbegrenzung strategischer Politik nicht nur für die inhaltliche Ebene der spezifischen Bestimmung von erfolgversprechenden und legitimen Zielen und Mitteln einer Strategie, sondern auch für die mit dem Strategy-Making insgesamt verbundenen politischen Prozesse der Strategiebildung, der Herstellung und Sicherung von Strategiefähigkeit und der strategischen Steuerung. Der Beitrag deliberativer Demokratietheorie zu einer handlungsorientierten Strategieanalyse besteht dann darin, instrumentalistische Verkürzungen bei der Behandlung der Frage nach der Selbstbegrenzung strategischer Politik zu vermeiden und einen konzeptionellen Rahmen für eine offene und integrative Beurteilung der Leistungsfähigkeit und Legitimität von politischen Strategien und dem Prozess des Strategie-Making im Kontext einer Demokratie bereit zu stellen.

Worin könnte der Beitrag deliberativer Demokratietheorie zu einer *theorieorientierten* politikwissenschaftlichen Strategieanalyse liegen? Zu welchen Aufgaben und Fragestellungen einer politikwissenschaftlichen Strategieforschung könnte sie etwas beitragen? Drei Fragestellungen geraten hier in den Blick. Als Erstes wären *Konstrukte* und *Kalkulationen* zu nennen. Geht man von der Konzeptualisierung politischer Strategie als Konstrukt aus und vergegenwärtigt sich die zentrale, aber klärungsbedürftige Frage nach den Ziel-Mittel-Umwelt-Kalkulationen, dann rücken die Analyse der Entstehung, Struktur, Funktion und des Wandels von politischen Strategien als kognitiven Konstrukten und die Untersuchung von deliberativen Prozessen bei der Kalkulation von Zielen, Mitteln und Umweltbeziehungen ins Zentrum der Aufmerksamkeit.

Zum Zweiten wäre die Frage nach *Erfolgsorientierungen* und *Erfolgskriterien* zu nennen. Beides erscheint zwar auf den ersten Blick oft als selbstverständlich, wird doch die Ausrichtung auf die genannten Ziele einer Strategie meist als grundlegende Orientierung unterstellt und der Grad der Zielerreichung auf diesen Zieldimensionen dann als Maßstab für die Festlegung von Erfolgskriterien angenommen. Diese scheinbar einfache Frage nach Erfolg oder Scheitern einer Strategie ist indessen schon bei mehrdimensionalen Zielbündeln nicht mehr ganz so leicht zu beantworten, wenn es hier unter bestimmten Umständen zu Trade-offs zwischen unterschiedlichen Zielen kommen kann, die sich nicht so ohne weiteres gegeneinander aufrechnen lassen. Bei komplexen Ziel-Mittel-Umwelt-Kalkulationen, in deren Rahmen nicht nur (mehrdimensionale) Ziele mit Mitteln und beide mit Umweltfaktoren in Beziehung gebracht werden müssen, sondern auch mit vielfältigen Wechselwirkungen und Nebenfolgen zu rechnen ist, wird die Analyse der Bestimmung und des Wandels von Erfolgsorientierungen und Erfolgskriterien im Verlauf von politischen Prozessen der Strategiebildung, der Herstellung von Strategiefähigkeit und der strategischen Steuerung selbst zu einer interessanten Aufgabe.

Die dritte Frage- und Aufgabenstellung bezieht sich auf Konzepte strategischen Handelns und den Strategiebegriff selbst und könnte mit den Stichworten *Konzepttransfer* und *Begriffsexplikation* bezeichnet werden. Angesichts einer bisher wenig entwickelten politikwissenschaftlichen Strategieforschung ist neben dem eingangs erwähnten Rekurs auf ein Alltagsverständnis von Strategie in praktischen Zusammenhängen im Bereich der wissenschaftlichen Analyse eine vielfach unreflektierte Übernahme von militärwissenschaftlichen und betriebswirtschaftlichen Strategiekonzepten auch bei solchen Diskussionen zu beobachten, die sich auf den Bereich demokratischer Politik beziehen. Zu fragen wäre hier, ob und wo ein solcher Konzepttransfer aus der Welt des Militärs und der Unternehmen vorliegt, ob diese hier entwickelten Strategiekonzepte für den Bereich der Politik angemessen sind und welche Implikationen ein solcher Konzepttransfer für die Analyse, Bewertung und für den Entwurf von politischen Strategien hat: Kommt es bei einem etwaigen Konzepttransfer zu einer Übertragung des Strategieverständnisses, das in diesen gesellschaftlichen Teilbereichen entwickelt wurde, und dabei auch zu einer Übernahme des Verständnisses von Zielen, Mitteln, Umweltbezügen, Erfolgskriterien und Kalkulationen aus den Bereichen von Militär und Unternehmen in die Politik? Wenn ein militär- oder betriebsanaloges Verständnis von politischer Strategie festzustellen ist, betrifft das dann alle oder nur einige Dimensionen von Strategie? Gilt es eher für Ziele oder für Mittel, Umweltbezüge, Kalkulationen oder Erfolgskriterien von politischen Strategien? Kommt es dadurch – explizit oder implizit – zu einer Umdefinition von Politik? Welche Implikationen haben solche

Umdefinitionsprozesse? Wenn politische Prozesse in militärischen Kategorien beschrieben werden, führt das in der Folge zur Ausbreitung eines Denkens in Freund-Feind-Kategorien? Wenn Politik wie ein privatwirtschaftliches Unternehmen konzeptualisiert wird, dominieren dann Gewinn- und Verlustrechnung und Kosten-Nutzen-Kalküle?

Mit den zuletzt genannten Fragen wird bereits eine Verbindung von einer theorieorientierten zu einer kritisch-konstruktiv angelegten handlungsorientierten Strategieanalyse gezogen. Geht man nämlich von der Beobachtung aus, dass es gegenwärtig zu einer Zunahme der Strategieberatung in der Politik kommt, bei den Strategieberatern aber heute vielfach (noch) Strategiekonzepte verbreitet sind, die begrifflich und ideengeschichtlich aus dem Bereich von Militärwissenschaft und Betriebswirtschaftslehre stammen, dann liegt die Vermutung nahe, dass es auf diesem Wege auch zu einer eher unreflektierten Übernahme von Konzepten militärischer und betriebswirtschaftlicher Strategie in den Bereich der Politik kommt. Für die kritische Reflektion und Diskussion eines unbedachten Transfers von Konzepten und Bezugsrahmen bietet sich in einem demokratischen Kontext ein Vorgehen nach dem Ansatz der „Frame Reflection" an (Schön/Rein 1994), bei dem die begrifflichen und konzeptionellen Rahmungen einer Kontroverse selbst zum Gegenstand von Analyse und Deliberation gemacht werden. Im Anschluss an diese (selbst-)kritische Reflektion politischer Strategieanalyse stellt sich in systematischer Hinsicht die Aufgabe, einen spezifischen Begriff politischer Strategie zu explizieren, der dem Kontext einer Demokratie angemessen ist. Soll der Sinn für Angemessenheit, der dabei zum Tragen kommt, sowohl in der Wissenschaft wie in der Politik anschlussfähig sein, bietet es sich an, etwaige Vorschläge für eine Begriffsexplikation in analytisch-deliberativen Prozessen zu entwickeln, wie sie in den praxisorientierten Formen deliberativer Demokratietheorie formuliert und in einer Reihe partizipativer und diskursiver Experimente erprobt worden sind.

6 Beitrag politischer Strategieanalyse zu deliberativer Demokratietheorie

Welchen Beitrag kann die politische Strategieanalyse zu deliberativer Demokratietheorie leisten? Die politische Strategie*analyse* macht schon von der begrifflichen Anlage her kenntlich, dass hier keine umfassende Theorie von Strategie oder strategischem Handeln angestrebt wird, sondern eine konzeptionelle und kategoriale Grundlegung für eine politikwissenschaftliche Analyse und Bewertung politischer Strategien. Von daher wird man einen Beitrag der politischen Strategieanalyse in erster Linie im Hinblick auf eine empirische Analyse und Bewertung deliberativer

Prozesse in Demokratien sowie im Hinblick auf handlungsorientierte deliberative Demokratietheorien erwarten.

Fragt man nach dem *Gegenstandsbereich*, zu dessen Untersuchung die politische Strategieanalyse etwas beitragen kann, so werden hier zunächst die Bereiche und Aspekte deliberativer Politik in den Blick geraten, die von politischen Konstrukten oder durch Akteure und Handlungen geprägt sind, welche sich auf analytisch fruchtbare Weise als Strategien oder strategisches Handeln beschreiben lassen. Dazu gehören nicht nur die etablierten Foren und Institutionen der politischen Meinungs- und Willensbildung in Parlament und Medienöffentlichkeit sowie bei Versammlungen und Demonstrationen, sondern gerade auch die partizipativen und deliberativen Projekte vom Typ des rundes Tisches oder der Bürgerkonferenz, die in der Diskussion um die deliberative Demokratietheorie besonders herausgehoben werden, wenn diese nicht nur als normativer Entwurf, sondern als praxisorientierte „working theory" interpretiert wird (Chambers 2003: 307). Das mag zwar auf den ersten Blick etwas paradox erscheinen, sind diese neuen deliberativen Politikformen doch vielfach gerade mit dem Ziel geschaffen worden, Freiräume für mehr Beteiligung, offenen Meinungsaustausch, rationale Diskurse und die kooperative Suche nach konsensfähigen Lösungen bereit zu stellen. In diesem Sinne hat etwa John Dryzek (1990: 43) unter Rückgriff auf Habermas eine Reihe von normativen Anforderungen für solche Projekte formuliert und unter dem Begriff der „discursive designs" zusammengefasst. Mit der Charakterisierung als „design" wird aber zugleich deutlich, dass es sich bei den hier betrachteten deliberativen Projekten um etwas handelt, was konstruiert werden muss. So entstehen diskursive Räume, die von den üblichen Zwängen des Routinehandelns, der Konkurrenzpolitik oder der medienbezogenen Selbstdarstellung befreit sind, im politischen Prozess selten (oder nur zufällig unter besonders glücklichen Umständen) von allein. In der Regel müssen sie absichtsvoll von politischen Akteuren geschaffen werden, die diesen neuen Politikformen den Vorzug vor etablierten Verfahren der politischen Problembearbeitung und Konfliktregelung geben wollen. Dazu müssen die Initiatoren von partizipativen und deliberativen Projekten nicht nur ein Konzept entwerfen, sondern auch Gespräche und Verhandlungen mit potentiellen Trägern und Sponsoren, mit möglichen Beteiligten und Adressaten sowie mit Vertretern von Behörden und Medienöffentlichkeit führen, um die organisatorischen Voraussetzungen und die Beteiligungs- und Diskursbereitschaften zu erzeugen, ohne die solche Projekte gar nicht auf den Weg zu bringen sind. Im Verlauf eines solchen Projektes stellen sich überdies weitere regelungsbedürftige Fragen der internen Verfahrensstruktur und der externen Einbindung in das etablierte politische Vermittlungs- und Entscheidungssystem. Diese sind einer strategisch reflektierten Bearbeitung nicht nur zugänglich, sie laden geradezu zu strategisch angelegten Ziel-Mittel-Umwelt-Kalkulationen ein. Nicht nur auf der Ebene der inhaltlichen Meinungs- und Willensbildung, sondern auch auf der prozeduralen und institutionellen Ebene ergeben sich somit verschiedene Ansatzpunkte, bei denen eine politikwissenschaftliche Strategieanalyse instruktive Beiträge zur Analyse und Bewertung deliberativer Projekte liefern kann.

Vergleichende Analysen von partizipativen und deliberativen Projekten haben verdeutlicht, dass diese sich u.a. in Entstehung, Struktur, Verlauf, Ergebnissen und Wirkungen unterscheiden. Unterschiede zeigen sich nicht nur bei Zielen und Themen, sondern auch bei den Modellen von Repräsentation und Partizipation, bei der Organisation und Finanzierung, bei der Ausrichtung auf bestimmte Kommunikationsformen, bei der Festlegung von Zeitbedarf und Fristen, bei der prozeduralen Strukturierung des Projektes, bei der Wahl von Methoden zur Aufbereitung und Rationalitätssteigerung der Deliberation und bei der Strukturierung der Schnittstellen eines solchen Projektes zu dem etablierten politisch-administrativen System, zur Zivilgesellschaft und Öffentlichkeit. Das Zustandekommen, die spezifischen Ausprägungen, die möglichen Wirkungen und der Wandel eines solchen Projektes lassen sich nicht angemessen analysieren und bewerten, wenn die jeweils verfolgten und oft unterschiedlich ausgerichteten Strategien der involvierten Akteure – Initiatoren, Sponsoren, Träger, Teilnehmer, Adressaten, weitere Interessierte, Betroffene oder Engagierte sowie Medien – unberücksichtigt bleiben.

Der Beitrag der politischen Strategieanalyse zur deliberativen Demokratietheorie bezieht sich also auf die Analyse und Bewertung von Strategien und strategischem Handeln in und durch deliberative Politik. Sie rückt neben der „politics in deliberative processes" auch die „politics of deliberative designs" in den Blick. Ihre spezifische Bedeutung für neuere partizipative Formen deliberativer Politik ergibt sich nicht zuletzt daraus, dass in solchen Designs neben den inhaltlichen Streitfragen auch die prozedurale Strukturierung und institutionelle Einbettung der Meinungs- und Willensbildungsprozesse noch zur Disposition steht und damit in anderer Weise zum Referenzpunkt für strategische Kalkulationen werden kann als bei etablierten, bereits fest institutionalisierten Verfahren der Deliberation, in denen das nicht mehr der Fall ist. Stehen die institutionellen und prozeduralen Rahmenbedingungen eines deliberativen Prozesses weitgehend fest, wie dies bei Parlamentsdebatten oder in Gerichtsverfahren in der Regel der Fall ist, dann lassen sich deren Effekte auf die Deliberation im Rahmen einer Institutionenanalyse untersuchen. Handelt es sich hingegen um einen Prozess, in dessen Verlauf auch die Fragen der prozeduralen Strukturierung und institutionellen Einbindung noch geklärt und in ein spezifisches Design übersetzt werden müssen, dann bietet eine dynamisch angelegte politische Strategieanalyse weitere Möglichkeiten für Analyse und Bewertung.

Strategie als Herausforderung für die deliberative Demokratietheorie 147

Im Anschluss an eine solche dynamischen Sicht auf die institutionelle Einbettung von deliberativen Prozessen ergeben sich auch *handlungsorientierte Perspektiven* für die Frage nach dem Beitrag, den eine politische Strategieanalyse zur deliberativen Demokratietheorie leisten könnte. Wenn deliberative Demokratietheorie nicht nur kritisch bewertend, sondern handlungsorientierend sein soll, dann steht sie vor der Aufgabe, erfolgversprechende praktische Strategien zur Verbesserung der Meinungs- und Willensbildungsprozesse in Politik und Gesellschaft zu formulieren, die von ihrer Anlage, ihren Gestaltungsbedingungen und ihren Wirkungen her demokratischen Prinzipien und Normen entspricht. Dabei wäre sie gut beraten, zunächst eine kritische Analyse und Bewertung von früheren politischen Strategien um eine Verbesserung der Meinungs- und Willensbildung vorzunehmen – und das nicht nur, um möglichen paternalistischen Tendenzen früherer und allzu oft gescheiterter Versuche zu „politischer (Um-)Erziehung" von vornherein vorzubeugen.

So ginge es nicht zuletzt darum, vereinfachende und einseitige Antworten auf die Frage nach *politischen Strategien zur Demokratisierung deliberativer Politik* zu vermeiden. Hier werden einerseits Strategien ins Spiel gebracht, die lediglich auf mehr Angebote und Anreize zu Deliberation setzen – mehr Informationsmöglichkeiten, mehr Gesprächsangebote, mehr Dialoge und Konsultationsverfahren. Andererseits finden sich Strategien zur Demokratisierung der Meinungs- und Willensbildung, die mehr Partizipation fordern. Das mag im Einzelfall wohl begründet sein, insbesondere dann, wenn bestimmte Gruppen und Anliegen in einem politischen Prozess sonst unberücksichtigt bleiben. Gleichwohl stößt ein linear-expansionistisches Modell der Ausweitung von Bürgerbeteiligung angesichts der Komplexität vieler Probleme und kontroverser Problemlösungsperspektiven rasch an Grenzen. In dynamischen Konzepten deliberativer Demokratie geht es um die Suche nach einem angemessenen prozeduralen Design, in dem Partizipation auf eine reflexive Art und Weise mit diskursiver Aufklärung und Kritik vermittelt wird. Partizipation und Argumentation sind hier zusammen zu denken. Politische Strategien, die einseitig für radikale Inklusion und erweiterte Öffentlichkeit plädieren und auf eine Stärkung von Partizipation setzen, lösen den wechselseitigen Verweisungszusammenhang von Argumentation und Partizipation zu einer Seite hin auf. Sie stärken „Widerspruch", verzichten auf begründete Urteilsbildung – und führen so zu einer Konzeption von Demokratie, die kaum mehr als „deliberativ" auszuzeichnen ist. Angemessener wäre eine politische Strategie der Demokratisierung deliberativer Politik, die nicht einfach auf mehr Deliberation oder mehr Partizipation setzt, sondern nach einer reflexiven Vermittlung von Beteiligung und Argumentation in problem- und konfliktspezifischen Formen der Meinungs- und Willensbildung sucht (Saretzki 1997: 304-308).

7 Schluss

Strategie als solche steht nicht in Widerspruch zur Demokratie. Manchmal war strategisches Handeln erforderlich, um Demokratie in konflikthaften historischen Situationen überhaupt erst zu erreichen oder einen erreichten Stand der Demokratisierung zu verteidigen. In Zukunft können reflektierte politische Strategien nötig sein, um schleichende Prozesse der Entdemokratisierung zu verhindern und bessere Voraussetzungen für neue Formen deliberativer Demokratie zu schaffen. Die nachvollziehbare Formulierung, offene Diskussion, legitime Entscheidung und kontextsensible Umsetzung von politischen Strategien ist darüber hinaus eine der Voraussetzungen, um viele der komplexen Probleme und Konflikte bearbeiten zu können, die aus den langfristig wirkenden gesellschaftlichen Veränderungen resultieren, mit denen Politik in modernen Demokratien heute konfrontiert ist.

Wenn die Rede von Strategie sich im Verständnis der politisch Handelnden als angemessene Beschreibung von Konzepten der Problemlösung und Konfliktregelung ausbreitet und es bei der derzeit verbreiteten unreflektierten und kontextunspezifischen Übernahme von Strategiekonzepten aus dem militärischen oder betriebswirtschaftlichen Bereich bleibt, dann stellt sich allerdings die Frage, ob damit nicht eine (implizite) Umdefinition von Politik einhergeht, die in der Demokratie selbst zu einem Problem wird – für strategische Politik und für die Demokratie. Bei einer unreflektierten Orientierung an militärischen Strategiekonzepten kann eine solche Umdefinition dazu beitragen, dass eine entsprechend ausgerichtete strategische Politik implizit mit innerstaatlichen Feinderklärungen und mentalen Ausbürgerungen der Objekte dieser Strategien einhergeht. Eine Orientierung an betriebswirtschaftlichen Strategiekonzepten legt einen Bezugsrahmen für strategische Kalkulationen nahe, in dem politische Akteure nicht als politisch freie und gleichberechtigte (Mit-)Bürger, sondern eher in Begriffen eines Human Resource Managements oder als Kostenfaktoren beschrieben werden und demokratische Meinungs- und Willensbildung damit auf Kosten-Nutzen-Kalkulationen zusammenschrumpft. Nötig wäre demgegenüber nicht nur eine kritische Reflexion der Bedingungen und Grenzen strategischen Handelns, die sich aus der funktionaler Differenzierung und der Herausbildung unterschiedlicher Wertsphären in modernen Gesellschaften ergeben und die mit beachtenswerten Unterschieden zwischen Militär, Unternehmen und Politik verbunden sind. Nötig wäre auch die Explikation und Rechtfertigung eines spezifischen Begriffs politischer Strategie, der mit den normativen Anforderungen und funktionalen Zusammenhängen moderner Demokratie kompatibel ist. Dazu bietet die deliberative Demokratietheorie in verschiedener Hinsicht aufschlussreiche Anknüpfungspunkte.

Strategie als Herausforderung für die deliberative Demokratietheorie 149

Literatur

Ackerman, Bruce/Fishkin, James 2004: Deliberation Day, New Haven: Yale University Press.

Baber, Walter F./Bartlett, Robert V. 2005: Deliberative Environmental Politics. Democracy and Ecological Rationality, Cambridge/London: MIT Press.

Beck, Ulrich 1993: Die Erfindung des Politischen. Frankfurt/M.: Suhrkamp.

Bessette, Joseph M. 1980: Deliberative Democracy: The Majority Principle in Republican Government, in: Goldwin, Robert A./Schambra, William A. (eds.), How Democratic is the Constitution?, Washington/London: American Enterprise Institute, 102-116.

Bessette, Joseph M. 1994: The Mild Voice of Reason. Deliberative Democracy and American National Government, Chicago/London: University of Chicago Press.

Besson, Samantha/Martí, José Luis (eds.) 2006: Deliberative Democracy and its Discontents, Aldershot: Ashgate.

Bohman, James 1998: The Coming Age of Deliberative Democracy, in: Journal of Political Philosophy 6, 400-425.

Bohman, James/Rehg, William (eds.) 1997: Deliberative Democracy. Essays on Reason and Politics, Cambridge/London: MIT Press.

Chambers, Simone 2003: Deliberative Democratic Theory, in: Annual Review of Political Science 6, 307-326.

Cohen, Joshua 1989: Deliberation and Democratic Legitimacy, in: Hamlin, Alan/Pettit, Philip (eds.), The Good Polity. Normative Analysis of the State, Cambridge: Blackwell, 17-34.

Dahl, Robert A. 1998: On Democracy, New Haven/London: Yale University Press.

Dryzek, John S. 1990: Discursive Democracy. Politics, Policy, and Political Science, Cambridge: Cambridge University Press.

Dryzek, John S. 2000: Deliberative Democracy and Beyond. Liberals, Critics, Contestations, Oxford: Oxford University Press.

Dryzek, John S. 2006: Deliberative Global Politics. Discourse and Democracy in a Divided World, Cambridge: Polity Press.

Elster, Jon (ed.) 1998: Deliberative Democracy, Cambridge: Cambridge University Press.

Fischer, Frank 2009: Democracy and Expertise. Reorienting Policy Inquiry, Oxford: Oxford University Press.

Fishkin, James S./Lasslett, Peter (eds.) 2003: Debating Deliberative Democracy, Oxford: Blackwell.

Gastil, John/Levine, Peter (eds.) 2005: The Deliberative Democracy Handbook. Strategies for Effective Citizen Engagement in the 21st Century, San Franzisko: Jossey-Bass.

Habermas, Jürgen 1992: Faktizität und Geltung. Beiträge zur Diskurstheorie des Rechts und des demokratischen Rechtsstaats, Frankfurt/M.: Suhrkamp.

James, Michael Rabinder 2004: Deliberative Democracy and the Plural Polity, Lawrence, Kansas: Kansas University Press.

Kuhn, Fritz 2002: Strategische Steuerung der Öffentlichkeit?, in: Nullmeier, Frank/Saretzki, Thomas (Hg.), Jenseits des Regierungsalltags. Strategiefähigkeit politischer Parteien, Frankfurt/M.: Campus, 85-97.

Neblo, Michael A. 2007: Family Disputes: Diversity in Defining and Measuring Deliberation, in: Swiss Political Science Review 13, 527-557.

Obama, Barack 2008: The Audacity of Hope. Thoughts on Reclaiming the American Dream (orig.: 2006), New York: Vintage Books.

Raschke, Joachim/Tils, Ralf 2007: Politische Strategie. Eine Grundlegung. Wiesbaden: VS Verlag für Sozialwissenschaften.

Rawls, John 1993: Political Liberalism, New York: Columbia University Press.

Saretzki, Thomas 1997: Demokratisierung von Expertise? Zur politischen Dynamik der Wissensgesellschaft, in: Klein, Ansgar/Schmalz-Bruns, Rainer (Hg.), Politische Beteiligung und Bürgerengagement. Möglichkeiten und Grenzen, Baden-Baden: Nomos, 277-313.

Saretzki, Thomas 2005a: Welches Wissen – wessen Entscheidung? Kontroverse Expertise im Spannungsfeld von Wissenschaft, Öffentlichkeit und Politik, in: Bogner, Alexander/Torgersen, Helge (Hg.), Wozu Experten? Ambivalenzen der Beziehung von Wissenschaft und Politik, Wiesbaden: VS Verlag für Sozialwissenschaften, 345-369.

Saretzki, Thomas 2005b: Politikberatung durch Bürgergutachten? Konzept und Praxis des „kooperativen Diskurses", in: Zeitschrift für Parlamentsfragen 36, 630-648.

Saretzki, Thomas 2007a: „... address unknown? Was heißt „Gesellschaftsberatung" und was folgt daraus für Wissenschaft und Demokratie? in: Leggewie, Claus (Hg.) 2007, Von der Politik- zur Gesellschaftsberatung. Neue Wege öffentlicher Konsultation, Frankfurt/M.: Campus, 95-116.

Saretzki, Thomas 2007b: Argumentieren, Verhandeln und Strategie. Theoretische Referenzen, begriffliche Unterscheidungen und empirische Studien zu arguing und bargaining in der internationalen Politik, in: Niesen, Peter/Herborth, Benjamin (Hg.), Anarchie der kommunikativen Freiheit. Jürgen Habermas und die Theorie der internationalen Politik, Frankfurt/M.: Suhrkamp, 111-146.

Saretzki, Thoma, 2008: Policy-Analyse, Demokratie und Deliberation. Theorieentwicklung und Forschungsperspektiven der „Policy Sciences of Democracy", in: Janning, Frank/Toens, Katrin (Hg.), Die Zukunft der Policy-Forschung. Theorien, Methoden, Anwendungen, Wiesbaden: VS Verlag für Sozialwissenschaften, 34-54.

Saretzki, Thomas 2009: Aufklärung, Beteiligung und Kritik: die „argumentative Wende in der Policy-Analyse, in: Schubert, Klaus/Bandelow, Nils C. (Hg.), Lehrbuch der Politikfeldanalyse 2.0, 2. Auflage, München: Oldenbourg Verlag, 431-456.

Smith, Graham 2003: Deliberative Democracy and the Environment, London: Routledge.

Schön, Donald A/Rein, Martin 1994: Frame Reflection. Toward the Resolution of Intractable Policy Controversies, New York: Basic Books.

Strategien der Demokratieförderung: Konzept und Kritik

Wolfgang Merkel

1 Einleitung

Demokratisierung und Regimewechsel sind vor allem interne Prozesse. Es sind vornehmlich die „Binnenakteure", die ihre Gesellschaften und politischen Regime transformieren. Ohne oder gar gegen sie lassen sich Staat und Gesellschaft nicht nachhaltig demokratisieren. Aber, so lautet die empirisch informierte Einschränkung, Systemtransformationen zur Demokratie lassen sich auch von außen inspirieren, initiieren, unterstützen, fördern und bisweilen auch kurzfristig erzwingen. Mitunter wurden sie auch von außen be- oder gar verhindert, wenn dies die wirtschaftlichen oder strategischen Interessen großer Mächte nahelegten.

Die akademische Auseinandersetzung mit dem Komplex der Demokratieförderung ist noch jung. Eine allgemeine „Theorie der Demokratieförderung" liegt nicht vor. Erfahrungen, vergleichende Evaluationen von Strategien, Verläufen und Wirkungen externer Demokratieförderung gibt es nur wenige. Und wenn es sie gibt, sind sie theoretisch kaum generalisiert und empirisch unzureichend gesättigt.

Vermutlich kann eine allgemeine „Theorie der Demokratieförderung" auch in absehbarer Zeit nicht vorgelegt werden.[1] Würden nämlich alle denkbaren Variablen in einer solchen Theorie berücksichtigt, verlöre sie ihren generellen, kontextungebundenen Charakter und würde deskriptiv werden. Würde aber von den konkreten Handlungskontexten zu stark abstrahiert, drohte eine solche Theorie allgemein, nichtssagend und als analytischer Rahmen oder gar Handlungsanleitung irrelevant zu werden. Gesucht wird also auch für die Demokratieförderung ein Ansatz mittlerer Reichweite, der die konkreten Rahmenbedingungen berücksichtigt, ohne mit dem bekannten regionalwissenschaftlichen Offenbarungseid zu enden, „jedes Land und jede Region sei so einzigartig", dass man sie nicht unter ein

---

[1] Schon Robert Dahl äußerte in diesem Zusammenhang unverhohlene Skepsis, indem er auf die Wissenslücke aufmerksam machte: „about the long causal chain running from outside help to internal conditions to changes of regime" (Dahl 1971: 210).

theoretisches Paradigma zwingen sollte, ja nicht einmal vergleichen könne. Ein theoretisch gehaltvoller Ansatz der Demokratieförderung muss einen stabilen Theoriekern[2] besitzen, aber nach außen hinreichend offen sein, um kontextspezifische Variablen[3] an diesen Kern anzuschließen.

Davon ist die Theoriebildung jedoch noch ein gehöriges Stück entfernt. Schon der Begrifflichkeit zur Erfassung des Phänomens „Demokratieförderung" mangelt es an Verbindlichkeit, Präzision und Trennschärfe. Peter Burnell hat darauf bereits im Jahre 2000 verwiesen (Burnell 2000: 4f.). Begriffe wie *democracy promotion, democracy assistance, democracy-related assistance, political aid, political assistance, political developmental aid* oder *external support for democratic development* changieren. In der Regel werden sie in der Literatur zur Demokratieförderung begrifflich nicht hinreichend getrennt. Ihr Gebrauch reflektiert häufig stärker die weltanschauliche Position ihrer Benutzer als die analytische Reichweite des Begriffs. So wird *democracy promotion* häufig von den „Optimisten", „Visionären" und Ideologen der Demokratieförderung benutzt.[4] Diese sind vor allem in US-amerikanischen Thinktanks und waren in den US-Administrationen von William J. Clinton bis zu George W. Bush zu finden. Pragmatiker und Kulturrelativisten neigen zu dem Begriff *democracy assistance* oder *democracy-related assistance*. Damit wollen sich etwa europäische oder deutsche Wissenschaftler wie Förderorganisationen zum einen von den USA abgrenzen, zum anderen aber auch darauf verweisen, dass „Demokratieexport" ohne Zustimmung oder Miteinbeziehung der relevanten Binnenakteure kaum möglich sei.

2 Die Strategiefragen

Will man eine aussichtsreiche Strategie zur Demokratieförderung entwickeln, muss man zunächst einmal jene Fragen identifizieren, die es im Zuge der Strate-

---

[2]   Dieser stabile Theoriekern ist nicht invariant, sondern im Popperschen Sinne so lange gültig, wie er nicht substanziell widerlegt ist.

[3]   Der Kontext ist für jede Strategiebildung von erheblicher Bedeutung. Er muss berücksichtigt werden, darf aber nicht als Alibi dienen, sich einer theoretisch angeleiteten systematischen Analyse zu entziehen, wie dies die Regionalwissenschaften insbesondere in Deutschland häufig getan und damit den Verlust ihrer akademischen Reputation befördert haben.

[4]   Dieses visionär-ideologische Element, das in der Demokratieförderung der USA in eine Synthese mit wirtschaftlichen Interessen und geostrategischen Kalkülen verschmolzen wurde, wird in Joshua Muravshiks Buchtitel besonders augenscheinlich: „Exporting Democracy: Fulfilling America's Destiny" (1991).

Strategien der Demokratieförderung

giebildung zu beantworten gilt. Die zentralen Fragen lauten: Wer fördert wen, wann, wie und mit welcher Wirkung? Bei der Frage „Wer?" werden die Akteure der externen Demokratieförderung in den Blick genommen und es gilt dabei, das Koordinations- und Legitimationsproblem ihres Handelns zu diskutieren. Auch die Motive der Demokratieförderer sind dabei von Bedeutung. Alle Akteure der Demokratieförderung sind mit dem grundsätzlichen Problem konfrontiert, „wen" sie in einer Welt knapper Ressourcen und vielfältiger potenzieller Adressaten unterstützen wollen. Um dieses „Selektionsproblem" angemessen zu lösen, bedarf es einer genauen Regime- und Gesellschaftsanalyse der prospektiven Förderländer. Im Zusammenhang mit der Länderauswahl spielt das Timing für die Demokratieförderung eine erhebliche Rolle. Förderer müssen sich fragen, in welcher Transformationsphase sich am wirkungsvollsten die Unterstützungsleistungen organisieren lassen. Macht es etwa Sinn, Demokratie in einem geschlossenen autokratischen System zu fördern oder müssen die Binnenakteure der Zielländer schon Liberalisierungsmaßnahmen eingeleitet und sich wirkungsvolle Demokratisierungsbewegungen organisiert haben? Soll der Aufbau oder die Konsolidierung der Demokratie vorzugsweise gefördert werden? Mit dem „Timing-Problem" ist das „Priorisierungsproblem" eng verbunden. Denn selbst wenn das Förderland ausgewählt ist, die gesellschaftlichen Strukturen und Kräfteverhältnisse günstige Voraussetzungen bieten, gilt es darüber hinaus Prioritäten zu setzen, ob man stärker mit Bottom-up-Aktivitäten zivilgesellschaftliche Gruppen und Initiativen unterstützt oder einem Top-down-Ansatz den Vorzug gibt, um etwa die Polizei, das Rechtssystem, die Verwaltung oder andere staatliche Institutionen zu fördern. Ob die Demokratieförderung von außen die intendierte Wirkung erreicht (Wirkungsanalyse), hängt nicht zuletzt von einer (kontext-)angemessenen Lösung des Selektions-, Timing- und Priorisierungsproblems ab. In eine Sequenz gebracht, lassen sich die fünf Fragen und ihre Präzisierung in folgendem Verlaufsdiagramm abbilden.

Die Sachverhalte, die sich hinter den fünf Fragen und ihrer Beantwortung verbergen, sind hochgradig interdependent. Dennoch wähle ich in der Darstellung eine analytische Trennung. Dies hat nicht nur den Vorteil, eine bloße Deskription zu vermeiden, sondern die einzelnen Antworten können für die je eigenen Besonderheiten der Länder in strategischer Absicht unterschiedlich kombiniert werden.

Abbildung 1: Strategiefragen zur Demokratieförderung

Wer?	↔	Wen?	↔	Wann?	↔	Wie?	↔	Wirkung?
Koordinations-problem		**Regime-analyse**		**Timing/ Transforma-tionsphase**		**Prioritäten**		**Wirkungs-analyse: Regime**
Akteure/ Förderer	Selek-tions-problem	Land	Timing-problem	Liberalisierung	Priorisie-rungs-problem	Top-down	Wir-kungs-problem	Stabilität
- international		Regime		Transition		Bottom-up		Rule of Law
- supranational	⇔	Bereiche/		Stagnation		Konditionierung	⇔	Demokratie
- national		Akteure/		Regression				
- staatlich		Institutionen		Konsolidierung				
- parastaatlich								
- privat								
Legitimations-problem		**Gesellschafts-analyse**		**Präferenzen**		**Komplemen-taritäten**		**Wirkungs-analyse: Programm**

3 Wer? Das Koordinationsproblem

Die Akteure der Demokratieförderung lassen sich in einer räumlichen und rechtlichen Dimension fassen. Räumlich kann man zwischen nationalen, internationalen und transnationalen, rechtlich zwischen staatlichen, parastaatlichen oder privaten Akteuren unterscheiden. Fast jede etablierte Demokratie der OECD-Welt betreibt Demokratieförderung. Dabei lassen sich *grosso modo* auch bestimmte nationale Muster der Demokratieförderung unterscheiden, wie sie Peter J. Schraeder (2003) aus einer vergleichenden empirischen Studie herausdestilliert hat (vgl. auch: Youngs 2006). Den USA attestiert er einen primären Fokus auf nationale Sicherheitsinteressen und internationale Stabilität. Spätestens seit den 1980er Jahren glaubten die US-amerikanischen Regierungen jedoch, dass die Liberalisierung politischer Systeme, freie Wahlen, ein gewähltes Parlament und eine unabhängige Justiz diesen Sicherheits- und Stabilitätsinteressen am besten dienen. Insbesondere freie Wahlen wurde eine überragende katalysierende Wirkung auf einen sich selbst verstärkenden Prozess der Demokratisierung eines Landes attestiert (Schraeder 2003: 35). Mit der Gründung des Millennium Challenge Account im Jahr 2004 binden die USA einen großen Teil ihrer Entwicklungshilfe für die ärmsten und armen Länder an Kriterien des *good governance*. Nur wenn die Empfängerländer die drei Kriterien „ruling justly", „investing in people", „promoting economic freedom" erfüllen, sollen die Geber Entwicklungshilfe leisten. Die Kriterien sind einsichtig, ihre Umsetzung allerdings nicht immer frei von machtstrategischen Überlegungen

Strategien der Demokratieförderung
155

und Ausnahmen, wie dies nach 2004 unter anderem an den Ländern Uganda, Mozambique, Georgien, Philippinen oder dem Senegal sichtbar wurde (Diamond 2008: 328). Ein hervorstechendes Beispiel ist seit längerer Zeit Ägypten. Mubaraks Diktatur wird seit vielen Jahren mit Milliarden US-Dollar gefördert. Auch für die EU-Mitgliedstaaten ist die ägyptische Autokratie zu einem bevorzugten Förderland geworden. Die genannten Länder erhalten weiterhin großzügige Hilfen, obwohl sich ihre Good-Governance-Indikatoren verschlechtert haben. Trotz aller idealistisch-visionären Elemente folgten die USA auch in der Demokratieförderung der politischen Logik einer Großmacht. Als Superpower hatten die USA stets einen Hang zu unilateralem Handeln, wenn sie nicht die Partner, Ziele und Instrumente von multilateralem Handeln diktieren oder zumindest dominieren konnten. Besonders ausgeprägt war dies unter George W. Bush (2000-2008), aber auch William J. Clinton (1992-2000) folgte im Zweifel diesem Handlungsmuster.

Deutschland und Japan unterstellt Schraeder (2003: 36) vor allem ökonomische Motive. Beide Länder glauben im Sinne der Modernisierungstheorie, dass die Liberalisierung der Märkte nicht nur ihren eigenen Interessen dienen, sondern rasch auch zu einer politischen Liberalisierung in den geförderten Ländern führen würde. Demokratieförderung müsse deshalb nicht zuletzt bei der Unterstützung von Freihandel und Marktwirtschaft ansetzen. Zumindest für Deutschland ist die prägende Unterstellung merkantilistischer Motive bei der staatlichen und parastaatlichen Demokratieförderung längst keine hinreichende Beschreibung mehr. Weder die Deutsche Gesellschaft für Technische Zusammenarbeit (GTZ) noch das Bundesministerium für wirtschaftliche Zusammenarbeit und Entwicklung (BMZ) folgen primär nationalen ökonomischen Motiven. Schon gar nicht trifft dies auf die politischen Stiftungen zu (Burnell 2006, Carothers 2006a, Kronberg 2006, Erdmann 2008). Am ehesten gilt die Verquickung merkantilistischer und nationaler außenpolitischer Interessen für die Bemühungen des Außenministeriums, den Rechtsstaat und *good governance* zu fördern. Konditionalität, also die Bemessung von Entwicklungshilfe an Fortschritten bei guter Regierungsführung, spielt in Deutschland kaum eine Rolle.[5] Dies galt erstaunlicherweise unter der rot-grünen Regierungskoalition (1998-2005) noch stärker als für die christdemokratisch-liberale Koalition der Kohl-Regierungen (Youngs 2006: 111). Die parteipolitisch gefärbten normativen Konturen der bundesdeutschen Demokratieförderung und Entwicklungszusammenarbeit haben sich abgeschliffen. Die Fokussierung der Förderung auf Menschenrechte, Rechtsstaat und Demokratie ist unter linken Regierungen keineswegs ausgeprägter als unter den bürgerlichen Regierungsparteien. Wenn es

---

[5] Allerdings trägt Deutschland eventuelle Konditionalitäten innerhalb der Europäischen Union mit.

hier überhaupt noch einen Unterschied zwischen den Parteien gibt, dann jenen, dass linke Regierungsparteien stärker auf Multilateralismus und NGOs setzen als die stärker unilateral-staatszentrierte Politik der bürgerlichen Regierungen. Die eigentliche Differenz ist nicht ideologisch, sondern ressortspezifisch. Das Außenministerium folgt im Zweifel eher dem Imperativ der Stabilität in den Förderländern, während das BMZ eine unverkennbare Präferenz für Entwicklung, Menschenrechte und *good governance* besitzt. Eine strategische Koordination zwischen dem Außenministerium, dem BMZ, der GTZ oder den politischen Stiftungen findet in der Demokratieförderung nicht statt (ibid. 113, Kronberg 2006). In Deutschland gibt es bei der Demokratieförderung keinen strategischen Prinzipal.

Die skandinavischen Länder gelten in der Demokratieförderung, wie in der Entwicklungshilfe insgesamt, als normative Musterschüler. Sie fokussieren ihre Unterstützungsleistungen auf die Sicherung der Menschenrechte, den Ausgleich sozioökonomischer Ungleichheit und die Emanzipation der Frauen. Ihre Förderung hat sich stark dem Bottom-up-Ansatz verpflichtet, der weniger staatliche Institutionen als Initiativen der Zivilgesellschaft unterstützt (Schraeder 2003: 36, Youngs 2006: 183ff.). Sie verfolgen noch stärker einen „Entwicklungsansatz"[6] in der Demokratieförderung, der die Förderung von Demokratie meist im Kontext einer allgemeinen sozioökonomischen Entwicklung und Fragen der sozialen Gerechtigkeit sieht.

Neben den nationalen Regierungen spielen multilaterale Organisationen wie die UNO, die EU, der Internationale Währungsfonds (IWF) oder die Weltbank eine erhebliche Rolle in der globalen Demokratieförderung. Für die UNO stellt der zwischenstaatliche Frieden, nicht Demokratie und Demokratisierung die primäre Zielsetzung dar. In den ersten Jahrzehnten nach dem Zweiten Weltkrieg blieb die Demokratieförderung durch die UNO in erster Linie auf Staaten beschränkt, die im Zuge der Dekolonisierung ihre Unabhängigkeit erlangten. Die Unterstützung orientierte sich dabei zwar am Recht auf Selbstbestimmung der Völker, doch dieses wurde stärker auf die zwischenstaatlichen Beziehungen bezogen als auf das innerstaatliche Recht des Volkes auf demokratische Selbstbestimmung. Allerdings wurde gemäß Artikel 21 der UNO-Charta mit dem Fokus auf Menschenrechte ein wichtiger Kern für den Aufbau der Demokratie zu stärken versucht. Der Erfolg indes war enttäuschend, wie insbesondere die nachkoloniale Regimeentwicklung in Afrika zeigte, in deren Verlauf aus Befreiungsbewegungen häufig diktatorische Einparteienregime entstanden. Seit dem Ende des Kalten Krieges hat die UNO in

---

[6]   Thomas Carothers unterscheidet idealtypisch zwischen einem „weiten entwicklungszentrierten" und einem „engen politischen" Ansatz in der Demokratieförderung (Carothers 2009: 5ff.).

Strategien der Demokratieförderung

zunehmendem Maße die Bedeutung der innerstaatlichen Ordnung für den friedlichen Charakter der zwischenstaatlichen Beziehungen anerkannt (Newman 2004: 193). Allerdings bleibt die Förderung der Demokratie typischerweise eingebettet in das primäre Ziel der Vereinten Nationen, kriegerische Konflikte zu vermeiden und den Weltfrieden zu sichern. Der in der UNO-Charta angelegte Konflikt zwischen den Rechtsgütern der äußeren staatlichen Souveränität und der inneren Beachtung der Menschenrechte wurde vor dem Ende des Kalten Krieges in der Regel zugunsten der völkerrechtlichen Souveränität auch menschenrechtsverletzender autokratischer Staaten aufgelöst. In den letzten zwei Jahrzehnten ist dieser Vorrang umstrittener geworden (Merkel, R. 2008: 476ff., Merkel, W. 2008: 496ff.).

Da die UNO jedoch den Charakter eines unparteiischen Akteurs behalten will, muss sie sich bei der friedlichen Demokratieförderung prinzipiell auf die Zusammenarbeit mit den jeweiligen (autokratischen) Regierungen einlassen. Häufig nimmt sie eine Vermittlerrolle ein oder koordiniert externe Hilfe, etwa in Konflikt- und Postkonflikt-Gesellschaften. Insgesamt folgt sie eher einem Top-down-Ansatz zur Förderung staatlicher Institutionen, komplementiert durch die Unterstützung zivilgesellschaftlicher Initiativen, sofern das nicht als illegitime externe Einmischung in die inneren Angelegenheiten seitens der jeweiligen Regierungen betrachtet wird. Zunehmend engagiert sich die UNO bei der Vorbereitung und Beobachtung von demokratischen Gründungswahlen bzw. Wahlen in semi-autoritären Regimen. Dabei geht es um die Organisation der Wahlen, ihre Beobachtung, die Koordination internationaler Wahlbeobachter sowie die Feststellung der Rechtmäßigkeit der Wahlen. Insgesamt ergriff die UNO zwischen 1989 und 2001 in 170 Fällen Maßnahmen, die als Wahlunterstützung zu klassifizieren sind (Joyner 2002: 162). Allerdings müssen viele dieser Unterstützungsleistungen als zu kurz terminiert angesehen werden, als dass man ihnen eine nachhaltige Demokratisierungswirkung attestieren könnte (Newman 2004: 195). Eine erfolgversprechende Demokratieförderung bedürfte hier eines längerfristigen Engagements. Aber gerade das kontrastiert eklatant mit der knappen Terminierung der meisten UNO-Missionen (Grimm, S. 2008: 538f.). Zurückbleiben häufig hybride Regime, die aber gerade besonders anfällig für innere Gewalt und Bürgerkriege sind (Merkel, W. 2008: 494).

Innerhalb des europäischen Kontexts hat sich die Europäische Union als der vermutlich erfolgreichste externe „Demokratisierer" erwiesen. Dies gilt nicht nur für die Stabilisierung der jungen Demokratien Deutschland und Italien in den 1950er Jahren oder Portugal, Griechenland und Spanien nach 1974/5, sondern vor allem auch für jene (mittel-)osteuropäischen Staaten, deren Demokratisierungsfortschritte 2004 (Estland, Lettland, Litauen, Malta, Polen, Slowakei, Slowenien, Tschechien, Ungarn, Zypern) und 2007 (Bulgarien, Rumänien) mit der Vollmitgliedschaft in der EU belohnt wurden. Der Anreiz, Mitglied im Club der reichen Demokratien Europas zu werden und in den Genuss von Handels-, Wirtschafts- und Modernisierungsgewinnen sowie nennenswerten Struktursubventionen zu kommen, erwies sich als ein überragender Disziplinierungsfaktor für die Eliten auf dem Weg zur demokratischen Konsolidierung. Die Beitrittskonditionalität der EU hat hierbei eine sehr positive Rolle gespielt.

Doch auch außerhalb Europas hat sich die EU seit Mitte der 1990er Jahre verstärkt in der Demokratieförderung engagiert. Mit der European Initiative for Democracy and Human Rights (EIDHR) konzentrierte sich die EU besonders auf die vier Bereiche „Demokratisierung und Rechtsstaat", „Aufbau einer pluralistischen Zivilgesellschaft", „vertrauensbildende Maßnahmen zur Wiederherstellung von Frieden" und auf bestimmte Zielgruppen wie „Frauen, Minderheiten oder Flüchtlinge". Obwohl von einer konsistenten Strategie der institutionell fragmentierten EU-Organisation nicht die Rede sein konnte und kann, lässt die Summe der einzelnen Fördermaßnahmen eine implizite Präferenz der EU für einen Bottom-up-Ansatz erkennen (Santiso 2002: 110). Wie viele der multilateralen Förderorganisationen engagiert sich die EU in der Unterstützung, Organisation und Überwachung von Wahlen in fragilen Demokratisierungsregimen. In den letzten Jahren versucht die EU, ihre Hilfen verstärkt an den Fortschritt bei *good governance* in den Förderländern zu knüpfen. In der Cotonou-Konvention mit den AKP-Staaten wurde eine mögliche Suspension der Hilfen verankert, falls sich Rückschritte bei der „guten Regierungsführung" erkennen lassen.

Wie so häufig in der EU-Politik unterscheiden sich Absichtserklärung und Realität. Sanktionen und die Einstellung von Fördermaßnahmen aufgrund schlechter oder sich verschlechternder Regierungsführung blieben aber die Ausnahmen. Die Inkonsistenz der EU-Demokratieförderung außerhalb Europas ist keineswegs allein auf die umstrittene Konditionalitätsfrage beschränkt. Trotz gewisser Fortschritte in den letzten Jahren fehlt es der EU überhaupt an einer klaren, kohärenten und konsistenten Strategie zur Demokratieförderung. Die Partikularinteressen der Mitgliedsstaaten (Schraeder 2003: 39, 40) und die organisatorische Fragmentierung der Hilfen über verschiedene Generaldirektionen der EU (u.a. äußere Angelegenheiten, Erweiterung, Entwicklungshilfe) haben dies bisher weitgehend verhindert (Santiso 2002: 127). Insofern spiegelt die EU auch ein Problem wider, das in manchen nationalen Förderlandschaften ebenfalls eine strategische Konzertierung oder Koordination erschwert.

Die EU erwies sich dort als wirkungsvoller Demokratieförderer, wo sie die Mitgliedschaft in die Union in Aussicht stellen konnte (Schimmelpfennig et al. 2006). Dieser überragende Anreiz hat längst seine natürlichen Grenzen erreicht. Mit der Ausnahme einiger Balkanländer und möglicherweise der Türkei, wird sie

Strategien der Demokratieförderung 159

keine Länder mehr aufnehmen können. Außerhalb ihres Einzugsbereichs war die Demokratisierungshilfe wenig effizient und konsistent. Eine konsistente Strategie wurde nicht erarbeitet, geschweige denn umgesetzt. Gemessen an der Aufgabe und den allgemeinen EU-Hilfen war der Umfang der Demokratieförderung unterdimensioniert. Die Anreize in den Nehmerländern blieben meist unter der Schwelle sichtbarer Wirksamkeit. Eine besondere Glaubwürdigkeit, die für die langfristige Effektivität von erheblicher Bedeutung ist, vermochten die EU und ihre Mitgliedsländer in der außereuropäischen Demokratieförderung bisher nicht aufbauen.

4 Wen? Das Selektionsproblem

Welche Länder soll die Demokratieförderung anvisieren? Alle Nichtdemokratien? Weiche autoritäre Regime oder harte menschenrechtsverletzende Autokratien? Können *failing* und *failed states* mit äußerer Hilfe demokratisiert werden oder sind sie hoffnungslose Fälle, wo die Geberländer fahrlässig heimische Steuergelder „veruntreuen" würden? Gibt es überhaupt klare Auswahlkriterien für die Länder und Regime in der Demokratieförderung? Kann und soll es sie geben? Und wenn überzeugende Selektionskriterien für die zu fördernden Länder gefunden würden, in welcher Entwicklungs- oder Transformationsphase soll verstärkt und wann zurückhaltend gefördert werden? Weder die akademische Analyse noch die praktische Umsetzung der Demokratieförderung hat uns bisher überzeugende Antworten auf diese Fragen geliefert.

Eine hier nicht zu leistende Übersicht über die Geberpraxis würde zweifellos zeigen, dass die tatsächlich angewandten Auswahl- und Förderkriterien in der Demokratieunterstützung unterschiedlich, widersprüchlich, undurchsichtig sowie macht- und interessenspolitisch imprägniert sind (u.a. Carothers 1997, 1999, Burnell 2004, 2005, Schraeder 2003, Youngs 2008: 2ff.). Da insbesondere nationale Regierungen rationale Akteure sind, die ihrem Prinzipal Wählerschaft als Agenten verpflichtet sind, wäre es naiv anzunehmen, dass ein außen- und handelspolitisch sensibler Interessenbereich wie die Demokratieförderung nicht von den Determinanten Macht und nationales Interesse geprägt sein sollte.[7] Beide Determinanten treten bei supra- und internationalen Organisationen stärker in den Hintergrund.

---

[7] Dies trifft insbesondere auf staatliche Akteure zu. Aber auch die idealistische Überhöhung von NGOs als neutral-altruistische Demokratieförderer verkennt, dass deren machtpolitische Instrumentalisierung durch Staaten oder die eigene wirtschaftliche Selbsterhaltung die Unterstützungspraxis zumindest implizit mitbestimmt.

Unterscheidet man nach Typen von Regimen[8], sind externe Demokratieförderer mit unterschiedlichen Anreizen konfrontiert. Die Geberentscheidungen bewegen sich neben anderen außenpolitischen Interessen[9] insbesondere im Spannungsfeld von normativer Wünschbarkeit und politischer Machbarkeit. Die Tatsache, dass im Kollisionsfall von nationalen Interessen und Demokratieförderung in der Außenpolitik letztere nicht selten ersterem geopfert wird, erzeugt ein fortwährendes Glaubwürdigkeitsproblem westlicher Demokratieförderung.

5 Wann? Das Timing-Problem

Das Timing-Problem hat zwei Dimensionen: zum einen den Zeitpunkt des Einstiegs in die Förderung, zum anderen die Dauer der Förderung. Dies gilt nicht nur für die jeweiligen Länder, sondern auch für die spezifischen Programme und Projekte. Es gibt weder in der akademischen Debatte noch in der praktisch-politischen Demokratieförderung eine sichtbare Diskussion darüber, wann der günstigste Zeitpunkt für welche Fördermaßnahmen sei. Die herrschende Meinung in der Transformationsforschung geht jedoch davon aus, dass kurzfristig projektierte Unterstützungsperioden in aller Regel wenig erfolgversprechend sind. Verlässliche Daten über die finanziellen Aufwendungen in den unterschiedlichen Transformationsphasen, über Liberalisierung, Transition, Konsolidierung oder Stagnation und Regression gibt es aber weder auf nationaler noch auf internationaler Ebene. Die deskriptive Beobachtung vielfältiger Transformationen legt jedoch nahe, dass sich die Förderaktivitäten besonders verdichten, wenn zum einen Liberalisierungs- und Demokratisierungsdynamiken bereits eingesetzt haben, sich ergeben oder wenn sich die Arbeitsbedingungen in der Transitionsphase rasch verbessern. Während in der Transitionsphase vor allem internationale NGOs in die mobilisierten Transformationsstaaten schwappen, spielen bei der längerfristig angelegten Konsolidierungsunterstützung vor allem staatliche Akteure eine große Rolle. In Stagnations- und insbesondere Regressionsphasen geht die Unterstützung durch vor allem nichtstaatliche Förderorganisationen eher zurück. Die Mühen der Ebenen haben nur eine begrenzte Attraktivität und Mobilisierungskraft für aktivistische Nichtre-

---

[8] Natürlich spielen auch andere Selektionskriterien eine Rolle bei der Auswahl der zu fördernden Länder. Dazu zählen geopolitische und ökonomische Interessen, historisch gewachsene Beziehungen, Konfliktintensität oder regionale Nachbarschaft.

[9] Historisch-traditionelle (koloniale) Abhängigkeiten und Kooperationen beeinflussen weiterhin positiv die Unterstützungsbereitschaft vor allem europäischer Geberländer.

Strategien der Demokratieförderung 161

gierungsorganisationen. Die staatlichen Förderungsangebote erscheinen demgegenüber in der Regel weniger „elastisch" und stärker der Kontinuität verpflichtet.

Allerdings gibt es auch bei staatlichen Förderern einen verstärkten Trend zu kürzeren Förderzyklen. Die dahinterstehenden bürokratischen „Erfolgskontrollen" stehen allerdings im klaren Gegensatz zu dem unabweisbaren Faktum, dass Elemente der guten Regierungsführung wie Transparenz, Verantwortlichkeit, Rechtsstaat und weniger Korruption nicht kurzfristig zu etablieren sind. Dies gilt für interne Reformer wie für externe Förderer.

Aus einer erfahrungsbasierten präskriptiven Perspektive lassen sich keine phasenspezifischen Förderungsprioritäten ableiten. Ob die Mittel in einer noch offenen Transitionsphase verstärkt oder bei Regressionstendenzen zur Autokratie gekürzt werden sollten, lässt sich nicht kontextunabhängig beantworten. Die nicht zufällig unentschiedene Diskussion um Sinn und Unsinn von negativen Sanktionen in der Außen- und Entwicklungspolitik zeigt dies ebenfalls. Der Entzug von Unterstützungsleistungen in Regressionsphasen kann auch die demokratischen Kräfte schwächen und autokratische Trends verstärken. Als Faustregel kann gelten, dass in Stagnations- und Regressionsphasen die Ziele der Demokratieförderung vor allem auf inländische zivilgesellschaftliche Initiativen gerichtet werden sollten, so dies nicht vom Regime durch anwachsende Repression und Kontrolle verhindert wird. Gestärkte politische Vereinigungen und Bewegungen der Zivilgesellschaft können in Regimen, in denen (noch) demokratische Wahlen stattfinden auf die konkurrierenden politischen Eliten einen erheblichen Demokratisierungsdruck ausüben. Je stärker solche zivilen Demokratiebewegungen sind, umso größere Strafen drohen den Akteuren autoritärer Regression bei den nächsten Wahlen.

6 Wie? Das Priorisierungsproblem

Wann und die strategische Kernfrage, *wie* gefördert werden soll, sind eng miteinander verknüpft. Je nach Transformationsphase oder internen Machtverhältnissen können unterschiedliche Prioritäten, Instrumente und Förderbereiche sinnvoll sein. Eine universell anwendbare „Grand Strategy", die für alle Länder, Regime und Transformationsphasen Geltung beanspruchen könnte, gibt es nicht, kann es wohl auch nicht geben, weil sich die Güte einer Strategie vor allem durch ihre Kontextangemessenheit auszeichnet. Peter Burnell spricht in diesem Zusammenhang von der „elusive quest for Grand Stategies" (Burnell 2004: 100). Er selbst unterscheidet drei strategische Handlungssphären in der Demokratieförderung: Wirtschaft, Staat und Zivilgesellschaft (ibid.: 103ff.). Mit der wirtschaftlichen Unterstützung ist auf Seiten der Demokratieförderung langfristig stets die modernisierungstheoretisch inspirierte Hoffnung auf demokratiewirksame *spillovers* von der ökonomischen auf die gesellschaftliche und schließlich politische Sphäre verbunden. Kurzfristig können wirtschaftliche Maßnahmen von außen als negative oder positive Sanktionen eingesetzt werden. Die Wirkung negativer Sanktionen wie Entzug von Wirtschaftshilfen, Boykotte und Embargos gelten als problematisch, weil sie in der Regel die am wenigsten Begünstigten in einer Gesellschaft am meisten treffen und die herrschenden Eliten zur weiteren repressiven Schließung des politischen Systems veranlassen könnten.

Unterstützungsleistungen in der politischen Sphäre zielen in aller Regel auf die Beeinflussung der internen Machtverhältnisse und die Transformation oder den Aufbau von politischen Institutionen. Ersteres birgt das Risiko, als direkte äußere Einmischung gebrandmarkt zu werden und die geförderten Gruppen als „gekaufte Günstlinge des Auslands" zu diskreditieren und verschärfter Repression auszusetzen. Letzteres ist in der Regel erst dann von außen möglich, wenn schon eine von heimischen Kräften getragene Regimetransformation in Gang gesetzt worden ist.

Die extern betriebene Stärkung der Zivilgesellschaft soll in autoritären Systemen die demokratische Mobilisierung gegen das Regime verstärken, wie dies etwa in Polen in den 1980er Jahren, gegen das Apartheidregime in Südafrika, in der Ukraine und in Georgien 2005 geschehen ist. In der Zivilgesellschaft sollen demokratische Gegeneliten gefördert und ausgebildet werden. Dies erinnert an Tocquevilles Beschreibung ziviler Assoziationen als „Schulen der Demokratie". Gleichzeitig hoffen externe Demokratieförderer, dass eine erstarkte Zivilgesellschaft als kontrollierende Öffentlichkeit in einer noch fragilen und besonders gefährdeten Demokratie wirken (Merkel/Lauth 1998).

Das „Arsenal der Instrumente" zur Demokratieförderung in Politik und Staat reicht idealtypisch von bedingungsfreier Unterstützung bis hin zum Regimewechsel durch Krieg (Schraeder 2003: 26). Die Instrumente lassen sich auf einem Kontinuum anordnen, die von weichen bis harten und indirekten zu direkten Eingriffen reichen:

- *Klassische Diplomatie*. Diese erstreckt sich von der Propagierung demokratischer und rechtsstaatlicher Werte über diplomatische Demarchen zur Einhaltung von Menschenrechten bis hin zum Abzug diplomatischer Vertretungen.
- *Politische Zusammenarbeit*. Sie beinhaltet die Expertise zum Aufbau von Strukturen des *good governance*, die Vorbereitung und Beobachtung demokratischer Gründungswahlen, die Unterstützung bei der Verfassungsformulierung oder dem Aufbau einer Verwaltungsgerichtsbarkeit.

Strategien der Demokratieförderung

- *Politische Konditionalität.* Unterstützungsleistungen werden an Forschritte im Bereich des guten Regierens gebunden. Als wirkungsvollste, allerdings nur begrenzt wiederholbare Form erwies sich die Konditionalität der Kopenhagen-Kriterien (1993) für die Aufnahme der osteuropäischen Transformationsländer in die EU. Jenseits der EU-Konditionalität für zukünftige Mitglieder gibt es bisher keine systematischen Erkenntnisse über die Wirkung konditionierter Demokratisierungshilfe.
- *Wirtschaftssanktionen* umschließen die Sanktionierung von Menschenrechtsverletzungen oder Putschen gegen eine demokratisch gewählte Regierung durch Entzug von Entwicklungshilfen oder Meistbegünstigungsklauseln in den Handelsbeziehungen.
- *Verdeckte Interventionen* können gegen autokratische Regime, die Vorbereitung von Staatsstreichen oder zur Unterstützung von Guerillas, Aufständischen und Paramilitärs initiiert werden.[10]
- *Militärische Intervention.* Erzwingung der Demokratie durch Krieg (*democratic intervention*), wie sie in Ex-Jugoslawien, Afghanistan und Irak versucht wurde.

Die Zustimmung zum Gebrauch dieser Instrumente des Demokratisierungsarsenals nimmt mit der Zunahme des mit ihnen verbundenen Zwangs und der Tiefe des Eingriffs in traditionelle Souveränitätsrechte unter den Betroffenen, der internationalen Staatengemeinschaft wie in der wissenschaftlichen Welt ab. Militärische Interventionen allein zur Demokratieerzwingung werden nach den problematischen Nachkriegsentwicklungen im Irak und Afghanistan von den europäischen Förderstaaten weitgehend abgelehnt.

Thomas Carothers hat die Bündel der Demokratiefördermaßnahmen in einer doppelten Dichotomie zusammengefasst: Zum einen unterscheidet er zwischen „politischen" und „entwicklungszentrierten" Strategien (Carothers 2009: 5-19) der Demokratieförderung und zum anderen zwischen „top down"- und „bottom up"-Ansätzen (ibid. 1999: 157-254). Die grobe Dichotomie zwischen politischer und entwicklungszentrierter Strategie eignet sich zu wenig für eine präzise Strategieanalyse. Deshalb sollen im Folgenden nur die differenzierungsfähigeren Konzepte der Top-down- und Bottom-up-Demokratieförderung diskutiert werden.

---

[10] Die zweite Hälfte des 20. Jahrhunderts hat allerdings weit mehr von (westlichen) Demokratien (insbesondere den USA) unterstützte Staatsstreiche zugunsten autoritärer Regime gesehen als zugunsten von Demokratien.

6.1 Top-down-Strategie: Förderobjekte

Der Top-down-Ansatz der Demokratieförderung zielt auf die staatlichen Institutionen, insbesondere auf sechs Bereiche: Wahlen, Verfassungsgebung, Rechtsstaat und Gerichtsbarkeit, Parlament, Dezentralisierung und lokale Regierungen sowie die zivil-militärischen Beziehungen (vgl. Carothers 1999: 157-206).

Wahlsysteme und Wahlen

Zu den ersten institutionellen Fragen, die sich im Verlaufe einer Regimetransformation stellen, gehört die Etablierung eines angemessenen Wahlsystems (Lijphart 1992, Nohlen/Kasapović 1996: 37). „Angemessen" bedeutet, dass das Wahlsystem erlauben muss, die gesellschaftlichen Kräfte- und Interessenstrukturen fair in politische Mandate zu übersetzen (Repräsentationsfunktion), die gesellschaftlichen Konflikte nicht zu verschärfen (Integrationsfunktion) und stabile Regierungsmehrheiten zu produzieren (Stabilitätsfunktion). Wahlsystemexperten, die in die Transformationsländer entsandt werden, sind allerdings häufig zu einseitig von ihren Erfahrungen zu Hause geprägt. So tendieren bundesdeutsche Experten dazu, Sperrklauseln als zentrale Maßnahme gegen die Zersplitterung des Wahlsystems zu empfehlen, während aus der angelsächsischen Welt die Stabilitäts- und Transparenzvorteile des relativen Mehrheitswahlrechts besonders betont werden. Überzeugend bleibt gegenüber solchen patriotisch eingefärbten Expertisen nach wie vor Arend Lijpharts Faustregel (1984): Je heterogener Gesellschaften sind, umso stärker bedürfen sie repräsentationssensibler Verhältniswahlsysteme, und je homogener sie sind, umso eher können sie sich mehrheitsbildende Wahlsysteme leisten.

Neben der Beratung zum Wahlsystem ist die Organisation und Beobachtung der ersten freien Wahlen ins Visier der Demokratieförderer aller Länder und der internationalen Organisationen (z.B. EU, OSZE, IDEA) geraten. Die demokratiestrategische Überlegung der Förderer ist zunächst überzeugend: Wahlen erlauben den Bürgern eine repräsentativere Auswahl der Regierenden, sie begründen legitimes Regieren und Verantwortlichkeit der Regierung gegenüber den Wählern. Die klassischen Tätigkeitsbereiche der externen Unterstützer sind neben den Reformen des Wahlrechts, die Etablierung einer unparteiischen Wahlbehörde, Training und Ausbau eines entsprechenden Personals, Vorbereitung der Bürger und der Zivilgesellschaft auf die Wahlen, sowie die Organisation von internationaler und nationaler Wahlbeobachtung (de Zeeuw 2005).

Dies führt nicht selten zu einem überfüllten Marktplatz hilfswilliger Amateure, die ihre mangelnde Professionalität und marginale Kenntnis der jeweiligen Länder, Gesellschaften und Sprachen mit idealistischem Engagement zu kompensieren suchen. Aber gerade in fragilen Staaten mit unübersichtlicher Macht- und

Institutionenstruktur sind solche externen kurzfristigen Wahlbeobachter überfordert. Fehlende Länderexpertise oder Sprachkenntnisse erlauben es den kurzfristig „eingeflogenen Experten" nur unzureichend, verdeckte Methoden der Wählereinschüchterung, des Stimmenkaufs oder klientelistischer Mobilisierung zu durchschauen (ibid.: 487). Vernachlässigt wird darüber hinaus meist die Aufgabe postelektoraler Mediation. Hier geht es vor allem darum, dass die unterlegenen Parteien das Ergebnis freier Wahlen auch anerkennen. Insbesondere in Postkonflikt-Gesellschaften ist dies eine Aufgabe, die so wichtig wie die Wahlen selbst ist. Sie ist allerdings ungleich schwerer, ressourcenreicher und langfristiger als die Bereitstellung technischer Infrastruktur für einen effizienten und korrekten Wahlablauf. Auch deshalb findet sie weniger faktische Beachtung als die Abhaltung von Wahlen selbst.

Verfassungsgebung

Die Stunde der Verfassungsgebung ist auch die Stunde der externen Verfassungsberatung. Sowohl die US-amerikanischen wie auch die kontinentaleuropäischen Länder versuchen durch dieses sich öffnende Fenster der Gelegenheiten, Einfluss auf die normative und institutionelle Innenausstattung der neuen Demokratien zu nehmen. Diese Beratung ist keineswegs *a priori* interessenspolitisch imprägniert, vielmehr ist sie häufig vom Verfassungspatriotismus der eigenen Normstrukturen zuhause geprägt. Zudem haben die juristischen und politikwissenschaftlichen Berater ihre besondere Expertise vor allem aus der eigenen Verfassung gewonnen. Tatsächlich sind auch einige „Institutionenimporte und -exporte" innerhalb der dritten Demokratisierungswelle durchaus erkennbar, wie etwa das ungarische Verfassungsgericht aus Deutschland, der Semipräsidentialismus Frankreichs nach Polen, Elemente des US-Präsidentialismus nach Südkorea und auf die Philippinen. Dennoch wird die Einflussnahme, zumeist von den Beratern und ihren Auftraggebern selbst, überschätzt. Denn letztendlich laufen alle Ratschläge durch den Filter einer intensiven Debatte der Binnenakteure. Ihre normativen Überzeugungen und eigeninteressierten strategischen Kalküle bestimmen in hohem Maße ihre Verfassungspräferenzen, die zudem in langwierigen Verhandlungen, Runden Tischen und Konventen unter den Binnenakteuren ausgehandelt und entschieden werden müssen. Daraus ergibt sich auch eines der nicht wenigen Paradoxien der Demokratieförderung: Je kleiner die verfassungsgebenden Zirkel, je technokratischer der Verfassungsgebungsprozess, also je undemokratischer das Verfahren, umso größer ist der Einfluss ausländischer Berater (Carothers 1999: 162).

Rechtsstaat und Gerichtsbarkeit

Schon in den 1960er und 1970er Jahren gab es im Kontext einer *law and development movement* erste Versuche, die rechtsstaatliche Entwicklung über die Etablierung von Handels- und Wirtschaftsrecht sowie auch allgemeiner rechtsstaatliche Prinzipien in den entkolonialisierten Ländern Afrikas und Asiens zu fördern. Auch heute sind wirtschaftsrechtliche Regulierungen im Sinne eines Ordoliberalismus auch für die Demokratisierung politischer Regime relevant. Kartell-, Fusions-, Vertrags- wie Arbeitsrecht oder der Aufbau von Rechnungshöfen kann dazu beitragen, tradierte Privilegien alter Eliten abzubauen und das Entstehen demokratieabträglicher Rent-seeking-Strukturen zu verhindern. Systematisch, aber dann im wachsenden Umfang wurde die Rechtsstaatsförderung von den rechtsstaatlichen Demokratien des Westens erst seit Mitte der 1980er Jahren betrieben. Die Zielregion war zu diesem Zeitpunkt vor allem Lateinamerika, dehnte sich aber nach 1989 schnell und massiv nach Osteuropa aus (Carothers 2004a: 132f.). Seit Mitte der 1990er Jahre schickte sich die Rechtsstaatsförderung[11] an, zum *panacea* für alle Probleme demokratischer Regimewechsel zu werden (Carothers 2006b: 3). Aus einer funktionalistischen wie normativen Perspektive kann ein funktionierender Rechtsstaat tatsächlich als ein Kernbereich angesehen werden, der wirkungsmächtige positive *spillovers* auf die Wirtschaft, die demokratische Ordnung und die Zivilgesellschaft produzieren kann. Im Bereich der Wirtschaft signalisiert ein funktionierender Rechtsstaat verbriefte Eigentumsrechte, Vertragssicherheit und Verfahrenssicherheit bei der Durchsetzung und Einlösung dieser Rechte. Damit fördert er ausländische Direktinvestitionen, die für die ökonomische Entwicklung unverzichtbar sind. In der politischen Sphäre sichert er unter anderem negative wie positive Menschenrechte, bindet die Regierung an rechtsförmiges Handeln, sichert Minderheitenrechte gegenüber „demokratischen" Mehrheitstyranneien und ermöglicht die justizielle Bürgerkontrolle gegenüber staatlichen Entscheidungen durch Verwaltungsgerichte. Für die Zivilgesellschaft wird ein rechtlich gesicherter Handlungsraum geschaffen, Bürgerrechte garantiert und zivilgesellschaftliche Partizipationschancen ausgeweitet.

Es kann kein Zweifel bestehen, dass der Rechtsstaat einen funktional wie normativ unverzichtbaren Kernbereich jeder Demokratie darstellt. So unbestritten diese These ist, so umstritten ist die Wirkung der Rechtsstaatsförderung „westlicher Demokratien" in autokratischen, semi-autoritären Regimen oder defekten

---

[11] Rechtsstaatsförderung wird in dieser vergleichenden Übersicht als synonym zu *promotion of the rule of law* gebraucht, obwohl es immer noch Unterschiede zwischen dem amerikanischen oder britischen *rule of law* und dem kontinentaleuropäischen oder deutschem Rechtsstaat gibt (vgl. Grimm, D. 1991: 101ff.).

Strategien der Demokratieförderung

Demokratien. Damit unterscheidet sie sich allerdings nicht substanziell von anderen Bereichen der Entwicklungszusammenarbeit oder der allgemeinen Demokratieförderung (Faust/Leiderer 2008).

Das „Standardmenü" (Carothers 1999: 169) der Rechtsstaatsförderung lässt sich in fünf Bereiche aufgliedern: Reform der Gesetzgebung und des Parlaments, Reform der Rechtsanwendung und des Gerichtswesens, Neufassung von Gesetzen, Ausbildung einer Juristenprofession und Stärkung von *advocay* zugunsten des Rechtsstaats in der Zivilgesellschaft.

Die Reform des Parlaments und seiner Gesetzgebung wird in ihrer Bedeutung für die Rechtsstaatsförderung in der Regel unterschätzt und fördertechnisch bisweilen gar nicht dem Rechtsstaat zugeordnet. Dies führt dann nicht selten zu einer arbeitsteiligen Trennung der Fördergebiete Rechtsstaat und Demokratie und zur Zuweisung zu unterschiedlichen Förderorganisationen, die sich wechselseitig über ihre Aktivitäten kaum informieren, geschweige denn strategisch koordinieren, sondern eifersüchtig *claims* abstecken. Diese für die Zielerreichung kontraproduktive Claim-Protektion eigensüchtiger Bürokratie kann zwar organisationssoziologisch als Einflusskartellisierung erklärt werden, zeigt aber die Malaise der nicht zureichenden Koordination und Kooperation in der Demokratie- und Rechtsstaatsförderung.

Parteienförderung[12]

Die Bedeutung von politischen Parteien in reifen wie jungen Demokratien ist groß (Sartori 1976, Panebianco 1988, Kitschelt 1995, Merkel, W. 1997, Beyme 2000), auch wenn sie nicht mehr unumstritten ist (u.a. Schmitter 2009). Auch in Zeiten der euphorischen Überschätzung von (neuen) sozialen Bewegungen, Bürgerinitiativen, NGOs oder eher traditionalistischen Interessengruppen ist bisher weder in der Demokratietheorie noch in der Parteienforschung ein überzeugender Vorschlag entwickelt worden, wie die Parteien als zentrale Akteure territorialer Interessenrepräsentation ohne Einbußen an demokratischer Repräsentation ersetzt werden können. So können zivilgesellschaftliche Assoziationen und Bewegungen zwar als innovative komplementäre Repräsentationskanäle, kaum jedoch als Ersatz von Parteien angesehen werden (Merkel, W. 1997).

Parteienförderung wird in erster Linie von parteinahen Stiftungen, manchmal aber auch von parastaatlichen oder suprastaatlichen Organisationen betrieben. Zu den wichtigsten zählen: die Parteistiftungen in Deutschland, die parteinahen Stif-

---

[12] Parteienförderung kann entsprechend der Stellung von Parteien zwischen Gesellschaft und Staat sowohl dem Top-down-Ansatz wie dem Bottom-up-Ansatz zugerechnet werden.

tungen der Demokraten (NDI) und Republikaner (IRI) in den USA, die britische Westminster Foundation for Democracy (WFD), das Netherlands Institute for Multiparty Democracy (NIMD), das International Institute for Democracy and Electoral Assistance (IDEA), das UNDP, die OSZE und einige staatliche Förderer in Australien, Schweden oder Australien. Was für die Demokratieförderung im Allgemeinen gilt, gilt verstärkt für die Parteienförderung im Besonderen: Es gibt kein systematisches länderübergreifendes Wissen über Strategien, Instrumente oder gar Wirkungen der Förderung. Die sehr aktiven deutschen parteinahen Stiftungen etwa wissen noch nicht einmal Bescheid, wie viel Geld sie für die Parteienförderung im Vergleich zur Stärkung der Zivilgesellschaft ausgeben. Auch hier haben die Förderorganisationen sich bisher nicht um die systematische Erfassung kollektiver Erfahrungen innerhalb, geschweige denn jenseits ihrer eigenen Organisationen bemüht.[13] Trotz der erheblichen Bedeutung der Parteien für die Demokratie ist der auf sie entfallende Förderteil jedoch relativ gering. Regional fällt der Hauptteil der Parteienförderung auf Osteuropa (mehr als 50%), dann auf die Nachfolgestaaten der früheren Sowjetunion gefolgt von Lateinamerika. Noch weniger werden die Parteien in Afrika und Asien und am wenigsten die in den Ländern Nordafrikas und des Nahen Ostens gefördert (Carothers 2004b: 5f.), da diese wohl am weitesten von der „Idee" Partei entfernt sind, wie sie sich vor allem in Europa manifestiert hat.

Die allgemeine Zurückhaltung der Demokratieförderung gegenüber Parteien ist mindestens drei Umständen geschuldet: Erstens greift die Parteienförderung in aller Regel parteiisch in die politischen Wettbewerbsbedingungen der Förderländer ein, was legitimatorische und diplomatische Fragen aufwirft; zweitens ist die Parteienförderung auch das Haushaltsopfer der demokratietheoretisch wenig reflektierten Euphorie der Förderer gegenüber der Zivilgesellschaft seit Beginn der 1990er Jahre geworden; drittens fehlt es geschlossenen autoritären Regimen häufig an geeigneten Förderobjekten.

Trotz eines Mangels an systematischem Wissen hinsichtlich der Parteienförderung lassen sich in den letzten zwei Jahrzehnten sechs verschiedene Förderansätze[14] erkennen (Burnell 2004: 114, Catón 2007, Erdmann 2008):

---

[13] Aufgrund von Interviews mit der Konrad-Adenauer- und der Friedrich-Ebert-Stiftung schätzt der Parteien- und Afrikaforscher Gero Erdmann (2008: 242) den Anteil der Parteienförderung an der Gesamtförderung der beiden Stiftungen auf nur 20 bis 30 Prozent des Gesamtbudgets.

[14] Ich verwende hier die auch in der deutschen Debatte gebräuchlichen englischsprachigen Begriffe.

Strategien der Demokratieförderung

- *Partisan approach:* Damit ist die Unterstützung einer ideologisch verwandten Partei durch eine programmatisch zu verortende parteinahe Stiftung gemeint. Diesen Ansatz verfolgen vor allem die deutschen parteinahen Stiftungen. Der Vorteil liegt vor allem darin, dass längerfristige Beziehungen aufgebaut werden können und die Unterstützung sich damit der kurzfristigen Hektik evaluationsgetriebener Demokratieförderung, wie sie in den letzten Jahren entstanden ist, entzieht.

- *Multiparty approach:* Hier arbeiten die Förderer nicht mit einer einzigen, sondern mit möglichst vielen Parteien (scheinbar) möglichst neutral zusammen. Dieser Ansatz wird vor allem von US-Förderen (USAID, IRI, NDI, NED) verfolgt, aber auch dezidiert vom niederländischen Institute for Multiparty Democracy (NIMD). Der Vorteil liegt in einer größeren neutralen Inklusion möglichst vieler relevanter (demokratischer) Parteien und damit in der potenziellen Stärkung des gesamten Parteiensystems und seines Wettbewerbs sowie der Repräsentationsfunktion in der Demokratie insgesamt. Der Nachteil liegt im schwierigeren Aufbau von unverzichtbaren Vertrauensbeziehungen zwischen Gebern und Nehmern sowie einer gewissen Kurzfristigkeit dieser Art von „neutraler" Parteienförderung.

- *Cross-party dialogue:* Dieser zählt sicherlich zu den schwierigsten Unterfangen in der Parteienförderung, weil er ein hohes Informationsniveau und große Kontextsensibilität voraussetzt. Darüber hinaus muss der Vermittler über eine anerkannte Reputation als ehrlicher Makler verfügen. Nichtsdestotrotz kann ein solcher Dialog in segmentierten und konfliktreichen Parteiensystemen sowie in akuten Krisenzeiten von hohem Nutzen sein. Wie so oft, steht hier aber die Höhe des Nutzens in einer direkten proportionalen Relation zur Schwierigkeit des Unterfangens.

- *Institutional approach:* Dieser Ansatz ist vor allem in akuten Umbruchphasen von Systemwechseln gefragt, wenn es darum geht, ein kontextangemessenes Wahlrecht zu entwerfen, Wahlkommissionen zu etablieren oder Wahlen zu beobachten. Allgemein zielt ein solcher institutioneller Ansatz auch auf die Stärkung des Parlaments, die effiziente Organisation seiner Ausschüsse, den Aufbau wissenschaftlicher Dienste oder die Konsolidierung der Parlamentsfraktionen selbst.

- *International cross-party collaboration:* Dadurch sollen die regionalen Kontakte der Parteien jenseits des eigenen Staates gestärkt werden. Regionale und kontinentale Parteikonferenzen sollen dazu dienen, regionale staatliche Kooperationen zu erleichtern und Erfahrungen aus bisweilen vergleichbaren Kontexten auszutauschen.

- *Civil society approach:* Dieser Ansatz zielt auf eine besondere Schwäche vieler Parteiensysteme in jungen Demokratien, nämlich deren unzureichende gesellschaftliche Verankerung. Vorfeldorganisationen wie Gewerkschaften, Unternehmer- oder Agrarverbände können zumindest die sektorale Anbindung der Parteien an die Gesellschaft erleichtern. Sie können auch die nicht seltene Frontstellung zwischen der „guten" Zivilgesellschaft und den „korrupten" Parteien aufbrechen helfen, wie sie häufig von internationalen NGOs zu Recht oder zu Unrecht aufgebaut werden.

Systematische Analysen der Wirkungsmechanismen stehen jedoch auch bei der Parteienförderung noch aus. Dieses Defizit ist nicht nur den begrenzten finanziellen und organisatorischen Ressourcen der parteinahen Stiftungen geschuldet, sondern auch aufgrund der fragmentierten kleinteiligen Unterstützungsleistungen in ihren Kausalitätszusammenhängen kaum zu erfassen. Anders als größere Förderbürokratien (BMZ, GTZ, KfW, USAID, UNDP etc.) wird auch gar nicht erst versucht, eine Evaluationsmaschinerie aufzubauen. Es wird auf die kontextuelle Erfahrung der Förderer vor Ort vertraut, die freilich häufig aufgrund der personellen Rotationsvorschriften ebenfalls nur begrenzt sein können. In jedem Fall sind sie auf Personen beschränkt; eine organisatorische Verankerung und Verarbeitung dieses Erfahrungswissens gibt es bisher kaum.

6.2 Bottom-up-Strategie: Förderobjekte

Alle Demokratie geht vom Volke aus. Deshalb, so die nicht unplausible Forderung, müsse Demokratie vor allem von unten, von der Basis her gefördert werden. Denn nur außerhalb des Staates und der parteilich vermachteten Sphäre könne sich Demokratie genuin entfalten. Dies gelte gerade dann, wenn der Staat autoritär verfasst sei oder der Staatsapparat trotz freier Wahlen autoritär handle, korrupt sei und klientelistisch-partikulären Interessen, nicht aber dem Gemeinwohl diene. Nicht zuletzt in der Tradition von Tocqueville ließen sich die zivilgesellschaftlichen Assoziationen als die Kernorganisationen und „Schulen der Demokratie" verstehen.

Seit den späten achtziger Jahren des vergangenen bis hin zum ersten Jahrzehnt des neuen Jahrhunderts lassen sich mindestens zwei Phasen der Zivilgesellschaftsförderung erkennen: die erste idealistisch überhöhte Boomphase in den 1990er Jahren und die zweite Phase seit der Jahrhundertwende, in der sich eine realistisch nüchterne Verbreiterung der Förderung vom primär politischen in den sozioöko-

Strategien der Demokratieförderung 171

nomischen Bereich[15] sowie eine Kommunalisierung (*going local*) der Förderaktivitäten vollzogen.

In der Boomphase gaben die Amerikaner den Ton an. Die Möglichkeit, die kommunistischen Diktaturen Osteuropas mithilfe der sich dort erhebenden Zivilgesellschaft zu stürzen, erschien den US-Förderern die ideale Vermählung idealistisch-Tocquevilleanischer Visionen mit dem geopolitischen Ziel, den Kommunismus zu begraben. Es war die idealistisch überzogene Hoffnung, dass zivilgesellschaftliche Organisationen als Katalysatoren für eine nachhaltige, endogene Demokratiebewegung wirken werden. Die NGOs widmeten sich der Vorbereitung und Überwachung von demokratischen Wahlen, forderten die Transparenz parlamentarischer Prozesse, etablierten Websites zur Korruptionsbekämpfung, förderten die Durchsetzung von Frauenrechten oder organisierten Seminare zur *civic education*. Der exogen induzierte Diskurs sollte advokatorisch die Schwächen der Partizipation, Repräsentation, Transparenz und Kontrolle aufdecken und die staatlichen Organe und Institutionen veranlassen, diese Schwächen zu überwinden. Die demokratischen Heilserwartungen stützten sich auf ein idealisiertes Tocquevillesches Demokratieverständnis, während die Methode edukativ-rousseauistische Züge trug.

Nüchterner gingen die US-amerikanischen Demokratieförderer in den 1980er und 1990er Jahren in Lateinamerika zu Werke. Da dort die heimischen zivilgesellschaftlichen Basisgruppen häufig auch antikapitalistisch und antiamerikanisch eingestellt waren, wurden sie kaum gefördert. Es dominierte das nationale geopolitische Interesse (Birle 2000, Bendel/Krennerich 2000). Verschärft stellt sich diese Problematik noch in der arabisch-islamischen Welt, in der die Oppositionsbewegungen häufig islamistisch-antiamerikanisch sind (Albrecht 2006). Diese Selektivität in der zivilgesellschaftlichen Demokratieförderung zeigte erneut die Dominanz nationaler Interessen in der amerikanischen Demokratieförderung und legte das daraus resultierende Glaubwürdigkeitsproblem offen, dass die USA insbesondere in Lateinamerika und der arabisch-islamischen Welt haben.

Dennoch brachte die Boomphase zivilgesellschaftlicher Förderung auch positive Demokratieeffekte hervor. Wahlbeobachter haben Wahlbetrug erschwert und gegebenenfalls publik gemacht; Menschenrechtsgruppen waren beständige Mahner angesichts der Verletzung fundamentaler Menschen- und Bürgerrechte; Medieninitiativen machten Korruption öffentlich und Frauenorganisationen thematisierten mit wachsendem Erfolg die Unterdrückung der Frauen (Carothers 1999:

---

[15] Dies gilt insbesondere für die US-Förderung, weil die deutsche wie europäische Förderung stets auch sozioökonomische Segmente der Zivilgesellschaft gefördert haben, da sie sich oft weigerten, sich politisch zu stark zu exponieren (Carothers 1999, 2009).

216f.). In jenen Fällen, in denen die heimische Zivilgesellschaft unterstützt wurde, dienten die gesellschaftlichen Vereinigungen und Vereine tatsächlich als „Schulen der Demokratie" und versorgten die politischen Institutionen mit neuen demokratischen Eliten. Dies hat sich am erfolgreichsten in Osteuropa, am wenigsten erfolgreich in Afrika erwiesen. Die zivilgesellschaftlichen Organisationen entfalteten ihre Wirkungen vor allem bei der Liberalisierung und Öffnung autoritärer Regime und in manch kritischen Phasen des Regimewechsels (Merkel/Lauth 1998: 8f.).

Diesen positiven Effekten müssen die negativen Wirkungen gegenüber gestellt werden. Vom Förderboom profitierten vor allem internationale NGOs oder westlich eingestellte und trainierte Organisationen. Sie waren meist nicht jene endogenen *civic associations* im Sinne von Putnam, die gesellschaftlich verankert, soziales und politisches Kapital für die Gesellschaft und Demokratie akkumulierten, sondern westlich professionalisierte Hilfs- und „Erziehungsorganisationen".

Die Entzauberung der Tocquevilleschen Romantik und die Kritik kapitalistischer NGO-Geschäftstüchtigkeit führte zum Umdenken in der Zivilgesellschaftsförderung der USA. Am Ende der 1990er Jahre setzten die meisten Förderorganisationen nicht mehr primär auf politisierte *advocacy NGOs*, sondern erweiterten den Förderbereich nun verstärkt auf sozioökonomisch orientierte Gruppen der Zivilgesellschaft. Parallel zur nüchternen Pragmatisierung der zivilgesellschaftlichen Unterstützung gewann der Ansatz der lokalen Förderung an Terrain. Der Schwerpunkt verlagerte sich von der nationalen auf die lokale und von der politischen auf die soziale wie wirtschaftliche Ebene. Der *going local approach* hatte drei Stoßrichtungen: Unterstützung von guter Regierungsführung in lokalen Exekutiven (seltener „Legislativen"), kleinen und mittleren Unternehmen sowie kommunalen inländischen NGOs. Der Vorteil einer solchen Strategie liegt unter anderem darin, dass mit dem Wegfall des superioren Erziehungsstils und der Unterstützung bei alltäglichen Wirtschafts- und Sozialproblemen das Vertrauen der Bürger in alltäglicher Kooperation gewonnen werden kann. Die nunmehr hervorgehobene Betonung der sogenannten *ownership*, das heißt der aktiven Einbindung der lokalen Betroffenen, sollte deren Partizipation stärken und die *accountability*-Mechanismen insgesamt verbessern. Aber auch hier gibt es eine für die Demokratieförderung wie die Entwicklungszusammenarbeit typische „Koordinationsfalle": Die Entdeckung der Basis kann auch zu einer Fragmentierung begrenzter Förderaktivitäten einzelner „Pilotprojekte" führen, die wie Kathedralen in der Wüste vereinzelt aufragen, aber, weil kaum untereinander verbunden, keine systemischen Effekte auf die Stärkung von Demokratie und *good governance* produzieren. Die längst zu besichtigende Gefahr ist dann ein „Projekt-Hopping" von Pilotprojekt zu Pilotprojekt, ohne wirkungsvolle Strategien für deren gesamtgesellschaftliche Ausbreitung zu

Strategien der Demokratieförderung

entwickeln, da diese für einzelne Förderorganisationen häufig zu aufwendig sind und eine erhebliche Koordinationsleistung der Geber erfordern.

7 Das Problem der Wirkungsanalyse

Der Kausalitätszusammenhang von Förderung und Wirkung ist die Kardinalfrage jeglicher Wirkungsanalysen in der Demokratieförderung. Was lässt sich jenseits spektakulärer Systemwechsel über die Wirkungen der alltäglichen, mühseligen und offenen Demokratieförderung aussagen? Was weiß die Forschung über diese Zusammenhänge, wie gehen die Förderorganisationen mit dieser Frage um? Wie in der Entwicklungszusammenarbeit insgesamt hat sich auch in der Demokratieförderung der letzten Dekade die Debatte um die Wirkung externer Maßnahmen intensiviert (vgl. u.a. Knack 2004, Burnell 2007, Finkel et al. 2007, Faust/Leiderer 2008). Die Diskussion hat aber weniger zu einem Konsens als zu einem wachsenden Dissens in der Wirkungseinschätzung der Demokratieförderung geführt. Resümierende Übersichten über Einzelstudien oder Analysen mit geringen Fallzahlen kommen überwiegend zu einer skeptischen Einschätzung (z.B. Carothers 1999, Carothers/Ottaway 2000, de Zeeuw 2005, Burnell 2000, 2004, 2007). Es gibt bisher nur wenige Evaluationsstudien, die die Wirksamkeit der Demokratieförderung für hohe Fallzahlen von Ländern mit statistischen Methoden untersucht haben (Knack 2004, Scott/Steele 2005, Paxton/Morishima 2005, Finkel et al. 2007). Furore machte deshalb 2007 eine Studie von Stephen Finkel und seinen Mitarbeitern, die mit breitem Datenmaterial und entwickelten statistischen Methoden (multivariate Regressionen, Faktoranalysen) einen positiven Zusammenhang zwischen der Demokratieförderung von USAID und Demokratiefortschritten feststellten. Die Studie untersuchte die Wirkung der Ausgaben von USAID für die Demokratieentwicklung in mehr als einhundert Empfängerländern für die Periode von 1990 bis 2003. In diesem Zeitraum stiegen die Ausgaben von USAID für die Demokratieförderung um 500 Prozent. Zwölf Prozent des Förderbudgets wurden für Wahlen und Parteien ausgegeben, 21 für die Stärkung von Menschenrechten und Rechtsstaat, 26 für gute Regierungsführung und Dezentralisierung und 41 Prozent für den Bereich der Zivilgesellschaft. Die abhängige Variable, nämlich den Demokratiefortschritt, haben Finkel und Mitarbeiter mit über 20 Indikatoren in fünf Teilbereichen des demokratischen Regimes gemessen: Freie und faire Wahlen, Respekt vor Menschenrechten und Rechtsstaat, Handlungsbedingungen für die Zivilgesellschaft, freie Medien und demokratische Regierungseffizienz. Das Generalergebnis der Analyse wird mit statistischer Präzision und kühner Unerschrockenheit folgendermaßen formuliert: „(…) ten million dollars [for one country, W.M.] will raise the Freedom House Index by about .26, or one-quarter of a point" (Finkel et al. 2007: 424).

Es muss aber auch bei Finkels einflussreicher Studie bezweifelt werden, dass es den Forschern gelungen ist, die Förderung der USAID von anderen Förderorganisationen zu trennen. Das Gleiche gilt für die internen Faktoren, die auch ohne externe Förderung demokratisierende Effekte auslösen. Deren statistische Isolierung von den extern provozierten Demokratiefortschritten ist statistisch ebenfalls nicht befriedigend gelöst, möglicherweise gar nicht lösbar. Dem Versuch, auf der hoch aggregierten Ebene des gesamten politischen Systems die Demokratiefortschritte klar ihren internen und externen Verursachungsfaktoren attribuieren zu wollen, sind in der makroquantitativen Analyse engere Grenzen gesetzt, als deren Urheber glauben oder glauben machen wollen. Je nachdem welche Modellvariante einer multivariaten Regressionsanalyse gewählt und auf welche Datensätze zurückgegriffen wird, werden der externen Demokratieförderung negative, positive oder gar keine Wirkungen kausal unterstellt.

Aber auch auf der Programm- oder Projektebene ergeben sich in der Evaluationspraxis vieler multilateraler oder nationaler Geberorganisationen ungelöste Probleme. Insbesondere die in der wissenschaftlichen Analyse unbestrittene Feststellung, dass demokratisierende Wirkungen externer Unterstützung erst mit erheblicher Zeitverzögerung eintreten, wird von den Förderorganisatoren nicht zur Kenntnis genommen. Es wird konzeptionell in kurzen Zyklen geplant und in noch kürzeren Fristen evaluiert. Da Wirkungen dann häufig nicht festgestellt werden können, werden nicht selten *output*-Faktoren und nicht *outcome*-Faktoren im sogenannten Log-Frame-Approach (LGA) als Wirkungsfaktoren bezeichnet. Auch bei diesem in den Evaluationsabteilungen der Förderbürokratien beliebten Ansatz gibt es ungelöste Probleme, die zu unangemessenen Wirklichkeitsbeurteilungen führen: die LGA ist kleinteilig isoliert auf Projekte und selten auf Programme fokussiert; sie konzentriert sich auf vermeintlich „harte" quantitative Daten, die bestenfalls reduktionistisch Demokratiefortschritte abbilden können; die systematische Nichtbeachtung von projektexternen Einflüssen auf die Projektziele machen die kühnen Kausalitätsannahmen von Projektmaßnahme und Zielerreichung bisweilen zu einem realitätsfernen Artefakt. Der Vorschlag von Gordon Crawford (2002), die „inadequacy of numbers" zu überwinden und zu einer „participatory evaluation" zu gelangen, die die geförderten Institutionen und Organisationen systematisch als Subjekt und nicht nur als Objekt einbindet, ist bisher kaum durchgesetzt. Die verbal so emphatisch beschworene *ownership*, eines der Kernprinzipien der Millenniumsziele der internationalen Entwicklungsarbeit, wurde bisher in der geberfixierten Evaluationspraxis bisher kaum verwirklicht. Auch wenn sich *ownership* stärker durchsetzt, muss präzise analysiert werden, welche einheimischen Eliten, welche

Strategien der Demokratieförderung

Form der *ownership* praktizieren. Die Entwicklungszusammenarbeit wie die Demokratieförderung werden darauf zu achten haben, dass *ownership* nicht zum Deckmantel für rentensuchende einheimische Eliten wird, die die Evaluationen dann entsprechend „einfärben". Ein Mix von Fremd- und partizipativer Evaluierung bietet deshalb zumindest die Chance einer wechselseitigen Kontrolle und Korrektur.

Die Evaluation der Demokratieförderung ist eine Wachstumsindustrie geworden. Sie verschlingt mittlerweile einen beachtlichen Anteil der Fördermittel. Dennoch sind wichtige methodische Probleme nicht gelöst. Während auf der Mikroebene die Wirkungen der einzelnen Projekte durchaus erfasst werden können, ist es auf der Mesoebene der Programme oder Sektoren wie der Förderung der Menschenrechte, der politischen Partizipation oder der Verantwortlichkeit der Exekutive schon viel schwieriger, die Effekte kausal zu verstehen. Noch problematischer ist es auf der Makroebene: Die szientistischen Versuche, die Demokratieeffekte externer Förderaktivitäten mithilfe von quantifizierenden multivariaten Regressionsanalysen isoliert von anderen Einflüssen messen zu wollen, überzeugen nicht. Insbesondere der Mikro-Makro-Link zwischen Projektebene und der Demokratie des Landes insgesamt wird noch unzureichend verstanden. Die Hypothesen, die den quantitativen Evaluationsmodellen zugrunde liegen, sind theoretisch nicht hinreichend fundiert. Eine belastbare allgemeine Theorie zur Lösung des Mikro-Makro-Puzzles steht bisher nicht zur Verfügung.

8 Fazit

„Does International Democracy Promotion Work?" „Yes? No? We really do not know", so hat Peter Burnell (2007: 12) die sich selbst gestellte Schlüsselfrage lakonisch beantwortet. Die Begründung lautet: „Because the art of assessing democracy support has not yet caught up with the art of assessing the state of democracy" (ibid.). Das ist eine wissenschaftlich redliche Antwort. Solange das Mikro-Makro-Puzzle nicht gelöst ist und solange bis auch ausgefeilte multivariate Regressionsanalysen die Binnenfaktoren der Demokratisierung nicht von den externen Einflussvariablen isolieren können, ist die von der Wissenschaft geforderte Wahrheitsfindung nicht gewährleistet. Dies gilt für die Makroebene ganzer politischer Regime und *a forteriori* für die globale Demokratieförderung insgesamt. Das schließt allerdings nicht aus, dass wir auf der Plausibilitätsebene deskriptiver Erfassung einzelner Strategien und Maßnahmen Erkenntnisse über die Wirkungen in konkreten Kontexten haben. Auch wenn die theoretische Verdichtung und Generalisierung solch partikulären Wissens zu robusten Kausalitätsaussagen noch aussteht, lassen sich strategische Lernprozesse organisieren, die unser Wissen über die Demokratieförderung vermehren. Ein solches institutionelles Lernen ist aber bisher in der Regel genauso fragmentiert wie die Demokratieförderung selbst. Die Demokratieforschung steht hier noch am Anfang. Wenn die am Anfang des Kapitels illustrierten strategischen Fragen des Koordinations-(Förderer), Selektions-(Ziele), Timing- und Prioritätenproblems (*top down/bottom up*) schon in der Förderplanung nicht ausreichend einbezogen und konzeptionell beantwortet werden, bleibt die Förderpraxis fahrlässig unterhalb seines (begrenzten) Wirkungspotenzials. Dies scheint in der Demokratieförderung bisher allerdings eher die Regel als die Ausnahme zu sein. Von einer theoretisch überzeugenden und empirisch fundierten Strategiebildung ist die Demokratieförderung noch weit entfernt.

Literatur

Albrecht, Holger 2006: Politischer Islam und autoritäre Regime im Vorderen Orient, in: Internationale Politik und Gesellschaft (3), 11-31.

Bendel, Petra/Michael Krennerich 2000: Zivilgesellschaft und demokratische Transformation in Zentralamerika, in: Merkel, Wolfgang (Hg.), Systemwechsel 5: Zivilgesellschaft und Transformation, Opladen: Leske + Budrich, 273-294.

Beyme, Klaus von 2000: Parteien im Wandel. Von den Volksparteien zu den professionalisierten Wählerparteien, Wiesbaden: Westdeutscher Verlag.

Birle Peter 2000: Zivilgesellschaft in Südamerika – Mythos und Realität, in: Merkel, Wolfgang (Hg.), Systemwechsel 5: Zivilgesellschaft und Transformation, Opladen: Leske + Budrich, 231-272.

Burnell, Peter 2000: Democracy Assistance: The State of the Discourse, in: Burnell, Peter (ed.), Democracy Assistance. International Co-operation for Democratisation, London: Cass, 3-33.

Burnell, Peter 2004: „Democracy Promotion: The Elusive Quest for Grand Strategies", in: Internationale Politik und Gesellschaft (3), 100-116.

Burnell, Peter 2005: Political Strategies of External Support for Democratization, in: Foreign Policy Analysis 1 (3), 361-384.

Burnell, Peter 2006: Globalising Party Politics in Emerging Democracies, in: Burnell, Peter (ed.), Globalising Democracy. Party Politics in Emerging Democracies, Abingdon: Routledge, 1-15.

Burnell, Peter 2007: Does International Democracy Promotion Work?, Bonn: Deutsches Institut für Erwachsenenbildung.

Strategien der Demokratieförderung

Carothers, Thomas 1997: Democracy Assistance: The Question of Strategy, in: Democratization 4 (3), 109-132.

Carothers, Thomas 1999: Aiding Democracy Abroad – The Learning Curve, Washington: Carnegie Endowment for International Peace.

Carothers, Thomas 2004a: Critical Mission – Essays on Democracy Promotion, Washington: Carnegie Endowment for International Peace.

Carothers, Thomas 2004b: Political Party Aid, paper prepared for the Swedish International Development Agency, Washington: Carnegie Endowment for International Peace.

Carothers, Thomas 2006a: Confronting the Weakest Link. Aiding Political Parties in New Democracies, Washington: Carnegie Endowment for International Peace.

Carothers, Thomas (ed.) 2006b: Promoting the Rule of Law Abroad. In Search of Knowledge, Washington: Carnegie Endowment for International Peace.

Carothers, Thomas 2009: Democracy Assistance: Political vs. Developmental, in: Journal of Democracy 20 (1), 5-19.

Carothers, Thomas/Ottaway, Marina (eds.) 2000: Funding Virtue – Civil Society Aid and Democracy Promotion, Washington: Carnegie Endowment for International Peace.

Catón, Matthias 2007: Effective Party Assistance. Stronger Parties for Better Democracy, Policy Paper, International Institute for Democracy and Electoral Assistance (IDEA), November 2007, Stockholm.

Crawford, Gordon 2002: Evaluating Democracy Assistance: The inadequacy of numbers and the promise of participation, paper prepared for the conference on "Combining Qualitative and Quantitaive Methods in Development Research, University of Wales, Swansea, July, 1-2, 2002.

Dahl, Robert A. 1971: Polyarchy. Participation and Opposition, New Haven: Yale University Press.

de Zeeuw, Jeroen 2005: Projects Do not Create Institutions: The Record of Democracy Assistance in Post-Conflict Societies, in: Democratization 12 (4), 481-504.

Diamond, Larry 2008: The Spirit of Democracy: The Struggle to Build Free Societies Throughout the World, New York: Times Books.

Erdmann, Gero 2008: Parteienförderung im Kontext von Transitions- und Parteienforschung, in: Erdmann, Gero/Kneuer, Marianne (Hg.), Externe Faktoren der Demokratisierung, Baden-Baden: Nomos, 235-260.

Faust, Jörg/Leiderer, Stefan 2008: Zur Effektivität und politischen Ökonomie der Entwicklungszusammenarbeit, in: Politische Vierteljahresschrift 49 (1), 3-26.

Finkel, Steven E./Pérez-Liñán, Aníbal/Seligson, Mitchell A. 2007: The Effects of U.S. Foreign Assistance on Democracy Building, 1990-2003, in: World Politics 59 (3), 404-439.

Grimm, Dieter 1991: Die Zukunft der Verfassung, Frankfurt/M.: Suhrkamp.

Grimm, Sonja 2008: External Democratization after War: Success and Failure, in: Grimm, Sonja/Merkel, Wolfgang (eds.), Special Issue of Democratization: War and Democratization: Legality, Legitimacy and Effectiveness 15 (3), 525-549.

Joyner, Christopher C. 2002: The United Nations: Strenghtening an International Norm, in: Schraeder, Peter J. (ed.), Exporting Democracy. Rethoric vs. Reality, Boulder: Lynne Rienner Publishers, 147-172.

Kitschelt, Herbert 1995: Die Entwicklung post-sozialistischer Parteiensysteme: Vergleichende Perspektiven, in: Wollmann, Hellmut/Wiesenthal, Helmut/Bönker, Frank (Hg.), Transformation sozialistischer Gesellschaften: Am Ende des Anfangs, Opladen: Westdeutscher Verlag, 475-505.

Knack, Stephen 2004: Does Foreign Aid Promote Democracy?, in: International Studies Quarterly 48 (1), 251-266.

Kronberg, Julia 2006: Zielsetzungen und Strategien der Demokratieförderung der USA und Deutschland, Heidelberg, Ms.

Lijphart, Arend 1984: Democracies: Patters of Majoritarian and Consensus Government in Twenty-One Countries, New Haven: Yale University Press.

Lijphart, Arend 1992: Democratization and Constitutional Choices in Czecho-Slovakia, Hungary and Poland 1989-91, in: Journal of Theoretical Politics 3 (4), 207-233.

Merkel, Reinhard 2008: Basic Principles of Law as Normative Foundations of, and Limits to, Military Enforcement of Human Rights Aross State Boundaries, in: Grimm, Sonja/Merkel, Wolfgang (eds.), Special Issue of Democratization: War and Democratization: Legality, Legitimacy and Effectiveness 15 (3), 472-486.

Merkel, Wolfgang 1997: Parteien und Parteiensysteme im Transformationsprozeß: ein interregionaler Vergleich, in: Merkel, Wolfgang/Sandschneider, Eberhard (Hg.), Systemwechsel 3. Parteien im Transformationsprozess, Opladen: Leske + Budrich, 337-372.

Merkel, Wolfgang 2008: Democracy through War?, in: Grimm, Sonja/Merkel, Wolfgang (eds.), Special Issue of Democratization: War and Democratization: Legality, Legitimacy and Effectiveness 15 (3), 487-509.

Merkel, Wolfgang/Lauth, Hans-Joachim 1998: Systemwechsel und Zivilgesellschaft: Welche Zivilgesellschaft braucht die Demokratie?, in: Aus Politik und Zeitgeschichte B 6-7, 3-12.

Muravshik, Joshua 1991: Exporting Democracy: Fulfilling America's Destiny, Washington: American Enterprise Institute Press.

Newman, Edward 2004: UN Democracy Promotion: Comparative Advantages and Constraints, in: Newman, Edward/Rich, Roland (eds.), The UN Role in Promoting Democracy. Between Ideals and Reality, Tokio: United Nations University Press, 188-207.

Nohlen, Dieter/Kasapović, Mirjana 1996: Wahlsysteme und Systemwechsel in Osteuropa. Genese, Auswirkungen und Reform politischer Institutionen, Opladen: Leske + Budrich.

Strategien der Demokratieförderung

Panebianco, Angelo 1988: Political Parties: Organization and Power, Cambridge: Cambridge University Press.

Paxton, Pamela/Morishima, Rumi 2005: Does Democracy Aid Promote Democracy?, The John Glenn Institute for Public Service and Public Policy, Ohio State University.

Santiso, Carlos 2002: Promoting Democracy by Conditioning Aid? Towards a More Effective EU Development Assistance, in: Internationale Politik und Gesellschaft (3), 107-133.

Sartori, Giovanni 1976: Party and Party Systems, Cambridge: Cambridge University Press.

Schimmelpfennig, Frank/Engert, Stefan/Knobel, Heiko 2006: International Socialization in Europe. European Organizations, Political Conditionality and Democratic Change, Basingstoke: Palgrave Macmillan.

Schmitter, Philippe C. 2009: Diagnosing and Designing Democracy in Europe, in: Alonso, Sonía/Keane, John/Merkel, Wolfgang (eds.), The Future of Representative Democracy, Cambridge: Cambridge University Press (forthcoming).

Schraeder, Peter J. 2003: The State of the Art in International Democracy Promotion: Results of a Joint European-North American Research Network, in: Democratization 10 (2), 21-44.

Scott, James M./Steele, Carie A. 2005: Assisting Democrats or Resisting Dictators? The Nature and Impact of Democracy Support by the United States Endowment for Democracy, 1990-99, in: Democratization 12 (4), 439-460.

Thiel, Rainer H. 2008: Nested Games of External Democracy Promotion: The United States and the Polish Liberalization 1980-1989, Dissertation, Freie Universität Berlin.

Youngs, Richard 2006: Survey of European Democracy Promotion Policies 2000-2006, Madrid: Fundación para las Relaciones Internacionales y el Diálogo Exterior.

Youngs, Richard (ed.) 2008: Is the European Union supporting democracy in its neighbourhood?, Madrid: Fundación para las Relaciones Internacionales y el Diálogo Exterior.

Anwendungsfelder politischer Strategieanalyse

Strategy Development and Variations of Party Government

Hans Keman

1 Introduction

Political strategy is defined in this chapter as a (conscious) plan of action, including developing ideas on managing public policy formation as a means to achieve (more or less) specified goals as regards regulating society by the democratic state (Tils 2005, Raschke/Tils 2007, Peters 2007). Elsewhere I have defined party government as the irreducible core of political action within representative democracy (Keman 2006a, Cotta 2000) which actions depend to a large extent on its *internal* organization and working of party government itself, on the one hand, and on the *interplay* between the relevant actors (i.e. parties) and the 'rules of the game' (institutions), on the other hand (Schmidt 2002). I will argue that the *formation* (composition) and *life time* (survival) of party government are crucial to understand its strategic capabilities and to act as a steering agent (Keman 2002b). Strategy development is considered the capacity of party government to create a means-end relationship (the 'plan') and to carry this out within a certain time span (e.g. the electoral calendar) given the institutional constraints of the polity. In this paper the focus is therefore on party government as an organized collective agent. Why this focus?

- Party government is the *core actor* in any representative (parliamentary) democracy and thus essential for the study of political strategy.
- Party government is the *pivotal requirement* – given its strategic capabilities – to develop and carry out a 'plan of action' within a given period of time.
- Party government is the *steering agent* in the 'chain of democratic control and command" (see Figure 1 below) in terms of strategic action.

By analysing the shape of party government, on the one hand, and its emergence and formation, on the other hand, we can examine how and to what extent this collective actor is capable of strategic sheering *and* what the institutional limits are for carrying out its plan of action. In this paper I shall elaborate on the features (= form & fabric), emergence (= formation & composition) and shape (= type & colour) of party government as a collective actor in 20 representative democracies (see Table 1 below for the democracies included) between 1980-2004. This allows examining the cross-national variation of party government over time and its strategic performance in different institutional contexts (like party system – party differences – policy preferences). In sum: this contribution examines how party government is organised as a strategic actor as well as it sheds light on its role and function as a strategic actor embedded in the institutions of a democratic polity.

The paper is structured as follows: In the next section we will delve into how party government is shaped and examine its life cycle (i.e. time available for strategic steering). Thereafter we will highlight the comparative variation in terms of the organization of party government and how this is institutionally embedded. This will allow for discussing its power resources and limitations for strategic action. Hence, we look at coalition formation and ideological direction and we look more closely into certain features of the life and times of party government: rate of survival and reasons of termination. This will demonstrate the capabilities of party government in terms of public policy formation in view of the preferences of parties in and out government. Finally, we will draw some conclusions as regards the strategic opportunities and constraints of party government in relation to its institutional form, party composition and time span from a comparative perspective.

2 Party Government: Simple Concept – Complex Animal

Party government is one of the central topics for the study of representative democracy. For it concerns directly the complexities of the triad: politics – polity – policy, which is a systemic device for analysis (Schmidt 1992, Keman 1997: Ch. 1; see also Figure 1 below). Such an approach implies that *party government* is the strategic core of any representative democracy because the political executive is constitutionally empowered to run the 'affairs of the state' based on a system of 'checks & balances' between the executive and legislative. This relationship differs across democratic polities, but at the end of the day it binds government in its capacities to act by means of the 'rule of law' (or: Rechtsstaat). In other words: the formal rules of the democratic games define the 'room for manoeuvre' of government and thus of the crucial actors making up government all representative democracies: *political parties*.

Over time the institutional context of government has been conducive to the development of informal rules, or conventions, to play the game in reality. These

Strategy Development and Variations of Party Government

'rules of the game' have emerged over time and define the actual scope for action of the key actors involved: parties. It is the interaction between parties and government that mould the pursuit of their main strategic goals: *policy*-seeking and *office*-seeking. The former goal represents behaviour of parties with respect to make government do what is in their interest and reflects their ideas how society ought to be directed by means of public goods (e.g. socio-economic policy-making, the welfare state, conducting foreign policy, etc.). The latter goal – office seeking – is gaining access to the decision-making arena by competing with other parties (in parliament and government). There is hardly any policy-seeking behaviour possible without having offices (i.e. having seats in parliament or ministers in government). This type of behaviour of parties and the resulting interaction between the executive and legislative is typical for parliamentary democracies and defines the 'room to manoeuvre' (Strøm 1990, Blondel/Noussiainen 2000: 188-189). In short party government is the *nodal* point of governmental action. It relates the 'input' side with the 'output' side within any representative type of parliamentary government. It can thus be considered as the 'engine room' of the polity and therefore strategic position in the so-called "Chain of democratic command & control" (Keman 2002b). Below in Figure 1 the nodal position of party government is highlighted:

Figure 1: The Chain of Democratic Control & Command

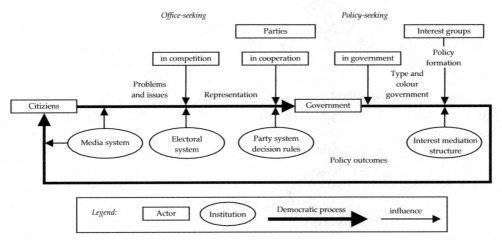

This descriptive model indicates clearly that government is a core actor as well as a necessary element for strategic action within parliamentary democracy. This also implies that political parties, i.e. the elected representatives having a 'mandate' to make policy choices and the 'assignment' to control government, are central actors in this process. *Party government* is the executive body responsible for policy-making and representing the top level within the polity. Hence, if one wishes to understand the working of the strategic capacities of parliamentary types of party government one must, first of all, focus on how party government emerges i.e. how is it formed and what are its specific features in terms of type – colour – party composition (Woldendorp et al. 2000). Second, and this is crucial for understanding the strategic capabilities, the *institutional* context in which government operates must be taken into account to analyse it as a 'steering agency' in relation to its formal 'power resources' (e.g. parliamentary support, type of government and its homogeneity). On the following page in Table 1 the main features of party government are presented.

The cross-national variation regarding the features of party government across these parliamentary democracies is considerable. Much of this variation has already been discussed elsewhere (e.g. Lijphart 1999; Keman 2006a, Müller-Rommel et al. 2004, Müller/Strøm 1999, Siaroff 2000, Woldendorp et al. 2000). What is of interest here is to what extent the information contained in Table 1 helps us to understand the strategic capabilities and steering capacity of party governments.

Firstly, we look at the *Type of Government* (a scale running from 1 to 5: 1 = Single Party Government, 2 = Minimal Winning Coalition, 3 = Surplus or Oversized Coalition, 4 = Minority Single Party Government, 5 = Minority Coalition) and its main power resource, i.e. parliamentary support. The types of government not only vary across the countries, but also within the countries (except for Canada, Switzerland and the UK). The closer the averages are to a round figure of 1 to 5, the more prevalent a type is within a polity: for example, the Scandinavian countries have more often than not a minority government, whereas a figure close to 3.0 implies that surplus or oversized coalitions are conventional (like in Belgium, Finland and Ireland). Hence this indicator shows the strategic capabilities of party government as well as the limitations. For example: a multi-party coalition has a different mode of policy-making than a single party government since it must find a policy agreement between different parties, whereas minority governance – which is prevalent in Scandinavia – can be vulnerable in policy formation as the interaction with parliament will be different from majority governments or when Minimal Winning Coalitions are mostly formed (like in Austria, the Netherlands, Portugal and since 1996 in New Zealand). Different types of government imply that different types of political strategies are called for.

Strategy Development and Variations of Party Government

Table 1: Features of Party Government (1980-2004)

Country	Type of Government	Parliamentary Support (%)	Reason of Termination	Rate of Survival	Turnover Rate
Australia	1.60	57.0	1.11	0.80	0,16
Austria	1.96	65.2	1.78	0.61	0,20
Belgium	2.16	59.5	2.33	0.50	0,12
Canada	1.12	58.6	1.63	0.59	0,08
Denmark	4.64	40.5	3.00	0.51	0,25
Finland	2.96	64.0	2.11	0.58	0,12
France	3.24	59.5	3.14	0.40	0,48
Germany	2.00	53.2	1.89	0.64	0,12
Greece	1.64	55.2	1.56	0.46	0,36
Ireland	3.36	51.4	2.50	0.45	0,20
Italy	3.48	54.2	3.00	0.24	0,32
Japan	2.24	55.6	2.00	0.31	0,08
Netherlands	2.36	59.7	2.11	0.67	0,24
New Zealand	2.04	54.3	2.08	0.65	0,24
Norway	4.00	40.7	1.83	0.48	0,44
Portugal	2.13	53.5	1.64	0.65	0,32
Spain	1.88	51.3	1.13	0.82	0,20
Sweden	4.12	43.4	2.00	0.48	0,24
Switzerland	3.00	81.5	1.00	1.00	0,00
U.K.	1.00	57.8	1.00	0.65	0,12
Mean:	**2.56**	**55.8**	**2.07**	**0.57**	**0.22**
S.D.:	**1.34**	**10.72**	**1.62**	**0.34**	**0.41**
Range:	**3.64**	**41.0**	**2.14**	**0.76**	**1.00**

Note: See for variable operationalisation: Woldendorp et al. 2000: 19-20; *Rate of Survival*: Proportion of Duration of Government in relation to the maximum Term of Lower House. *Turnover Rate:* Change in partisan composition of next government in time. *Sources*: Woldendorp et al. 2000 (updated version); Armingeon et al. 2006, European Journal of Political Research Political Data Yearboook (several years). Own computations.

The limitations of strategic capabilities and steering capacities are furthermore indicated by *Parliamentary Support* (in %) and the *Reasons of Termination* that prevail within a political system. Parliamentary support is cross-nationally quite uniform (58.5 % on average; S.D = 10.7), which is no surprise since the majority rule is almost everywhere a sine qua non of parliamentary decision-making. Whereas in most countries this leads to the formation of governments with a parliamentary majority, it is not always the case in Scandinavia (between 40.5% - 43.4% parliamentary support). This correlates with the prevalence of minority government in this region (Strøm 1990). Yet, more striking is the fact that, whatever the Type of Majority Government is, the average support in Parliament ranges between 51.4% - 65.2% (excluding Switzerland). In other words: with the exception of Switzerland[1] (and Scandinavia, where minority government prevails), party governments do not avail of a large supporting majority in parliament, which constrains their steering capacities (i.e. to carry out its policy programme). In addition: inspecting the Rate of Survival (on average 58.5%) and the Reasons of Termination, then we observe that the maximum term of governing is hardly ever reached in most cases. In large part this is due to the convention in many parliamentary democracies that whenever government is terminated for whatever reason new elections are called for (n.b: Pearson's r between Rate of Survival and Reasons of Termination = -.73**; N = 207).

The *Rate of Survival* can therefore be considered as a prerequisite for carrying out successfully a political strategy. Obviously Minority Governments are lower ranking in this respect, and where there is a stable majority in parliament or a Single Party government survival is often higher than average (examples are Australia, Greece, New Zealand, Portugal, Spain and the UK). However, the relationship is not overtly strong (Pearson's r between Type of Government and Survival Rate = -.42**) meaning that it helps to have a Single Party government or a Minimal Winning coalition (a score of 2 on Type of Government in Table 1), but cannot be considered as a sufficient condition in terms of achieving its policy goals. However, if we look at the *Turnover Rate* of governments a different story can be told: although many governments are *formally* terminated if and when an election is called this does not by definition imply that the partisan composition of the new government is altogether different from the previous one. More often than not the same government continues or it is only partially overhauled. For example, the Tories in Great Britain 'ruled' for 18 years on an end (only switching PM's in 1990) and the

---

[1]   The 'magic formula' implies a fixed distribution of the seven seats in the federal government among the four main parties in the federal parliament. This convention has been in place ever since 1956; see: Steiner, 1974.

Strategy Development and Variations of Party Government

same observation can be made for Germany (Kohl was Bundeskanzler, presiding over the same coalition, for 16 years) and Spain. Also in other countries with more complex coalitions this low turnover rate can be observed. However, in these cases often one (of the smaller) parties is exchanged for another (e.g. in Belgium, Finland, Italy before 1994, Ireland, the Netherlands, and – of course – Switzerland). Hence, the life and times of party government depends on electoral results (office seeking capacity of parties), on the one hand, and on the ability of parties to remain incumbent (policy seeking coalescence), on the other hand. Both elements appear to influence the steering capacities of party government over time.

The conclusion must be that, the Type of Government (which is also dependent on the type and working of the party system; to which I will come back) is relevant for understanding the strategic capabilities, and is influenced by the Rate of Survival and Turnover Rate within a country. In addition, the Reasons of Termination that are prevalent within a country seem also to be significant for the time available to carry out a policy programme by party government (and may well impair the future office and policy seeking behaviour of parties in government). If, however, a party government has a stable majority, and the main Reason of Termination are regular elections, then it is likely that the Rate of Survival in combination with the partisan Turnover Rate in government is high(er). This situation will enhance the steering (policy-making) capacities of a government (Budge/Keman 1990, Keman 2002a). All in all: important for understanding the development of a political strategy by party government is how it is composed and how long it lives. These features can be considered as pre-conditions for carrying out a strategy. Yet, another important feature of strategic steering is how governments are organized as a collective actor and how the relationship between the executive and legislature is shaped.

3 Forms and Fabric of Party Government

Party government is – as stated – the core actor for understanding the strategic behaviour of parties in conjunction with their policy-making capabilities and the steering capacity of parties. In Table 1 we reported the Reasons of Termination. Although they vary across the countries, this information also shows that in many systems some of these reasons – apart from regular elections – stand out. The resignation of the PM, on the one hand, and respectively Internal Dissension and loss of Parliamentary Support, on the other hand, are also prevalent as reasons for government to be dissolved as Table 2 shows.

Table 2: Reasons of Termination of 207 governments (1980-2004)

Reason	% of all governments
Elections (includes anticipated elections)	58.5
Prime Minister resigns	14.5
Dissension within Government	12.6
Lack of Parliamentary Support	11.0
Intervention by Head of State	3.4

Source: Woldendorp et al. 2000: 79, Keman 2006: 168

In their "Making and Breaking Governments", Laver and Shepsle (1996) stress, among other things, that the operational resources of party government not only are dependent on the parties participating or on its dominance in parliamentary support, but also on its embeddedness in the institutions that rule the polity. In addition, it is forwarded by Strøm et al. (2003) that the degree of delegation in terms of vested powers and related room to manoeuvre (Keman 1997) is certainly influencing the strategic position of party government. In addition, the phenomenon of 'Veto Powers' is considered as an important feature in relation to the steering capacities of party government (Schmidt 2002: 175-178). Hence, the existing system of 'checks and balances' of a parliamentary system impacts on the extent to which party government can act more or less autonomously. Additionally, there also exist various indexes regarding formal limitations for the state to act centrally and to what extent (Schmidt 2002, Colomer 2002; Huber et al. 1993). Finally, there are a few cross-national variables indicating the *inter*relations between parliament and government (Woldendorp et al. 2000). Obviously, these institutions play their role and ought to be included in the analysis of party government strategy.

3.1 Forms of Cabinet Government

The forms of party government are in large part shaped by institutional features. Consequently this affects how and what type of strategic action can be undertaken by the strategic agent. In Table 3 we will discuss the *internal* organization of party government.

Strategy Development and Variations of Party Government 191

Table 3:   Form of Party Government

Country	PM dominant	Collective DM	Form Cabinet	Hierarchy
Australia	3	3	1	**-1.17**
Austria	2	1	1	**-0.86**
Belgium	1	2	4	**1.41**
Canada	3	3	2	**-0.50**
Denmark	1	3	3	**0.73**
Finland	2	2	2	**-0.21**
France	2	2	2	**-0.21**
Germany	3	1	1	**-1.14**
Greece	1	3	3	**0.73**
Ireland	2	2	1	**-0.87**
Italy	2	2	4	**1.13**
Japan	2	2	1	**-0.87**
Netherlands	1	3	3	**0.73**
New Zealand	2	2	3	**0.46**
Norway	1	3	3	**0.73**
Portugal	2	2	2	**-0.21**
Spain	3	2	1	**-1.16**
Sweden	1	3	3	**0.73**
Switzerland	0	1	4	**1.71**
U.K.	3	3	1	**-1.17**

Note: *PM Dominant*: 1 = Primus-inter-Pares; 2 = Weak Supremo; 3 = Strong Supremo; *Collective DM*: 1 = Individual Responsibility; 2 = Government as a whole responsible; 3 = Both apply; *Form of Cabinet*: 1 = Prime Ministerial; 2 = Dualistic; 3 = Collegial; 4 = Ministerial. See: Keman 2006: 168. *Hierarchy* = Result of Factor Analysis (one-factor Solution PAF procedure) of the other variables. Negative scores signify more Hierarchy in government, positive scores less or hardly.

First of all, we observe that the office of Prime Minister (further: PM) has become more important than before. Indeed only in Greece, Scandinavia and the Benelux a PM is defined as a "Primus-inter-Pares" who has no special powers (e.g. to dismiss a minister). All other countries (except, of course, Switzerland) the PM acts as a "supremo", be it week or strong (65%). Presently, it appears that Prime Ministers tend to acquire more weight in the cabinet, even in quite egalitarian cabinet systems. It is argued that the increasing roles of the media and the Prime Minister as spokesman for government as a whole as well as the increasing importance of international meetings of government leaders have enhanced this. This development can be observed in particular in Western Europe due to the process of political integration of the European Union. Increasingly the final decision-making of the Union takes place via trans-national bodies where the national Heads of Government are mainly involved. At the same time there is also an increased need for concertation among parties in government and coordination between ministries of domestic policy formation. Nevertheless, the Prime Minister remains a 'first among equals' in a *Collegial Cabinet Government*, since the principle of collegial decision-making is (still) predominant (# 3 in Form of Cabinet).

This recent development, mainly in Europe, also implies a change with respect to the role of chairmen or leaders of parliamentary parties in some countries. Especially in fragile coalition situations these persons were often not included in government but stayed in parliament, because they functioned often as a 'chief whip' to keep order in parliament. Yet, in contrast to their Anglo-Saxon equivalents they controlled to a large extent *both* the parliamentary party and their ministers in government (this has been the case in many consociational democracies; Daalder 1987). Finally, it ought to be pointed out that ministers, especially in ministerial organized cabinets do not always oblige to their party mandate. Of course, this type of behaviour can jeopardize the stability, if not the survival of government (Blondel/Thiébault 1991).

The principle of 'collegiality' involves not only equality in rank-and-file within government, but also the idea that all decisions are made *collectively*. That is to say: a minister who has been outvoted has no right to go public and to distance him or herself. No, he or she must abide to the collective responsibility and share this with the whole cabinet, also *vis-à-vis* parliament. If not, than the minister is expected to resign. This convention is becoming, however, rare since in most of these systems it means nowadays, more often than not, that the cabinet government as a whole resigns (De Winter/Dumont 2006). The reason is that the parties in government do not allow for upsetting of the delicate inter-party balance established, which is reflected in the portfolio distribution among the participating parties. This type of organization of party government is almost exclusively West European and is typical for the strategic moves of participating parties: it is intended to enhance the unity of government as a collective actor able to pursue its (policy) plan.

Two other types of cabinet government have evolved as well: Prime Ministerial cabinets, on the one hand, and Ministerial governance, on the other. *Prime Ministerial Cabinets* can be found in most Anglo-Saxon countries, and, due to the "First-past-the-Post" electoral system, there is always a majority party in parliament.

Strategy Development and Variations of Party Government

Hence, this party is government and the party leader forms his or her government and is in a position to dismiss and to appoint ministers (i.e. reshuffling; Budge/Keman 1990). The United Kingdom and New Zealand (up to 1996) are typical examples of this type: the *Single Party Government*. Yet, *Prime Ministerial Government* also exists in parliamentary systems where a coalition is necessary to govern. Here the Prime Minister derives his or her dominant position from the *formal* relations between the Executive and Legislative: the Prime Minister is often less vulnerable because of the "constructive vote of no confidence", meaning that such a motion is only allowed if and when there is an alternative Prime Minister *with* a parliamentary majority (this principle exists for example in Germany and Spain). In this type of cabinet government it is the "Chancellor" who deals with parliament primarily and with the individuals ministers separately. In a sense, the chancellor is the 'conductor and supervisor' with respect to policy coordination. Although the role of the Prime Minister appears to be quite dominant it must be noted that the stability of this type of government depends on the unity and homogeneity of the governing party. If there are strong and rivalling factions within then it may well lead to the replacement of the Prime Minister or of dominant ministers (this happens more often than not in Japan, but also occurs in the United Kingdom – Thatcher in 1990 – and Germany – Brandt in 1974). Hence prime ministerial party governments are more hierarchically organized than collegial coalition government but not always more homogeneous. Again, this type of government can be considered as a strategic ploy induced by its institutional context to ensure optimal functioning of party government.

Finally, there is the *Ministerial Cabinet Government*. In this case the institutions are not in place to induce collegial behaviour between the ministers, nor has the Prime Minister powers to act as a strong 'supremo'. Each and every minister is responsible for his or her policy area and, consequently, there is less policy coordination. In fact, the Prime Minister is basically a power broker, who is involved in two arenas: *within* government and *vis-à-vis* parliament. This form of party government can be found in Belgium, Italy and Switzerland (De Winter/ Dumont 2006, Laver/Shepsle 1996). It shall not come as a surprise that many ministerial cabinet governments are less enduring than others and are considered as less efficient in decision-making compared with otherwise organized representative governments. To some extent this type can be compared with minority government. Not only is the political strategy seemingly more complex, but also by and large confined to short(er) term strategies of survival.

Is the division of responsibilities a major feature of the organization of party government, this is also the case for – what I will call: the *Dual Cabinet Government* (Weaver/Rockman 1993, Keman 2006a). This type of government, inspired by the phenomenon of "semi-presidentialism", is based on a division of responsibilities, but here between the Head of Government and the Head of State. In organizational terms it means that the decision-making powers are shared, but the implementation of policies as well as the accountability *vis-à-vis* parliament or assembly rests solely with the cabinet government. Hence, the relationship within government is neither hierarchical nor collegial in nature. It goes almost without saying that this form of government can be rather problematic, or at least is restricted in its strategic capabilities. Dual cabinet government is further complicated by the fact that many these are a coalition government or, to make things worse, is confronted with a hostile majority (i.e. "Cohabitation" and "Divided Government"). This can be conducive to deadlocks in decision-making and gridlocks in policy implementation. Typical cases are France, and to some extent Finland, Germany and Portugal. Yet, despite these drawbacks it can be noted that this type of organization of governing has been a model for many of the recently democratised countries in Central and East Europe (De Raadt 2008).

Table 3 shows that both the *Prime Ministerial* and the *Collegial* form of government are a prevalent type (13 out of 20). The collegial form is quite understandable given the high number of parliamentary regimes with a multi-party system. Nevertheless the more hierarchically organized forms of government are larger than the collegial type. In addition we note that 4 out of the 7 polities with Prime Ministerial organization are those of the established democracies that have experienced an autocratic regime in the 20th century. The other hierarchical cases are Anglo-Saxon, having inherited the Westminster type of political system.

The *Dual* form of cabinet government goes, of course, together with Semi-Presidentialism. Here the Head of Government is independent from parliamentary intervention, whereas the Head of State is. Dualist party governments have further in common that Heads of State and of Government share political responsibilities (but for Canada). This makes this form different from the pure Prime Ministerial form.

Collegial Cabinet Government occurs in 65% of all countries under review here. What they have in common is that these countries are characterized by a multi-party system and thus by coalition government. The collegial principle can be considered as an institutional guarantee for the participating parties: on the one hand, it implies veto power for all involved, on the other hand, it is conducive to act as an unitary actor (De Winter/Dumont 2006). Another feature is that in most cases the dominance of government over parliament is limited.

The final category with respect to the fabric of party government concerns those cases where this unifying behaviour is seemingly absent. It concerns Belgium, Italy, and Switzerland: due to historical and special reasons it appears that

Strategy Development and Variations of Party Government

cabinet government is better off without the restrictions of collegial behaviour in these countries. In Switzerland central government can be considered as an executive committee held together by means of its 'magic formula' (see Footnote 1). Belgium – until recently – established a practice to enable coalitions across the language-cum-territorial divide by forming parallel coalitions on the national and regional level (Keman, 2002a), whereas Italy developed this practice until 1992 to allow for minority government as well as to exclude the Communist party (during the Cold War).

In conclusion: the organization of party government is quite diverse. Four types have been distinguished here: collegial, prime ministerial, ministerial and dual cabinet government. It is obvious that collegial cabinet government is the least hierarchical of the four parliamentary forms of government. The prime ministerial and dual forms are more or less of a hybrid nature, whereas the ministerial form is most typical for a government dominated by parliamentary parties (Keman 2006a). This discussion of the form of party government shows that both its internal organization – in particular the position of the PM – and interactions within it – degree of collectivism – are important parameters for analysing the strategic 'games' real life governments can play. The final column of Table 3 represents the degree of hierarchy by combining the three indicators used. Only 3 countries (Belgium – Italy – Switzerland) are characterised by a low level of hierarchy, whereas 7 countries are hierarchical (the Anglo-Saxon countries, Austria, Germany, Japan and Spain), the remainder of countries are in-between. Although it appears that the more hierarchical form of government is more capable of autonomous action, this is also dependent of the 'room of manoeuvre' available within the institutional context of the polity.

3.2 The Fabric of Government

The fabric of government is to a large extent determined by the institutions that regulate, on the one hand, the relationship between the executive and legislative powers and, and on the other hand, to what extent governmental powers are concentrated at the level of national governance. In Tables 4 and 5 we report the cross-national variation. By means of constitutional screening (Maddex 1996) we developed two additive indexes indicating the extent to which parliamentary government shows a 'balance' between the executive and legislative powers. In addition we used two indexes that indicate the extent to which central government is confronted with 'veto players' and by autonomy from sub-national governments that can be inductive to sharing powers (or semi-sovereignty; cf. Schmidt 2002).

Table 4: Institutional Constraints of Party Government

Country	Government over Parliament	Parliament over Government	Balance Executive/ Legislature	Veto Players Index	Institutional Autonomy
Australia	1.5	1	-0.5	6	5
Austria	1	1	0	7	4
Belgium	1.5	1	-0.5	7	4
Canada	1.5	1	-0.5	4	6
Denmark	1.5	1	-0.5	3	4
Finland	1.5	0.5	-1	4	4
France	1.5	1	-0.5	7	3
Germany	2	1.5	-0.5	8	6
Greece	1.5	1.5	0	3	0
Ireland	1.5	2	-0.5	4	1
Italy	0.5	1.5	0.5	6	3
Japan	1.5	1	-0.5	5	3
Netherlands	0.5	1	0.5	6	2
New Zealand	1	0.5	-0.5	3	0
Norway	1	1	0	2	4
Portugal	1	2	1	2	2
Spain	1.5	2	0.5	6	4
Sweden	2	2	0	2	4
Switzerland	1	1	0	8	7
U.K.	1.5	1	-0.5	2	3

Note: *Government over Parliament*: Degree of dominance of Government over Parliament – high values = more dominant. *Parliament over Government*: Reverse of Government > Parliament. *Balance Executive/Legislature*: Balanced relationship between Executive & Legislative powers; 0 = balanced; + Parliament dominant. - Government dominant. See also: Woldendorp et al. 2000: 56-57 & 68-69. Veto Players Index taken from Schmidt 2002: 177-178; Institutional Autonomy is taken from Colomer 2002. High scores indicate on both indexes more Veto players and sub-national autonomy.

Strategy Development and Variations of Party Government

In most democracies the range in balance is between +/- 0.5. In 55% of the countries the balance is tilted towards the executive (55%) showing that – in terms of institutional design – apparently the constitutional fathers have opted for a government that is capable of action. The cross-differences are not large and simply indicate that in this respect most polities are more or less uniform. Only in Finland and Portugal the scores are 1. In both cases one can point to historical circumstances that make this understandable. In Finland the post-war reconciliation (internally) and the special status vis-à-vis the Soviet Union led to an institutional arrangement where the powers of the Head of state were more or less equal to a full-fledged semi-presidential system. Although this situation has been altered during the 1990s – before entering the EU – the executive is still quite dominant in comparison. Another development can be observed in Portugal. The post-authoritarian constitution was strongly tilted towards the idea to constrain the emergence of one powerful office (the inclination to semi-presidentialism was considered as a safety lock against dictatorship). This dual power system has changed over time towards a more powerful position of parliament.

The sub-national constraints on central government co-vary strongly with the existing state format: Federal or Unitary (Keman 2000). Eight out of the 20 countries can be considered as federal. Yet not all of them have the same scores on the Veto Players index like, for example, Germany and Switzerland. Conversely France, Japan and the Netherlands have also a score above 4. In the last two countries this has to do with institutionalised concertation between government and vested interests, which are reinforced by means of veto rights (Czada 1991). France scores high because of its semi-presidential system. The medium scores of Scandinavia are a result of the relative powerful position at the local governance level. The same distribution can be observed regarding the Institutional Autonomy index. Most noteworthy are Greece, Ireland and New Zealand where there is hardly any form of institutionalised decentralism of government institutionalised.

To conclude this section: there is much variation in the form and fabric of party government. The internal organization and the institutional context are important parameters to judge the feasibility and viability of political strategies for party government. As we observed the position of PM's as well as members of the cabinet are different across polities and affect their strategic capabilities and steering capacities. The latter feature is certainly influenced by means of the fabric of governance. In short: however pivotal the role and position of party government may be, its strategy and concomitant means of action to enact its 'plan of action'(policy-formation and implementation) are in part determined by their institutional context (Schmidt 2002, Keman 2006b, Strøm et al. 2003). An important element of this is the relationship between the executive and legislature, on the one hand, and the constraints on government by veto players and sub-national constraints, on the other hand. Having concluded this, the issue to what extent party government is indeed capable to carry out its strategy, rests also for a large part with *how* it is formed. This implies that the *formation* of party government is a prominent element for understanding whether or not party government can act collectively and is therefore capable of strategy development.

3.3 The Formation of Party Government

Apart from the UK and Canada (and New Zealand up to 1996), in all the countries included in the analysis coalitions are necessary to form a majority government. This means that for a better understanding of strategy development of party government, we must analyse *how* parties build a government. The main strategy of a party is to maximize its office-seeking possibilities in order to gain access in government, which allows for optimising its policy-seeking capacity.

Let us first inspect the policy-seeking strategy of parties. This motive is an important dimension of many coalition theories accounting for the partisan composition of governments (e.g. Budge/Keman 1990; Laver/Budge 1992; Laver/Shepsle 1996; Müller/Strøm 1999, Keman 2006b). In Table 5 below indicators of the Left vs. Right distribution across party systems and government parties has been presented. In addition I have used a measure that is meant to indicate the 'Complexion of Party Government' (Woldendorp et al. 2000: 19). This measure denotes the relationship between the different party families in government and their relative strength in parliament. Together with the Left vs. Right measure based on the Manifesto data (Budge et al. 2001; Klingemann et al. 2006) it is possible to judge what the policy direction is of parties in government, the PM's party and of all parties in parliament.

The complexion of government reflects the basic tendencies of governmental composition in relation to party support in parliament. In seven countries (Australia – Austria – France – Greece – Norway – Spain – Sweden) it is tilted to the Left. In Canada, Ireland, Japan, Portugal, Switzerland and the UK the opposite situation is apparent. In five polities the situation is more and less balanced. This division is, however, cannot directly be derived from the policy positions of the government of the day and party systems. On average the positions taken by parties in parliament is slightly towards the Left (-1.54). Although the cross-national averages of the PM party and government as a whole are on the Right hand of the scale, all the averages are basically near the median of the of the LvsR scale (which has a maximum Range of 200!). Hence the only conclusion is that in most countries the divide in Left and Right is more or less in balance. Yet this is not the case at the country level

Strategy Development and Variations of Party Government 199

nor at the level of parties in government. For the purpose of this paper it is interesting to note that the ideological differences *within* party government are congruent (same direction of parties in government and the PM's party) but for Belgium and Portugal.

Table 5: Complexion & Government

Country	Government Complexion	Political system	Left vs. Right in: PM Party	Parties in Government
Australia	3.08	20.47	14.17	17.92
Austria	3.04	8.77	1.62	8.72
Belgium	2.48	-3.72	5.36	-1.18
Canada	1.00	-2.45	6.92	6.92
Denmark	2.44	3.60	4.78	10.53
Finland	2.72	-8.61	-1.45	-8.34
France	3.16	0.78	-14.85	-12.26
Germany	2.32	-6.73	-6.64	-6.65
Greece	3.88	-3.93	-3.14	-1.87
Ireland	1.64	-11.71	-0.09	-4.09
Italy	2.42	9.66	13.36	11.80
Japan	1.16	-15.00	-3.43	-7.78
Netherlands	2.12	-4.92	-7.09	-1.60
New Zealand	2.84	-5.73	-13.84	-12.96
Norway	3.16	-8.79	-7.78	-6.77
Portugal	1.96	2.05	0.27	-3.30
Spain	3.32	-12.08	-11.00	-11.00
Sweden	4.08	0.58	-2.54	-1.30
Switzerland	2.00	8.04	11.08	5.22
U.K.	2.20	0.29	20.21	20.21
Mean:	**2.55**	**-1.54**	**1.28**	**0.43**
S.D.:	**1.56**	**22.73**	**18.21**	**19.13**
Range:	**4.0**	**128.0**	**78.95**	**37.26**

Note: *Complexion of Government* is taken from Armingeon et al. 2006 (CPDS) and based on Schmidt 1992. This measure represents the ideological direction of government in relation to its relative strength in parliament. *Left vs. Right* is taken from Budge et al. 2001: 228.

Looking at the gap between government and parliament it is obvious that about half of the government/party system relationship is more or less close (i.e. less than half of the cross-national average), and the other cases – in particular: Germany, Ireland, Italy and Sweden – show a difference. What does this mean? It signifies by and large that political strategies appear to matter and that the differences between party government and the direction of party systems point at the need of careful strategy development of parties in government. Hence, party differences in terms of policy seeking are important parameters for understanding the formation and type of party government to achieve their goals. Government formation should therefore not be considered as a separate process within the general framework of studying party government but rather setting the scene for governing. Although the policy seeking approach may be plausible and viable, it must involve office-seeking behaviour. If a party wishes to pursue its policy strategy in a parliamentary democracy where coalitions are the predominant type of government, then a party ought at least to:

1. Gain access to party government first
2. Strive for obtaining the office of Prime Minister (or Deputy Prime Minister)
3. Secure at least as many portfolios as proportionally is justified.

All these (strategic) rules are in fact part of an office-seeking game when forming a coalition. At the same time they are also pursued within a policy-seeking strategy. Pure and simple: without representation in government a party is deemed to remain in opposition and pursue politics from parliament. Yet, without controlling the policy sectors that matter the policy pursuit remains absent. Hence, a party in a multi-party environment must therefore seek power through office and if feasible take overall control (i.e. Premiership) and certain ministries in the preferred policy sectors (Keman 1991). Below in Table 6 I report an analysis of what the outcomes have been of the office-seeking strategy as pursued by parties (taken from: Keman 2006b).

Strategy Development and Variations of Party Government

Table 6: Office Seeking Behaviour: Distribution of Seats in Parliament and Ministries in Government

Parties in Coalition Government	Mean	Max.	Min.
Largest: (N=68)			
% Seats in Parliament	33.7%	51.3%	11.5%
% Seats in Government	52.0	93.3	14.3
% having the *PM-ship*	87.9		
Correlation: Seats/Ministers = *0.71***			
Second largest: (N=68)			
% Seats in Parliament	14.5	39.2	3.9
% Seats in Government	28.3	53.3	6.1
Correlations: Seats/Ministers = *0.82***			
Third largest: (N=46)			
% Seats in Parliament	7.8	23.1	2.8
% Seats in Government	16.6	30.3	3.7
Correlations: Seats/Ministers = *0.66***			
Fourth largest: (N=24)			
% Seats in Seats in Parliament	8.5	17.0	1.2
% Seats in Government	12.6	28.6	2.9
Correlations: Seats/Ministers = *0.87***			

Explanation: Parties are ordered by Size in Parliament. Correlations are Pearson Product-Moment Coefficients (** significant at 0.01). Single Party Governments are excluded. All figures are percentages of total seats in parliament and government. *Source:* Woldendorp et al. 2000 and unpublished updates.

Evidently office-seeking behaviour is important as regards in the formation of coalition governments (N = 101). As table 6 demonstrates the rule of proportionality (as suggested by Budge/Keman 1990: 130) appears to work quite well as the correlations between seats in parliament and government show. All participants appear to get a 'pay-off' that is indeed proportional to their parliamentary size. Only if the largest party is very sizeable this effect is diminishing. In effect, Table 6 demonstrates that the smaller partners in a coalition are proportionally well off. Additionally, the (almost) self-evident assumption that, as a rule, the largest party takes the premiership as well is confirmed.

Although the range within each party-category is high, it is safe to contend that the policy-making capacity of each party below the second largest is decreasing. On average they control roughly 28 per cent of a coalition, whereas the largest party secures – in addition to taking the Premiership – often more than half (52 per cent). The remainder is allotted to the junior partners. Hence, one can conclude from this analysis that although 'power-*sharing*' is the name of the coalition formation game, the principal players see to it that they get in office, i.e. ministries what they wish. The question is then: is this also true for their assumed policy seeking motives? Can they be realized by means of the composed coalition? In other words: Power resources is one element, the second concerns the transformation of these resources in an ideologically sound means-end relation.

This relationship between the overall complexion of party government and the distribution of policy preferences remains to be an overlooked element in the literature on party government (but see: Blondel/Thiébault 1991; Laver/Shepsle 1996; Müller/Strøm 1999, Keman 2006b). This relationship is important because it enables us to inspect whether or not parties are capable of *directing policy-making* by means of controlling certain policy sectors. In general, a party has made public before the elections what type of policies it prefers and endeavours by means of an electoral manifesto. Hence, it follows that such a party is assumed to play a 'nested' game: its political strategy involves office seeking as a means to further its programmatic preferences. In other words: a party will attempt to get not only as many ministers in government, but also to strive for a combination of parties in government that share more or less the policy preferences in term of policy sectors. Hence, the *relative* strength of the first and second party (see Table 6: 5 to 3) is an important feature of how the game will develop. In addition, although party differences do matter, so I argue, it equally matters to what extent policy sectors are contested during the formation game in view of policy preferences of *all* parties involved. I shall therefore analyse to what extent these ideas can be empirically substantiated.

Recall Table 5 where Parties in Government and the party of the PM have been presented by means of the programmatic saliency in terms of Left vs. Right for each country. These differences have been expressed on level of the party system and party government. In addition I have pointed to the relationship *between* parliament and government by means of the variable: Complexion of Government. Both variables cannot only be seen as indicators of government viability – its rate of survival and of turnover – but also as regards its policy-seeking capacities: the more coherent a coalition is, the more one can expect that policy positions have converged (Pennings/Keman 2002). Below in Table 7 I report the policy preferences on the level of the party system and on the level of parties in government and the PM's party (the 'conductor'; recall Table 3) as regards the salient issue of Government Intervention versus Non-Intervention in the Economy, on the one hand, and with respect to a more or less generous Welfare State, on the other hand.

Strategy Development and Variations of Party Government

Table 7:   Preferences re. Social and Economic Policy of parties in Government

Country	Economic Intervention			Non-intervention in Economy			Welfare State		
	PS	PinG	PM	PS	PinG	PM	PS	PinG	Pm
Australia	2.26	2.85	2.38	7.01	8.89	8.31	10.90	11.21	13.58
Austria	1.61	1.38	1.11	6.79	7.60	3.52	9.96	9.37	13.91
Belgium	2.52	2.47	2.19	3.29	4.51	3.10	9.62	10.48	7.51
Canada	3.76	2.43	2.43	4.65	5.78	5.78	12.22	11.57	11.57
Denmark	1.96	0.86	1.08	5.69	5.54	5.54	8.50	6.26	7.95
Finland	5.41	4.89	5.69	3.18	3.64	4.95	17.95	21.45	22.08
France	3.02	3.06	4.89	5.67	5.23	2.17	16.86	12.98	13.81
Germany	2.50	2.61	2.76	3.62	4.47	4.69	10.32	9.02	9.96
Greece	2.24	2.87	3.17	2.58	2.64	2.51	9.62	9.78	10.47
Ireland	4.86	5.05	3.67	3.76	4.70	4.15	19.00	15.74	12.29
Italy	3.41	3.26	2.65	3.79	5.42	6.02	5.79	5.09	4.80
Japan	3.06	1.87	3.75	6.11	6.12	6.48	8.38	4.90	5.78
Netherlands	3.07	3.17	2.65	3.11	4.48	3.18	10.57	9.20	10.81
New Zealand	3.00	2.08	2.36	4.93	2.87	2.94	16.13	18.54	16.23
Norway	3.04	1.99	2.19	5.71	4.61	4.98	13.13	12.53	12.51
Portugal	2.42	2.79	2.89	3.53	3.44	3.71	13.14	15.04	14.20
Spain	4.06	2.87	2.87	2.90	2.63	2.63	9.62	13.56	13.56
Sweden	2.30	0.31	0.40	10.01	9.53	11.05	16.37	17.93	18.66
Switzerland	3.63	4.79	4.92	6.34	6.04	4.79	10.59	11.01	9.03
U.K.	2.61	1.58	1.58	3.09	8.10	8.10	12.67	8.33	8.33
Mean:	**3.08**	**2.87**	**2.73**	**4.77**	**5.29**	**5.01**	**11.52**	**11.37**	**11.70**
S.D.:	**3.30**	**3.12**	**2.79**	**6.01**	**5.12**	**4.60**	**7.45**	**7.65**	**6.80**
Range:	**21.43**	**18.99**	**18.99**	**39.11**	**26.41**	**25.40**	**46.24**	**39.70**	**39.70**

Note: *PS* = Party System; *PinG* = Parties in Government; *PM* = Party of PM. Derived from MRG data collection – see: Budge et al. 2001 and Klingemann et al. 2006. See for the calculations: Budge et al. 2001: 228. Variables: RILE – PLANECO – MARKECO - WELFARE. N.B: all figures are percentages representing the proportion of party programme text devoted to these issues.

The first observation is that the differences *within* (coalition) government are on average for all polities quite small: Economic Intervention 0.14, Non-Intervention .28 and Welfare Statism .43. This implies that the leading party (almost always the

PM's party) is not only the strongest party in government but apparently joins forces with parties with relative small distances in policy preferences. Obviously this difference is larger with the parties in *opposition* (N = 593) vis-à-vis parties in government regarding Economic Intervention 0.30, Non-Intervention .75, and Welfare Statism .83. However, overall these differences remain relatively small. This is in part a consequence of convergence in many party systems in terms of policy preferences and also of the Right versus the Left (Keman/Pennings 2006). Yet, the message is clear: government formation is an important step within the overall strategy of parties as regards their 'plans of action'. In addition, these findings also explain in part that although the Rate of Survival may be low, more often than not the Rate of Turnover is low (Pearson's r = -.46*). In actual fact this means that in many countries the policy direction of government does not change dramatically because the mainstream parties remain incumbent (or only one party is exchanged for another). In Table 8 these observations are reinforced by the correlations between the policy preferences of the Party System as whole with Parties in Government and PM Party.

Table 8: Correlations between Party Government. PM Party and Party System and Policy Direction and Preferences

	Economic Intervention	Non-intervention In Economy	Welfare State	Left vs. Right Party System
Parties in Government	.76**	.73**	.85**	.60**
PM Party	.68**	.59**	.75**	.73**
Left vs. Right PS	-.47*	.39*	-.28	1.00

N.B.: All Pearson's Coefficients; ** = significant at 0.01; * = at 0.05; see Tables 5 & 7.

The strong associations are, of course, not surprising, but do illustrate that the homogeneity of party government is clear from the evidence (e.g.: the relationship between party government and PM-party in Left vs. Right differences is .91**). The most interesting finding is perhaps that the difference between party system and party government is quite obvious as regards the ideas regarding state intervention and the welfare state. These are clearly contested and thus can be expected to impact on the policy performance and survival of party government. These findings are relevant for understanding the political strategy of party government: given the distribution of policy preferences across countries, the formation of a government is indeed an *interplay* of power resources in terms of office seeking in

Strategy Development and Variations of Party Government

terms of proportional participation and including partners which policy distances are close to each other (Keman 2006b).

I conclude therefore that the strategic behaviour of parties is indeed a 'nested game' (see also: Tsebelis 1995). In addition, first and second ranking parties in a coalition acquire the largest number of ministries, but allow other parties in as junior partners (if needed for forming a majority in parliament – which is not always needed, like in Scandinavia and New Zealand of late) if and when these are close to the main direction in terms of policy preferences. This explains the relatively high rate of turnover in most countries (recall Table 1). Finally, this also means that having the PM-ship is important for reasons of overall policy coordination. This appears especially relevant if party government is characterized by collective decision-making, collegial responsibilities and a PM who is a 'Primus-inter-Pares', i.e. cabinet government with lower levels of hierarchical relations (recall Table 3). Ignoring these institutional features for a moment, this all means that the strategy of a party in terms of office and policy seeking behaviour appears most successful if it is capable not to distance itself form other parties too far, but also to remain different in order to be able to seek sufficient votes, either to remain incumbent or to gain access to government after the next election or when government has terminated for another reason.

4 Survival of the Fittest? Party Government and its Strategic Room to Manoeuvre

In this paper I have described and analysed the life and times of party government from the perspective of party behaviour. The major question has been throughout how strategic this behaviour is and to what extent this has allowed parties to achieve their goals according to their 'plan of action'. I have shown that party government is different in each system in terms of their Type, Composition, Termination, Parliamentary Support and above all their respective *Rates of Survival* and *Turnover* (recall Table 1).

However, a caveat is in place. The overall comparative picture that has been presented is merely a kind of 'mapping out' the patterned variation across 20 parliamentary democracies. The political strategy of party government – as discussed in this paper – cannot sufficiently be described in detail and fruitfully analysed by means of bi-variate patterns. Additionally a 'configurational' or 'case based' analysis would be required to explain how and to what extent a political strategy of party government indeed is developed and why it and under what conditions is more or less successful (for instance: Daalder 1987; Colomer 2002; Strøm et al. 2003).

With this caveat in mind I found that – next to regular elections – internal dissension and loss of parliamentary support account for the Rate of Survival (see Table 2). Yet, at the same time, it became clear that in many cases the change of government merely means a continuation of (most) parties in government after an election. This is in part a consequence of the Form and Fabric of party government (Table 3) that is driven by the institutional design of the polity: The role and position of the PM and the way decisions are made are differently institutionalised and – again – impacts on the policy-making capabilities of party government (Keman 2002b; Schmidt 2002). In this respect – so we have argued – do their institutional features play their role as regards the strategic behaviour of party governments.

In Table 4 we did not only report the constraints due to veto players and subnational autonomy in terms of strategy development, but also the cross-national variation in terms of the balance between executive and legislature. Although the comparative differences seem not big, they nevertheless are relevant in combination with other factors like divided government, crisis situations (as was the case in Italy re. Tangentopoli at the end of the 1980s; or in New Zealand at the same time; and in Belgium presently) and sometimes the role of the Head of State (e.g. the role of the Governor-General in Australia in 1974 vis-à-vis the Whitlam government, or the role of Italian presidents during the 1990s; and, the actions of the French presidents).

In addition, so I have contended, to understand the life and strategy of party government driven by party behaviour, one should understand how governments are formed in terms of policy preferences and distribution of offices. This has been the subject of Section 3: *Formation of Government*. However, we did not only analyse the 'formation game' and its outcomes in terms of offices in isolation (recall Table 6), but we also examined to what extent the formation game result in a more or less homogeneous composition of party government in term of policy preferences. We found that most governments are quite homogenous, both in terms of its complexion as well as regarding policy specific preferences (see Tables 7 and 8).

So far, so good: we know how party government looks like, how it is institutionalised and how it is formed and with what result. In terms of a political strategy we are now in a position to suggest a strategy that would fit each polity: Do well in elections and you may get the PM-ship, have a program that is different but not too distant from your competitors, aim at power and policy sharing in a multiparty setting and make sure you get what is (proportionally) yours in terms of portfolios that are close to your 'plan of action. If you do adopt this strategy as a party you will travel far! True?

Strategy Development and Variations of Party Government

Probably not because we know that for example the Rate of Survival is 57% and only in Australia, Spain and Switzerland it gets over 80%. Although the average Turnover Rate (22%) indicates that in many cases the major parties remain incumbent for longer periods, they still have to find a way to include (junior) partners that influence the overall strategy pursued. Obviously, even if the strategy is fine, the result is less than could be expected.

Why? *First* of all, because politicians are human (yes, they are) and do not perform all the time according to the strategy set out. This is particularly relevant a regards the internal organisation and related working of cabinet government. We assume this, however, as a universal feature and thus can be treated as a ceteris paribus clause. *Second*, I contend that the institutional features of the polity are *both* constraints and opportunities. That is to say that the rules of the political game can be used to both facilitate *and* frustrate a viable strategy of party government. Institutions do not only perform their role indirectly regarding party behaviour, but also – albeit incidentally – directly interfere with actions of party government. Hence, institutions should be taken into account for understanding the feasibility of a political strategy by party government.

Whatever the precise reason may be, it is remarkable that the Rate of Survival (i.e. formal duration of a government) is relatively modest whereas the Rate of Turnover (i.e. change in government composition) is also low. However, if one takes into account that most coalitions are formed in a proportional way regarding offices and are quite homogeneous regarding their policy preferences this paradox is less puzzling than it seems (see Table 8). Hence, the more homogeneous party government is in terms of its type – party composition – ideological coalescence, the lower the turnover will be. In addition, the stronger its support in parliament the higher its survival rate and the lower the turnover rate (Pearson's r is respectively = .48* and -.51*). Conversely, if the Reason of Termination of government is *not* a regular election, the lower the rate of Survival and the higher the rate of Turnover (Pearson's r is respectively = -.73** and.46*). This simply means that both power resources of government (office seeking strategy) and shared policy preferences determine by and large whether or not a government will last and can avail of sufficient 'room of manoeuvre' to develop and implement a political strategy that is viable over time and is feasible in terms of the goals to be achieved collectively.

Bibliography

Andeweg, Rudy B. 2000: Party Government, State and Society. Mapping Boundaries and Interrelations, in: Jean Blondel and Maurizio Cotta (eds.), 38-55.

Armingeon, Klaus/Leimgruber, Philipp/Beyeler, Michelle/Menegale, Sarah 2006: Comparative Political Data Set 1960-2004, Institute of Political Science, University of Berne.

Blondel, Jean/Cotta, Maurizio (eds.) 2000: The Nature of Party Government. A Comparative European Perspective, London: Palgrave Macmillan.

Blondel, Jean/Nousiainen, Jaakko 2000: Governments, Supporting Parties and Policy-making, in: Jean Blondel/Cotta, Maurizio (eds.), 161-196.

Blondel, Jean/Thiébault, Jean-Louis (eds.) 1991: The Profession of Government Minister in Western Europe, London: Macmillan.

Budge, Ian/Keman, Hans 1990: Parties and Democracies. Coalition Formation and Government Functioning in 20 States, Oxford: Oxford University Press.

Budge, Ian/Klingemann, Hans Dieter/Volkens, Andrea/Bara, Judith et al. 2001: Mapping Policy Preferences. Parties, Governments, Electors 1945 – 1998, Oxford: Oxford University Press.

Colomer, Josep Maria (ed.) 2002: Political Institutions in Europe, second edition, London: Routledge.

Czada, Roland 1991: Ökonomisches Kalkül und strategisches Handeln im Staat. Institutionelle Differenzierung, Autonomisierung und Leistungssteigerung als handlungstheoretische Probleme, Dissertation, Universität Konstanz.

Daalder, Hans (ed.) 1987: Party Systems in Denmark, Austria, Switzerland, The Netherlands and Belgium, London: Francis Pinter.

De Raadt, Jasper 2008: Contestable Constitutions: Ambiguity, Conflict, and Change in East Central European Dual Executive Systems, in: Communist and Post-Communist Studies 42, 83-101.

De Winter, Lieven/Dumont, Patrick 2006: Parties into Government. Still many puzzles, in: Katz, Richard S./Crotty, William J. (eds.), Handbook on Political Parties, London: Sage, 175-188.

Huber, Evelyn/Ragin, Charles/Stephens, John D. 1993: Social Democracy, Christian Democracy, Constitutional Structure, and the Welfare State, in: American Journal of Sociology 99, 711-749.

Keman, Hans 1991: Party Control of Ministers and Ministries in Western Europe, in: Jean Blondel/ Thiébaut, Jean-Louis (eds.), 99-118.

Keman, Hans (ed.) 1997: The Politics of Problem-Solving in Postwar Democracies, Houndmills: Macmillan.

Keman, Hans 2000: Federalism and policy performance. A conceptual and empirical inquiry, in: Wachendorfer-Schmidt, Ute (ed.), Federalism and Political Performance, London: Routledge, 196-227.

Keman, Hans 2002a: The Low Countries. Confrontation and Coalition in Segmented Societies, in: Colomer, Josep Maria (ed.), 208-244.

Keman, Hans 2002b: Policy-Making Capacities of European Party Government, in: Luther, Kurt Richard/Müller-Rommel, Ferdinand (eds.), Political Parties in the New Europe. Political and Analytical Challenges, Oxford: Oxford University Press, 207-244.

Keman, Hans 2006a: Parties and Government. Features of Governing in Representative Democracies, in: Katz, Richard S./Crotty, William J. (eds.), Handbook on Political Parties, London: Sage, 160-174.

Keman, Hans 2006b: Party Government Formation and Policy Preferences. An encompassing approach?, in: Weale, Albert/Bara, Judith (eds.), Democracy, Parties and Elections, London: Routledge, 33-56.

Keman, Hans/Pennings, Paul 2006: Competition and Coalescence in European Party Systems: Social Democracy and Christian Democracy Moving into the 21st Century, in: Swiss Review of Political Science 12, 95-136.

Klingemann, Hans Dieter/Volkens, Andrea 2002: Parties, Ideologies and Issues. Stability and Change in Fifteen European Party Systems, 1945-1998, in: Luther, Kurt Richard/Müller-Rommel, Ferdinand (eds.), Political Parties in the New Europe, Oxford: Oxford University Press, 171-206.

Klingemann, Hans Dieter/Volkens, Andrea/Bara, Judith/Budge, Ian 2006: Mapping Policy Preferences II. Estimates for Parties, Electors, and Policy Preferences in Governments in Central and Eastern Europe, European Union and OECD 1990-2003, Oxford: Oxford University Press.

Laver, Michael/Budge, Ian 1992: Party Policy and Government Coalition, Basingstoke: Macmillan.

Laver, Michael/Shepsle, Kenneth E. 1996: Making and Breaking Governments, Cambridge: Cambridge University Press.

Lijphart, Arend 1999: Patterns of Democracy. Government Form and Performance in Thirty-Six Countries, New Haven: Yale University Press.

Maddex, Robert L. 1996: Constitutions of the World, London: Routledge.

Müller, Wolfgang C./Strøm, Kaare (eds.) 1999: Coalition Governments in Western Europe, Oxford: Oxford University Press.

Müller-Rommel, Ferdinand/Fettelschoss, Katja/Harfst, Philipp 2004: Party government in Central Eastern European democracies: A data collection (1990–2003), in: European Journal of Political Research 43, 869-894.

Pennings, Paul/Keman, Hans 2002: Towards a new methodology of estimating party policy positions, in: Quality & Quantity 38, 55-79.

Peters, B. Guy 2007: Steering, in: Bevir, Mark (ed.), Encyclopedia of Governance, London: Sage, 930-935.

Raschke, Joachim/Tils, Ralf 2007: Politische Strategie. Eine Grundlegung, Wiesbaden: VS Verlag für Sozialwissenschaften.

Schmidt, Manfred G. 1992: Lexikon der Politik. Westliche Industriegesellschaften, München: Beck.

Schmidt, Manfred G. 1996: When Parties Matter, in: European Journal of Political Research 30, 155-183.

Schmidt, Manfred G. 2002: The Impact of Parties, Constitutional Structures and Veto Players on Public Policy, in: Keman, Hans (ed.), Comparative Democratic Politics. A Guide to Contemporary Theory and Research, London: Sage, 166-184.

Siaroff, Alan 2000: Comparative European Party Systems. An Analysis of Parliamentary Elections since 1945, New York: Garland Publishing.

Steiner, Jürg 1974: Amicable Agreement versus Majority Rule: Conflict Resolution in Switzerland, Chapel Hill: University of Carolina Press.

Strøm, Kaare 1990: A Behavioral Theory of Competitive Political Parties, in: American Journal of Political Science 2, 565-598.

Strøm, Kaare/Müller, Wolfgang C./Bergman, Torbjörn (eds.) 2003: Delegation and Accountability in Parliamentary Democracies, Oxford: Oxford University Press.

Tils, Ralf 2005: Politische Strategieanalyse. Konzeptionelle Grundlagen und Anwendung in der Umwelt- und Nachhaltigkeitspolitik, Wiesbaden: VS Verlag für Sozialwissenschaften.

Tsebelis, George 1995: Decision Making in Political Systems. Veto Players in Presidentialism, Parliamentarianism, Multicameralism and Multipartism, in: British Journal of Political Science 25, 289-325.

Weaver, R. Kent/Rockman, Bert A. (eds.) 1993: Do Institutions Matter? Government Capabilities in the United States and Abroad, Washington D.C: The Brookings Institution.

Woldendorp, Jaap/Keman, Hans/Budge, Ian 2000: Party Government in 48 Democracies (1945-1998). Composition – Duration – Personnel, Dordrecht: Kluwer Academic Publishers.

Strategie und Regierung: Politikmanagement unter den Bedingungen von Komplexität und Unsicherheit

Karl-Rudolf Korte

1 Strategische Momente

Die politischen Spitzenakteure einer Regierung sind in eine Regierungsformation eingefügt (Grunden 2009: 67). Als Kollektivakteur ist die Formation extrem fragil und fluid. Handlungsfähig sind die Spitzenakteure, die wiederum ihr Politikmanagement unter den Bedingungen von politischer Komplexität und Unsicherheit organisieren (Luhmann 1983, Scharpf 1970). Bundesfinanzminister Peer Steinbrück (SPD) fokussierte diesen Zusammenhang in einem Spiegel-Interview: „Ich bemühe mich um Rationalität. Tue nur das, von dem du überzeugt bist! Politische Verantwortung heißt, bei Unsicherheiten und unvollständigen Informationen Entscheidungen zu treffen. Das unterscheidet Politiker von Wissenschaftlern und Kommentatoren." (Spiegel 49/2008 v. 01.12.2008). Diese Einschätzung beschreibt zutreffend ein strategisches Dilemma jeder Bundesregierung, nämlich strategische Entscheidungen zu treffen unter dem größer werdenden „Schleier des Nichtwissens" (Rawls 1979). Das Ausmaß des Nichtwissens hat sich zudem ganz offensichtlich in Zeiten der globalen Finanz- und Wirtschaftskrise 2008/09 potenziert. Das Nichtwissen hat eine auch mittlerweile öffentlich anerkannte Zentralität erreicht (Böschen/Schneider/Lerf 2004). Die Krise bedeutet für jede Regierung einen markanten Einschnitt im Hinblick auf das komplette Politikmanagement und die politische Legitimation des Regierungshandelns. Die Unsicherheitskrise hängt mit der Tiefe des ökonomischen Abschwungs ebenso zusammen wie mit der Ratlosigkeit, mit nachhaltigem Politikmanagement diesem zu begegnen. Zweifelsohne handelt es sich um einen besonderen strategischen Moment in der Regierungssteuerung.

Strategische Momente verschaffen einer Kanzlerschaft den immerwährenden Eintrag ins Geschichtsbuch. Die Finanz- und Wirtschaftskrise gehört seit 2008 zu diesen markanten Schlüsselereignissen, die aus der Enge des situativen Regierens ein Reservat der Schlauheit machen können (Scobel 2008). Die Krise hat politische

Gewissheiten in einer ähnlichen Geschwindigkeit vernichtet, wie die Finanzakrobaten das Kapital. Weniger Schulden, ausgeglichene Haushalte, Reduzierung der Staatsquote – das klingt mittlerweile wie frühe Vorgeschichte. Damit frisst die Krise auch ein Stück weit demokratische Normalität. Die Große Koalition hat wenige Monate vor ihrem selbst beabsichtigten Ende erstmals auch ein großes Mandat zum Handeln bekommen (Korte 2009). Bei Angela Merkel (CDU) schien sich bislang das Besondere ihrer Kanzlerschaft auf das Ausnahme-Format der Koalition zu beziehen und immer wieder auf die Anerkennung, als erste deutsche Kanzlerin gewählt worden zu sein (Korte 2009a, 2009b). Doch erst in dem Moment, in dem die Ökonomie ihre Leitfunktion für die Politik verloren hat, im Schatten des aktuellen Zeitenbruchs, hat sie den strategischen Moment, der ihre Kanzlerschaft unvergessen machen kann – ein Kipp-Punkt des Regierens, der allerdings souverän in die zweite Kanzlerschaft führen könnte (Korte 2009c).

Diese Formulierungen deuten die Richtung des Steuerungsverständnisses an. Politik als gemeinsame Verabredung von Regeln und Prioritäten ist unter den Bedingungen von Government möglich. Kein Government ist wiederum ohne Governance vorstellbar (Florack/Grunden/Korte 2008, Korte/Fröhlich 2009). Sinkende Erwartungssicherheit, mangelnde Zeitsouveränität und der fortlaufende Zwang zur Reaktion sind wichtige Faktoren, die in Teilen der Politikwissenschaft eine Strategie-Skepsis hervorrufen (Wiesenthal 2006, Speth 2006, Glaab 2007, Raschke/Tils 2007: 31ff.). Meine Position ist eine andere: Eine Regierung kann sich durchaus strategische Potentiale erarbeiten und erhalten, die eine rationale, d.h. nicht allein durch Zufälle und Inkrementalismus dominierte Politikformulierung und Planung möglich machen. Hingegen ist es überzogen, von den Möglichkeiten einer „Institutionalisierung strategischer Regierungsführung" (Fischer/Schmitz/Seberich 2007) zu sprechen oder an eine „Optimierung vorausschauender Politikgestaltung" (Knill/Bauer/Ziegler 2006) anzuknüpfen. Denn eine Strategiefähigkeit einer Regierung ist gerade nicht an der Verfügbarkeit weit in die Zukunft reichender Konzepte festzumachen, die detaillierte „Wenn-dann-Kausalitätsvermutungen" beinhalten. Strategiefähigkeit bedeutet zumeist eine Nichtwissensbasiertheit. Mit dem nichtgewussten Wissen sollte ein Spitzenakteur umzugehen wissen. Strategiefähigkeit bemisst sich an der Fähigkeit zur Antizipation von Erwartungsunsicherheit. Strategiefähigkeit beruht folglich auf der Verfügbarkeit von Orientierungswissen für offene Problemsituationen (Korte/Fröhlich 2009: 183). Zum Orientierungswissen oder Wissen als Handlungsvermögen (Stehr 1994) können folgende Fähigkeiten gehören:

- die Balance von Informalität und Formalität (Kapitel 3.1),
- die Deutungskraft von Kommunikation (Kapitel 3.2) sowie

Strategie und Regierung

- punktuelle Be- und Entschleunigung (Kapitel 3.3) und
- wertebasierte Programmatik (Kapitel 3.4).

Alle vier Komponenten sollen als Forschungsfragen für die wissenschaftliche Strategie-Entwicklung erörtert werden. In allen vier Bereichen gilt die Suche nach strategiefähigem Orientierungswissen in Form von Mustern des Handelns. Muster interessieren in ihrer Wechselwirkung mit nicht-linearen Prozessabläufen. Kann man solche Muster als Fundus des Orientierungswissens und als wichtige Wirk- und Steuerungsmechanismen ausfindig machen? Um dieser Fragestellung nachzugehen, sollen zuvor die Koordinationskontexte für das Politikmanagement einer Regierung dargestellt werden.

2 Politikmanagement

Politikmanagement (Korte/Fröhlich 2009, Korte 2008a, Grasselt/Korte 2007) stellt die Verbindung zwischen der Steuerungsfähigkeit der wichtigsten politischen Akteure und der Steuerbarkeit des politischen Systems her. Politische Akteure können wie folgt unterschieden werden: Mit individuellen Akteuren sind einzelne Personen wie Politiker, Regierungschefs bzw. Gewerkschaftsfunktionäre gemeint. Als kollektive Akteure versteht man Zusammenschlüsse einzelner Individuen, die ein gemeinsames Ziel verfolgen, wie z.B. Verbände. Kollektive Akteure sind demnach von den Präferenzen ihrer Mitglieder abhängig. Auch korporatistische Akteure sind Zusammenschlüsse einzelner Individuen, allerdings mit einem hohen formalen Organisationsgrad wie z.B. Ministerien oder Behörden. Entscheidungen werden hier hierarchisch gefällt, nicht durch Abstimmungen. Die jeweiligen Entscheidungen des Politikmanagements, das Tun und Lassen der Regierungen, sind abhängig von den Informationsgrundlagen der Regierenden. Die politische Lageanalyse ist das zentrale Fundament jedweder Regierungssteuerung. Erfolgreiche Strategien beginnen mit der politischen Lageeinschätzung. Sach- und Machtfragen sind dabei stets als ineinander verwoben zu betrachten: Sachliche Überlegungen vermischen sich mit machtpolitischen Absichten und persönlichen Profilierungssüchten. Nur wer von Beginn an mit dieser Verknüpfung kalkulierend rechnet, kann aktiv Politikmanagement betreiben.

Wenn materielle Politikziele erreicht werden sollen, muss die politische Führung darauf aus sein, Mehrheiten aus unterschiedlichen Interessengruppen zu schmieden. Dabei gilt es, die Sachrationalität der geplanten Maßnahme mit der politischen Vermittlungs- und Durchsetzungsrationalität abzuwägen. Politikmanagement ist deshalb mehr pragmatische Moderation als hierarchische Steuerung.

All diese Prozesse setzen einen sich permanent verändernden Informationsfluss voraus. Diese Änderungen müssen zeitnah aufgenommen werden, denn Informationen sind die zentrale Machtressource (Korte 2003: 18). An der Spitze der Informationspyramide steht idealtypisch der Kanzler, der Ministerpräsident oder der Fraktionsvorsitzende. Die Informationen werden durch hausinterne Prozesse gefiltert und selektiert. Dabei sind rund zwei Drittel der Nachrichten, die den Bundeskanzler täglich erreichen, weder besonders sensibel noch als geheim klassifiziert. Die Exklusivität solcher Informationen liegt nicht im Inhalt der Nachricht, sondern in der Frühzeitigkeit, in der Schnelligkeit ihres Zugangs (Mertes 2003: 62ff.). So rückt die Thematik des Informations- und Kommunikationsmanagements ins Zentrum des Regierens und der Strategieforschung.

Die systemischen Faktoren des deutschen Regierungssystems verweisen vor allem auf das Strukturmerkmal der verhandelnden Wettbewerbsdemokratie (Holtmann/Voelzkow 2000). Eine Vielzahl von so genannten Nebenregierungen mit Veto-Potenzial müssen bei Entscheidungsprozessen berücksichtigt werden. Hinzu kommen die unterschiedlichen Handlungs- und Entscheidungslogiken von Kanzler-, Parteien-, Koalitions- oder Mediendemokratie, denen Spitzenakteure je nach Publikum oder Problemlage entsprechen müssen (Korte 2001). Das strategische Handlungsvermögen des individuellen Akteurs in einer Regierung ist abhängig von diesen Strukturmerkmalen des Regierens.

Die administrativen Faktoren beziehen sich auf die verschiedenen Arten bürokratischer Rationalität (Grunow/Felder 2003). Gemeint ist damit der Einfluss auf die Regierungssteuerung, der sich auf die Zuarbeit der Ministerialbürokratie, der politischen Verwaltung bezieht (Gebauer 1994, Knoll 2004). Mit politischer Verwaltungsführung ist gleichzeitig der gesamte Prozess einer politischen Verwaltung mit kodifizierten Regeln und Richtlinien, hierarchischen Kompetenzstrukturen, geregelter Arbeitsteilung und exakt definierten Verfahrensweisen für die Erfüllung der öffentlichen Aufgaben gemeint (Grunow 1994). Den Alltag bestimmen Routineabläufe, in welche die Spitzenakteure nur selten persönlich eingebunden sind. Grundsätzlich hängen die Möglichkeiten zur Einflussnahme vom Grad der Politisierung der Führungsebene innerhalb der Bürokratie ab: Je stärker die Besetzung der Führungsebene – also etwa die Abteilungsleiter in einem Ministerium – politischem Zugriff unterliegen, desto geringer ist das Potenzial für bürokratische Verselbständigung und Beeinflussung politischer Entscheidungen durch bürokratisches Management. Regierungsbürokratien üben somit einen nicht zu unterschätzenden Einfluss auf die Entscheidungsfindung aus. Der Einfluss ist am größten im Bereich der Routineabläufe und am geringsten in der tagespolitischen Programmgestaltung.

Strategie und Regierung

Wie sich jedoch der Spitzenakteur (personaler Faktor) auf diese formalisierten Wege der Informationsverarbeitung – von innen – einlässt, hängt von seinem persönlichen Führungsstil ab. Das Beziehungsfeld zwischen Information und Entscheidung ist auf den Faktor des handelnden Akteurs zuzuspitzen (Hirscher/Korte 2003, Grunden 2009). Die Entscheidungsvorbereitung lebt vom Einfluss der personalen Faktoren. Dabei sind vor allem Personen mit Maklermacht (beratender Vermittlungsmacht) für das Informationsmanagement der Spitzenakteure unverzichtbar (Grunden 2009: 39ff.). Für die Optimierung des Informationsmanagements ist nicht die Selektion der Informationsflut oder die Organisation des „Hauses" entscheidend, sondern vorrangig die Arbeitsteilung zwischen Spitzenakteur und Makler. Personen mit Maklermacht haben erheblichen Einfluss auf die Informationsgrundlagen und folglich auf die Entscheidungen selbst. Dieser Einfluss liegt in der Regel weit über der aus dem Organigramm ersichtlichen Stellung des Maklers. Erfolgreiche Strategien beginnen insofern nicht nur mit der politischen Lageeinschätzung, sondern auch mit dem Arrangement durch Machtmakler-Gemeinschaften. Ihr professionelles Umfeld reduziert fortwährend und unermüdlich bestehende Unsicherheiten des Handelns, was zum Erfolg von politische Führung dazugehört (Grasselt/Korte 2007, Grunden 2009).

Das Informationsmanagement ist für den Spitzenakteur so von entscheidender Bedeutung, weil Information seine zentrale Machtressource bildet. Die Information kann sich einerseits auf policies beziehen – im Sinne einer problemlösenden Argumentationskette –, andererseits auf herrschaftssichernde Indikatoren. Die Maxime lautet: Nicht wie man Entscheidungen trifft, sondern wie man sie machterhaltend vorbereitet, ist bedeutsam. Zielpunkt sollte es aus Sicht des Machtakteurs entsprechend sein, innerhalb der notwendigen Selektion und Reduktion eine größtmögliche Vielfalt an Informationen beizubehalten. Politische Macht bedeutet, über Entscheidungsalternativen zu verfügen. Nur wer sich langfristig die Unabhängigkeit sichert, alternative Beratungsquellen zur Entscheidungsvorbereitung nutzen zu können, kann die Ressource Information zur Machtstabilisierung einsetzen. Alternative Beratungsquellen können neben den aufbereiteten schriftlichen und mündlichen Vorgängen der eigenen Verwaltung persönliche Berater ebenso wie Telefonate mit wichtigen Parteimitgliedern sein. Dabei zählt weniger die Über- und Unterordnung in Amts- oder Parteihierarchien als die gegenwärtige politische Konstellation. Wer ein Amt innehat, muss sich als Machtjongleur täglich Macht durch Führung und Einflusssicherung erarbeiten. Einfluss wird durch Kommunikation gesichert. Macht zu besitzen, bedeutet heute, Kontaktstellen zu haben und Netzwerke zu pflegen. Politische Macht hat somit eine stark kommunikative Komponente.

Regieren unter strategischen Prämissen kann nur funktionieren, wenn der Kanzler bzw. die Kanzlerin die unterschiedlichen Rollenprofile aktiviert, somit die Mischung aus Hierarchie und Verhandlung zum Politikmanagement einsetzt. Das klassische Repertoire der in der Verfassung zugrunde gelegten Institutionen reicht dazu nicht aus. Man könnte sogar noch zuspitzen: Die formalen Institutionen sind längst ergänzt – keineswegs ersetzt – worden durch informelle Netzwerke. Um das Räderwerk der Politik in Schwung zu halten, muss jede Regierung beachten, dass sie je nach Lageeinschätzung höchst unterschiedliche Steuerungsmechanismen aktiviert. In der notwendigen Verbindung von Sach- und Machtfragen nutzt der Akteur ein Repertoire an Instrumenten (Ressourcen und Restriktionen), die seinen Handlungskorridor offen halten bzw. erweitern können. Diese Instrumente – von der Machtzentralisierung bis zur Policy-Akzenturierung (Korte/Fröhlich 2009) – folgen der Logik unterschiedlicher Arenen.

Drei Arenen sind dabei grundsätzlich zu unterscheiden: Die parlamentarische, die administrative und die öffentliche Arena (Kriesi 2001: 3ff., Rucht 1988: 322). Dabei ist die parlamentarische Arena eng mit dem Begriff der Parteiendemokratie, die administrative Arena mit der Verhandlungsdemokratie und die öffentliche Arena mit der Mediendemokratie verknüpft. Alle drei Arenen verfügen über ausdifferenzierte Handlungsebenen mit eigenen Handlungslogiken und Handlungsanforderungen, unterschiedlichen Reichweiten, Grenzen und verschiedenen Beteiligungschancen der Bürgerinnen und Bürger. Die Grundthese ist dabei, dass sich diese drei Handlungsebenen des Regierens im Zuge der Professionalisierung von Politik in den letzten Jahrzehnten zunehmend ausdifferenziert haben (Grande 2000, Marcinkowski 2002, Korte 2008a). Dadurch ist das Prinzip der repräsentativen Demokratie belastet worden. Denn die Herstellung und Legitimation verbindlicher kollektiver Entscheidungen ist aus der dafür vorgesehenen parlamentarischen Arena durch Überlagerung, Ergänzung und Erweiterung von Regelsystemen der repräsentativen Demokratie ausgewandert (Bergedorfer Gesprächskreis 2001).

Die Ebene der Parteiendemokratie

Bei der Ebene der Parteiendemokratie folgt das politische Steuern den Mehrheitsregeln des Parlamentarismus. Kurzfristige Kalküle dominieren im Dauerwahlkampf. Alle Zuordnungen bei Sachfragen, alle Lösungsoptionen orientieren sich primär am Dualismus „Regierung vs. Opposition". Entschieden wird nicht primär nach dem Gesichtspunkt optimaler Problemlösung, sondern nach machtpolitischen, mehrheits- und wiederwahlsichernden Aspekten. Die parlamentarische Arena bildet zusammen mit der administrativen Arena den Ort, wo sich die politischen Verhandlungsprozesse abspielen. Hier werden die allgemein verbindlichen politischen Entscheidungen gefällt.

Strategie und Regierung

Die Ebene der Verhandlungsdemokratie

Bei der Ebene der Verhandlungsdemokratie entscheidet der Konsens das institutionelle Arrangement. Wesentliche Entscheidungen werden nicht mit Stimmenmehrheit, sondern auf dem Wege von Aushandlungsprozessen getroffen. Sieger und Besiegte sind nicht wie auf der Ebene des Parteienwettbewerbs erkennbar. Im Gegenteil: Der Parteienwettbewerb wird durch konsensdemokratische („gütliches Einvernehmen") und konkordanzdemokratische Arrangements überlagert. Die Steuerung ist nicht-hierarchisch, nicht majoritär. Die freiwillige Einigung charakterisiert das Ergebnis. Der Anteil der Akteure an den Details des geschnürten Verhandlungspakets bleibt gezielt geheim, sie verfügen über eine Abschlussvollmacht. Blockierende Verflechtungsfallen können dennoch ebenso drohen wie Konsensfallen, in welche die jeweilige Opposition geraten kann. Bei der administrativen Arena spielen zusätzlich zu den Parteivertretern die Interessengruppen und die Vertreter der bürokratischen Verwaltungssteuerung eine wichtige Rolle.

Die Ebene der Mediendemokratie

Auf der Ebene der Mediendemokratie ist die politische Entscheidung an den Erfolgsbedingungen der medialen Öffentlichkeit zu orientieren (Korte 2002). Aufmerksamkeit entscheidet, weniger die sachliche Notwendigkeit. Die Zustimmung zu den politischen Akteuren und den von ihnen vertretenen Positionen ist wichtiger als die Lösung von Problemen. Medienadressierte Personalisierung (Darstellungspolitik) ist wichtig, nicht das verschwiegene Aushandeln in der Verhandlungsdemokratie. Die Steuerung läuft über die Beeinflussung und Aktivierung von Stimmungen, nicht über Hierarchie, Mehrheit und Konsens. In dieser Arena findet primär die politische Kommunikation zwischen den politischen Akteuren und dem Publikum, d.h. den Bürgerinnen und Bürgern statt (Neidhardt 1995). Die politische Kommunikation und die politische Mobilisierung in der öffentlichen Arena ist zur Erlangung von Zustimmung des Publikums für alle Beteiligten eine entscheidende Voraussetzung zur Durchsetzung ihrer politischen Anliegen.

Die Handlungsbedingungen und Funktionslogiken sind somit auf allen drei Ebenen sehr unterschiedlich. Die Politik steckt offenbar in einem „Steuerungstrilemma". Was sich in der einen Arena als Erfolgsrezept herausbildet, ist schädlich für die Entscheidungsfindung in der anderen Arena. Zu einer erfolgreichen Strategie eines individuellen Akteurs gehört die spielerische Kopplung dieser Arenen.

3 Orientierungsthesen der Regierungsforschung

3.1 Informalität

Erfolgreiches strategisches Management (im Sinne eines Machterhalts bei gleichzeitiger Problemlösung) eines Spitzenakteurs der Regierung setzt eine Steuerungsbalance zwischen Formalität und Informalität voraus. Von einer gelungenen Balance ist die Funktionalität der Strategie abhängig. Wer sich im „Schatten der Formalität" auskennt, verzeichnet strategische Steuerungsgewinne. Informalität kann auch mit Praktiken bzw. Praxisgemeinschaften im Sinne von Etienne Wenger (communities of practice) gleichgesetzt werden (Büger/Gadinger 2008). Nur wer die Praktiken (tacit knowledge) kennt, kann sich behaupten. Zu den Mustern des Regierens für strategische Momente gehört ganz offensichtlich die Auseinandersetzung mit dem „Schatten der Formalität".

Eine Theorie des informellen Regierens fehlt bislang. Die Theoriebildung als „erklärendes Verstehen" mit hinreichenden Erklärungen für Kausalmechanismen entwickelt sich jedoch gerade (dazu Pannes/Dobertin 2010). Erfolgreiches Regieren, das strategische Momente nutzt, hängt maßgeblich davon ab, in welchem Maße es gelingt, die verschiedenen Informalitätskontexte in ihrem funktionalen und dysfunktionalen Auswirkungen zu kennen und möglicherweise auch zu beeinflussen (Mielke 2009, Lesmeister 2008). Bislang hat dies im Bereich der Verwaltungs- und Organisationsforschung Beachtung gefunden, nicht jedoch unter dem Gesichtspunkt strategischer Steuerung beim Politikmanagement. Auch die Governance-(Benz et al. 2007) und Policy-Forschung (Schubert/Bandelow 2009) problematisiert Informalität. Allerdings blenden diese Ansätze weitgehend die Leistungsagenda bzw. die Funktionalität des informellen Regierens aus. Informalitätskulturen konnten hingegen bereits im Bereich der Machtmakler-Analyse, sozusagen in den „Innenhöfen der Macht" von Regierungszentralen nachgewiesen werden (Grunden 2009, Korte 1998).

Strategische Momente können individuelle Akteure in Regierungszentralen (Korte 2006) nutzen, wenn sie sich die informellen Parallel-Strukturen aneignen. Mit den Rhythmen des Regierens, den Aufstiegs- und Fall-Szenarien (Korte 2000) verändert sich der „Schatten der Informalität". Beim Regierungswechsel verstärken sich die Tendenzen informell zu kommunizieren ebenso wie sich Machterosionen gegen Ende der Amtszeit auch dadurch nachweisen lassen, dass Informalität dysfunktional geworden ist. Handeln für offene Problemsituationen bedeutet insofern unter strategischen Gesichtspunkten, dass ein Akteur immer davon ausgehen sollte, in einer Regierungszentrale mehrere Informalitätskontexte nebeneinander

Strategie und Regierung

vorzufinden. In der Verbindung und im Wissen dieser Kontexte kann strategisches Regieren gelingen.

3.2 Kommunikation

Regierungskommunikation gehört ebenso zu einer zentralen Ressource des strategischen Regierens (Raschke/Tils 2007: 234ff.). Aufmerksamkeits- und Erwartungsmanagement ergänzen idealtypisch die Wort-Politik. Im strategischen Zentrum einer Regierungszentrale sollte Politikvermittlung und Planung miteinander verbunden sein (Korte 2008b, Sarcinelli 2009, Florack/Grunden 2009). Politik bedeutet für individuelle Akteure reden mit Folgen. Politik ist Wiederholung. Ohne Kommunikation gibt es keine Legitimation. Wer sein Handeln nicht ausreichend erklärt, kann keine Gefolgschaft mobilisieren. Doch mit wem soll was wann und wie kommuniziert werden, um zur Entscheidungsfindung zu kommen? Machttaktisch sind solche Fragen von besonderer Relevanz für politische Entscheidungsträger – vor allem in Hinblick auf eine Regierungssteuerung, bei der Macht- und Sachfragen immer zusammen bedacht werden müssen (Grasselt/Korte 2007).

Regierungshandeln als politisches Handeln ist somit von einer Kombination von Entscheidungsstilen und Steuerungsformen bestimmt. Zu den Grundlagen und Ressourcen des Regierens gehört es schließlich, die Politik steuerbar (zwischen Regelung und Strategie), vermittelbar (zwischen Kommunikation und Agenda-Setting) und umsetzbar (zwischen Machterwerb und Machterhalt) zu machen. Sprache ist das wichtigste Instrument der Politik – das gilt für alle Ebenen der Politik. Sprachverlust bedeutet immer Machtverlust (Korte/Fröhlich 2009, Delhees et al. 2008). Wer die Begriffe setzt, erobert die Wirklichkeit. Sprachgewinn bedeutet Deutungshoheit. Wer die Begriffe setzt, führt. Politische Kommunikation muss immer Rücksicht nehmen auf die Wohlfahrtsstaatskultur (jeweilige Pfadtreue). Jede Reform, jede Veränderung, jede Modernisierung braucht angesichts prägender Pfadabhängigkeiten einen positiven systematischen Bezug zu den politisch-kulturellen Konstanten. Das gilt es umso mehr zu beachten, wenn unpopuläre Einschnitte mehrheitsfähig gemacht werden müssen. Regieren unter den Bedingungen ökonomischer Knappheit setzt größere Anstrengungen im Bereich der Wort-Politik voraus als politische Steuerung in Zeiten eines konjunkturellen Aufschwungs.

In Zeiten des aktuellen Epochenbruchs durch die Finanz- und Wirtschaftskrise – als strategischer Moment des Regierens – besteht der erste Ausweg aus der Krise in Sprach-Strategien (Korte 2000). Wie kann man politisch erklären, was zu tun ist? Rezessionserfahrungen sind immer Phasen von kollektiven Erwartungsverlusten und Entwertungserfahrungen. Die Politik sollte in solche Phasen das Vakuum ausfüllen: Was soll angesichts verminderter Erwartungen unbedingt geschaffen werden? Was ist zu tun, um den gesellschaftlichen und sozialen Frieden zu erhalten? Hierzu müssen politische, nicht ökonomische Begründungsketten entwickelt werden. Strategische Momente sind offenbar nutzbar, wenn man sich dieser Sprach-Ressourcen bewusst ist. Wer am überzeugendsten erklärt, kann Mehrheiten organisieren. Erklär-Macht ist eine wichtige kommunikative Macht – als Bestandteil des strategischen Regierens. Master-Frame und damit deduktive Ableitungen sollten bei politischen Parteien aus den jeweiligen Grundsatzprogrammen ableitbar sein. Die Programme sind idealerweise eine zentrale Quelle strategischer Kommunikation. Wer nicht tagespolitisch beliebig, sondern mit einem nachvollziehbaren politischen Kompass argumentieren möchte, der sollte seine jeweiligen politischen Problemlösungen auch ideell verankern und kommunizieren.

Reformen in den Sozialsystemen sind unpopulär, weil sie grundsätzlich verdachtsbestimmt sind. Die Wählerinnen und Wähler sind sozial extrem sensibel geworden. Jede Ankündigung von Veränderungen im Bereich der Transfereinkommen muss sich mit dem Verdacht auseinander setzen, ungerecht zu sein und zu einer Verschlechterung der individuellen Situation zu führen. Zudem bergen die Reformen in den Sozialsystemen des Wohlfahrtsstaates in Zeiten ökonomischer Knappheit verschärfte Verteilungskonflikte. Erschwerend kommt hinzu, dass die Gestaltungsmöglichkeiten der politischen Akteure für Reformen angesichts noch lang abzutragender öffentlich finanzierter Schuldenberge beschränkt bleiben. Die Verteilungskonflikte zu verschweigen oder Handlungsmöglichkeiten zu signalisieren, wo es keine gibt, führt schließlich zu steigendem Verdruss über Politik und Politiker.

Das andere Extrem, der Rückgriff auf Krisenrhetorik und Sachzwanglogik, führt ebenso wenig zum Ziel, Mehrheiten für die notwendigen Reformschritte der Regierungen zu erlangen. Langfristiges Vertrauen der Bürgerinnen und Bürger in die Handlungsfähigkeit von Politik kann nur durch Anerkennung der Realitäten gelingen. Hierzu gehören einerseits zwangsläufig notwendige Reformen der gesellschaftlichen Regelungssysteme, andererseits aber auch die widerstreitenden Interessen, die unterschiedliche Zielvorstellungen haben. Ein Vergleich hat gezeigt, dass in anderen europäischen Wohlfahrtsstaaten die Rhetorik der nüchternen Ehrlichkeit, die Anwendung des Argumentationstyps „Kümmerer", zur Findung eines solchen Konsens beigetragen hat und somit ein Problembewusstsein geschaffen wurde, das eine Grundlage für die Durchsetzung von vorher unpopulären Maßnahmen darstellte (Delhees et al. 2008). Die Reduzierung auf die Notwendigkeit von Reformen als Botschaft ist allerdings nicht allein Erfolg versprechend – vielmehr müssen Komponenten der normativen Reformbegründung hinzukommen, die verdeutlichen, wofür Einschnitte nötig sind. Die eindeutig große Mehrheit der

Strategie und Regierung

Wählerinnen und Wähler belohnt nicht die Vorkämpfer sozialer Errungenschaften. Beharrungs- und Sozial-Populisten sammeln sich in Defizit-Parteien – zumal einer Retro-Linken. Tendenziell haben alle Parteien eine Antwort auf die seit der Bundestagswahl von 2005 wachsende Renaissance des Sozialen formuliert. Insofern reagieren die Volksparteien auf die neue Herausforderung durch die Linke (Korte 2007).

Doch der „Linkstrend" lässt sich nicht mehr traditionell als Wunsch nach mehr Gleichheit, neuer Umverteilung, mehr Emanzipation oder dem Ausbau des Sozialstaats einordnen. Links zielt heute in Zeiten der alltagspraktisch erlebten Globalisierung mehrheitlich auf linkskonservative Motive: Die Faszination von staatlicher Verlässlichkeit (gegen weitere Deregulierung und Privatisierung), die Renaissance des Sozialen als Antwort auf elementare Gerechtigkeitsfragen und das Primat der Politik gegen die Herrschaft des Ökonomischen über alle Lebensbereiche. Hinter dieser Themenvielfalt steckt eher Sicherheitskonservatismus als Befreiungsrhetorik linker Ideologien. Alle Parteien haben sich nach der Bundestagswahl in teils dramatischer Abkehr von den alten Wahlprogrammen diesen neuen Mobilisierungs-Themen zugewandt. Dieser neue Kurs entspricht einem öffentlichen Diskurswechsel (Korte 2007): Mittlerweile hat Sicherheit Gerechtigkeit geschlagen.

Zu den Erfolgsbedingungen einer strategisch ausgerichteten Mehrheitsbildung gehört somit eine in sich schlüssige Reformkommunikation (Weidenfeld 2007: 9). Das ist weitaus mehr als eine wärmende Leitidee. Gesucht wird ein übergeordneter Begründungszusammenhang, der die Abfolge politischer Prozesse und damit die weiteren Reformschritte in verständlicher Sprache glaubwürdig nachvollziehbar kommuniziert und die Sachschritte in einer übergeordneten Zielperspektive orientierend einordnet. Die Botschaft ist der Kern der Strategie. Häufig werden Reformprozesse als alternativlos in der Rhetorik von Kassenwarten dargestellt. Doch die Logik der leeren Kassen hat keinen Mobilisierungscharme. Wertegestützt, realitätsbasiert und handlungsorientiert sollten Veränderungsprozesse begründet erklärt werden.

Die kommunikativen Instrumente für ein strategisches Regieren haben sich unter den Bedingungen von Web 2.0 drastisch verändert. Netzkommunikation kann der Politik, wie die herkömmlichen Medien, zum einen als Beobachtungsinstrument der gesellschaftlichen Diskussionen dienen. Zum anderen kann die Kommunikation im Internet aber auch als Katalysator des eigenen Aufmerksamkeitsmanagements werden (Kamps 2007). Garantien lassen sich allerdings nicht daraus ableiten, sondern nur Optionen: Online-Kommunikation kann einen Zuwachs an Themendefinitionsmacht der Politik bedeuten. Doch noch ist unklar, wie man verlässlich wichtige Knotenpunkte verdichteter Diskussionen schafft und wie man sich auch vor sogenannten digitalen Mobs schützt. Die Spielregeln der politischen Öffentlichkeit – auch die tradierten Vorstellungen von politischer Repräsentativität – verändern sich rapide durch die Chancen einer direkten Kommunikation zwischen Politik und Bürgern. Information, Artikulation und auch Organisation im Rahmen bürgerschaftlicher Partizipation können durch die Netzwerkgesellschaft gefördert werden. Wie bei einem „Bypass" kann die Politik an den klassischen Medien vorbei potenzielle Adressaten direkt erreichen (Bieber 2006, Kamps 2007: 335). Das ist jedoch als wechselseitiger Prozess zu verstehen. Wer auf Partizipationswünsche, auf Nachfragen und Dialogwünsche nicht reagiert, bei dem verkommt der Online-Auftritt zur Interaktivitäts-Attrappe.

Grundsätzlich erhöht sich die Chance unter Online-Bedingungen für nichtetablierte Akteure, in die Politik einzugreifen oder aber auch aus Sicht der Regierung mit ihnen zu kommunizieren. Online-Gemeinschaften als Akteure sind grundsätzlich anders verfasst als Mitgliederstrukturen in den Parteien. Insofern hält auch diese neue Variante der Regierungskommunikation Ressourcen und Restriktionen für strategische Kommunikation bereit.

3.3 Zeit

Bundeskanzlerin Angela Merkel (CDU) formulierte die Zeitbedingungen für Regierungshandeln folgendermaßen: „Das Amt des Bundeskanzlers verlangt eine unglaubliche Komplexität von Entscheidungen und Einschätzungen pro Zeiteinheit" (FAZ v. 22.11.2005). Der Rohstoff Zeit ist elementar für jede Strategie (Raschke/Tils 2007: 184ff.). Zeitarmut ist eine wichtige Einschränkung von Strategiefähigkeit. Politische Planung und Strategiebildung setzt die Antizipation von Zeitstrukturen und zeitlichen Dynamiken voraus (Riescher 1994). Zeitstrukturen sind wiederkehrende, z.T. rechtlich fixierte Handlungsgelegenheiten und Entscheidungssituationen: z.B. Legislaturperioden, Wahlkampfphasen, parlamentarische Entscheidungsverfahren, Regierungserklärungen, Parteitage etc. Zeitliche Dynamiken vergrößern oder verkleinern über kurz- bis mittelfristige Zeitspannen die Handlungskorridore einer Regierung. Abhängig von medialen Themenkonjunkturen, der Meinungsbildung in Partei und Koalition oder dem Problemdruck auf einem Politikfeld öffnen oder verschließen sich „Gelegenheitsfenster": Entscheidungsprozesse beschleunigen oder verlangsamen sich, demoskopische Zustimmungswerte sinken oder steigen, die Folgebereitschaft in Partei und Parlament wird stärker oder schwächer.

Die kaum zu unterschätzende Herausforderung für politische Strategien besteht darin, Zeitstrukturen und zeitliche Dynamiken zusammenzuführen: Es gilt abzuschätzen, wann im Verlauf der Legislaturperiode Problemlösungsstrategien ihre erhoffte Wirkung entfalten und wie lange jene Phase andauert, in der die poli-

Strategie und Regierung

tischen „Übergangskosten" eines neuen Programms (z.B. Schwierigkeiten bei der Implementation oder Akzeptanzprobleme bei den Adressaten) die zu erwartenden „Gewinne" übersteigen (Przeworski 1991, Ganghof/Hönnige/Stecker 2009). Die Antizipation von zeitlichen Dynamiken ist zudem für die erfolgreiche Kommunikation und Durchsetzung der Regierungspolitik von großer Bedeutung. Das gilt für Zeitpunkte, von denen an bestimmte Probleme und Themen relevant werden. Zeitstrukturen und zeitliche Dynamiken eröffnen ferner Gelegenheitsfenster für die Verankerung eigener Agenden im öffentlichen Bewusstsein oder für die Initiierung und beschleunigte Verabschiedung von Gesetzgebungsprojekten.

Politik hat immer weniger Zeit, um Entscheidungen mit immer längerer Wirkungszeit und Implementationsphasen zu treffen, was man als „Gegenwartsschrumpfung" (Lübbe 1996: 12ff.) bezeichnen kann. Hartmut Rosa konnte zeigen, wie solche Desynchronisationen entstehen und welche Probleme daraus für die Politik entstehen (Rosa 2005). Denn die „Eigenzeiten" der Politik mit mannigfachen institutionalisierten Zeitstrukturen der politischen Willensbildung, Entscheidungsfindung und Entscheidungsimplementierung passen nicht mehr zu den Rhythmen, dem Tempo der sozialen Entwicklungen anderer Bereiche. Demokratische Politik ist nur beschränkt beschleunigungsfähig. Die Zeitkrise des Politischen führt zur Rücknahme des Gestaltungsanspruchs der Politik. Politik ist nicht mehr Schrittmacher sozialer Entwicklungen, sondern reagiert auf die Vorgaben der schnelleren Systeme. Strategien des muddling through, die sich an den Vordringlichkeiten des Befristeten orientieren, treten an die Stelle gesellschaftsgestalterischer politischer Strategien (Rosa 2005: 417).

Zeit ist ein gewichtiger strategischer Faktor für das Regierungshandeln, und der Verzicht auf die Antizipation von Zeitstrukturen und -dynamiken käme einem Verzicht auf politische Planung gleich. Gleichwohl stellt der Faktor Zeit eine zunehmend größere Herausforderung für politische Planung und Politikformulierung dar. Das zentrale Problem ist die stetig ansteigende Beschleunigung von Veränderungsprozessen in Ökonomie und Gesellschaft (Rosa 2005). Technologische Innovationen beschleunigen den ökonomischen Strukturwandel und verkürzen damit die Zeiträume zwischen notwendigen sozial- oder wirtschaftspolitischen Anpassungsleistungen. Zudem steigt mit der Geschwindigkeit technologischer Innovationen der Bedarf nach neuen rechtlichen Rahmenbedingungen. Dies hat wiederum zur Folge, dass sich die Politik dem Druck ausgesetzt sieht, immer mehr Entscheidungen zu treffen, deren Wirkungen weit in die Zukunft reichen und damit Pfadabhängigkeiten erzeugen, die nur sehr schwer wieder zu korrigieren sind. Nicht zuletzt setzt die Beschleunigung der Medienberichterstattung, die zu einer Vermittlung von Nachrichten in „Echtzeit" geführt hat, politische Akteure unter täglichen „Kommunikationsstress". Die zur Verfügung stehenden Reaktionszeiten für die eigene Positionsbestimmung und anschließende „Sprachregelungen" werden kürzer. Das mediale „Themenhopping" erschwert nicht nur eine zumindest annährend konsistente Kommunikation, sondern belastet die politische Planung mit Nebenschauplätzen. „Kommunikationsstress" erzeugt auch die Abnahme von Parteiloyalitäten und die Zunahme von „Spät-Entscheidern" im Elektorat, deren Wahlentscheidung auch von kurzlebigen Stimmungen abhängig sein kann (Schmitt-Beck 2000).

Abnehmende Erwartungssicherheit – sowohl im Hinblick auf die Entwicklung von Politikfeldern und die Wirkung politischer Programme, als auch im Hinblick auf mediale Themenkonjunkturen oder demoskopische Stimmungen – ist ein nur schwer zu überwindendes Hindernis für erfolgreiche politische Planung im Sinne einer realitätsnahen Antizipation von zeitlichen Dynamiken. Hinzu kommt, dass sowohl politische Spitzenakteure als ihre Mitarbeiter und Beamten unter Zeitknappheit und mangelnder Zeitsouveränität agieren müssen. Fortwährend werden Probleme von außen an die Akteure herangetragen, was Konsequenzen für die Politikformulierung und die Ausgestaltung von Entscheidungsprozessen hat. Die überwiegende Arbeitszeit beansprucht die Reaktion auf Ereignisse, während für eigene Aktionen, Initiativen oder konzeptionelle Entwürfe dagegen nur wenig Raum bleibt (Böhret 1989, Tils 2005: 122).

Der Faktor Zeit ist eine Schlüssel-Variable beim Thema Strategie. Die Grundproblematik kann hier nur angedeutet werden. Forschungen sollten gezielt in drei Richtungen vertieft werden:

1. Sequenzierung als Zeitmanagement sichert nicht nur die Chance für Reformoptionen, sondern auch den Machterhalt. Tempo, Rhythmen, Zeitfenster: alles Bedingungen für den Erfolg einer Modernisierungsstrategie („Ruhe und Reform" wahren im bürgerlichen Verständnis). Wer Mehrheiten hat, sollte sie auch nutzen. Schnell und klar sollte die Abfolge der Reformschritte erfolgen. Das verhindert nicht nur eine geordnete Gegenmobilisierung, sondern ist essentiell, um auch Unpopuläres durchzusetzen, ohne das Ziel verändern zu müssen. Tempowechsel können dabei durchaus Teil der Strategie sein. Keiner setzt sich längerfristig zustimmend einem permanenten Stakkato an Veränderungen aus. Die Balance aus Reform und Ruhe ist Bedingung zur Mobilisierung von Mehrheiten. Beschleunigung zu Beginn, Entschleunigung vor dem nächsten Großprojekt. Zeitfenster erleichtern die Herbeiführung von Reformpolitik und die Herstellung von gesellschaftlichem Konsens über die Notwendigkeit von Reformen (Rasche/Tils 2007: 186). Diese *windows of opportunity* können beispielsweise durch krisenhafte Erscheinungen in einem reformbedürftigen Politikfeld entstehen. Sie sorgen für die Entstehung von Problem-

Strategie und Regierung

bewusstsein in der Gesellschaft, was dann das Vorhandensein von „informationellen Erstschlagskapazitäten" voraussetzt, um die Problemlösung praktisch zeitgleich mit der Problemartikulation bereit zu halten.

Dem schnellen Handeln beim Öffnen von Zeitfenstern steht der Tempowechsel in der folgenden Phase entgegen. Daraus wird deutlich, dass dem anfänglich schnellen Handeln in der Medienarena eine Entschleunigung in der Partei folgen muss. Die Parteien sind unverzichtbar bei der Herbeiführung von Mehrheiten für Unpopuläres, ihre gesellschaftliche Multiplikatorenfunktion ist nicht zu ersetzen. Somit müssen Regierungsakteure für die Anschlussfähigkeit ihrer Reformpolitik an die normativen Ideale und die Grundprinzipien ihrer Parteien sorgen. Hierbei kommt der Inputfunktion der Parteien große Bedeutung zu – Regionalkonferenzen und Parteiforen sorgen für das Ausfüllen der Aura der Beteiligung mit Leben.

2. Der Rohstoff Zeit ist ebenso elementar für den individuellen Akteur, der nur durch persönliches Entschleunigungsmanagement (Organisation, persönliches Umfeld, Stil) langfristig strategiefähig bleibt. Zeitarmut – im Sinne einer Beschleunigung – ist ein Problem für eine notwendige entschleunigte Strategiebildung.

3. Online-Kommunikation verändert die Spielregeln, den Modus und vor allem die Dynamik der politischen Öffentlichkeit. „Regieren 2.0" interagiert mit Online-Gemeinschaften in einer strategischen Netzwerkgemeinschaft – unter Echt-Zeit-Bedingungen und permanent. Unter solchen Bedingungen gerät die Demokratie noch mehr unter Kommunikationsstress. Strategisches Regierungshandeln nutzt die geringen entschleunigten Korridore.

Vielleicht könnte man entsprechend auch das aktuelle Vortasten der Bundesregierung einordnen. Noch wartet die Kanzlerin, tastet sich mit kleinteiligen Vielfalts-Management – hinter dem sogenannten Schleier des Nichtwissens – durch den Alltag der Krise. Ihre „forcierte Passivität" (Fritz Stern) kann sich am Ende als Klugheit herausstellen. Ihr präsidentielles Zaudern (Vogl 2007) in der Großen Koalition wirkt wie eine Auszeit für einen historischen Möglichkeitssinn (Korte 2009a). Ihr Zaudern ist vielleicht Methode. Es bedeutet keinesfalls Nichts-Tun, sondern eine substantielle Langsamkeit, die in Zeiten von Komplexität und Unsicherheit ein Macht-Reservoir sein könnte. Doch Kipp-Punkte an besonderen strategischen Momenten können sich auch ins genaue Gegenteil verkehren – ein hohes Risiko in einem Super-Wahljahr (dazu auch Korte 2009).

3.4 Programmatik

Wenn Strategiefähigkeit auf der Verfügbarkeit von Orientierungswissen für offene Problemsituationen basiert, dann spielt Programmatik als Teil des Orientierungswissens eine herausgehobene Rolle. Die Volksparteien leiden an strategischer Unsicherheit über ihr jeweiliges Zukunftsprofil und ihre Identität. Insofern ist es folgerichtig, in den Grundsatzprogrammen nach Identitäts- und Markenkernen zu suchen. Sie könnten den wertorientierten Begründungskontext abgeben, für die Richtung politischer Entscheidungen in Regierungsverantwortung.

Denn nur die Partei ist erfolgreich, die als Formation die Kraft besitzt, einem gesellschaftlich bedeutenden Konflikt politischen Ausdruck zu verleihen: idealtypisch mit Personen und Programmen, die in sich stimmig sind. Antworten auf solche grundlegenden Cleavages sind auf drei Ebenen zu suchen: der verteilungspolitischen Konfliktlinie (Umverteilung vs. Marktliberalität), der Divergenzen zwischen Zentrum und Peripherie (zwischen Mehrheiten und neuen Minderheiten) und der wertbezogenen, kulturellen Dimension von Konflikten (zwischen gemeinwohlorientierter Bürgerlichkeit und nicht-bürgerlichem Populismus) (Geiling/Vester 2007: 468, Vester et al. 2001). Eine wieder erkennbare Wertigkeit einer politischen Partei als Antwort auf die elementaren Konfliktlinien müsste kulturell, nicht ökonomisch daherkommen. Die Sehnsucht nach moralischer Orientierung nimmt empirisch messbar ebenso zu wie das Wissen um die Kraft einer Wertorientierung (Weissenbach/Korte 2006: 45). Wertorientierung könnte somit auch als Strategiefaktor Eingang in die Regierungsarbeit finden.

Um einer Beliebigkeit und der Pragmatik des Augenblicks bei den Antworten auf diese elementaren Konfliktlinien zu entkommen, sollte der Markenkern einer Partei erkennbar sein. Das ist viel mehr als Marketing (Diermann 2007). Der Markenkern resultiert aus den jeweiligen Wertefundamenten (vgl. Diermann/Ballensiefen/Korte 2008). Führung durch Werte bedeutet nicht Zeitgeist-Anbiederung, sondern selbst für andere attraktiv zu werden. Führung in diesem Sinne kommt strikt ohne Echo-Demoskopie aus. Regieren und Opponieren besteht gerade in Zeiten ökonomischer Knappheit aus dem Festsetzen von Prioritäten, nicht aus deren scheinbarer Aufhebung.

4 Fazit

Eine Regierung kann sich durchaus strategische Potentiale erarbeiten und erhalten, die eine rationale, d.h. nicht allein durch Zufälle und Inkrementalismus dominierte, Politikformulierung und Planung möglich machen. Wichtig sind dafür vor allem Spitzenakteure, die über ausreichendes Orientierungswissen für offene Prob-

Strategie und Regierung

lemsituationen verfügen. Die notwendige Analyse von sogenannten strategischen Momenten des Regierens könnte nachweisen, welche nichtlinearen Muster, die wir auch aus der Komplexitätsforschung kennen, steuerungstechnisch wirkungsmächtig waren. Anleihen sollten dabei gesucht werden im Bereich von Informalität, Kommunikation, Zeit und Programmatik. Die Orientierungsthesen im Umfeld dieser vier Schwerpunkte verdeutlichen den Anteil dieser Variablen am gesamten Politikmanagement einer Regierung.

Literatur

Bergedorfer Gesprächskreis 2001: Verhandlungsdemokratie? Politik des möglichen – Möglichkeiten der Politik. Protokoll 120, Hamburg.

Benz, Arthur/Lütz, Susanne/Schimank, Uwe/Simonis, Georg (Hg.) 2007: Handbuch Governance. Theoretische Grundlagen und empirische Anwendungsfelder, Wiesbaden: VS Verlag für Sozialwissenschaften.

Bieber, Christoph 2006: Zwischen Grundversorgung und Bypass-Operation. Von der Idee zur Praxis digitaler Regierungskommunikation, in: Kamps, Klaus/Nieland, Jörg-Uwe (Hg.), Regieren und Kommunikation. Meinungsbildung, Entscheidungsfindung und gouvernementales Kommunikationsmanagement – Trends, Vergleiche, Perspektiven, Köln: Halem, 239-260.

Böhret, Carl 1989: Die Zeit des Politikers – Zeitverständnis, Zeitnutzung und Zeitmandat, Rektoratsrede anlässlich der Eröffnung des Wintersemesters 1989/90, Speyerer Vorträge, Heft 14, Speyer.

Böschen, Stefan/Schneider, Michael/Lerf, Anton (Hg.) 2004: Handeln trotz Nichtwissen, vom Umgang mit Chaos und Risiko in Politik, Industrie und Wissenschaft, Frankfurt/M.: Campus.

Büger, Christian/Gadinger, Frank 2008: Praktisch gedacht! Praxistheoretischer Konstruktivismus in den Internationalen Beziehungen, in: Zeitschrift für Internationale Beziehungen, Jg. 15. H. 2, 273-302.

Delhees, Stefanie/Korte, Karl-Rudolf/Schartau, Florian/Switek, Niko/Weissenbach, Kristina 2008: Wohlfahrtsstaatliche Reformkommunikation. Westeuropäische Parteien auf Mehrheitssuche, Baden-Baden: Nomos.

Diermann, Melanie 2007: Politisches Marketing – Relevanz des Marketingkonzeptes für politische Parteien als Managementstrategie für Wahlkämpfe. Eine vergleichende Fallanalyse am Beispiel der Landtagswahl 2005 in NRW, Marburg: Tectum.

Diermann, Melanie/Ballensiefen, Moritz/Korte, Karl-Rudolf 2008: Alles Marketing, oder was? Betrachtung zweier Wahlwerbespots von SPD und CDU aus dem Bundestagswahlkampf 2005 unter Marketingaspekten, in: Dörner, Andreas/Schicha, Christian

(Hg.), Politik im Spot-Format. Zur Semantik, Pragmatik und Ästhetik politischer Werbung in Deutschland, Wiesbaden: VS Verlag für Sozialwissenschaften, 101-128.

Fischer, Thomas/Schmitz, Gregor Peter/Seberich, Michael (Hg.) 2007: Die Strategie der Politik. Ergebnisse einer vergleichenden Studie, Gütersloh: Verlag Bertelsmann Stiftung.

Florack, Martin/Grunden, Timo (Hg.) 2009: Regierungszentralen. Politische Führung, Steuern, Koordination zu Formalität und Informalität, Wiesbaden: VS Verlag für Sozialwissenschaften.

Florack, Martin/Grunden, Timo/Korte, Karl-Rudolf 2008: No Governance without Government. Political Management at the State Level: The Case of North Rhine-Westphalia, in: Schmitt-Beck, Rüdiger/Debiel, Tobias/Korte, Karl-Rudolf (eds.), Governance and Legitimacy in a Globalized World, Baden-Baden: Nomos, 59-74.

Ganghof, Steffen/Hönnige, Christoph/Stecker, Christian (Hg.) 2009: Parlamente, Agendasetzung und Vetospieler. Festschrift für Herbert Döring, Wiesbaden: VS Verlag für Sozialwissenschaften.

Gebauer, Klaus-Eckart 1994: Zur Optimierung von Koordination und Planung in einer Regierungszentrale, in: Verwaltungs-Archiv, Jg. 85, H. 4, 485-521.

Geiling, Heiko/Vester, Michael 2007: Das soziale Kapital der politischen Parteien. Die Akzeptanzkrise der Volksparteien als Frage der Individualisierung oder der sozialen Gerechtigkeit, in: Brettschneider, Frank/Niedermayer, Oskar/Weßels, Bernhard (Hg.), Die Bundestagswahl 2005. Analysen des Wahlkampfes und der Wahlergebnisse, Wiesbaden: VS Verlag für Sozialwissenschaften, 457–490.

Glaab, Manuela 2007: Strategie und Politik: das Fallbeispiel Deutschland, in: Fischer, Thomas/Schmitz, Gregor Peter/Seberich, Michael (Hg.), Die Strategie der Politik. Ergebnisse einer vergleichenden Studie, Gütersloh: Verlag Bertelsmann Stiftung, 67-115.

Grande, Edgar 2000: Charisma und Komplexität. Verhandlungsdemokratie, Mediendemokratie und der Funktionswandel politischer Eliten, in: Werle, Raymund/Schimank, Uwe (Hg.), Gesellschaftliche Komplexität und kollektive Handlungsfähigkeit, Frankfurt/M.: Campus, 297-319.

Grasselt, Nico/Korte, Karl-Rudolf 2007: Führung in Politik und Wirtschaft. Instrumente, Stile und Techniken, Wiesbaden: VS Verlag für Sozialwissenschaften.

Grunden, Timo 2009: Politikberatung im Innenhof der Macht. Zu Einfluss und Funktion der persönlichen Berater deutscher Ministerpräsidenten, Wiesbaden: VS Verlag für Sozialwissenschaften.

Grunow, Dieter 1994: Bürokratietheoretische Ansätze. in: Kriz, Jürgen/Nohlen, Dieter/Schultze, Rainer-Olaf (Hg.), Lexikon der Politik, Bd. 2, Politikwissenschaftliche Methoden, München: Beck, 59-63.

Grunow, Dieter/Felder, Michael 2003: Das administrative Kommunikationsmanagement. Von der Implementations- zur Entscheidungsvorbereitung, in: Hirscher, Gerhard/Korte, Karl-Rudolf (Hg.), Informationen und Entscheidung. Kommunikationsmanagement der politischen Führung, Wiesbaden: Westdeutscher Verlag, 29-51.

Strategie und Regierung 229

Hirscher, Gerhard/Korte, Karl-Rudolf (Hg.) 2003: Informationen und Entscheidung. Kommunikationsmanagement der politischen Führung, Wiesbaden: Westdeutscher Verlag.

Holtmann, Everhard/Voelzkow, Helmut (Hg.) 2000: Zwischen Wettbewerbs- und Verhandlungsdemokratie. Analysen zum Regierungssystem der Bundesrepublik Deutschland, Wiesbaden: Westdeutscher Verlag.

Lübbe, Hermann 1996: Zeit-Erfahrungen. Sieben Begriffe zur Beschreibung moderner Zivilisationsdynamik, Stuttgart: Steiner.

Kamps, Klaus 2007: Politisches Kommunikationsmanagement. Grundlagen und Professionalisierung moderner Politikvermittlung, Wiesbaden: VS Verlag für Sozialwissenschaften.

Knill, Christoph/Bauer, Michael W./Ziegler, Maria 2006: Optimierungsmöglichkeiten vorausschauender Politikgestaltung. Institutionen staatlicher Planung und Koordination im europäischen Vergleich, Reihe Zukunft Regieren. Beiträge für eine gestaltungsfähige Politik, Nr. 2/2006, Gütersloh: Bertelsmann Stiftung.

Knoll, Thomas 2004: Das Bonner Bundeskanzleramt. Organisation und Funktionen von 1949 bis 1999, Wiesbaden: VS Verlag für Sozialwissenschaften.

Korte, Karl-Rudolf 1998: Deutschlandpolitik in Helmut Kohls Kanzlerschaft. Regierungsstil und Entscheidungen 1982-1989, Stuttgart: Deutsche Verlags-Anstalt.

Korte, Karl-Rudolf 2000: Konjunkturen des Machtwechsels in Deutschland: Regeln für das Ende der Regierungsmacht?, in: Zeitschrift für Parlamentsfragen, Jg. 31, H. 4, 833-857.

Korte, Karl-Rudolf 2001: Regieren, in: Korte, Karl-Rudolf/Weidenfeld, Werner (Hg.), Deutschland-TrendBuch. Fakten und Orientierungen, Opladen: Leske + Budrich, 515-546.

Korte, Karl-Rudolf 2002: Regieren in der Mediendemokratie. Regierungssteuerung der Staats- und Regierungschefs im Vergleich, in: Schatz, Heribert/Rössler, Patrick/Nieland, Jörg-Uwe (Hg.), Politische Akteure in der Mediendemokratie. Politiker in den Fesseln der Medien?, Wiesbaden: Westdeutscher Verlag, 21-40.

Korte, Karl-Rudolf 2003: Maklermacht. Der personelle Faktor im Entscheidungsprozess von Spitzenakteuren, in: Hirscher, Gerhard/Korte, Karl-Rudolf (Hg.), Information und Entscheidung. Das Kommunikationsmanagement der politischen Führung, Wiesbaden: Westdeutscher Verlag, 15-28.

Korte, Karl-Rudolf 2006: Politikberatung von innen: Beratung der Regierungszentralen-Bund, in: Falk, Svenja/Rehfeld, Dieter/Römmele, Andrea/Thunert, Martin (Hg.), Handbuch Politikberatung, Wiesbaden: VS Verlag für Sozialwissenschaften, 175-188.

Korte, Karl-Rudolf 2007: Linkskonservativ mitfühlend. Kurt Beck als Anwalt der Verunsicherten?, in: Neue Gesellschaft/Frankfurter Hefte, Jg. 54, H. 12, 49-52.

Korte, Karl-Rudolf 2008a: Die Praxis regierungsförmiger Steuerung, in: Holtmann, Everhard/Patzelt, Werner J. (Hg.), Führen Regierungen tatsächlich? Zur Praxis gouvernementalen Handelns, Wiesbaden: VS Verlag für Sozialwissenschaften, 59-72.

Korte, Karl-Rudolf 2008b: Kommunikation und Entscheidungsfindung von Regierungen. Das Beispiel einer Reformkommunikation, in: Sarcinelli, Ulrich/Tenscher, Jens (Hg.), Politikherstellung und Politikdarstellung. Beiträge zur politischen Kommunikation, Köln: Halem, 20-43.

Korte, Karl-Rudolf 2009: Wahlen in Deutschland, 6. Auflage, Bonn: Bundeszentrale für politische Bildung.

Korte, Karl-Rudolf 2009a: Präsidentielles Zaudern. Der Regierungsstil von Angela Merkel in der Großen Koalition 2005-2009 (im Erscheinen).

Korte, Karl-Rudolf 2009b: Präsidentielles Zaudern. Suchbewegungen nach dem Phänomen Angela Merkel, in: Frankfurter Allgemeine Zeitung, 18.4.2009.

Korte, Karl-Rudolf 2009c: Die neue Qualität des Parteienwettbewerbs im Superwahljahr 2009, in: Aus Politik und Zeitgeschichte, B. 38/2009, 3-8.

Korte, Karl-Rudolf/Fröhlich, Manuel 2009: Politik und Regieren in Deutschland. Strukturen, Prozesse, Entscheidungen, 3. Auflage, Paderborn: Schöningh.

Kriesi, Hanspeter 2001: Die Rolle der Öffentlichkeit im politischen Entscheidungsprozess, WZB Papier P 01-701, Berlin.

Lesmeister, Christiane 2008: Informelle politische Kommunikationskultur: hinter den Kulissen politisch-medialer Kommunikation, Wiesbaden: VS Verlag für Sozialwissenschaften.

Luhmann, Niklas 1983: Politische Planung. Aufsätze zur Soziologie von Politik und Verwaltung, 3. Auflage, Opladen: Westdeutscher Verlag.

Marcinkowski, Frank 2002: Was kann die politikwissenschaftliche Kommunikationsforschung zu einer modernen Regierungslehre beitragen?, in: Schatz, Heribert/Rössler, Patrick/Nieland, Jörg-Uwe (Hg.), Politische Akteure in der Mediendemokratie. Politiker in den Fesseln der Medien?, Wiesbaden: Westdeutscher Verlag, 357-367.

Mertes, Michael 2003: Bundeskanzleramt und Bundespresseamt. Das Informations- und Kommunikationsmanagement der Regierungszentrale, in: Hirscher, Gerhard/Korte, Karl-Rudolf (Hg.), Information und Entscheidung. Das Kommunikationsmanagement der politischen Führung, Wiesbaden: Westdeutscher Verlag, 52-78.

Mielke, Gerd 2009: Regierungszentralen zwischen Informalität und Formalität. Informelle Strukturen und Prozesse in Staatskanzleien, in: Florack, Martin/Grunden, Timo (Hg.), Regierungszentralen: Organisation, Steuerung und Politikformulierung zwischen Formalität und Informalität, Wiesbaden: VS Verlag für Sozialwissenschaften (im Erscheinen).

Neidhardt, Friedhelm 1995: Prominenz und Prestige. Steuerungsprobleme massenmedialer Öffentlichkeit, in: Berlin Brandenburgische Akademie der Wissenschaften, Jahrbuch 1994, Berlin, 233-245.

Pannes, Tina/Dobertin, Jan 2010: Informelles Regieren – ein Analyseansatz, Wiesbaden: VS Verlag für Sozialwissenschaften (im Erscheinen).

Strategie und Regierung

Przeworski, Adam 1991: Democracy and the Market. Political and Economic Reforms in Eastern Europe and Latin America, Cambridge: Cambridge University Press.

Raschke, Joachim/Tils, Ralf 2007: Politische Strategie. Eine Grundlegung. Wiesbaden: VS Verlag für Sozialwissenschaften.

Rawls, John 1979: Eine Theorie der Gerechtigkeit, Frankfurt/M.: Suhrkamp.

Riescher, Gisela 1994: Zeit und Politik. Zur institutionellen Bedeutung von Zeitstrukturen in parlamentarischen und präsidentiellen Regierungssystemen, Baden-Baden: Nomos.

Rosa, Hartmut 2005: Beschleunigung. Die Veränderung der Zeitstrukturen in der Moderne, Frankfurt/M.: Suhrkamp.

Rucht, Dieter 1988: Themes, Logics, and Arenas of Social Movements: A Structural Approach, in: Klandermans, Bert/Kriesi, Hanspeter/Tarrow, Sidney (eds.), From Structure to Action, Greenwich: JAI Press, 305-328.

Sarcinelli, Ulrich 2009: Politische Kommunikation in Deutschland, zur Politikvermittlung im demokratischen System, 2. Auflage, Wiesbaden: VS Verlag für Sozialwissenschaften.

Scharpf, Fritz W. 1970: Demokratietheorie zwischen Utopie und Anpassung, Konstanz: Universitätsverlag

Schmitt-Beck, Rüdiger 2000: Politische Kommunikation und Wählerverhalten. Ein internationaler Vergleich, Wiesbaden: Westdeutscher Verlag.

Schubert, Klaus/Bandelow, Nils 2009: Lehrbuch der Politikfeldanalyse 2.0, 2. Auflage, München: Oldenbourg.

Scobel, Gert 2008: Weisheit. Über das, was uns fehlt, Köln: DuMont.

Speth, Rudolf 2006: Navigieren ohne Kompass. Strategiebildung in Parteien und NGOs, Arbeitspapier der Hans Böckler Stiftung, Düsseldorf.

Stehr, Nico 1994: Arbeit, Eigentum und Wissen. Zur Theorie von Wissensgesellschaften, Frankfurt/M.: Suhrkamp.

Tils, Ralf 2005: Politische Strategieanalyse. Konzeptionelle Grundlagen und Anwendung in der Umwelt- und Nachhaltigkeitspolitik, Wiesbaden: VS Verlag für Sozialwissenschaften.

Vester, Michael/von Oertzen, Peter/Geiling, Heiko/Hermann, Thomas/Müller, Dagmar 2001: Soziale Milieus im gesellschaftlichen Strukturwandel, Frankfurt/M.: Suhrkamp.

Vogl, Joseph 2007: Über das Zaudern, Zürich: Diaphanes-Verlag.

Wiesenthal, Helmut 2006: Gesellschaftssteuerung und gesellschaftliche Selbststeuerung. Eine Einführung, Wiesbaden: VS Verlag für Sozialwissenschaften.

Weidenfeld, Werner (Hg.) 2007: Reformen kommunizieren. Herausforderungen an die Politik. Gütersloh: Verlag Bertelsmann Stiftung.

Weissenbach, Kristina/Korte, Karl-Rudolf 2006: Wahlsysteme und Wahltypen: Wahlen als Qualitätskennzeichen einer Demokratie, in: Derichs, Claudia/Heberer, Thomas (Hg.), Wahlsysteme und Wahltypen. Politische Systeme und regionale Kontexte im Vergleich, Wiesbaden: VS Verlag für Sozialwissenschaften, 26-48.

Strategie und politische Opposition

Ludger Helms

1 Der Zusammenhang zwischen politischer Opposition und Strategie

Politische Opposition als Prinzip und konkrete Manifestation demokratischer Politik ist nur auf der Grundlage von Freiheit möglich. Dabei gilt, dass sich materielle Oppositionsfreiheit als zentrale Komponente der liberalen Demokratie nicht zuletzt in der „Freiheit der Strategiewahl" zeigt: „Opposition muss ihre Rolle und die Ausreizung des Konfliktpotentials selbst bestimmen können" (Oberreuter 1993: 66). Eine rationale Strategiewahl ist jedoch nur kontextbezogen denkbar. Das gilt für die unterschiedlichsten politischen Bereiche, aber nicht nur für diese, sondern ganz generell.[1] Die Kontext- und Situationsbezogenheit von Strategien in der Politik und anderswo bedeutet, dass diese bis zu einem gewissen Grade stets einen reaktiven Zug aufweisen – in dem Sinne, als es im Kern darum geht, durch die Wahl einer Strategie, die dem jeweiligen Kontext und der jeweiligen Situation angemessen ist, eine optimale Zielerreichung zu gewährleisten.

Allerdings variiert das Maß, in dem die Wahl und Verfolgung politischer Strategien als reaktives Handeln bezeichnet werden können beträchtlich und dies nicht nur zwischen unterschiedlichen Willensbildungs- und Entscheidungskontexten, sondern auch zwischen unterschiedlichen Akteuren bzw. Typen von Akteuren. Im Vergleich zu den Handlungsbedingungen von Entscheidungsakteuren, die gleichsam von Amts wegen in hohem Maße mit formalen „Agenda-Setting"-Kompetenzen ausgestattet sind, haftet Strategien der Opposition unweigerlich ein stärker reaktiver Charakter an. Das spiegelt sich auch auf der semantischen Ebene wider: Opposition ist gegen etwas gerichtet; ihre Existenz setzt zwingend einen Gegenspieler voraus, der als Referenzobjekt, als Referenzakteur oppositionellen Agierens dient (Schmidt 1992a: 283).

---

[1] In ihrer großen Studie bezeichnen Raschke und Tils Strategien als situationsübergreifende Ziel-Mittel-Umwelt-Kalkulationen (Raschke/Tils 2007: 127), wobei der Umwelt-Aspekt nichts anderes meint als den „situationsübergreifend relevanten Kontext" (ebd.: 129).

Das schließt nicht aus, dass die Opposition mit größerem oder geringerem Erfolg einen Anteil am politischen „Agenda-Setting" beansprucht und von sich aus aktiv wird, ohne dass auf den ersten Blick der Eindruck entstehen muss, es würde lediglich auf das Gebaren der Regierung reagiert. In diesem Sinne wurde explizit von einer „Initiativfunktion der Opposition" (Sebaldt 1992) gesprochen. Allerdings ist die Politikwissenschaft längst dazu übergegangen, mit Blick auf die Performanz von Regierungen von deren „Tun und Lassen" zu sprechen (vgl. Schmidt 1992b) und damit nicht nur tatsächlich getroffenen Entscheidungen, sondern ebenso offensichtlichen „Nicht-Entscheidungen" (Bachratz/Baratz 1963) gebührende Aufmerksamkeit entgegenzubringen. Aus dieser Perspektive wären letztlich selbst speziellere Initiativen der Opposition – auf der Ebene des parlamentarischen Verfahrens etwa in Gestalt einer Gesetzesinitiative – als Reaktion auf das Regierungshandeln bzw. das Tun und Lassen von Regierungen zu betrachten.

Ein Aufriss des thematischen Komplexes „Strategie und politische Opposition" darf sich jedoch nicht mit einer solchen Verortung oppositioneller Vorstöße innerhalb von Zyklusmodellen parlamentarischer Entscheidung bescheiden. Der geradezu universalen Reichweite des Strategiekonzepts wird nur ein Oppositionsbegriff gerecht, der nicht auf die parlamentarische Opposition beschränkt bleibt. Folgt man der Maxime, „Opposition ist das, was Akteure, deren Bestrebungen sich gegen die Politik der Regierung richten tun", dann reicht der Kreis betrachtungswürdiger Akteure ohne Zweifel deutlich über die nicht an der Regierung beteiligten Parteien im Parlament hinaus.[2] Im hier gegebenen Kontext besteht kein Anlass, der in Teilen der Parlamentarismusliteratur formulierten Position zu folgen, die für sämtliche Formen der Opposition jenseits von deren parlamentarischer Ausprägung lediglich die Bezeichnung „Widerstand" oder „Protest" gelten lässt und mit unverhohlener Skepsis unter die Sammelbezeichnung „außerparlamentarische Opposition" verbucht. Die politische Bedeutung und der demokratische Wert unterschiedlicher Manifestationen von politischer Opposition bemessen sich weitgehend unabhängig von deren Position auf der Skala konventioneller/unkonventioneller Beteiligung und ihrem jeweiligen Institutionalisierungsgrad. Zumindest ist offensichtlich, dass keineswegs alle nicht-parlamentarischen Formen der Oppo-

---

[2] Am Rande sei darauf hingewiesen, dass es auch solche Verständnisse parlamentarischer Opposition gibt, die noch einmal innerhalb der Gruppe der im Parlament vertretenen Parteien differenzieren und nur jene Parteien zur parlamentarischen Opposition zählen, die nachdrücklich nach Regierungsbeteiligung streben und von den übrigen Parteien des Systems als prinzipiell „koalitionsfähig" betrachtet werden (vgl. Niclauß 1995: 50). Aus Sicht des hier zugrunde gelegten Verständnisses parlamentarischer Opposition erscheint es angemessener, sämtliche der im Parlament vertretenen Parteien, die nicht der Regierung angehören, dem Lager der parlamentarischen Opposition zuzurechnen und erst in einem weiteren Schritt weiter danach zu differenzieren, in welchem Verhältnis eine Partei zu den übrigen Parteien des Systems steht (vgl. Helms 2002: 13).

Strategie und politische Opposition

sition sinnvoll als Spielarten „unkonventioneller" oder spontaner Beteiligung bezeichnet werden können. Die Ausübung politischer Opposition gegen Entscheidungen der Regierung etwa durch die Inanspruchnahme direktdemokratischer Verfahren, wie insbesondere das Referendum, ist weder „unkonventionell" noch fehlt ihr eine institutionelle Grundlage. Freilich wäre im Rahmen einer präziseren Systematik ferner in Rechnung zu stellen, ob sich jene, die politische Opposition betreiben, dabei auf institutionalisierte Instrumente der politischen Willensäußerung stützen können oder ob sie selbst als Oppositionsakteur strukturell und funktional institutionalisiert sind. In diesem Sinne weist die parlamentarische Opposition in einer parlamentarischen Demokratie zweifelsohne einen ungleich höheren Institutionalisierungsgrad auf als eine oppositionell eingestellte Gruppe von Stimmbürgern im Rahmen einer auf direktdemokratischem Wege zu klärenden Entscheidungssituation.

Vor allem die jüngere international vergleichende Literatur zur parlamentarischen Opposition, aber keineswegs nur diese, ist durch die Dominanz von Ansätzen geprägt, die die institutionelle und politische Chancenstruktur der Opposition ins Zentrum ihrer Analysen stellen (vgl. Helms 2009). Damit wurden Ideen aufgegriffen wie sie zunächst mit Blick auf die Aktionsbedingungen von neuen sozialen Bewegungen in unterschiedlichen westeuropäischen Ländern entwickelt wurden (Kitschelt 1986, 1999, Kriesi et al. 1992). Im Lichte der damit zutage geförderten empirischen Einsichten betrachtet können diese Zugänge als außerordentlich erfolgreich bzw. erfolgversprechend bezeichnet werden. Das speziellere gemeinsame Erkenntnisinteresse der in diesem Band versammelten Beiträge an politischer Strategie regt jedoch dazu an, dieser konzeptuellen Dimension eine andere gleichsam vorzulagern: Wenn Strategien als Versuche begriffen werden, ein bestimmtes Ziel im Rahmen des Möglichen bzw. im Kontext des bestehenden Möglichkeitsrahmens zu erreichen, erscheint es angemessener, die nachfolgenden Betrachtungen an den zentralen Zielen von Oppositionsakteuren auszurichten. Die Erweiterung des Kreises von (potentiellen) Oppositionsakteuren hat dabei zur Folge, dass sich das im Zentrum der klassischen Literatur zur parlamentarischen Opposition stehende Ziel des Machtwechsels, der Ablösung der Regierung bei der nächsten Wahl, als unzureichend erweist. Denn weder protestierende neue soziale Bewegungen noch oppositionell gestimmte Bürger, die sich an direktdemokratischen Abstimmungen beteiligen, streben nach einer Übernahme von Regierungsämtern. Erforderlich erscheint mindestens eine Unterscheidung in die beiden Ziele Machtwechsel/Machterwerb einerseits und Mitregierung/Verhinderung von Regierungsentscheidungen andererseits.[3] Innerhalb dieser Kategorien ist weiter zu differenzieren: erstens, zwischen unterschiedlichen Oppositionsakteuren, die eines oder beide dieser Ziele verfolgen, und, zweitens, nach der jeweiligen institutionellen und politischen Chancenstruktur, die sich Oppositionsakteuren bietet. Dabei bleibt freilich zu berücksichtigen, dass sich die institutionellen und vor allem die politischen Opportunitätsstrukturen für strategisches Oppositionsverhalten im Zeitverlauf auch innerhalb eines Systems signifikant verändern können.

2 Strategische Ziele und politische Strategien der Opposition

2.1 Strategien des Machtwechsels

In der parlamentarischen Demokratie gilt der Machtwechsel, die Ablösung der Regierung bzw. die Veränderung der parteipolitischen Zusammensetzung der Regierung, traditionell als das wichtigste Ziel sämtlicher Bestrebungen der parlamentarischen Opposition bzw. der hinter hier stehenden Parteien. Diesem Ziel sind die meisten Aktivitäten der Opposition untergeordnet. Im Gegensatz zu anderen möglichen Zielsetzungen oppositionellen Gebarens handelt es sich beim Machtwechsel um ein Ziel, das ausschließlich von oppositionellen Parteien (im Gegensatz zu anderen Akteuren mit oppositionellen Einstellungen gegenüber der Regierung) verfolgt wird. Nur sie sind von einem „office-seeking"-Motiv angetrieben, welches freilich keinen reinen Selbstzweck darstellen muss, sondern sich mit echtem politischem Gestaltungswillen verbinden kann. Üblicherweise ist dies auch der Fall, wie die Einsichten der empirischen Koalitionsforschung über die ausschlaggebenden Motive von Parteien im Kontext von Regierungsbildungen belegen (Müller 2004).

Ein beträchtlicher Teil der jüngeren politikwissenschaftlichen Diskussion in diesem Bereich dreht sich um die Frage, ob bzw. in welchem Maße das Streben nach Machtwechsel und Regierungsbeteiligung als gemeinsames Ziel aller Oppositionsparteien gelten kann. Einschränkungen bestehen nach Auffassung der meisten Beobachter vor allem mit Blick auf populistische Parteien. Unübersehbar ist, dass populistische Akteure dort, wo sie Regierungsverantwortung übernahmen, weit überdurchschnittlich hohe elektorale Kosten des Regierens zu tragen hatten (Hainisch 2003, Frölich-Steffen/Rensmann 2005). Ob daraus gefolgert werden kann, dass populistische Parteien grundsätzlich ein geringeres Interesse an einer Regie-

---

[3]   Die klassische, auf den ersten Blick verwandt erscheinende Trias – Kritik, Kontrolle, Alternative (vgl. Oberreuter 1993: 69) – beschreibt nicht wirklich unterschiedliche interessengeleitete Ziele von Oppositionsakteuren, sondern generelle Systemfunktionen der parlamentarischen Opposition.

Strategie und politische Opposition

rungsbeteiligung haben als die Mitglieder anderer Parteifamilien, muss bis auf Weiteres offen bleiben. Zumindest als generelle Ausgangsvermutung mit Raum für abweichende Fälle behält die Erwartung, dass politische Parteien auf der Basis einer kompetitiven Auseinandersetzung mit gegnerischen Parteien nach dem Gewinn von Regierungsmacht streben, ihre Gültigkeit.

In welchem Maße die Bestrebungen der parlamentarischen Opposition auf das Ziel des Machterwerbs konzentriert sind, hängt nicht zuletzt von den übrigen Möglichkeiten politischer Gestaltung bzw. Mitgestaltung ab. In den parlamentarischen Demokratien nach Westminster-Typ verfügen die Oppositionsparteien über wenige bis keine nennenswerten institutionellen Ressourcen des Mitregierens, zu denen in Deutschland etwa das inhaltlich uneingeschränkte Recht der Gesetzesinitiative, die proportionale Beteiligung an der Vergabe von Ausschussvorsitzen oder auch speziellere Vetopositionen (über den Bundesrat und das Bundesverfassungsgericht) gehören, die die Kooperations- und Kompromissbereitschaft der Regierung jeweils auf ihre Weise systematisch begünstigen. Der mehrheitsdemokratische Charakter der Westminster-Demokratie auf der Ebene institutioneller Arrangements findet seinen Widerhall auf der Ebene politisch-kultureller Erwartungen an die politische Opposition. Die gerade hierzulande prominente Sicht, die Opposition möge ihre Ernsthaftigkeit und Befähigung, Regierungsverantwortung zu übernehmen, durch eine konstruktive Kritik und bereitwillige Mitwirkung am Regierungshandeln demonstrieren, gehört dabei *nicht* zu den Erwartungen an die Opposition. Auf keinen anderen Systemtyp scheint die griffige Daumenregel, „die Regierung regiert, die Opposition opponiert" besser zu passen als auf die Westminster-Demokratien. Allerdings lassen sich selbst in diesem Kontext gewisse Abweichungen beobachten: So zeigen jüngere empirische Analysen über die strategische Positionierung und das strategische Verhalten oppositioneller Parteien in Großbritannien, Kanada, Australien und Neuseeland, dass einige der kleineren Parteien auch in diesen Ländern sehr wohl über die strategische Option des „cogoverning", der „konstruktiven Opposition" verfügen und davon bei Gelegenheit Gebrauch machen. Allein die jeweils größte Oppositionspartei, die „Official Opposition", ist systembedingt mehr oder minder vollständig auf die öffentliche Kritik der Regierung und das Ziel des Machtwechsels durch Wahlen festgelegt (Kaiser 2009).[4]

---

[4] Selbst mit Blick auf das konkrete Verhalten der großen Oppositionsparteien sind gewisse Differenzierungen an den vorherrschenden Stereotypen angezeigt. Das gilt zumindest für Großbritannien: So ist der Verzicht auf den Einsatz nachhaltig kooperativ-konstruktiver Oppositionsstrategien in Westminster nicht gleichzusetzen mit einer bedingungslosen Torpedierung der Regierung im legislativen Verfahren. Das zeigte bereits die Auszählung von Van Mechelen und Rose (1986: 59-60), nach der im britischen House of Commons während der ersten vier Nachkriegsjahrzehnte

Eine Dominanz eindeutig kompetitiver Oppositionsstrategien und die Konzentration der Oppositionsaktivitäten auf einen Machtwechsel sind auch Systemen außerhalb der Familie der angelsächsischen Westminster-Demokratien nicht fremd. Und wiederum vermittelt ein Blick auf die grundlegenden institutionellen Arrangements verlässliche Orientierung. Aus der Gruppe der größeren Länder Westeuropas wäre vor allem Frankreich, die V. Französische Republik, als Regime zu erwähnen, das zu Recht als „rationalisierter Parlamentarismus" charakterisiert wurde (Huber 1996). Nicht wenige der zahlreichen Rationalisierungskomponenten betreffen den Handlungsspielraum der Mehrheitsfraktionen. Auffallend schwach sind jedoch insbesondere die parlamentarischen Mitwirkungs- und Vetorechte der parlamentarischen Opposition, die anders als im britischen Fall noch nicht einmal über einen hohen symbolischen Status verfügt. Daran hat auch die große Verfassungsreform des Jahres 2008, trotz gewisser Positionsgewinne des Parlaments, wenig geändert (Kimmel 2008).

Ausschlaggebend für das vorherrschende Oppositionsmodell bzw. die strategische Orientierung der parlamentarischen Opposition in Fragen des Machterwerbs ist daneben vor allem die Struktur des Parteiensystems. Eine im Kern bipolare Struktur des Parteiensystems bzw. -wettbewerbs kann zu einem funktionalen Äquivalent klassischer Zweiparteiensysteme als der wichtigsten genuin politischen Voraussetzung für eine dauerhaft kompetitive Opposition werden. Die V. Republik Frankreich galt lange Zeit als Musterfall in der Gruppe dieser Systeme. Tatsächlich ist die bipolare Struktur des französischen Parteiensystems auf der parlamentarischen Ebene in kaum geringerem Maße, wenn auch in ganz anderer Weise, den Wirkungen des Wahlsystems geschuldet als im britischen Fall.[5] In dem Maße, in dem es in den vergangenen Jahren in den Parteiensystemen Westeuropas zu einer Bipolarisierung der Wettbewerbsstrukturen von Parteiensystemen gekommen ist, haben kompetitive Oppositionsstrategien auch andernorts an Bedeutung gewonnen. An diesem Trend hatten in den vergangenen zwei Jahrzehnten so un-

---

mehr als Dreiviertel aller Gesetze ohne Gegenstimmen der Opposition verabschiedet wurden. Weitaus typischer ist es, die Regierung gewähren zu lassen – getragen von der Hoffnung auf grandiose Fehlentscheidungen, politischen Übermut oder auch schlicht akute Ideenlosigkeit, für die Regierungen am Ende vom Wähler zur Rechenschaft gezogen werden. Auch substantielle Verhandlungen zwischen Regierung und Opposition im Ausschussstadium von Gesetzesvorlagen sind dem britischen System jedoch keineswegs so fremd wie weithin angenommen wird. Das belegen empirische Fallstudien zum britischen Gesetzgebungsprozess; vgl. Helms (1997a: 154-177).

[5] Das britische Zweiparteiensystem verdankt seine fortwährende Existenz auf der parlamentarischen Ebene primär der stark verzerrenden Wirkung der relativen Mehrheitswahl. Demgegenüber wirkt das französische System der absoluten Mehrheitswahl eher indirekt, als Anreizstruktur für die Bildung von Wahlallianzen zwischen zwei großen Parteilagern, die sich von der elektoralen Bündnispolitik Vorteile im zweiten Wahlgang erhoffen.

Strategie und politische Opposition

terschiedliche Systeme wie Deutschland, Österreich und Italien teil (Helms 2006: 83).

Zur Geschichte der parlamentarischen Demokratie gehören jedoch vielerorts auch „dosierte Machtwechsel", im Zuge derer lediglich ein Teil der Regierungsparteien ausgetauscht wird. In nicht wenigen Ländern des europäischen Kontinents kann dies, statistisch betrachtet, sogar als „Normalfall" gelten. Wo das der Fall ist, muss es der Opposition trotz einer grundsätzlich kompetitiven Ausrichtung darum gehen, im Stil zumindest so kooperativ zu bleiben, dass sie eine genügend große Zahl der aktuell regierenden Parteien (mindestens jedoch eine) von ihrer Koalitionswilligkeit und -tauglichkeit zu überzeugen vermag. Die Ergebnisse der empirischen Wahlforschung belegen, dass Aspekte wie die politisch-programmatische Positionierung einer Partei und ihre Wahrnehmung durch andere Akteure des Parteiensystems dort, wo absolute Mandatsmehrheiten einer Partei unüblich sind, in der Regel bedeutend wichtiger sind als eine Verbesserung ihres Wahlergebnisses gegenüber der vorausgehenden Wahl (Mattila/Raunio 2004).

Zu den wichtigsten Strategieentscheidungen von Oppositionsparteien in der Bundesrepublik gehört die Auswahl eines Kanzlerkandidaten.[6] Ein umfassendes Strategiekonzept beinhaltet dabei nicht nur eine Entscheidung über den Kandidaten selbst, sondern auch über den geeigneten Zeitpunkt seiner Inauguration. Mit Ausnahme der Bundestagswahl von 2002, als auch die FDP einen eigenen Kanzlerkandidaten benannte, betrifft die „K-Frage" traditionell freilich nur die Union und die SPD. Auch in dieser Form bleibt die Auseinandersetzung über die Kanzlerfrage in hohem Maße eine deutsche Besonderheit. International üblich ist es stattdessen, in dem jeweiligen Parteivorsitzenden der größten Oppositionspartei den „natürlichen Kandidaten" für die Besetzung des Amtes des Regierungschefs zu sehen. Die deutsche Kanzlerkandidatenhysterie speist sich jedoch nicht (allein) aus irgendwelchen Missverständnissen des Parlamentarismus, sondern hat viel mit der außerordentlich komplexen Elitenstruktur zu tun, durch die ein Mehrebensystem mit mehr als 80 Millionen Einwohnern gekennzeichnet ist. Unter diesen Bedingungen müssen erfolgversprechende Strategien der oppositionellen Mobilisierung für die kommende Bundestagswahl stets auch tragfähige Kompromisse zwischen unterschiedlichen Landesfürsten und deren politischen Hausmächten einschließen.

Nicht übersehen werden darf schließlich, dass sich Machtwechsel keineswegs ausschließlich über den Weg von Wahlen vollziehen können. In Systemen, in de-

---

[6] Aufschlussreiche Einsichten in die innerparteilichen Entscheidungsprozesse bei der Auswahl von Kanzlerkandidaten zwischen 1949 und Mitte der neunziger Jahre bietet Schüttemeyer (1998: 113-247); Porträts gescheiterter Kanzlerkandidaten finden sich bei Forkmann und Richter (2007).

nen zu den üblichen Formen des Machtwechsels die Auflösung alter und die Bildung neuer Koalitionen *zwischen zwei Wahlen* gehört, kommt der Verfolgung im Kern kooperationsorientierter Machterwerbsstrategien eine ungleich zentralere Rolle zu. Wiederum kann gerade Deutschland als ein wichtiges Beispiel gelten: Der Bonner Regierungswechsel von 1966, die erstmalige Regierungsbeteiligung der SPD an einer Bundesregierung war (unter anderem) das Ergebnis einer Oppositionsstrategie, die als „stille Opposition" bezeichnet wurde und mehr oder minder offen an dem Ziel ausgerichtet war, als Juniorpartner der Union Regierungsverantwortung zu übernehmen (Heimann 1984: 2030, Helms 2002: 56-57). Freilich wurde dies in weiten Teilen der SPD lediglich als „Etappenziel" eines ehrgeizigeren Machterwerbsprogramms gesehen, dessen Realisierung tatsächlich bereits drei Jahre später gelang.

Das Interesse von großen Oppositionsparteien, eine solche „Etappenstrategie" des Machterwerbs zu verfolgen, wird auch davon beeinflusst sein, wie hoch die durchschnittlichen elektoralen Kosten des Regierens in einem System sind. Grundsätzlich ist davon auszugehen, dass regierende Parteien bei Wahlen eher schlechter abschneiden als bei den vorausgehenden Wahlen. Im Zeitraum 1945 bis 1999 konnten von den Regierungen 13 untersuchter „Koalitionsdemokratien" Westeuropas lediglich ein Drittel ihr Wahlergebnis verbessern, während die übrigen Zweitdrittel Einbußen hinnehmen mussten (Müller/Strøm 2000: 589). Nur in Österreich konnten mehr als die Hälfte, in Deutschland und Frankreich immerhin knapp die Hälfte aller Regierungen des Untersuchungszeitraums ihren Stimmenanteil vergrößern. Wo die elektoralen Kosten des Regierens im langjährigen Durchschnitt besonders hoch sind, mag es für eine Oppositionspartei mehr Sinn machen, das Pulver trocken zu halten und auf eine Gelegenheit zu warten, bei der sich nicht lediglich eine Regierungsbeteiligung als Juniorpartner, sondern der Zugriff auf das Spitzenamt der Gubernative bietet.[7]

2.2 Strategien des Mitregierens bzw. der Verhinderung von Regierungsentscheidungen

Das Mitregierungspotential von Oppositionsparteien bemisst sich in hohem Maße, aber freilich nicht ausschließlich, nach der institutionellen Chancenstruktur der parlamentarischen Opposition. Eine zweite Kernvariable ist in den parlamentarischen Mehrheitsverhältnissen zu sehen. Sofern die Entscheidungsregeln eines Systems in nennenswertem Ausmaß qualifizierte parlamentarische Mehrheiten for-

---

[7] Ungeachtet des insgesamt bemerkenswert geringen Gewichts des aktuellen Abschneidens von Parteien bei Wahlen gilt doch beinahe überall in Westeuropa, dass der jeweils größten Partei das Amt des Regierungschefs zufällt (Mattila/Raunio 2004).

Strategie und politische Opposition

dern, wie dies in vielen Ländern üblicherweise zumindest für Verfassungsänderungen gilt, können auch Mehrheitsregierungen auf die Kooperation der Opposition angewiesen sein. Ansonsten bzw. abgesehen davon ist die wichtigste Unterscheidung diejenige zwischen Mehrheits- und Minderheitsregierungen: Letztere sind kontinuierlich auf die Unterstützung durch nicht an der Regierung beteiligte Parteien angewiesen – zum einen, um überhaupt im Amt verbleiben zu können, zum anderen, um politisch-gestalterisch tätig werden zu können. Dabei gibt es offenbar einen Zusammenhang zwischen der Existenz von Minderheitsregierungen einerseits und den institutionellen Ressourcen der parlamentarischen Opposition zur Mitregierung andererseits. Für einige skandinavische Länder wurde die hohe Zahl von Minderheitsregierungen sowohl mit dem Bestreben von Parteien, sich elektorale Kosten des Regierens zu ersparen als auch mit den überdurchschnittlich guten Möglichkeiten, von den Oppositionsbänken aus mitregieren zu können erklärt (Strøm 1990). Grundsätzlich ist davon auszugehen, dass das Bestreben politischer Parteien, eine formale Regierungsverantwortung nach Möglichkeit zu vermeiden – unter sonst gleichen Bedingungen – besonders groß ist während ökonomisch schwieriger Phasen, in denen der Handlungsspielraum und die Chancen des Prestigegewinns regierender Parteien strukturell minimiert sind.

So wenig die Existenz institutioneller Möglichkeiten des Mitregierens dazu führen muss, dass die Opposition von diesen Möglichkeiten tatsächlich Gebrauch macht, so wenig selbstverständlich ist es im Minderheitsparlamentarismus, dass die Regierung tatsächlich auf eine grundsätzlich kooperative Opposition bauen kann. Wie unter den Bedingungen des Mehrheitsparlamentarismus gibt es auch im Minderheitsparlamentarismus eine strategische Wahlfreiheit der parlamentarischen Opposition. Völlig zu Recht unterscheidet deshalb Nicole Bolleyer (2001) zwischen kompetitiven und konsensualen Ausprägungen des Minderheitsparlamentarismus, wobei diese beiden unterschiedlichen Formen als Klassifikationen zu verstehen sind, die weniger auf die institutionellen Parameter als vielmehr auf das Verhalten von Akteuren bezogen sind.[8]

---

[8] Eine interessante Veränderung der Funktionsweise der minderheitsparlamentarischen Regime Skandinaviens betrifft die ab Mitte der neunziger Jahre wachsende Neigung von Regierungen, sich eine dauerhaftere Unterstützungsbasis im Parlament zu sichern, statt für jede Entscheidung unterschiedlich zusammengesetzte parlamentarische ad hoc-Mehrheiten zu zimmern. Am stärksten ausgeprägt war dieser Trend bis vor kurzem in Schweden; dort wurden regelrechte Verträge zwischen der Regierung und den ihr nahe stehenden Oppositionsparteien geschlossen, die von ihrem Charakter her an Koalitionsverträge erinnerten. Andere Oppositionsparteien wurden hierdurch vergleichsweise unwichtiger bzw. machtloser. Diese „echten" Oppositionsparteien reagierten auf die veränderte Situation ihrerseits mit einem Strategiewandel: Sie begannen damit, Wahlallianzen zu bilden mit dem Ziel, die Regierung abzulösen (Christiansen/Damgaard 2009).

In Systemen, in denen die Regierung nicht aus institutionellen Gründen gezwungen ist, einen Kompromiss mit der Opposition zu suchen, müssen politische Kompromisse zwischen Regierung und Opposition freilich nicht ausbleiben. Eine Strategie der Opposition kann darin bestehen, in der Öffentlichkeit das Gefühl für die besonders große Tragweite eines Problems bzw. einer anstehenden Entscheidung zu wecken, um auf diese Weise ihren Anspruch auf Mitsprache zu untermauern. Umso überzeugender und erfolgreicher die Opposition in ihrer Öffentlichkeitsarbeit ist, desto größer mag das Interesse der Regierung sein, die Opposition in Entscheidungsprozesse einzubinden und damit politische Verantwortlichkeit auf breitere Schultern zu verteilen. Der in den meisten Ländern Westeuropas zu beobachtende Trend in Richtung einer De-Ideologisierung des Parteienwettbewerbs und einer Angleichung der Elitenprofile unterschiedlicher Parteien (Helms 1997b: 427-431) wie auch die Entstehung neuartiger komplexerer „issues" (Rosa 2005) haben die Erfolgschancen solcher Strategien von Oppositionsparteien strukturell verbessert.

Die parlamentarische Opposition muss aber nicht der einzige Akteur sein, dessen strategisches Agieren am Ziel des Mitregierens ausgerichtet ist. Das gilt selbst mit Blick auf die gouvernementale Arena im engeren Sinne. Es macht durchaus Sinn, auch Staatsoberhäupter als potentielle Oppositionsakteure zu betrachten. Besonders gut greifbar ist deren oppositionelles Potential in Regimen, in denen das Amt des Staatsoberhaupts mit bedeutenden Vetokompetenzen ausgestattet ist. Das trifft nicht zuletzt für das präsidentielle System der USA zu, wo es eine mehr oder minder kohärente parlamentarische Opposition europäischen Stils nicht gibt (Lösche 1993, Polsby 1997). Entgegen der heute verbreiteten Wahrnehmung des US-Präsidenten als dem natürlichen „Agendasetter" des amerikanischen Regierungssystems definiert ihn die Verfassung eindeutig eher als einen potentiellen „Vetoakteur", der mit einem präsidentiellen Veto ausgestattet ist, aber über kein legislatives Initiativrecht verfügt. In der Verfassungspraxis hat sich freilich bereits vor Jahrzehnten eine „legislative presidency" etabliert, womit so viel wie eine faktische Impulsgeberrolle von Präsidenten und ihren Mitarbeiterstäben in der legislativen Arena gemeint ist. Als „opposition presidents" bezeichnet die jüngere Literatur heute allein Präsidenten, die unter den Bedingungen von „divided government" (geteilter parteipolitischer Kontrolle von Präsidentenamt und Kongress) agieren (Crockett 2002), nicht etwa solche Amtsinhaber, die besonders intensiv Gebrauch von ihrem Vetorecht machen.

Angesichts der spezifischen institutionellen Parameter des amerikanischen Regierungssystems ist ein Großteil politischer Aktionen amerikanischer Präsidenten auf das Ziel eines möglichst weitreichenden Einflusses auf den legislativen Entscheidungsprozess ausgerichtet. Dabei geht es nicht zuletzt um politische Über-

Strategie und politische Opposition 243

zeugungsarbeit und strategisch kluge Gelegenheitsausbeute (Edwards III 2009). Vor allem für „Minderheitspräsidenten" ist die Bedeutung des präsidentiellen Vetos kaum zu überschätzen. Mit strategischem Geschick eingesetzt, erschöpfen sich seine Wirkungen keineswegs in der Verhinderung politischer Entscheidungen des Kongresses; treffsicherer wäre eine Charakterisierung des präsidentiellen Vetos als wirkungsvoller Hebel zur Erzielung politischer Kompromisse (Cameron 2002, Gilmour 2002).[9]

Nicht prinzipiell weniger sinnvoll ist es Präsidenten „semi-präsidentieller" Systeme als potentielle Oppositionsakteure zu betrachten. Ausschlaggebend sind wiederum die parteipolitischen Mehrheitsverhältnisse. Unter den Bedingungen der „cohabitation" steht ein französischer Präsident, dessen Platz üblicherweise der an der Spitze der Machtpyramide der V. Republik ist, außerhalb des Lagers der Regierungsmehrheit. In den Kategorien der Parteipolitik betrachtet, findet er seine Heimat im Kreise einer der Oppositionsparteien. Freilich gab es in der Geschichte der V. Republik wenige Anzeichen für eine systematisch koordinierte Oppositionsstrategie zwischen dem Élysée-Palast und der parlamentarischen Opposition. Das wäre vermutlich auch nur bedingt mit der Würde des Präsidenten als Staatsoberhaupt vereinbar. Aus systematischer Perspektive erscheint eine Charakterisierung von „Kohabitationspräsidenten" als potentiellen Oppositionsakteuren gleichwohl vertretbar. Nicht ohne Grund galt François Mitterrand während der ersten Kohabitation einigen Beobachtern als der „heimliche Oppositionsführer" (Leggewie 1993: 134). Auch mit Blick auf diesen Fall ist der internationale Vergleich geeignet, weitere Tiefenschärfe zu erzeugen: Während französische Präsidenten unter den Bedingungen stabiler und gleichgerichteter politischer Mehrheiten ungleich durchsetzungsstärker sind als amerikanische Präsidenten, verhält es sich in Phasen von „divided government/cohabitation" umgekehrt (Conley 2007). Die greifbarsten Beispiele für „Oppositionspräsidenten" in semi-präsidentiellen Regimen entstammen jedoch kaum der französischen Geschichte seit 1958, sondern den jüngeren Demokratien Mittel-Ost-Europas (Taras 1997, Ismayr 2002: 19-27). Aber selbst einige Regime, die im Urteil der Regierungsformenlehre dem „reinen Parlamentarismus" zugeordnet werden, sind nicht vollständig frei von möglichen Manifestationen „präsidentieller Opposition". In Italien avancierte angesichts der Fragmentierung und weitgehenden Handlungsunfähigkeit der parlamentarischen Opposition gegenüber der zweiten Regierung Berlusconi vorübergehend Präsident Ciampi

---

[9] Nicht alle Betrachter halten den strategischen Einsatz des präsidentiellen Vetos für vollständig vereinbar mit dem Geist der amerikanischen Verfassung. Gelegentlich wurde argumentiert, dass Präsidenten sich bei der Nutzung ihres Vetos auf den Schutz der Verfassung konzentrieren sollten, von politisch motivierten Vetoentscheidungen hingegen absehen sollten; vgl. Broughton (2005).

zum wichtigsten Oppositionsakteur (Pasquino 2003). Das Amtsgebaren Präsident Horst Köhlers provozierte akademische Diskussionen über das Staatsoberhaupt als „außerparlamentarische Opposition" auch in der Bundesrepublik (Lhotta 2008).

Die Übergänge zwischen dem Streben nach Beeinflussung des Entscheidungsverhaltens der Regierung und der Verhinderung von Regierungsentscheidungen durch oppositionelle Akteure sind gelegentlich fließend. Das hat viel damit zu tun, dass die bloße Existenz von mächtigen Vetorechten und erst recht die gezielte politische Drohung mit ihrem Einsatz die Regierung zur Berücksichtigung oppositioneller Standpunkte veranlassen kann. Das gilt für das präsidentielle Veto in den Vereinigten Staaten ebenso wie für die Drohung parlamentarischer Oppositionen in der Bundesrepublik mit dem Veto des Bundesrates oder dem „Gang nach Karlsruhe". Mit Blick auf die Wirkungen der außerhalb des Bundestages angesiedelten Ressourcen der parlamentarischen Opposition in der Bundesrepublik haben Beobachter gar von einer „eingebauten Handlungsbremse" (Abromeit 1995: 60) regierender Mehrheiten gesprochen.

Zu den effektvollen institutionellen Strukturen, derer sich oppositionelle Parteien in ihrer Auseinandersetzung mit der Regierung bedienen können, gehören auch direktdemokratische Verfahren. Mit einem besonderen Vetopotential sind dabei insbesondere fakultative Gesetzesreferenden ausgestattet – ein Instrument, mit dem parlamentarisch verabschiedete Gesetze einer Abstimmung durch das Volk unterworfen werden, sofern eine bestimmte Anzahl von stimmberechtigten Bürgern dies wünscht. Die Quote von Referenden, mit denen Entscheidungen von Regierung und Parlament verworfen werden, ist in der Schweiz hoch, vor allem wenn es um die Verhinderung radikaler Innovationen geht.[10]

Wiederum sind in der Praxis jedoch vor allem die Vorwirkungen des Referendums außerordentlich wichtig. In der Schweiz erwies sich diese Komponente direkter Demokratie als so mächtig, dass mit ihr nicht nur immer wieder punktuelle Zugeständnisse der Regierung in unterschiedlichen Sachfragen erreicht wurden; vielmehr ist die gesamte historische Logik der Regierungsbildung auf das Engste mit der Existenz des fakultativen Gesetzesreferendums verbunden. Das in der Eidgenossenschaft bereits 1874 eingeführte fakultative Gesetzesreferendum stand gleichsam am Beginn der Entwicklung der modernen schweizerischen Demokratie. Politische Parteien entstanden nicht zuletzt, um die Bevölkerung für oder gegen die Annahme einer zur Abstimmung anstehenden Referendumsentscheidung zu mobilisieren.[11] Solange es größere Parteien gab, die nicht an der Regierung beteiligt

---

[10] Vgl. Swissvotes/Datensatz der eidgenössischen Volksabstimmungen ab 1848, Institut für Politikwissenschaft der Universität Bern/Année Politique Suisse (http://www.swissvotes.ch/).

[11] In diesem Sinne hat Erich Gruner (1969: 25) in einer berühmt gewordenen Wendung die schweizerischen Parteien als „Kinder der Volksrechte" beschrieben.

Strategie und politische Opposition

waren, mussten Regierungen fürchten, dass die Oppositionsparteien ihre Mobilisierungskapazitäten dazu nutzten, um Regierungsentscheidungen durch Referenden zu Fall zu bringen. Die Einsicht in diesen Zusammenhang setzte einen beispiellosen Prozess in Gang, im Zuge dessen nacheinander sämtliche der größeren Parteien in die Regierung kooptiert wurden.[12]

Die Instrumente der direkten Demokratie dürfen jedoch nicht ausschließlich als zusätzliche Instrumente der parlamentarischen Opposition gesehen werden. Referenden erweisen sich als wichtiger Hebel auch in den Händen von regierenden Parteien mit oppositionellen Agenden. Auch das zeigen gerade die schweizerischen Erfahrungen: In einer Umfrage aus dem Jahre 1990 erklärten mehr als 60 Prozent der antwortenden Abgeordneten der Regierungsparteien im Nationalrat, dass sie nicht zögern würden, mit einem Gesetzesreferendum zu drohen, wenn ein von ihnen missbilligtes Gesetz kurz vor der parlamentarischen Verabschiedung stände; unter den sozialdemokratischen Abgeordneten waren es sogar fast 100 Prozent (Kobach 1993: 161). Dazu passt es, dass auch die „Abstimmungsparolen" (die Abstimmungsempfehlungen) der im Bundesrat vertretenen Regierungsparteien im langjährigen Durchschnitt in weniger als einem Drittel der Fälle identisch lauten.

Das Phänomen der „Bereichsopposition" ist jedoch keineswegs auf Regime mit weit ausgebauten Instrumenten der direkten Demokratie beschränkt. Intragouvernementale Formen von Opposition gibt es oft auch in parlamentarischen Systemen mit „übergroßen" Koalitionsregierungen, und ganz besonders in Ländern mit gesellschaftlichen „Lager-," oder „Versäulungsstrukturen" wie sie nach 1945 in Westeuropa vor allem in Österreich, Belgien, den Niederlanden und Italien typisch waren. Tatsächlich war nicht die Schweiz, sondern Österreich jenes Land, für den der Begriff „Bereichsopposition" ursprünglich geprägt wurde (Kirchheimer 1957) und für das die Mechanismen intra-gouvernementaler Opposition erstmals ausführlicher erforscht wurden (Engelmann 1966).

Ein nicht geringer Teil von Bereichsopposition österreichischen Stils spielte sich traditionell innerhalb der Exekutive ab (etwa in Form einer spezifischen Aufteilung von Minister- und Staatssekretärsposten, bei der zu Zwecken der gegenseitigen Kontrolle jeweils beide Parteien mit ihren Repräsentanten an der Spitze eines Ressorts vertreten waren). Andere „bereichsoppositionelle" Aktivitäten fanden

---

[12] Seinen Ausgang nahm diese Dynamik von einem ausschließlich von den Liberalen dominierten Regierungsgremium. Dieses wurde 1891 zunächst durch die Einbeziehung des katholischen Zweiges der damaligen konservativen Opposition (CVP) erweitert; seit 1929 zählt auch die Schweizerische Volkspartei (SVP) zu den ständigen Bundesratsparteien. Die schweizerischen Sozialdemokraten (SPS) schließlich schafften erstmals 1943 (zunächst lediglich vorübergehend) den Sprung in die Regierung und sind seit 1959 ebenfalls ohne Unterbrechung im Bundesrat vertreten.

jedoch auch außerhalb des Exekutivterrains, im Parlament statt: So wurden etwa bei Gelegenheit Ministern aus den eigenen Reihen in parlamentarischen Befragungen eher „freundliche" Fragen, den Ministern aus den Reihen des Koalitionspartners hingegen eher betont kritische Fragen gestellt (Müller et al. 2001: 314). Selbst vor einer Verbrüderung mit den „wirklichen" Oppositionsparteien im Rahmen von Untersuchungsausschüssen wurde im Einzelfall nicht zurückgescheut (Fallend 2000).

Ähnliche Praktiken wie in Österreich gab es in den Niederlanden und in Belgien. Vor allem in den Niederlanden wurde dabei sogar mit noch deutlich härteren Bandagen gekämpft. So stimmten Abgeordnete aus den Reihen der Regierungsparteien im Parlament gelegentlich gar gegen Vorschläge ihrer eigenen Minister (Andeweg/De Winter/Müller 2009: 102). In Belgien war die besonders fragile Natur zahlreicher Regierungen dafür verantwortlich, dass Bereichsopposition in aller Regel nicht bis in die parlamentarische Arena hinein praktiziert wurde, um den Bestand der Koalition nicht zu gefährden. Dafür ging es bei der belgischen Variante von Bereichsopposition sehr häufig um Opposition innerhalb einer der Regierungsparteien, allen voran den Christdemokraten (ebd.: 102-103).

Wie im Zusammenhang mit der Erwähnung von Instrumenten der direkten Demokratie bereits angeklungen, werden Strategien oppositionellen Mitregierens bzw. oppositioneller Vetopolitik nicht nur von unterschiedlichen Akteuren des gouvernementalen Bereichs verfolgt. Zu den grundlegenden Merkmalen liberaler Demokratie gehört es, dass das Recht auf Opposition ganz unvermittelt für sämtliche gesellschaftlichen Akteure gilt. Oppositionsäußerungen auf direktdemokratischer Basis stellen jedoch eine spezifische Form der Bürgeropposition dar, die nur wenige westeuropäische Regierungssysteme kennen (Kaufmann/Waters 2004, Walter-Rogg 2008). Ein solcher Befund ergibt sich insbesondere dann, wenn mit hinreichender Trennschärfe zwischen wirklich direktdemokratischen und lediglich plebiszitären Instrumenten bzw. Verfahren unterschieden wird. Direktdemokratische Qualität besitzen nur solche Verfahren, die „von unten", von den Bürgern selbst, initiiert werden können; demgegenüber liegt die Auslösungskompetenz für Plebiszite bei den staatlichen Entscheidungsträgern. In diesem Sinne kann das Referendum als Minderheiteninstrument, das Plebiszit hingegen als Instrument in den Händen regierender Mehrheiten gelten. Eine Gelegenheit zur Artikulation von Opposition bieten potentiell beide, doch macht die Entscheidungshoheit von Regierungen über den Zeitpunkt und die inhaltlichen Modalitäten eines Plebiszits es bedeutend unwahrscheinlicher, dass die Vorschläge der Regierung durch das Volk abgelehnt werden. Auch das Oppositionspotential der unterschiedlichen, im engeren Sinne direktdemokratischen Instrumente ist keineswegs identisch: Initiativen eröffnen im Kern die Möglichkeit zum politischen Agenda-Setting. Damit kann

Strategie und politische Opposition

immerhin so etwas wie ein spezifischer Beitrag zur Erfüllung der eingangs erwähnten Innovationsfunktion politischer Opposition geleistet werden. Es sind jedoch Referenden, die am stärksten die Bezeichnung eines direktdemokratischen Oppositionsinstruments im engeren Sinne verdienen. Zu Recht wurden die fakultativen Referenden in der Schweiz anschaulich als das „Bremspedal" der schweizerischen Direktdemokratie beschrieben (Linder 1999: 259).

Freilich sind die Bürger auch in jenen Regimen mit wenigen oder gar keinen direktdemokratischen Institutionen nicht dazu verurteilt, sich vollständig auf die Bemühungen und Erfolge der parlamentarischen Opposition oder anderer Akteure der gouvernementalen Ebene (wie „oppositionelle Regierungsparteien" und Staatsoberhäupter) zu verlassen. Die Ausübung von Opposition ist nicht an speziellere institutionelle Voraussetzungen wie direktdemokratische Instrumente geknüpft. Die politisch-institutionellen Parameter eines Systems sind aber offenkundig von beträchtlicher Bedeutung für die Bedingungen außerparlamentarischer Opposition bzw. für das Zusammenspiel parlamentarischer und außerparlamentarischer Oppositionsakteure.

In allen drei der von Andeweg, De Winter und Müller studierten Länder mit traditionell stark „versäulten" politisch-gesellschaftlichen Strukturen (Österreich, Belgien und die Niederlande) gab es eine auffallende Übereinstimmung zwischen den von den maßgeblichen Parteien verfolgten Oppositionsstrategien und jenen der ihnen politisch korrespondierenden Interessengruppen des Systems – mit spezifischen Folgen für die Chancen außerparlamentarischer Opposition: „The strong links between parties and organisations within pillars usually prevented incongruence between their strategies. Non-pillar organisations were weak or deliberately weakened by excluding them from corporatist arrangements (…). Any potential that non-pillar organizations might have had for mobilising citizens into an extra-parliamentary opposition were dampened by the control that pillar parties had over the mass media." (Andeweg et al. 2009: 103-104). Die „Entsäulung" der politisch-gesellschaftlichen Strukturen dieser Länder führte zu einer stärkeren Pluralisierung des Systems, die sich auch auf der Ebene oppositioneller Strategien niederschlug (ebd.: 104).

In anderen Ländern ohne vergleichbare politisch-gesellschaftliche „Versäulungsstrukturen" und ohne eine Tradition korporatistischer Interessenvermittlung – wie Frankreich – war die außerparlamentarische Opposition stets von eigenständigerem Gewicht und verfolgte in aller Regel konsequent kompetitive bis militante Strategien, schon aus einem weitgehenden Mangel an Alternativen: „Groups are regarded as scarcely legitimate (…) and held at a distance", wie ein intimer Kenner des französischen Systems konstatierte (Mény 2002: 104). „In order to be heard they must often demonstrate their representativeness through noise and anger.

Then we see the paradox of a State, initially haughty and disdainful, which does not negotiate with the 'mob', suddenly ready to concede anything and forgive anybody because there is no other way out of the impasse." (ebd.).

Deutschland lag, was die Aktivitäten der außerparlamentarisch angesiedelten Opposition von Bürgern bzw. gesellschaftlichen Gruppen betraf, während der vergangenen Jahrzehnte in vielen beobachteten Feldern im (oberen) Mittelfeld der westeuropäischen Länder (Rucht/Roth 2008: 661-663). Allerdings gab es mit Blick auf die Organisationsstärke, die Vernetzung und auch die Gewaltbereitschaft deutliche Unterschiede zwischen dem westlichen und östlichen Teil des vereinten Deutschlands (ebd.: 649). Was die historische Entwicklungsdynamik der Aktivitäten von neuen sozialen Bewegungen betrifft, wurde nicht nur eine Vervielfältigung von Protestthemen und eine Verbreiterung des Protestrepertoires konstatiert, sondern zugleich ein evolutionärer Strategiewandel oder zumindest eine deutliche Professionalisierung in Bezug auf die Verfolgung bestimmter Strategien. Zu den neuen Strategien der versuchten politischen Einflussnahme gehören stärker expressive Formen der Interessenartikulation mit unterhaltenden oder performativen Elementen, etwa in Gestalt von Menschen- oder Lichterketten, Friedensgebeten und Mahnwachen (ebd.: 653). Nicht allen Aktionen neuer sozialer Bewegungen gebührt jedoch gleichermaßen das Prädikat „gesellschaftliche Opposition". Zu den jüngeren, von Rucht und Roth identifizierten Formen der Beteiligung am politischen Willensbildungsprozess gehört auch „die gelegentliche Nutzung von demonstrativen Mobilisierungen durch Regierende und die sie tragenden politischen Koalitionen auf allen politischen Ebenen etwa im Zusammenhang mit dem 'Aufstand der Anständigen' gegen rechtsextreme und fremdenfeindliche Aktivitäten" (ebd.). Selbst vielen der genuin oppositionellen Aktivitäten außerparlamentarischer Akteure in der Bundesrepublik und andernorts ist mit Blick auf die Wirkungsebene ein konstruktiver Aspekt jedoch keineswegs abzusprechen. Für Deutschland weisen Rucht und Roth auf spezifische Erfolge unterschiedlicher Bewegungen etwa im Bereich der Gesundheitsversorgung, der Energiepolitik oder der Gleichstellungspolitik hin (ebd.: 658). In diesem Sinne könnte man von den neuen sozialen Bewegungen, gewiss nicht nur für die Bundesrepublik, als einer außerparlamentarischen Protest-Opposition mit einer in Teilen konstruktiven Leistungsbilanz sprechen. Nicht ausgeschlossen ist bei alledem freilich, dass nichtinstitutionalisierte und unkonventionelle Formen der Opposition auch auf einen Machtwechsel, auf einen Rücktritt der Regierung zielen können. Die jüngeren Beispiele für Massenproteste gegen die Regierung, die getragen waren von der konkreten Forderung nach einem Rücktritt der Regierung, reichen von Budapest bis Bangkok.

Strategie und politische Opposition

Ebenfalls nur in Einzelfallanalysen exakt bestimmen lässt sich der Effekt jener beiden neuen potentiellen Oppositionsakteure, die während der vergangenen Jahre in den meisten westeuropäischen Ländern signifikant an Bedeutung gewonnen haben: der Gerichte und Massenmedien (Helms 2006: 88-94). Sowohl den Gerichten, vor allem den Verfassungsgerichten, als auch den Massenmedien werden immer wieder Qualitäten faktischer „Mitregenten" attestiert. Überzeugend herausgearbeitet wurde das Mitregierungspotential von Verfassungsgerichten im politischen Willensbildungs- und Entscheidungsprozess in einer großen Studie von Alec Stone Sweet. Er attestierte auf der Basis international vergleichender Betrachtungen einen Trend hin zu einem „Regieren mit Richtern" (Stone Sweet 2000). Die faktischen „Mitregierungseffekte" kommerzialisierter Massenmedien sind weniger gut greifbar, werden mittlerweile aber von den wenigsten Beobachtern vollständig bestritten (Helms 2008).

Das Mitgestaltungspotential von Verfassungsgerichten und Massenmedien erwächst wiederum in hohem Maße aus deren Vetomacht bzw. aus der Antizipation möglicher Vetostrategien auf Seiten von Regierungen. Die Vetomacht von Verfassungsgerichten und Massenmedien ist freilich ganz unterschiedlicher Natur. Das formale Veto von Verfassungsgerichten gegen Regierungsentscheidungen wiegt ungleich schwerer als das weitgehend symbolische Veto der Medien, das seine Wirkung erst vermittelt durch mögliche Mobilisierungserfolge auf der Ebene der Bevölkerung entfaltet.[13] Die strategische Manövrierfähigkeit von Verfassungsgerichten ist allerdings erheblich dadurch beschränkt, dass sie nicht von sich aus, sondern nur auf Initiative anderer politischer Akteure hin tätig werden können. Italien ist jenes westeuropäische Land, in dem die Justiz in den vergangenen Jahrzehnten am stärksten als der vorübergehend wichtigste Oppositionsakteur wahrgenommen wurde; auf dem Höhepunkt der „partitocrazia"-Krise indizierte dies nicht zuletzt das Versagen der mit der Ausfüllung der Oppositionsfunktion beauftragten politischen Parteien (Pizzorno 1997: 653-654).

---

[13] Zu den strategischen Möglichkeiten oppositioneller Medien gehört dabei nicht nur der öffentliche Appell, sondern auch die – aus Sicht von Regierungen – „unzeitige" Veröffentlichung von nicht für die Augen der Öffentlichkeit bestimmten Dokumenten (wie vermeintlichen oder tatsächlichen Plänen eines Ministeriums und dergleichen).

3 Pluralismus politischer Opposition und oppositioneller Strategien als Kennzeichen freiheitlich-pluralistischer Demokratie

Das Studium von Strategien der politischen Opposition muss über die Analyse des Verhaltens der parlamentarischen Opposition hinausreichen und weitere Akteure einbeziehen, von denen viele erst in der jüngeren Literatur als potentielle Oppositionsakteure anerkannt wurden. Dabei ist schon die Analyse des strategischen Verhaltens parlamentarischer Oppositionen ausgesprochen aufwendig und zumeist auf bescheidene handfeste Befunde beschränkt. Politikfeldübergreifende, mehr oder minder kohärente Oppositionsstrategien gibt es am ehesten in Kontexten, in denen die spezifische Rolle der parlamentarischen Opposition systembedingt einen Verzicht auf Mitregierung und eine Konzentration auf den Machtwechsel vorschreibt. Ansonsten gilt eher, dass das Verhältnis zwischen Regierung und Opposition bzw. das Verhalten der Opposition zwischen Politikfeldern und sogar zwischen einzelnen Entscheidungen ein und desselben Politikfelds variiert. „Kooperative wie kompetitive Strategien werden stets zugleich benutzt", wie Heinrich Oberreuter (1993: 67) im deutschen Kontext feststellte, ohne zu übersehen, dass es in der Geschichte der Bundesrepublik Perioden mit deutlich unterschiedlichen Akzentsetzungen gab. Das genuin Politische in den Strategien der Opposition kommt nicht zuletzt darin zum Ausdruck, dass sie darum bemüht sein muss, neben sachlogischen auch politisch-opportunistische Erwägungen anzustellen. Häufig wird es dabei in letzter Konsequenz um den Machtwechsel gehen – aber keineswegs immer, wie vor allem die strategischen Entscheidungen von Oppositionsparteien in Systemen des Minderheitsparlamentarismus zeigen.

Der herausragende Stellenwert der parlamentarischen Opposition für die parlamentarische Demokratie bleibt in normativer Hinsicht unbestritten. In der Verfassungspraxis der parlamentarischen Demokratien Europas ist der Status der parlamentarischen Opposition jedoch längst mächtig unter Druck geraten. Das gilt naturgemäß am wenigsten für die Alternativfunktion, die von keinem anderen Akteur als der parlamentarischen Opposition wahrgenommen werden kann, aber in umso höherem Maße für die Kontrollfunktion. Viele Beobachter gehen davon aus, dass die parlamentarische Minderheit unter den potentiellen Kontrolleuren der Regierung mittlerweile einen eher schwächeren Akteur darstellt. Dafür sind sehr unterschiedliche Faktoren verantwortlich, darunter der Trend einer schleichenden „Entparlamentarisierung" ebenso wie die wachsende Pluralisierung der Parteiensysteme Westeuropas, die trotz abnehmender Polarisierung (Stöss et al.: 2005: 32) vielerorts zu einer größeren Fragmentierung des Oppositionslagers mit

Strategie und politische Opposition

spezifischen Koordinationsproblemen geführt hat. Kaum jemand bezweifelt heute noch, dass die politische Kontroll- und Vetomacht eines privaten Fernsehsenders über jene einer kleineren Oppositionspartei, deren Stimmen für einen parlamentarischen Beschluss verzichtbar sind, hinausreichen kann. Auch die einst vor allem als wichtige Komponente der institutionellen Chancenstruktur parlamentarischer Oppositionen betrachteten Verfassungsgerichte sind längst selbst zu einem politischen Akteur von eigenständigem Gewicht geworden. Gelegentlich wurde ihnen vereinzelt sogar mit Blick auf deren demokratische Qualität sogar ein Stellenwert oberhalb der Parlamente zuerkannt (Scheppele 2005). Selbst im britischen Kontext, der nach wie vor durch die Abwesenheit einer konzentrierten Verfassungsgerichtsbarkeit nach österreichisch-deutschem Vorbild gekennzeichnet ist, konstatierten Beobachter schon vor Jahren, dass die Gerichte mittlerweile einen politischen Status erreicht hätten, der im Bewusstsein von Entscheidungsakteuren noch vor jenem des Parlaments oder der Medien rangiere (Foster 2000: 344). Hinzu kommen weniger institutionalisierte Akteure wie die neuen sozialen Bewegungen. Gerade deren jüngeren Strategien haben dazu beigetragen, die außerparlamentarische Opposition vom Generalverdacht einer gewalttätigen Protestkultur zu befreien. In der Tat: Die ehrwürdige Rolle des „andere(n) Beweger(s) der Politik" (Schmid 1955: 503) wird mittlerweile in vielen Ländern ein gutes Stück weit von der außerparlamentarischen Opposition ausgefüllt.

Die Anzahl politischer Akteure mit den Qualitäten eines Oppositionsakteurs, denen sich Regierungen in den liberalen Demokratien heute gegenübersehen, hat sich in den vergangenen Jahrzehnten offenkundig vergrößert. Die gewachsene „Oppositionsfreundlichkeit" der politischen Kulturen der meisten konsolidierten Demokratien hat ihren Teil dazu beigetragen, das Regieren zusätzlich zu erschweren. Der Zunahme von Oppositionsakteuren entspricht jedoch kein erkennbarer Trend in Richtung einer systematisch koordinierten Gesamtstrategie der Opposition. Derartige Bemühungen müssen nicht zuletzt an den höchst unterschiedlichen Zielagenden einzelner (potentieller) Oppositionsakteure scheitern. Selbst eine lose konzertierte Oppositionsstrategie, an der so unterschiedliche Akteure wie politische Parteien, Medien, Gerichte und weitere gesellschaftliche Gruppen teilhaben, ist unter den Bedingungen der liberalen Demokratie kaum vorstellbar. Das dies so ist, kann jedoch weit eher als Ausweis einer funktionierenden freiheitlich-pluralistischen Demokratie denn als ein Strukturdefizit derselben gelten.

Literatur

Abromeit, Heidrun 1995: Volkssouveränität, Parlamentssouveränität, Verfassungssouveränität. Drei Realmodelle der Legitimation staatlichen Handelns, in: Politische Vierteljahresschrift 36, 49-60.

Andeweg, Rudy B./De Winter, Lieven/Müller, Wolfgang C. 2009: Parliamentary Opposition in Post-Consociational Democracies: Austria, Belgium and the Netherlands, in: Ludger Helms (ed.), Parliamentary Opposition in Old and New Democracies, London/New York: Routledge, 58-93.

Bachratz, Peter/Baratz, Morton S. 1962: Decisions and Non-Decisions. An Analytical Framework, in: American Political Science Review 57, 532-542.

Bolleyer, Nicole 2001: Minderheitsparlamentarismus – eine akteursorientierte Erweiterung der Parlamentarismus-Präsidentialismus-Typologie, in: Zeitschrift für Politikwissenschaft 11, 1519-1546.

Broughton, J. Richard 2005: Rethinking the Presidential Veto, in: Harvard Journal on Legislation 42, No. 1, 91-134.

Cameron, Charles M. 2000: Veto Bargaining: Presidents and the Politics of Negative Power, Cambridge: Cambridge University Press.

Christiansen, Flemming Juul/Damgaard, Erik 2009: Parliamentary Opposition under Minority Parliamentarism: Scandinavia, in: Ludger Helms (ed.), Parliamentary Opposition in Old and New Democracies, London/New York: Routledge, 27-57.

Conley, Richard S. 2007: Presidential Republics and Divided Government: Lawmaking and Executive Politics in the United States and France, in: Political Science Quarterly 122, 257-286.

Crockett, David A. 2002: The Opposition Presidency: Leadership and the Constraints of History, College Station: Texas A&M University Press.

Edwards III, George C. 2009: The Strategic President: Persuasion and Opportunity in Presidential Leadership, Princeton: Princeton University Press.

Engelmann, Frederick C. 1966: Austria: The Pooling of Opposition, in: Robert A. Dahl (ed.), Political Opposition in Western Democracies, New Haven/London: Yale University Press, 260-283.

Evans, Jocelyn (ed.) 2003: The French Party System, Manchester: Manchester University Press.

Fallend, Franz 2000: Demokratische Kontrolle oder Inquisition?, in: Österreichische Zeitschrift für Politikwissenschaft 29, 177-200.

Forkmann, Daniela/Richter, Saskia (Hg.) 2007: Gescheiterte Kanzlerkandidaten: Von Kurt Schumacher bis Edmund Stoiber, Wiesbaden: VS Verlag für Sozialwissenschaften.

Foster, Sir Christopher 2000: The Encroachment of the Law on Politics, in: Parliamentary Affairs 80, 51-75.

Strategie und politische Opposition

Frölich-Steffen, Susanne/Rensmann, Lars (Hg.) 2005: Populisten an der Macht, Wien: Braumüller.

Gilmour, John B. 2002: Institutional and Individual Influence on the President's Veto, in: The Journal of Politics 64, 198-218.

Gruner, Erich 1969: Die Parteien in der Schweiz, Bern: Francke.

Hainisch, Reinhard 2003: Success in Opposition – Failure in Government: Exploring the Performance of Right-wing Populist Parties in Public Office, in: West European Politics 26, No. 3, 91-130.

Heimann, Siegfried 1984: Sozialdemokratische Partei Deutschlands, in: Richard Stöss (Hg.), Parteien-Handbuch, Bd. 2, Opladen: Westdeutscher Verlag, 2025-2216.

Helms, Ludger 1997a: Wettbewerb und Kooperation. Zum Verhältnis von Regierungsmehrheit und Opposition im parlamentarischen Gesetzgebungsverfahren in der Bundesrepublik Deutschland, Großbritannien und Österreich, Opladen: UTB/Leske + Budrich.

Helms, Ludger 1997b: Ansätze einer Handlungstheorie der politischen Opposition, in: Österreichische Zeitschrift für Politikwissenschaft 26, 423-435.

Helms, Ludger 2002: Politische Opposition: Theorie und Praxis in westlichen Regierungssystemen, Opladen: Leske + Budrich.

Helms, Ludger 2006: The Changing Parameters of Political Control in Western Europe, in: Parliamentary Affairs, 78-97.

Helms, Ludger 2008: Governing in the Media Age: The Impact of the Mass Media on Executive Leadership in Contemporary Democracies, in: Government & Opposition 43, 26-54.

Helms, Ludger (ed.) 2009: Parliamentary Opposition in Old and New Democracies, London/New York: Routledge.

Huber, John D. 1996: Rationalizing Parliament. Legislative Institutions and Party Politics in France, Cambridge: Cambridge University Press.

Ismayr, Wolfgang 2002: Die politischen Systeme Osteuropas im Vergleich, in: Wolfgang Ismayr (Hg.), Die politischen Systeme Osteuropas, Opladen: Leske + Budrich, 9-67.

Kaiser, André 2009: Parliamentary Opposition in Westminster Democracies: Britain, Canada, Australia and New Zealand, in: Ludger Helms (ed.), Parliamentary Opposition in Old and New Democracies, London/New York: Routledge, 1-26.

Kaufmann, Bruno/Waters, M. Dane (eds.) 2004: Direct Democracy in Europe, Durham, NC: Carolina Academic Press.

Kimmel, Adolf 2008: Stärkung der „Hyperpräsidentschaft" oder Emanzipation des Parlaments? Die französische Verfassungsänderung vom 23.07.2008, in: Zeitschrift für Parlamentsfragen 39, 846-866.

Kirchheimer, Otto 1957: Wandlungen der politischen Opposition, in: Archiv für Rechts- und Sozialphilosophie 43, Nr. 1, 59-86.

Kitschelt, Herbert P. 1986: Political Opportunity Structures and Political Protest: Anti-Nuclear Movements in Four Democracies, in: British Journal of Political Science 16, 57-86.

Kitschelt, Herbert P. 1999: Politische Gelegenheitsstrukturen in Theorien sozialer Bewegungen heute, in: Ansgar Klein/Hans-Josef Legrand/Thomas Leif (Hg.), Neue soziale Bewegungen. Impulse, Bilanzen und Perspektiven, Opladen/Wiesbaden: Westdeutscher Verlag, 144-163.

Kobach, Kris W. 1993: The Referendum: Direct Democracy in Switzerland, Aldershot: Dartmouth.

Kriesi, Hanspeter/Koopmans, Ruud/Dyvendak, Jan Willem/Giugni, Marco G. 1992: New Social Movements and Political Opportunity Structures in Western Europe, in: European Journal of Political Research 22, 219-244.

Kropp, Sabine/Schüttemeyer, Suzanne S./Sturm, Roland 2000: Koalitionen in West- und Osteuropa. Theoretische Überlegungen und Systematisierung des Vergleichs, in: Sabine Kropp/Suzanne S. Schüttemeyer/Roland Sturm (Hg.), Koalitionen in West- und Osteuropa, Opladen: Leske + Budrich, 7-40.

Leggewie, Claus 1993: Alles andere als (parlamentarische) Opposition. Über die Grenzen der Opposition im politischen System Frankreichs, in: Walter Euchner (Hg.), Politische Opposition in Deutschland und im internationalen Vergleich, Göttingen: Vandenhoeck, 127-136.

Lhotta, Roland 2008: Der Bundespräsident als „Außerparlamentarische Opposition"? Überlegungen zur Gewaltenteilung und Typologisierung des parlamentarischen Regierungssystems, in: Zeitschrift für Parlamentsfragen 39, 119-133.

Linder, Wolf 1999: Schweizerische Demokratie. Institutionen, Prozesse, Perspektiven, Bern: Haupt.

Lösche, Peter 1993: Opposition und oppositionelles Verhalten in den Vereinigten Staaten, in: Walter Euchner (Hg.), Politische Opposition in Deutschland und im internationalen Vergleich, Göttingen: Vandenhoeck, 115-126.

Mattila, Mikko/Raunio, Tapio 2004: Does Winning Pay? Electoral Success and Government Formation in 15 West European Countries, in: European Journal of Political Research 43, 263-285.

Mény, Yves 2002: The Institutionalization of Leadership, in: Josep M. Colomer (ed.), Political Institutions in Europe, 2. Auflage, London/New York: Routledge, 95-133.

Müller, Wolfgang, C. 2004: Koalitionstheorien, in: Ludger Helms/Uwe Jun (Hg.), Politische Theorie und Regierungslehre. Eine Einführung in die politikwissenschaftliche Institutionenforschung, Frankfurt/M.: Campus, 267-301.

Müller, Wolfgang C./Strøm, Kaare 2000: Coalition Governance in Western Europe, in: Coalition Governments in Western Europe, in: Müller, Wolfgang C./Strøm, Kaare (eds.), Coalition Governments in Western Europe, Oxford: Oxford University Press, 559-592.

Strategie und politische Opposition

Niclauß, Karlheinz 1995: Das Parteiensystem der Bundesrepublik Deutschland, Paderborn: Schöningh.

Oberreuter, Heinrich 1993: Parlamentarische Opposition in der Bundesrepublik Deutschland, in: Walter Euchner (Hg.), Politische Opposition in Deutschland und im internationalen Vergleich, Göttingen: Vandenhoeck, 60-75.

Pasquino, Gianfranco 2003: The Government, the Opposition and the President of the Republic under Berlusconi, in: Journal of Modern Italian Studies 8, Nr. 4, 485-499.

Pizzorno, Alessandro 1997: Opposition in Italy, in: Government and Opposition 32, 647-656.

Polsby, Nelson 1997: Political Opposition in the United States, in: Government and Opposition 32, 511-521.

Raschke, Joachim/Tils, Ralf 2007: Politische Strategie. Eine Grundlegung, Wiesbaden: VS Verlag für Sozialwissenschaften.

Rosa, Hartmut 2005: The Speed of Global Flows and the Pace of Democratic Politics, in: New Political Science 27, 445-459.

Rucht, Dieter/Roth, Roland 2008: Soziale Bewegungen und Protest – eine theoretische und empirische Bilanz, in: Roland Roth/Dieter Rucht (Hg.), Die sozialen Bewegungen in Deutschland seit 1945, Frankfurt/M.: Campus, 635-668.

Scheppele, Kim Lane 2005: Democracy by Judiciary, Or why Courts can be More Democratic than Parliaments, in: Adam Czarnota/Martin Krygier/Wojciech Sadurski (eds.), Rethinking the Rule of Law in Post Communist Europe: Past Legacies, Institutional Innovations, and Constitutional Discourses, Budapest: Central European University Press, 25-60.

Schmid, Carlo 1955: Die Opposition als Staatseinrichtung, in: Der Wähler 5, Nr. 11, 498-506.

Schmidt, Manfred G. 1992a: Opposition, in: Manfred G. Schmidt (Hg.), Die westlichen Länder (Bd. 3 des Lexikons der Politik, hrsg. von Dieter Nohlen), München: Beck, 283-288.

Schmidt, Manfred G. 1992b: Regieren in der Bundesrepublik Deutschland, Opladen: Leske + Budrich.

Schüttemeyer, Suzanne S. 1998: Fraktionen im Deutschen Bundestag. Empirische Befunde und theoretische Folgerungen, Wiesbaden: Westdeutscher Verlag.

Sebaldt, Martin 1992: Innovation durch Opposition: Das Beispiel des Deutschen Bundestages 1949-1987, in: Zeitschrift für Parlamentsfragen 23, 238-265.

Stone Sweet, Alec 2000: Governing with Judges. Constitutional Politics in Europe, Oxford: Oxford University Press.

Stöss, Richard/Haas, Melanie/Niedermayer, Oskar 2005: Parteiensysteme in Westeuropa: Stabilität und Wandel, in: Oskar Niedermayer/Richard Stöss/Melanie Haas (Hg.), Die Parteiensysteme in Westeuropa, Wiesbaden: VS Verlag für Sozialwissenschaften, 7-37.

Strøm, Kaare 1990: Minority Government and Majority Rule, Cambridge: Cambridge University Press.

Taras, Raymond (ed.) 1997: Postcommunist Presidents, Cambridge: Cambridge University Press.

Van Mechelen, Dennis/Rose, Richard 1986: Patterns of Parliamentary Legislation, Aldershot: Ashgate.

Walter-Rogg, Melanie 2008: Direkte Demokratie. In: Oscar W. Gabriel/Sabine Kropp (Hg.), Die EU-Staaten im Vergleich: Strukturen, Prozesse, Politikinhalte, Baden-Baden: Nomos, 236-267.

Strategie und politische Verwaltung. Anmerkungen zum Strategiepotential der Ministerialverwaltung

Frank Nullmeier

Will man Strategien erforschen, muss man von Akteuren und Akteursgruppen ausgehen, die in der Lage sind oder sein könnten, Handlungsweisen zu verfolgen, die – auf Erfolg gerichtet – situationsübergreifende Ziel-Mittel-Umwelt-Kalkulationen als Orientierungsbasis nutzen. Die übliche Zurechnungsbasis von Strategien sind „strategische Zentren" bestehend aus den Partei- und Fraktionsvorsitzenden sowie den zentralen Regierungsmitgliedern. Diese Sicht auf ein strategisches Zentrum untersucht Strategien auf der Ebene des gesamten politischen Systems bzw. auf Seiten der Regierungskoalition und der Regierungsparteien. Es ist aber keineswegs zwingend, den Strategiebegriff nur auf die Gesamtheit des Regierungshandelns zu beschränken. Vielmehr lassen sich Strategien in den Subeinheiten der Parteien, Fraktionen, Ministerien analysieren.

Eine recht spezielle Perspektive bietet sich, wenn man noch die Basiseinheit des Regierungsapparates, das Ministerium, dekomponiert und zwischen Ministerialverwaltung und Minister unterscheidet. Wohlbekannt ist diese Sicht allerdings aus der berühmten britischen Fernsehserie „Yes Minister", die zwischen 1980 und 1988 in fünf Staffeln von der BBC ausgestrahlt wurde (die Staffeln vier und fünf unter dem Titel „Yes Prime Minister", Buch Anthony Jay und Jonathan Lynn). Im blasiert-sibyllinischen „Yes Minister" des Staatssekretärs, das die Episoden abschloss, verkörperte sich die Distanz des Ministeriums gegenüber den parteipolitisch und auf Wählerstimmen zielenden Aktivitäten der Ministeriumsspitze. Sicherlich ist die Vorbildfunktion dieser Serie höchst begrenzt, folgt sie doch weithin den Rational Choice-Theorien, die Parteipolitikern – hier Anthony Downs folgend – allein das Motiv der Stimmenmaximierung unterstellt, den Ministerialbürokratien gemäß der Theorie von William Niskanen die Budgetmaximierung. Doch macht sie im besonderen Maße aufmerksam auf den inneren Bruch, der zwischen Ministeriumsspitze und Ministerium besteht oder zumindest bestehen und entstehen kann.

Im Folgenden soll daher der Versuch unternommen werden, das analytische Instrumentarium der Strategieforschung nutzbar zu machen unter der Perspektive der Ministerialverwaltung und ihrer leitenden Beamten als Trägern von Strategien. Dabei kann es sich um nicht mehr handeln als die Entwicklung von Überlegungen in Thesenform, die auf dem generellen verwaltungswissenschaftlichem Kenntnisstand sowie speziell der Studie von Kai-Uwe Schnapp zu „Ministerialbürokratien in westlichen Demokratien" aus dem Jahre 2004 als empirischer Evidenzgrundlage beruhen.

1 Fünf Überlegungen zum Strategiepotential der Ministerialverwaltung

1.1 Organisation

Strategiefähigkeit soll hier verstanden werden als Kompetenz einer Akteursgruppe zur Ausbildung und Verfolgung von politischen Strategien. Ministerialverwaltungen kann ein hohes Potential an Strategiefähigkeit zugesprochen werden, da ihr die Ausbildung einer Akteursgruppe, die ihre Ziel-Mittel-Umwelt-Kalkulationen wechselseitig austauschen und koordinieren kann, nicht schwer fallen dürfte. Diese Fähigkeit ruht auf spezifischen institutionellen Merkmalen einer Ministerialverwaltung wie der praktisch *permanenten Anwesenheit* der Beteiligten. Während Parlamentarier zwischen ihrem Wahlkreis und dem Parlament hin und her wechseln, die Parteispitzen eine Vielzahl von Verpflichtungen in Parteizentrale, den Regionalgliederungen, meist auch in Parlament und Fraktion sowie bei öffentlichen Veranstaltungen wahrnehmen müssen, kann bei der Ministerialverwaltung im Durchschnitt noch mit einer längeren Anwesenheitszeit im Hauptarbeitsort, dem Ministerium, gerechnet werden.

Auch wenn eine zunehmende Reisetätigkeit aufgrund der Europäisierung und Internationalisierung politischer Entscheidungsprozesse auftritt, ist doch noch eine höhere Wahrscheinlichkeit für die Anwesenheit an einem bestimmten Ort gegeben. Diese bietet aber die Möglichkeit zu dauerhafter und bei Bedarf auch intensiver *Interaktion in Anwesenheit*. Die Anwesenheit begünstigt eine hohe Interaktionsdichte. Zwar erlauben die neuen Medien und Mediennutzungsformen sicherlich eine vom Ortsprinzip unabhängige hohe Kommunikationsdichte. Die Vorteile einer Kommunikation in Anwesenheit sind aber nach wie vor gegeben: Vertrauenssignalisierung und Kontrolle der Ernsthaftigkeit bestimmter Äußerungen sind in Anwesenheit durch Einbeziehung der nicht-sprachlichen Kommunikationselemente wie Mimik, Gestik, Körperlichkeit weit besser möglich als in rein sprach-

Strategie und politische Verwaltung

oder stimmbezogenen Medien. Die Möglichkeit einer dichten Interaktion allein kann eine hohe Absprache- und damit vielleicht auch Strategiefähigkeit begründen.

Die hohe Anzahl von Ministerialbeamten, die potentiell mitsprachefähig und bei komplexen Thematiken auch sachlich mitspracheberechtigt sind, könnte die Koordinationsprozesse trotz hoher Interaktionsdichte extrem erschweren. Durch die relativ klaren *hierarchischen Strukturen* wird diese Vielfalt potentiell zu Beteiligender aber sortiert. Die Strategiebildung kann sich auf eine Koordination entlang der Behördenorganisation stützen, die Hierarchie reduziert das Problem der innerbehördlichen Inklusion und Partizipation erheblich.

Ein weiterer Faktor, der die Strategiefähigkeit der Ministerialbürokratie erhöhen dürfte, ist die oft lange Zugehörigkeit zu einem Ministerium und die dadurch angesammelte große Erfahrung mit bestimmten Vorgehensweisen. Bürokratien müssten daher neben dem Wissen in ihrem jeweiligen Politikfeld auch über ein hohes Maß an Prozess- oder *Politics-Wissen* verfügen. Dies müsste es erleichtern, die komplexe Verbindung von Sachüberlegungen und Durchsetzbarkeits- bzw. Machtaspekten bei der Strategiebildung herzustellen. Erfahrung heißt hier auch, dass ein Wissen über vergangene Strategiebildungsversuche, sei es des politischen Zentrums, sei es des Ministeriums, sei es Dritter existiert, ja, dass es auch ein Verständnis davon gibt, was es in der Folge heißt, keine strategisch-mittelfristigen Überlegungen angestellt zu haben.

1.2 Autonomie

Voraussetzung der Strategiebildung auf der Ebene der Ministerialbürokratie ist jedoch die kontrollierte Unterbrechung der Hierarchie an genau einer Stelle, nämlich gegenüber der politischen Spitze. Eine ministerialbürokratische Strategiebildung ist nur denkbar, wenn eine klare Schnittstelle zur politischen Spitze besteht, die von wenigen Personen seitens der Ministerialverwaltung kontrolliert wird. Zwar ist diese *Schnittstelle* formalhierarchisch durchaus gegeben. Doch gibt es die Möglichkeit, dass die politische Spitze „Sonden" in ein Ministerium hineintreibt oder durch eine langfristig nach Parteizugehörigkeit erfolgende Rekrutierungspolitik immer schon besitzt. Nur für „neue" Parteien an der Spitze „alter" Ministerien bestehen kaum Möglichkeiten derartiger Vervielfältigungen der Schnittstellen zwischen politischer Spitze und Verwaltungsapparat – außer der oft ja recht begrenzten Neubesetzung von Stellen oder Neuschaffung von Stellen.

Ist ein Ministerium entlang parteipolitischer Linien durchgehend besetzt, so dass in jeder Abteilung und jedem größeren Referat auch Angehörige oder Sympathisanten der Partei der Ministeriumsführung sitzen, dann ist eine Strategiebildung „der" Ministerialbürokratie nicht möglich. Eine plurale Politisierung und Personalrekrutierung, die Angehörige mindestens zweier Parteien in größerem Umfang in der Ministerialorganisation situiert, verhindert ministeriale Strategiefähigkeit. In diesen Fällen gelingt die Verlängerung der parteipolitischen Strategiebildungsversuche ins Ministerium – bei ministeriumsinternen Konflikten um den politischen Kurs. Eine einseitige Politisierung und Personalrekrutierung in einem Ministerium oder einzelnen Abteilungen erhöht dagegen – insbesondere im Falle einer parteipolitisch gegenläufigen Ministeriumsspitze – die Möglichkeiten der bürokratischen Strategiebildung.

Schnittstellen sind jedoch nicht nur gegenüber den Parteien und der politischen Spitze zu sichern. Sie sind auch zu kontrollieren gegenüber Verbänden, Einzelunternehmen oder Branchen, Lobbyisten aller Art und anderen externen Einflüssen. Und wieder gilt die Regel: Sobald sich eine Mehrzahl von Verbands-Interessen im Ministerium verankern kann, durch personale Brückenköpfe, feste Klientelbeziehungen oder auch in Form von Iron Triangles, wird die ministeriale Strategiebildungsfähigkeit reduziert. Kommt es allerdings zu höchst einseitigen Bindungen, steigt die interne Strategiefähigkeit – und ist zudem mit der Einbindung in ein größeres strategisches Netzwerk verbunden. Das Capturing von Verwaltungen durch Lobby-Organisationen ist nicht per se ein Hindernis der Strategiebildung. Die Strategiefähigkeit geht daher nicht zwingend mit Autonomisierung der Verwaltung gegenüber Parteien und Verbänden einher. Nur muss die innere Einheit der Ministerialverwaltung gesichert werden können, damit diese als Träger von Strategien auftreten kann.

1.3 Netzwerkbildung

Es stehen der Ministerialbürokratie aber noch andere Wege zur Steigerung der eigenen Strategiefähigkeit offen. Diese können zusätzlich das Bemühen um Steigerung der Autonomie des Ministeriums gegenüber Parteien und Verbänden unterstützen. Ministerien können sich mit anderen Ministerien, mit anderen Verwaltungseinheiten auf anderen politischen Ebenen vernetzen.

Das in den letzten Jahren immer stärker in die Aufmerksamkeit der Politikwissenschaft gerückte Phänomen der administrativen Netzwerke kann unter Gesichtspunkten politischer Strategiebildung durchaus als Königsweg der Strategiebildung gelten. Über die Einbeziehung nationaler, europäischer, internationaler und Länder-Administrationen hinweg werden komplexere Strategien denkbar und die verfügbaren Ressourcen der Politikdurchsetzung erhöhen sich, lässt sich doch jederzeit ein „Mehrebenenspiel" inszenieren, wo die jeweils andere Administration – in Vorabsprache – als „unüberwindbares" Hindernis für Bestrebungen angeführt

Strategie und politische Verwaltung

wird, die man als nationale Administration gerade nicht präferiert, die aber von der Ministeriumsspitze gewollt werden. Netzwerkbildung kann daher recht schnell in ein strategisches Bündnis überführt werden mittels eines „Spiels über die Bande" zwischen den vernetzten Bürokratien.

In den internationalen oder europaweiten Netzwerken können wissenschaftliche Experten auch weit besser im Interesse der Administrationen eingebunden werden, finden die Politik beratenden Aktivitäten nun weit entfernt von nationalen Öffentlichkeiten statt und vollziehen sich in enger Interaktion allein mit den Vertretern der Administrationen. Das „Störpotential" von Öffentlichkeit, Parteien und Verbänden kann derart zumindest gesenkt werden.

1.4 Funktionalstaatlichkeit

Die Gründe, die in der ersten Überlegung zugunsten der Strategiefähigkeit einer Ministerialverwaltung angeführt wurden, sprechen jedoch gegen die Möglichkeit interministerieller Strategiebildung. Noch immer sind gerade auf der Ebene der alltäglichen Interaktion Grenzen bis „Gräben" zwischen den Ministerien vorhanden. Trotz der vielfältigen Einrichtungen zur interministeriellen Koordination auf allen Hierarchieebenen ist der privilegierte Interaktionsraum der Ministerialbürokratie das eigene Ministerium. Angesichts der Zahl der Beschäftigten pro Ministerium und der Hierarchiezüge ist das auch nicht weiter verwunderlich. Der „Departmentalism" ist so nicht nur eine Angelegenheit der Aufbauorganisation, sondern auch der Gestaltung von administrativen Organisationskulturen. Es bedarf räumlicher Nähe und gemeinsamer Orte zur Entstehung einer hinreichenden Interaktionsdichte auch über Ministeriumsgrenzen hinweg. Das sind keine geringen Anforderungen und so ist mit der Persistenz der aufs eigene Ministerium bezogenen Interaktion zu rechnen. Veränderte Rekrutierungs- und Aufstiegswege könnten allerdings das Interesse an anderen Ministerien deutlich erhöhen.

Aufgrund der fortdauernden Bindung an das je eigene Ministerium und dessen Regelungsbereich hat die Strategiebildung in der Verwaltung einen spezifischen Bias. Sie folgt einem Pfad, der hier als *funktionalstaatlich* bezeichnet werden soll. Der moderne Staat ist ein Territorialstaat, der alle Herrschaftsaufgaben auf einem bestimmten, klar umrissenen Gebiet monopolisiert. Welche Aufgaben jeweils in staatlicher Hand sind, ist dabei in vielerlei Hinsicht historisch kontingent, doch ist der Territorialstaat immer die Bündelung und organisatorisch-rechtliche Zusammenführung all dieser Aufgaben. Funktionalstaatlichkeit bezeichnet dagegen die aufgaben- oder policybezogene Organisation politischer Verantwortlichkeiten. Nicht das Territorium ist die zentrale Bestimmungsgröße der Reichweite herrschaftlichen Handelns, sondern eine Funktion. Eine Aufgabe, eine Policy stehen im Zentrum, die territoriale Reichweite dagegen ist offen. Kollektiv verbindliche Entscheidungen und deren Umsetzung erfolgen unter vorrangig funktionaler Spezifizierung und bei nur nachrangig territorialer Ausrichtung.

Die Entwicklung der funktional spezialisierten internationalen Organisationen ist sicherlich ein Anzeichen einer jenseits des National- und Territorialstaates sich ausbildenden Tendenz zum Vorrang des Funktionalen. Funktionalstaatlicher Bias in der Entwicklung administrativer Strategien bedeutet nun, dass Ministerien aufgrund der fehlenden interministeriellen Verschränkung nur funktional ausgerichtete Strategien – bei Vorhandensein administrativer Netzwerke durchaus in europäischer und globaler Perspektive – konzipieren. Es kann aufgrund der Voraussetzungen der ministeriellen Strategiefähigkeit kaum gelingen, die vielfältigen Aufgaben und Policies in einer gesamtpolitischen, alle Funktionen übergreifenden Perspektive zum Gegenstand strategischen Handelns zu machen. Der Anspruch, den gerade Parteien erfüllen müssen, die Integration diverser Politikfelder mit ganz unterschiedlichen Anforderungsprofilen, übersteigt zunächst den ministeriellen strategischen Horizont.

1.5 Öffentlichkeit

Es gibt aber auch noch einen weiteren Grund, warum Ministerialverwaltungen keine umfassenden Strategien entfalten können. Ihnen fehlt weithin der autonome Zugang zur Öffentlichkeit. Um die kommunikative Dimension politischer Strategie bedienen zu können, müssen sie sich auf Nicht-Verwaltungs-Akteure ein- und verlassen.

Die hierarchische Gestaltung der Ministerien verankert den gesamten Öffentlichkeitsbezug eines Ministeriums an der Spitze. Der Zugang zu den Medien ist damit jenseits der Schnittstelle angesiedelt, die bereits als Grenze der ministeriellen Strategiebildung erwähnt wurde. Zwar lockert sich auch dieses hierarchische Moment, doch hat der Öffentlichkeitszugang – oder besser Medienzugang – auf der Ebene der Referate und Abteilungen eher den Charakter eines Arkanum. Auf diesem Weg werden nicht öffentlich auftretende Ministerialbeamte erscheinen, sondern Journalisten erhalten Informationen aus nicht näher spezifizierten Ministeriumsquellen.

Ministerialbeamte als Öffentlichkeitsagenten fungieren im Geheimen. Gerade da, wo die Beeinflussung der Medienagenda gelingt, wird der eigentliche Akteur nicht sichtbar. So kann zwar auch gegenüber der Öffentlichkeit eine ministeriale Strategie entwickelt und durchgehalten werden, nur kann sie nicht öffentlich präsentiert, repräsentiert und erklärt werden. Dieser sich indirekt statt offen vollziehende Zugang zur Öffentlichkeit versperrt die Propagierung eines strategischen

Konzepts und daher die direkte Mobilisierung von Bevölkerungsunterstützung. Dies muss entweder der politischen Spitze des Ministeriums, Verbänden, Fachpolitikern oder Experten überlassen werden.

2 Ministerialverwaltungen aus der Sicht des strategischen Zentrums

Wie aber stellen sich aus der Sicht des strategischen Zentrums einer Regierung derartige „periphere" Strategieentwicklungen dar? Welche Folgen hat dies für die Strategiefähigkeit des Zentrums und welche Reaktionsmöglichkeiten existieren, um die Ausbildung und Verselbständigung strategischer Subzentren in der Ministerialverwaltung zu verhindern?

2.1 Organisation

Aus der Sicht des strategischen Zentrums sind Ministerialverwaltungen höchst bedeutsame Akteure in ihrem Umfeld. Das strategische Zentrum kann in der eigenen Strategieentwicklung und -umsetzung auf die Einbeziehung von Ministerialverwaltungen kaum verzichten, es sei denn, es baut eigene Verwaltungskapazitäten auf. Derartige Umgehungsstrategien müssen auf verwaltungsartige Organisationskerne wie Parteizentralen, Regierungszentralen oder Think-Tanks zurückgreifen, die allerdings die Tendenz aufweisen können, sich nicht unähnlich wie Ministerialverwaltungen zu verhalten. Ohne Bezug zu einem „Apparat" besitzen die Planungen eines strategischen Zentrums jedoch keine hinreichende Verbindung zu Expertise- und Implementationskompetenzen. Rechtlich sind viele Umsetzungsaufgaben bei den Ministerialverwaltungen und nachgeordneten Verwaltungen angesiedelt, so dass auch eine Umgehungsstrategie mit der Ministerialbürokratie rechnen muss. Zwar kann sie nicht mehr in den Prozess der Programmformulierung eingreifen, weil dieser ausgelagert ist in die Apparate der Parteien, jedoch verbleibt eine Reststrategiefähigkeit im Sinne einer Behinderung des schon auf den Weg Gebrachten.

Ministerialverwaltungen können die Konzepte eines strategischen Zentrums bei Ausbildung eines hinreichenden eigenen politischen Willens aber auch auf andere Weise konterkarieren, zum Beispiel durch Zuspiel policybezogener Informationen an die Medienöffentlichkeit, durch Leerlauf und Verschleppung, durch Bildung von Lobby-Netzwerken zwischen Verbänden, Parlamentsmitgliedern und Ministerialabteilungen, die sich dem strategischen Zentrum und dessen Plänen zu entziehen suchen. Um derartige Möglichkeiten der (stillen) Opposition gegen ein

Strategiekonzept einzuschränken, ist das strategische Zentrum darauf angewiesen, wesentliche Teile der Ministerialverwaltung für das Strategiekonzept zu „interessieren" – entweder im Sinne der inhaltlichen Überzeugung oder durch Vorteile für einzelne Verwaltungsorganisation bzw. deren Mitglieder.

2.2 Autonomie

Je besser es gelingt, eine Autonomisierung oder eine einseitige Bindung eines Ministeriums an einen bestimmten Verband oder eine spezifische Klientelgruppe zu verhindern, desto eher kann die strategische Linie seitens des Zentrums auch im Ministerium Fuß fassen. Allein eine starke und durchgehende parteipolitische Bindung der Ministerialbürokratie an eine Partei oder Parteiengruppe bietet eine tendenziell noch günstigere Konstellation. Wenn aber keine derartige Anbindung an das strategische Zentrum möglich ist, wird die Pluralisierung der Ministerialbindungen zur besten Strategie des Zentrums, verhindert dies doch die Ausbildung eigenständiger Strategieansätze einer Ministerialverwaltung.

2.3 Netzwerkbildung

Umfassende Strategien sind in ihrem Kern gegen funktionale Selbstorganisation und Abschottungen von Politikbereichen gerichtet. Angesichts der Dominanz von funktionalen Formen der europäischen und vor allem internationalen Zusammenarbeit bei Fehlen primär territoriumsbezogener Entscheidungs- und Verwaltungseinheiten auf globaler Ebene fehlen strategischen Zentren stärker als den Ministerialbürokratien Ansprechpartner und „Arenen" der Strategieentwicklung auf internationaler Ebene. Jenseits einer eventhaften Konferenzmaschinerie internationaler Diplomatie, die zwar Rhetoriken und Kommunikationsstrategien produzieren kann, selten aber umfassende Strategiekonzepte hervorzubringen vermag, existieren oft nur die funktional ausgerichteten Verwaltungs-Experten-Netzwerke. Damit lebt das strategische Zentrum, wenn es denn nicht gelingt, die internationalen Verbindungen von Kanzler und Außenminister intensiv zu nutzen, tendenziell in einer stärker nationalstaatlich bestimmen Umwelt. Das kann zunehmend zu einem Nachteil werden, wenn die europäischen und internationalen Vernetzungen der Administrationen Wissens- und Ressourcenvorteile erzeugen.

2.4 Funktionalstaatlichkeit

Der Vorteil des strategischen Zentrums liegt darin, dass seine Strategiebildung von vornherein auf funktionsübergreifende Ziele ausgerichtet ist. Während eine Ministerialverwaltung mühsam Verbindungen zu anderen Verwaltungen jenseits des

Strategie und politische Verwaltung

eigenen Funktionsfeldes aufbauen muss und mit Kenntnis- und Verständnisproblemen aufgrund der engen Bindung an die eigenen Policies kämpfen muss, ist der relative Policy-Dilettantismus des strategischen Zentrums die günstige Voraussetzung einer umfassenden Sicht auf viele Policies, deren aktuelle Relationen und deren mögliche Verschiebung in der Zukunft.

2.5 Öffentlichkeit

Der fehlende offene Zugang von Ministerialverwaltungen zur Öffentlichkeit ist jedoch letztlich das entscheidende Moment einer höheren Strategiefähigkeit des strategischen Zentrums. Er bietet die Möglichkeit zur Steuerung der Ministerialverwaltung durch das Zentrum. Sollte es gelingen, für bestimmte Strategien eine Deutungshegemonie in der Öffentlichkeit herzustellen, hat dies innerhalb des Verwaltungsapparats die Wirkung einer „Einschüchterung durch Öffentlichkeit". Die Folge könnte zumindest im Verzicht auf Behinderungshandlungen seitens der Verwaltungen bestehen. Eine weitergehende Folge mag sich aufgrund des Konformitätsdrucks ergeben, den eine derartige Hegemonie bestimmter Überzeugungen und Behauptungen auch auf die Ministerialbürokratie ausübt. Schließlich mag die öffentlich dominierende Meinung auch als Überzeugungspotential wirken – die zunächst nur vorherrschenden Meinungen werden zu Überzeugungen der Beamtenschaft. Das „Belief System" ganzer Ministerien mag sich auf diese Art verändern.

3   Fazit

Insgesamt lassen die vorangegangenen Überlegungen den Schluss zu, dass auf Seiten der Ministerialverwaltungen ein durchaus erhebliches Strategiepotential vorhanden ist. Dennoch ist die Fähigkeit der Ministerialverwaltung zu eigenständiger Strategiebildung insbesondere durch ihre funktionale Ausrichtung begrenzt. Zum Problem begrenzter Funktionalität der Verwaltung kommt mindestens eine weitere gravierende Schwäche. Sie besteht im fehlenden Zugang zur Medienöffentlichkeit. Autonome Strategiebildung und -umsetzung der Ministerialverwaltung bedürfte eines besseren Anschlusses an Medien und Öffentlichkeit, um auch die kommunikative Dimension politischer Strategie adäquat bedienen zu können. Ob eine Autonomisierung der Ministerialverwaltung im System parlamentarischer Demokratie überhaupt normativ und funktional wünschenswert ist, steht auf einem anderen Blatt.

Strategie und politische Kommunikation.
Mehr als die Legitimation des Augenblicks

Ulrich Sarcinelli

1 Einleitung und Problemstellung

Mit „Politik" und „Kommunikation" teilt der Strategiebegriff das Schicksal eines überaus inflationären Gebrauchs. Kaum ein Lebensbereich, der nicht als politisch charakterisiert, in dem nicht von Kommunikation als Universalmechanismus gesprochen und der Anspruch auf strategische Verfolgung bestimmter Ziele nicht erhoben wird. Wo aber Begriffe der wissenschaftlichen Fachsprache in die Alltagssprache diffundieren, erscheint begriffliche Klarheit in Verbindung mit einer systematisch-analytischen und zugleich problemorientierten Herangehensweise geboten. Dabei soll es im vorliegenden Beitrag um die Frage gehen, wie die Entwicklung, Vermittlung und Durchsetzung einer Politik mit strategischem Anspruch unter den Bedingungen eines freiheitlich-demokratischen Systems möglich ist, welches die Subjekte, Akteure und Adressaten einer entsprechenden Kommunikation sind und welcher Qualität Politik und Kommunikation in einem solchen Kontext sein können.

Allzu schnell sind die Medien wie überhaupt der moderne Kommunikationsbetrieb in der Mediengesellschaft als Hauptschuldige dafür ausgemacht, dass politische Strategien nicht mehr kommuniziert werden könnten und deshalb auch kaum noch Politik mit strategischem Anspruch entwickelt würde. Politik verliere sich stattdessen zunehmend in Stückwerkstechnik und stimmungsdemokratischer Situationsbewältigung. Diese durchaus verbreitete Meinung unterstellt, dass sich das als „wichtig" und „richtig" Erkannte kommunikativ nicht vermitteln lasse und eine Politik „über den Tag hinaus" unter den Bedingungen des politisch-medialen Betriebs nicht mehr möglich ist.

Im Zentrum des vorliegenden Beitrages soll die Entwicklung eines Bezugsrahmens stehen, der zum einen kommunikationsspezifische Konsequenzen aufzeigt, die sich auf der Basis unterschiedlicher demokratietheoretischer Grundannahmen bei der Verfolgung einer als strategisch zu bezeichnenden Politik ergeben. Das betrifft die Bedeutung, aber auch die Grenzen von Öffentlichkeit ebenso wie die Konsequenzen eines eher auf Repräsentation oder auf Deliberation setzenden Demokratieverständnisses. Zum anderen werden im Rahmen des demokratischen Systems drei institutionelle Kontexte mit jeweils spezifischen Kommunikationsbedingungen für Arenen und Akteure strategischer Diskurse unterschieden. Hier gilt es zu fragen nach den kommunikativen Handlungsspielräumen unter den Bedingungen eines für gefestigte europäische Demokratien typischen „party government", nach den mediengesellschaftlichen Einflüssen sowie nach den Kommunikationsbedingungen für Politikstrategien im politisch-administrativen Kontext. Alles dies sind analytisch unterschiedene, allen kontinentaleuropäischen Demokratien mehr oder weniger stark eignende Systemmerkmale.

Dem vorausgehen soll jedoch eine erste Verständigung darüber, was Kommunikation und Politik miteinander verbindet und wie Strategie in Verbindung mit Politik begrifflich gefasst werden kann.

2 Kommunikation und Politik

Die verbreitete Klage politischer Akteure darüber, man habe sich nicht vermitteln können, gehört zum Standardrepertoire rhetorischer Begründung und Rechtfertigung von politischen Niederlagen. Sie enthält ebenso wie die Rede, etwas sei nicht vermittelbar, die Unterstellung, dass als richtig erkannte politische Ziele unter den Bedingungen des modernen Mediensystems nicht kommunizierbar seien, den Horizont der Adressaten überstiegen und deshalb damit keine Zustimmung mobilisiert werden könne. So sehr diese – ausgesprochene oder unausgesprochene – Kritik an den Möglichkeiten politischen Handelns in modernen Gesellschaften und am Grad der Einsichtsfähigkeit der Bürgerinnen und Bürger politisch-medialen Alltagsbeobachtungen entsprechen mag, so offenbart sie doch ein problematisches Verständnis zum Verhältnis von Politik und Kommunikation. Danach wird Kommunikation von Politik lediglich als Ausdrucks-, Überzeugungs- oder Verständigungsmittel, also als ein mehr oder weniger gebrauchsfähiger Appendix von Politik verstanden. Hier kommt nicht in den Blick, dass Kommunikation integraler Bestandteil von Politik selbst ist!

Diese enge Verbindung von Politik und Kommunikation entspringt keineswegs einer Erfindung der modernen Mediengesellschaft oder der Bedeutungszunahme medienvermittelter Kommunikation in der Gegenwart. Sie existiert, seit Politik als eine eigene Sphäre zur Regelung kollektiver Angelegenheiten erkannt, reflektiert und praktiziert wird. Ob es um die Rhetorik der Antike geht, in der politisches Handeln als untrennbare Verbindung von Politik und Kommunikation, ja Reden vor einer Präsenzöffentlichkeit selbst als maßgebliches politisches Handeln

Strategie und politische Kommunikation

begriffen wurde, ob es um die Ratschläge für angemessenes Herrscherverhalten in den mittelalterlichen Fürstenspiegeln oder um neuzeitliche Konzepte der Staats- und Herrschaftslegitimation, um moderne demokratietheoretische Entwürfe oder um aktuelle Politikanalysen geht – stets vermischen sich politische und kommunikative Dimensionen in einer Weise, die eine strikte Trennung zwischen Politik und Kommunikation nicht sinnvoll erscheinen lassen (vgl. Münkler/Llanque 1998).

Man kann Kommunikation inzwischen als ein soziales „Totalphänomen" (Saxer 1998: 22, 28) bezeichnen, dem Allerweltscharakter zukommt. Im Zusammenhang mit Politik ist Kommunikation jedoch alles andere als ein Allerweltsphänomen. Daran hat Hannah Arendt aus politikphilosophischer Sicht in zahlreichen ihrer Schriften erinnert. Die „prinzipielle Scheidung von Reden und Handeln (sei) nicht statthaft", so die Politikphilosophin, weil „Reden selbst als eine Art Handeln" aufgefasst werden müsse (Arendt 1993: 48, 1960: 214ff.). Für Jürgen Habermas löst Hannah Arendt damit „den Begriff der Macht vom teleologischen Handlungsmodell: Macht bildet sich im kommunikativen Handeln, sie ist ein Gruppeneffekt der Rede, in der für alle Beteiligten Verständigung Selbstzweck ist" (Habermas 1992: 231). Hannah Arendt hat es so ausgedrückt: Macht könne immer erst aus dem Zusammenhandeln der Vielen entstehen (Arendt 1993: 16).

Mag Kommunikation bei neorepublikanisch argumentierenden Theoretikern dem Ideal der Verständigung verpflichtet und integraler Bestandteil der Politik selbst sein, so hat sich Kommunikation im Zuge zunehmender funktionaler Differenzierung als ein gesellschaftliches Teilsystem herausgebildet, das im Zeitalter nahezu allgegenwärtiger Massenmedien auf die Fähigkeit zur Erzeugung publizistischer Resonanz und nicht unbedingt auf Verständigung hin angelegt ist. Das gilt für maßgebliche gesellschaftliche Akteure ebenso wie für die Politik. Denn in der modernen Massendemokratie ist mediale Resonanz überhaupt erst die Voraussetzung für Darstellung und Wahrnehmung von Politik und für die wechselseitige Beobachtung aller am Kommunikationsprozess Beteiligten, seien es politische Akteure, journalistische Beobachter oder auch Bürger. Inzwischen hat sich Kommunikation zu einer eigenständigen Sphäre entwickelt, in der eine wachsende Branche entsprechender Professionen – Sprecher, Journalisten, Öffentlichkeitsarbeiter, Berater, Spindoctors etc. – Kommunikationsdienstleistungen anbieten. Kommunikation, auch im Kontext von Politik, wird demnach auch als professionalisierte und hochspezialisierte Sozialtechnologie angeboten.

Auch die politische Kommunikationsforschung schenkt diesem Aspekt von Politikvermittlung inzwischen große Aufmerksamkeit, nicht selten allerdings mit der Gefahr, sich auf medienöffentliche Oberflächenphänomene des politischen Betriebs zu konzentrieren. Kennzeichnend dafür sind etwa Aktualitätsfixierung, mikroperspektivische Sichtweisen bei Vernachlässigung institutioneller und normativer Fragen, Amerikanisierungsanalogien, Verkürzung der Debatte über Erscheinungsweisen und Deformationen politischer Kommunikation auf Wahlkämpfe und Kampagnen wie überhaupt eine starke Konzentration auf Darstellungspolitik unter Vernachlässigung entscheidungspolitischer Mechanismen und Verfahren (vgl. Sarcinelli 2009: 25ff.). Hier wird Kommunikation zumeist nicht als integraler Bestandteil politischen Handelns selbst begriffen, sondern als eine zur Politik hinzukommende Vermittlungstechnik, die vielleicht am Anfang, vor allem aber am Ende eines Politikzyklus zum Einsatz kommt: Kommunikation als Aufmerksamkeitsgenerator und als Legitimationsbeschafferin von Politik. Erscheint eine solche sozialtechnologische Verkürzung des Kommunikativen in der Politik im Generellen problematisch, so wirft sie gerade auch im Zusammenhang mit einer sich als „strategisch" verstehenden Politik viele Fragen auf.

3 Strategie, Macht und Kommunikation

„Strategiefragen sind Machtfragen" (Machnig 2008: 39) und Machtfragen sind in der Demokratie immer auch Kommunikationsfragen! Insofern ist Kommunikation eine unverzichtbare, keineswegs aber hinreichende Bedingung von Politik. Denn Politik erschöpft sich nicht in Kommunikation. In weiten Teilen der „Routinepolitik" sowie in langen Phasen der politischen Problembearbeitung und internen Entscheidungsvorbereitung spielt das Kommunikative, jedenfalls die in der Regel auf massenmediale Resonanz zielende Kommunikation, eine eher untergeordnete Rolle (vgl. v. Beyme/Weßler 1998: 312ff.). Wo Politik aber öffentlich werden muss, vor allem in Phasen der Problemartikulation und dann auch der Politikentscheidung, wird Kommunikation dominant. In diesen Phasen kommt das Strategische ins Spiel, insofern politische Kommunikation darüber entscheidet, ob ein Thema überhaupt auf die Tagesordnung kommt oder ob eine politische Entscheidung auf Akzeptanz stößt. In solchen Phasen verschmelzen Kommunikation und Politik zu einer nicht mehr unterscheidbaren Melange.

3.1 Strategie: Politik „über den Tag hinaus"

Über politische Strategiefragen wird in keinem Bereich so intensiv diskutiert und nicht selten auch spekuliert wie in der medialen Öffentlichkeit. Doch welchen spezifischen Zusammenhang gibt es zwischen Strategie und Kommunikation? Ein erster Zugang zum Verhältnis von Strategie und Kommunikation erfolgt über die Orientierung an der von Joachim Raschke und Ralf Tils sehr offen gehaltenen Strategiedefinition. Danach sind Strategien „erfolgsorientierte Konstrukte, die auf situ-

Strategie und politische Kommunikation

ationsübergreifenden Ziel-Mittel-Umwelt-Kalkulationen beruhen". Raschke und Tils unterscheiden dabei noch „strategische Akteure" als „strategisch denkende und (inter-)agierende Handlungsträger", „strategisches Handeln" als ein „zeitlich, sachlich und sozial übergreifend ausgerichtet(es) und an strategischen Kalkulationen orientiert(es)" Tun sowie „strategische Politik" als einen Politiktyp, der sich von anderen Politiktypen wie etwa Routinepolitik oder situative Politik etc. abgrenzen lässt (Raschke/Tils 2008: 127).

Welcher Stellenwert kommt Kommunikation im Rahmen der Trias strategischer Ziel-Mittel-Umweltkalkulationen zu? Wo ist der Ort des Kommunikativen bei strategischem Kalkül? Mit Blick auf die skizzierte unauflösliche Verbindung von politischem Handeln als kommunikativer Akt sollte Kommunikation nicht etwa als eine vierte Dimension nach Art eines separierten Teilbereichs von Politik verstanden werden. Politische Kommunikation wird vielmehr zum „zentrale(n) Operationsmodus" (Marcinkowski 2002: 246) jeder strategisch angelegten Politik. Als Operationsmodus lässt sich Kommunikation allerdings nicht allein auf die medialen Bühnen der „Darstellungspolitik" beschränken. Vielmehr muss sie auch die Arenen der „Entscheidungspolitik" und die Wechselwirkungen zwischen der Kommunikation auf der Vorder- und auf der Hinterbühne der Politik mit einbeziehen. So ist bereits die Generierung strategischer Ziele in demokratischen Systemen kein technokratischer Vorgang, sondern ein kommunikatives Verfahren unter Beteiligung vieler Akteure, insbesondere aus Parteien, aber auch aus gesellschaftlichen Großorganisationen, aus der Wirtschaft, aus der Wissenschaft und zunehmend auch in Auseinandersetzung mit bzw. unter Beteiligung von zivilgesellschaftlichen Akteuren. Und auch bei der Frage des Einsatzes der Mittel zur Erreichung strategischer Ziele sollte zumindest in Demokratien Kommunikation ein maßgebliches „Mittel" sein, das allerdings je nach Demokratiekonzept sehr unterschiedlich zu gewichten ist.

Dass politische Ziele auch anders als auf kommunikativem Wege durchgesetzt werden können, unterstreicht nur die legitimatorische Relevanz von Kommunikation in demokratischen, auf Zustimmung angewiesenen Systemen. Nicht zuletzt aber kommt Kommunikation als intermediäres System eine Schlüsselrolle zu, weil sie über die massenmediale Öffentlichkeit die Politik erst zur permanenten Umweltbeobachtung befähigt. Denn auch politische Akteure beobachten das eigene Handeln ebenso wie das Verhalten anderer politischer Akteure im Spiegel der Medien. Ebenso nehmen die Medien, d.h. die journalistischen Beobachter, das politische Geschehen nicht nur unmittelbar, sondern weithin ebenfalls medienvermittelt, also durch die Beobachtung anderer Medien, wahr. Denn die Medien selbst sind die aufmerksamsten Beobachter der Medien. Insgesamt bilden sie den politisch-publizistischen Resonanzraum, der erst die wechselseitige Beobachtung aller am Kommunikationsprozess Beteiligten und von diesem Betroffenen ermöglicht.

Als Umweltbeobachtungssystem beanspruchen Medien umso mehr Relevanz, als es „Umwelt" an sich nicht gibt, sondern nur als sozial vermitteltes Konstrukt. Massenmedien sind zwar nicht die einzigen Konstrukteure von Wirklichkeit, derer sich Politik bedient. Sie sind jedoch – etwa im Gegensatz zur Wissenschaft, wie überhaupt zu speziellen Funktionssystemen von Gesellschaft – das maßgebliche Umweltbeobachtungssystem, über das die allen, also politischen Akteuren ebenso wie Bürgerinnen und Bürgern, zugängliche Realitätskonstruktion und –vermittlung erfolgt. Die intermediäre Funktion des Massenkommunikationssystems findet dabei ihren Ausdruck darin, dass sie nicht Realität abbilden. Vielmehr orientieren sich Massenmedien an „Aufmerksamkeitsregeln" (Luhmann 1970) und schaffen damit eine eigene Wirklichkeit: Sie konstruieren, rekonstruieren und dekonstruieren, Wirklichkeit auf der Basis von „Nachrichtenwerten" (Schulz 1976), ein inzwischen in der Kommunikationsforschung empirisch vielfach belegtes Verfahren der Publikationsroutine.

Insgesamt lässt sich damit zum Zusammenhang von Strategie und Kommunikation ein erstes Zwischenfazit ziehen: Mehr noch als bei der Routinepolitik bildet Kommunikation im Zusammenhang mit strategisch ambitionierter Politik den zentralen „Operationsmodus" (Marcinkowski 2002: 246) „bei der Formulierung, Aggregation, Herstellung und Durchsetzung kollektiv bindender Entscheidungen" (Jarren/Donges 2002: 42). Das reicht dann allerdings weit über Marcinkowskis Eingrenzung des Forschungsfeldes zur politischen Kommunikation auf den medienöffentlichen Teil hinaus und fragt eben nicht nur „nach den Voraussetzungen, Inhalten und Folgen von prinzipiell frei zugänglicher Kommunikation über alle Angelegenheiten von öffentlichem Belang" (Marcinkowski 2002: 244), sondern auch nach den Kommunikationsmodi im Rahmen entscheidungspolitischer Binnenkommunikation.

3.2 Entscheidungspolitik und Darstellungspolitik

Erweist sich schon der Versuch den systematischen Ort der Kommunikation im Zusammenhang mit strategischer Politik zu identifizieren als schwierig, so kann die bereits vor vielen Jahren vorgeschlagene und inzwischen verbreitete Unterscheidung zwischen „Entscheidungspolitik" und „Darstellungspolitik" bzw. zwischen „Politikherstellung" und „Politikdarstellung" (vgl. Sarcinelli 1987, 1994) helfen, die spezifischen Kommunikationsbedingungen zweier Arenen des „Handelns" (Arendt 1960) in Augenschein zu nehmen. Gemeint sind mit dieser eher idealtypischen Dualisierung zwei politische Kommunikationswelten mit eigenen

Strategie und politische Kommunikation 273

Funktionslogiken. Für strategische Diskurse bieten diese beiden Kommunikationswelten, die man auch als Hinter- und als Vorderbühne der Politik bezeichnen könnte, jeweils unterschiedliche Spielräume und Handlungsbedingungen.

Der wissenschaftstheoretische Grundsatzstreit im Zusammenhang mit der Konstruktivismusdebatte darüber, ob es eine eigene als Entscheidungspolitik definierte Realität jenseits massenpublizistischer und kommunikativer Prozesse überhaupt gibt, ist keineswegs trivial oder weltfremd, muss hier aber vernachlässigt werden. Unstrittig dürfte jedenfalls sein, dass sich der Einfluss der Medien in der Sphäre effektiver „Entscheidungspolitik", so Klaus von Beyme mit Blick auf den Gesetzgebungsprozess, „eher bescheiden" (v. Beyme 1997: 88) ausnimmt. Denn zum einen kann Politik die Aufmerksamkeit der Medien nicht dauerhaft binden, weil mediales Interesse selektiv ist und sich nicht unbedingt nach Relevanzkriterien jenseits eigener publizistischer Regeln richtet (vgl. v. Beyme/Weßler 1998: 312ff.). Zum anderen gibt es auch eher medienresistente Entscheidungskerne, Entscheidungsstadien und Entscheidungstypen, in denen die politischen Abläufe einer eigenen Logik folgen. Das betrifft vor allem Politiken mit strategischer Reichweite und Eingriffstiefe. So stoßen regulative Entscheidungen mit geringen Eingriffen in die bisherige Rechtslage im Gegensatz zu restriktiven Entscheidungen mit Einschränkungen von Rechten kaum auf Medieninteresse. Strategien im Rahmen redistributiver, d.h. umverteilender Maßnahmen, mobilisieren hingegen die Medienöffentlichkeit eher als der Normalfall von Leistungsgesetzen. Insgesamt verweist die Politikvermittlung im Wechselspiel von Entscheidungspolitik und Darstellungspolitik auf mehrstufige Prozesse im Rahmen von Politikzyklen, die „Problemfindung und -selektion, Prioritätensetzung, Interessenselektion, Kompromissfindung, Überzeugung (und) Mehrheitsbildung" einschließen (Herzog 1989: 314, Windhoff-Héretier 1987: 65) und in denen es sehr unterschiedliche Aufmerksamkeitszyklen gibt.

Nicht nur idealtypisch lassen sich dabei unterschiedliche Anforderungsprofile im Vergleich von Entscheidungspolitik und Darstellungspolitik identifizieren, die bei der Verfolgung strategischer Ziele von Bedeutung sein dürften. Diese betreffen die strukturellen Bedingungen, den personellen Faktor, spezifische Kompetenzanforderungen, den jeweils erforderlichen Zeithaushalt sowie unterschiedliche Relevanzkriterien.

Tabelle 1: Dominante Merkmale von Entscheidungspolitik und Darstellungspolitik

Dimensionen	„Entscheidungspolitik"	„Darstellungspolitik"
Strukturen	Verhandlungs- und Aushandlungsdemokratie	Konflikt- und Wettbewerbsdemokratie
Akteure	Legitimation durch Verfahren	Legitimation durch Personalisierung
Kompetenzen	Fach- und Organisationskompetenz	Darstellungs- und Vermittlungskompetenz
Zeit	Problem- und verfahrens- bedingter Zeitbedarf	aktualitätsbedingte Zeitknappheit
Relevanz	Problemlösungsdruck Durch Sachzwänge	mediendramaturgische „Umwertung"

Quelle: Sarcinelli 2009: 130

Ohne Zweifel sind beide, Darstellungspolitik und Entscheidungspolitik, für den „kommunikativen Referenzrahmen politischer Strategie" (Raschke/Tils 2007: 235) von zentraler Bedeutung. Insofern erscheint es auch kaum plausibel, strikt zwischen „politischem Entscheidungshandeln und strategische[r] Kommunikation" (Schmitt-Beck 2008: 71) zu trennen. Denn strategische Kommunikation meint nicht nur öffentlichkeitsorientiertes Handeln politischer Akteure zur Beeinflussung von Einstellungen und Verhalten der Gesamtbevölkerung. Politisch Weichen stellend und Durchbrüche erzielend, also strategisch, kann Kommunikation auch in den Entscheidungsbereichen von Politik sein. Zudem gibt es vielfältige Wechselbezüge, weil die mediale Resonanz auszuhandelnder Strategien im Entscheidungsbereich mit bedacht werden sollte, vielfach aber im Prozess der Strategieentwicklung nicht als Teil der Strategie selbst mitgedacht wird.

Das reziproke Verhältnis von Strategieentwicklung und -vermittlung berechtigt jedoch nicht davon zu sprechen, dass Darstellungspolitik und Entscheidungspolitik „zu einer einheitlichen Realitätsebene" verschmelzen (Raschke/Tils 2007: 235). Denn mit Blick auf die vorgestellte Übersicht zu den jeweils dominanten Merkmalen der Entscheidungspolitik und Darstellungspolitik kann zusammenfassend festgestellt werden: Auch strategische Politik kann nicht auf die Kontinuität medialer Aufmerksamkeit rechnen. Medien interessieren sich in der Regel nicht für das Prozedurale institutioneller Entscheidungsstrukturen. Darstellungspolitik konzentriert sich vielmehr auf die politische Momentaufnahme und den Augenblickserfolg. Im Mittelpunkt des darstellungspolitischen Interesses steht der

Strategie und politische Kommunikation

„sichtbare" Ausschnitt (Sartori 1992: 242) einer potentiell publizitätsträchtigen und damit auch zustimmungsrelevanten Politik. Diskrete politische Verhandlungs- und Aushandlungsprozesse, spezielle Verfahrensabläufe und -zwänge, institutionelle und organisatorische Faktoren, nicht zu vergessen den Koordinationsbedarf in Koalitionsrunden, Ressortabstimmungen, Gesetzgebungsverfahren, Bund-Länder-Zuständigkeiten sowie die Relevanz juristischer und fachlicher Aspekte, also die ganze Komplexität „administrative[r] Logik" (Machnig 2008: 40) vorwiegend interner Willensbildung und „Interdependenzbewältigung" (Schimank 2007: 30) im Rahmen politischer Entscheidungsprozesse bleiben dabei ausgeblendet. Es spricht einiges für die Faustformel: „Je wichtiger ein Gremium für die Entscheidung, umso weniger steht das der Öffentlichkeit offen" (v. Beyme 1997: 87).

Deutlich weiter gehen die Vermutungen im Rahmen der Mediatisierungs- bzw. Medialisierungsforschung, zu der die deutsche Forschungsgemeinschaft (DFG) eigens ein Schwerpunktprogramm aufgelegt hat. Hier wird nach der Wirkung von Medien auf „Strukturen von Organisationen und Personenkonstellationen" (Kepplinger 2008: 336) gefragt. Lassen sich auf der Handlungsebene durchaus zahlreiche „reziproke Effekte" (Kepplinger 2007: 305) ausmachen, so steckt die Forschung zur strukturellen Verflechtung von Entscheidungs- und Darstellungspolitik noch in den Anfängen. Tatsächlich scheinen die Medialisierungseffekte wesentlich differenzierter, unspektakulärer und langwieriger zu sein, als die Mutmaßungen über eine Kolonialisierung der Politik durch die Medien insinuieren. So zeigt beispielsweise die Studie von Annette Knaut zur Medialisierung von Repräsentation, dass die Informations- und Kommunikationsweisen von Bundestagsabgeordneten keineswegs eindimensional der Medienlogik angepasst sind. Vielmehr lassen sich sehr unterschiedliche Kommunikationsstile im Sinne einer funktionalen Differenzierung parlamentarischer Kommunikationsrollen ausmachen (Knaut 2009).

Gerhard Loewenbergs mit Blick auf den parlamentarischen Prozess in den USA als „Paradox der Transparenz" (Loewenberg 2007: 823) bezeichnete Beobachtung dürfte in diesem Zusammenhang von generellem Interesse sein. Einerseits gewähre Transparenz der Öffentlichkeit Einblick in demokratische Prozesse, in zeitraubende Verhandlungen, komplizierte Verfahren und mühsame Kompromissbildung. Genau dies vermittle dann aber den Eindruck der Schwerfälligkeit, der Ineffizienz und Blockade und schüre politisches Misstrauen. Dieses öffentlichkeitstheoretische Paradoxon wirft die Frage nach der Legitimität unterschiedlicher Kommunikationsweisen auf; die Frage vor allem, was von strategisch ambitionierter Politik überhaupt wo, mit welchen Mitteln und mit welchen Folgen kommuniziert werden kann. Dabei ergibt sich auch die Notwendigkeit, den demokratietheoretischen Stellenwert von Öffentlichkeit und Vertraulichkeit auszuloten und nach den Kommunikationsspielräumen im Prozess der Strategieentwicklung ebenso wie in der Strategievermittlung zu fragen.

4 Demokratietheoretische Verortung von Strategiediskursen

4.1 Öffentlichkeit und Vertraulichkeit

Aus demokratietheoretischer Sicht ist Öffentlichkeit ein Wert an sich. Allerdings kommen dem Öffentlichkeitspostulat für Strategiediskurse ganz unterschiedliche Bedeutungen zu. Doch wer an Kommunikation denkt, denkt an Öffentlichkeit. Wer schließlich nach Mitteln und Wegen der Entwicklung und Realisierung politischer Strategien sucht, wird sich jedoch nicht nur auf die Möglichkeiten und Instrumente medienöffentlicher Politikvermittlung konzentrieren. Das besondere Interesse für medienvermittelte Kommunikation macht mit Blick auf die zentrale Bedeutung des Medienmarktes als Resonanzboden für relevante – und vielfach irrelevante – gesellschaftliche und politische Themen zunächst durchaus Sinn und ist auch in legitimatorischer Hinsicht von Belang. Schließlich gilt spätestens seit der Aufklärung die Öffentlichkeit als das Forum, auf dem sich konkurrierende Herrschaftsansprüche bewähren müssen. Alles andere setzt sich dem Verdacht einer Infragestellung selbstverständlicher demokratischer Prinzipien aus. Deshalb wird Öffentlichkeit gerne mit Freiheit der Diskussion, Vernunft der Argumente und Richtigkeit der Entscheidung assoziiert. Tatsächlich entspricht es der herrschenden Lehre ebenso wie einem verbreiteten Alltagsverständnis von Politik, dass Öffentlichkeit ein „Lebensgesetz der Demokratie" ist und „Heimlichkeit keinen legitimen Stellenwert" hat (Depenheuer 2000: 7). Nur wo Publizität herrsche, so der Staats- und Verfassungsrechtler Mathias Jestedt (2000: 69), könne es auch Verantwortung der Regierenden geben und könne sich Verantwortlichkeit bei den Regierenden bilden.

Ist diese Aussage vor allem auf die Akteure im repräsentativen System und auf Öffentlichkeit als ein vom Entscheidungsbereich mehr oder weniger separierter Ort gerichtet, so verfolgt Jürgen Habermas ein weniger abgrenzendes Kommunikationskonzept. Habermas sieht die Rolle der Zivilgesellschaft als Raum öffentlicher Meinungsbildung und als basisdemokratische Ressource. Für ihn ist Öffentlichkeit die eigentliche Arena kommunikativen Handelns, ein „Resonanzboden für Probleme" und ein „sozialer Raum" mit „Signalfunktion". Öffentlichkeit begreift er als „Kommunikationsstruktur", die einerseits Problemdruck im Institutionensystem erzeugt, andererseits aber auch von Entscheidungen entlastet (Habermas 1992: 435ff.).

Strategie und politische Kommunikation

Kein Zweifel, zwischen Öffentlichkeit und Vertraulichkeit besteht in demokratietheoretischer wie auch in politisch-praktischer Hinsicht ein Rechtfertigungsgefälle. Nicht-Öffentlichkeit oder gar Geheimhaltung sind als Abweichung von der Regel generell begründungsbedürftig. Zugleich ist mit Nachdruck darauf hinzuweisen, was für den politischen Insider zum selbstverständlichen politischen Alltagsgeschäft gehört und ohne das auch demokratische Politik nicht funktionieren kann: Politische Kommunikation beschränkt sich nicht auf die Kompetenz, die „Vorderbühne" medienöffentlicher Debatten erfolgreich zu „bespielen". Strategisch ambitionierte politische Kommunikation muss die Fähigkeit einschließen, im Wege diskreter Interessenabklärung und Kompromissfindung auf vielen „Hinterbühnen" überzeugen und sich durchsetzen zu können. Auch dies ist Kommunikation, wenn auch nicht medienöffentlich. Denn der Erfolg politischer Strategien hängt nicht zuletzt davon ab, inwieweit es gelingt, auch in internen und diskreten Kommunikationsprozessen Entscheidungsalternativen zu erörtern, Loyalitäten zu schmieden, Kompromisse auszuhandeln und sich des Organisationsrückhalts in unterschiedlichen institutionellen Kontexten zu vergewissern, bevor diese dann auf dem offenen Markt diskutiert werden.

Allerdings gibt es auch den umgekehrten Weg. So kann man durch dosierte Publizität intern politischen Druck aufbauen. Nicht selten geschieht dies dadurch, dass ein Mitglied der politischen Führungselite im Rahmen eines medienöffentlichen Termins (z.B. Zeitungsbeitrag, Interview, Talkshow-Auftritt) strategische Weichenstellungen ankündigt, die intern – etwa in der Partei oder der Koalition – noch nicht abgestimmt sind, nun aber die Willensbildung in den Gremien wenn nicht präjudizieren, so doch stark beeinflussen, weil öffentlich Vorfestlegungen getroffen wurden. Vielfach kommt es auf geschicktes Changieren zwischen Publizität und Vertraulichkeit im politischen Machtspiel an. Das schließt kalkulierte Publizität durch gezielte Indiskretion oder auf Publizität zielende diskrete Teil- oder Fehlinformationen ausdrücklich ein. Unbeschadet dessen bedarf eine auf Verständigung zielende Kommunikation zwischen unterschiedlichen staatlichen und zunehmend auch nicht-staatlichen Akteuren – auch – diskreter Interessenabklärung in formellen und informellen Verfahren. Dabei wird den Beteiligten in eher vertraulichen Verhandlungen eine „gewisse Binnenorientierung" abverlangt und „Kommunikation wenigstens zeitweilig von Rücksichten und Gruppenloyalitäten entkoppelt" (van den Daele/Neidhardt 1996: 38). Vielfach können erst auf diesem Wege politische Durchbrüche erzielt werden.

Über die angemessene Grenzziehung zwischen Diskretion und Publizität im konkreten Fall sowie im Verlaufe eines Politik-Zyklus muss immer wieder gestritten werden. So gilt es der Dauerversuchung der Exekutive entgegenzutreten, stets neue politische Arkanbereiche zu legitimieren. So haben Wähler und Organisationsmitglieder ein generell höheres Transparenzinteresse als die zur Oligarchiebildung tendierenden Führungsgremien. So fordern Parteiaktive mehr Parteiöffentlichkeit und Teilhabe am Herrschaftswissen, Wähler wiederum erwarten anderes als Mitglieder. Insofern gibt es ein Spannungsverhältnis zwischen Partizipation und Transparenz einerseits und einer zumindest zeitweise der massenmedialen Publizität entzogenen, strategischen Kalkülen folgenden Politik andererseits (vgl. Raschke/Tils 2007: 41). Denn ein gewisses Maß an Vermittlungskompetenz im Rahmen vertraulicher Kommunikation ist nicht nur Bedingung für Sachlichkeit und Gemeinwohldienlichkeit. Sie ist überhaupt eine der Grundvoraussetzungen dafür, dass sich politische Positionen formieren, intern legitimieren und dann im öffentlichen Wettbewerb als Alternativen präsentiert werden können.

Allerdings bedarf das vertraulich Ausgehandelte der öffentlichen Prüfung, Begründung und Ratifikation (vgl. van den Daele/Neidhardt 1996: 45), denn der Erfolg strategischer Entscheidungen im demokratischen System wird am Ende nicht in den politisch-institutionellen „Arenen", sondern auf der „Galerie" entschieden (siehe Gerhards/Neidhardt 1993). Allein dies sorgt schon dafür, dass auch in der vertraulichen Kommunikation die mögliche öffentliche Resonanz mit ins Kalkül gezogen wird.

4.2 Strategievermittlung und Strategieentwicklung

Die „demokratische Ambivalenz" (Raschke/Tils 2007: 42) politischer Strategie zeigt sich nicht nur im Spannungsverhältnis von Publizität und Diskretion, sondern auch darin, in welchem Maße Kommunikation als bloßes Herrschaftsmittel oder als Instrument zur Optimierung politischer Prozesse eingesetzt wird. Zugespitzt: Zielt Kommunikation ausschließlich auf die geschickte Präsentation und nachträgliche Legitimation im Sinne von *Strategievermittlung* oder steht Strategie als dauerhafter und inklusiver Kommunikations- und Beteiligungsprozess im Sinne von *Strategieentwicklung* zur Diskussion?

Giovanni Sartoris grobe Unterscheidung zwischen „Wahldemokratie" und „Beteiligungsdemokratie" (vgl. Sartori 1992: 113ff.), hinter der sich freilich sehr unterschiedliche, einerseits dem demokratischen Realismus verpflichtete und andererseits mehr idealistische Demokratiekonzepte verbergen, macht bereits einige systematische Differenzen in der Gewichtung und Verortung strategischer Diskurse deutlich. Da demokratietheoretischen Fragen im Zusammenhang mit Strategie in diesem Band (vgl. dazu den Beitrag von Manfred G. Schmidt) ein eigenes Kapitel gewidmet ist, soll Sartoris Klassifizierung hier genügen.

Das Konzept der Wahldemokratie steht in der Tradition eines ökonomisch-politischen Denkens, wie es von dem Nationalökonomen Joseph A. Schumpeter

Strategie und politische Kommunikation

begründet, von Anthony Downs weiterentwickelt wurde und inzwischen im Rahmen des Rational Choice-Ansatzes als eine der Basistheorien für empirische Politikanalyse zentrale Bedeutung bekommen hat. Danach setzen Wahlen keine Programme in Kraft, sondern entscheiden, wer das tun werde. Nur in einem schwachen und undeutlichen Sinne gäben Wahlen an, wie regiert werden solle. Vor allem die für idealistische oder normative Demokratietheorien unverzichtbare Figur des „mündigen Bürgers" steht in diesem, stark elitedemokratisch gefärbten Ansatz zur Disposition. Hier kann es nur um die Abwägung möglicher Ergebnisse *von* strategischen Entscheidungsalternativen, jedoch nicht um Diskurse *über* Strategien selbst geben.

„Klassisch" ist hier die Argumentation des Nationalökonomen Joseph A. Schumpeter. Dessen Urteil über das politische Subjekt fällt vernichtend aus. Seine Ausführungen zu politischer Willensbildung und zum politischen Wettbewerb sind Ausdruck eines schlanken, auf die Legitimation allein durch das Verfahren der Elitenauswahl beschränkten Demokratieverständnisses. Dass Kommunikation nur auf den politischen Konkurrenzkampf mit entsprechenden psychotechnischen Kommunikationspraktiken zielt, wie sie auch den ökonomischen Wettbewerb regulieren, ist für Schumpeter „kein bloßes Beiwerk. Sie gehören zum Wesen der Politik" (Schumpeter 1987: 428).

Leitbild dieser reduktionistischen Sicht von Demokratie ist der homo oeconomicus, ein rational kalkulierendes, letztlich am eigenen Vorteil orientiertes Wesen. Anthony Downs (1957) hat diese aus den Wirtschaftswissenschaften importierte Perspektive von „Demokratie als Methode" in seiner „Ökonomischen Theorie der Demokratie" weiterentwickelt. Auch für ihn sind die Wähler Nutzenmaximierer. Im Gegensatz zu Schumpeter hält er sie jedoch für durchaus lernfähig und kompetent, jedenfalls für entscheidungsfähig. Kommunikation zielt nach dieser Lesart letztlich auf die Auswahl von Führerpersönlichkeiten in einem Wettbewerb, der mehr oder eben auch weniger politisch geprägt ist. Der Bürger wird zum (un)politischen Konsumenten, der sich nach kühlem Nutzenkalkül zwischen – idealiter – zwei Produkten auf dem politischen „Markt" entscheidet; eine Kommunikation, die als rational nur dann zu bezeichnen wäre, wenn die Entscheidung auf der Basis vollständiger Informationen erfolgen könnte.

Inzwischen ist die Funktionslogik dieses egozentrierten Entscheidungsmodells von Demokratie, das mit nur wenigen Annahmen auskommt, in der Literatur viel kritisiert und mit guten Argumenten angezweifelt worden. Darauf muss hier nicht im Einzelnen eingegangen werden (vgl. Schmidt 2000: 197ff.). Für die Suche nach Spielräumen für strategische Diskurse vermitteln die mit „Wahldemokratie" zu verbindenden Demokratiekonzepte die klare Perspektive, die zugespitzt so auf den Punkt gebracht werden kann: Kommunikation ist der Test für die Marktgängigkeit eines fertigen Produktes. Sie zielt auf Strategie*vermittlung* nach einem abgeschlossenen Strategie*entwicklung*sprozess. Nicht in den Blick kommt bei wahldemokratischen Politikkonzepten, dass politische Akteure angesichts der mediengesellschaftlichen Bedingungen auch in parlamentarisch-repräsentativ verfassten Systemen unter erhöhtem Responsivitätsdruck stehen. Dietrich Herzog hat deshalb den beiden repräsentationstheoretischen Grundfiguren des „trustee" und des „delegate" in Anlehnung an Eulau und Wahlke (vgl. 1978) einen dritten Repräsentationstyp hinzugefügt, nämlich den „Politik-Vermittler" und „strategischen Koordinator" (Herzog 1993a: 27). Wahldemokratien setzen demnach nicht nur auf die Fähigkeit von Repräsentativorganen zur „Konversion" gegensätzlicher Standpunkte in gemeinwohlverträgliche Problemlösungen und tragfähige politische Strategien (vgl. Herzog 1993a: 52), die durchaus auch politischer Tagesopportunität entgegen stehen können. Die Mediengesellschaft setzt auch den parlamentarisch-repräsentativen Betrieb unter Kommunikationsdruck. Andererseits wird die Leistungsfähigkeit gewählter Akteure nicht zuletzt an ihrer Responsivität gemessen. Auch sie bedürfen der permanenten kommunikativen Rückkoppelung zur Sicherung ihrer Partei- und Wählerbasis.

In kommunikativer Hinsicht noch deutlich voraussetzungsvoller sind Demokratiekonzepte, die Sartori in die Kategorie „Beteiligungsdemokratie" einordnet. Deren Theorievarianten knüpfen an das klassische Bürgerbild eines homo politicus an. Solche partizipatorischen Demokratiekonzepte (vgl. Barber 1998) halten, ganz in der republikanischen Tradition der aristotelischen politischen Tugendlehre stehend, an einem anspruchsvollen Staatsbürgermodell fest. Sie zielen auf die gleiche und dem Gemeinwesen dienliche Teilhabe möglichst aller, nicht nur an der Wahlentscheidung. Demokratie hat sich danach über Wahlen hinaus in einem nie abgeschlossenen Prozess freier Meinungs- und Willensbildung mit dem Ziel einer Auseinandersetzung über die öffentlichen Angelegenheiten zu legitimieren. Dabei sollen die Erwartungen möglichst Vieler aufgegriffen und zum Wohle des Ganzen erfüllt werden.

Es geht in diesem eher horizontalen, auf Kommunikation, Verständigung und Konsens gerichteten, prozeduralen Konzept (vgl. Habermas 1992a, 1992b) von Demokratie um Kommunikation als einen auf Dauer gestellten staatsbürgerlichen Intensivkurs. Gemeint ist damit politische Inklusion. Die Bürger sind nicht auf die Rolle von Adressaten der Strategie*vermittlung* beschränkt. Vielmehr werden Räume für die Beteiligung aller an Strategie*entwicklung*sdiskursen eröffnet. Unschwer erkennbar und in deutlichem Gegensatz zu realistischen Demokratiekonzepten folgen „Beteiligungsdemokratien" nicht einer rein instrumentellen Logik. Vielmehr stehen dialogische und partizipatorische Ansprüche, Fragen der demokratischen Inklusion, des Diskurses und der konsensualen Verständigung im Mittelpunkt.

Strategie und politische Kommunikation

„Beteiligungsdemokratien" fordern Raum für eine dauerhafte und möglichst breite Deliberation und Beteiligung an der *Strategieentwicklung.* So hält die „Beteiligungsdemokratie" den Anspruch aufrecht, dass Kommunikation mehr ist als ein publikumswirksames exklusives Elitenspiel. Stattdessen wird Kommunikation als ein inklusiver demokratischer Diskurs unter Beteiligung möglichst vieler verstanden.

Hier verschiebt sich der Ort der Legitimitätserzeugung von den institutionalisierten Kanälen der Interessenorganisation, institutionalisierten Willensbildung und demokratischen Entscheidung hin zur Zivilgesellschaft. Mit der Auflösung der Volkssouveränität in den zivilgesellschaftlichen Verfahren der permanenten Erzeugung kommunikativer Macht, bleibe, so Habermas, der symbolische Ort der Macht „leer". Seine diskurstheoretisch begründete Erwartung vernünftiger Ergebnisse gründet sich stattdessen auf das Zusammenspiel der institutionell verfassten politischen Willensbildung mit den spontanen, nicht-vermachteten Kommunikationsströmen einer nicht auf Beschlussfassung, sondern auf Entdeckung und Problemlösung programmierten, in diesem Sinne dann auch nicht-organisierten und weithin wohl auch nicht-medialen Öffentlichkeit (vgl. Habermas 1990: 43f.): *Kommunikation als Raum und Verfahren nie abgeschlossener Strategieentwicklung.*

5 Institutionelle Kontexte: Arenen und Akteure von Strategiediskursen

Die Feststellung, dass strategische Kommunikation „Programm-Willen" und „Macht-Willen" (Raschke/Tils 2000: 508) verbindet und langfristige Orientierung mit der Fähigkeit zur Durchsetzungsmacht im Rahmen des politischen Tagesgeschäfts verknüpft, sollte nicht zu einem handlungstheoretischen Fehlschluss verleiten. Denn Strategien sind nicht allein Produkte des Handelns individueller oder kollektiver Akteure, sondern Ergebnis komplexer Interaktionsbeziehungen zwischen Akteur und System, Person und Institution. „Der institutionelle Rahmen (…) konstituiert Akteure und Akteurskonstellationen, strukturiert ihre Verfügung über Handlungsressourcen, beeinflusst ihre Handlungsorientierungen und prägt wichtige Aspekte der jeweiligen Handlungssituation, mit der sich der einzelne Akteur konfrontiert sieht" (Mayntz/Scharpf 1995: 49). Dabei kann es im Folgenden nicht um einen weiteren Beitrag individualistisch verstandener Wirkungsforschung gehen. Die institutionalistische Perspektive setzt überindividuell an. Insofern interessieren bei der Betrachtung der drei institutionellen Kontexte aus einer eher meso- und makrotheoretischen Sicht die strukturellen Wirkungszusammenhänge.

Die Soziologie begreift Institutionen als Regelsysteme mit bestimmten Handlungslogiken. Mit Institutionen sind Verpflichtungen verbunden, etwa die Einhaltung von Regeln, ein bestimmtes Amtsverständnis oder spezifische Rollenerwartungen. Institutionen reduzieren demnach, so Scharpf, empirische Vielfalt, weil sie „die Präferenzen der Akteure im Hinblick auf die möglichen Optionen" bestimmen (Scharpf 2000: 79). Sie determinieren nicht, aber sie beeinflussen Akteurshandeln. Sie lassen Amtsinhabern oder Mandatsträgern einen spezifischen „Handlungskorridor" (Mayntz/Scharpf 1995: 52). So können die spezifischen institutionellen Arrangements und Akteurskonstellationen einen für strategische Diskurse stimulierenden oder auch restringierenden Handlungskontext schaffen und ermöglichen.

Drei maßgebliche institutionelle Ausgestaltungen des politischen Systems sollen im Folgenden im Hinblick auf die Frage nach dem spezifischen Korridoren für Strategieentwicklungs- und Strategievermittlungsdiskurse hin skizziert zu werden: der parteiendemokratische, der mediendemokratische und der politisch-administrative Kontext. Auch dabei handelt es sich nicht um isolierte politische „Welten", sondern um vielfach miteinander verwobene, handlungsleitende, keineswegs aber determinierende, institutionelle Kontexte im Sinne von politische Handlungen beeinflussenden Regelsystemen.

5.1 Parteiendemokratie (party government): der konkurrenzdemokratische Kontext

Unter den Bedingungen eines für gefestigte europäische Demokratien typischen „party government" sind Parteien die zentrale Machtressource und -basis politischen Handelns. Trotz vielfältiger Umbrüche und einer seit Jahrzehnten diagnostizierten Legitimationskrise der Parteien bleibt die Parteiendemokratie auf nicht absehbare Zeit ein maßgeblicher, wenn nicht der entscheidende institutionelle Faktor für die Entwicklung personeller und programmatischer Alternativen. Parteien sollten daher auch der vornehmste Ort politischer Strategieentwicklung und -vermittlung sein. Denn die Parteien sind es, denen – zumal in Deutschland – die verfassungspolitische Aufgabe zukommt, aus „vorhandener gesellschaftlicher Vielfalt staatliche Einheit" zu ermöglichen. Durch die Teilnahme an Wahlen und durch die Übernahme staatlicher Ämter verfügen sie über das verfassungsrechtliche Privileg zur Transformation von „Volkswillensbildung in Staatswillensbildung" (Grimm 1991: 265).

Bei der Frage, ob Parteien noch zum Management zunehmender Komplexität und zur Legitimation des Entscheidungsnotwendigen in der Lage sind, kommt vor allem die „defizitäre Kommunikation zwischen Parteien und Bürgern" (Stöss 2001: 35) in den Blick. Vielfach wird bezweifelt, dass die Parteien ihrer „kommunikative[n] Scharnierfunktion" (Sarcinelli 2009: 189) überhaupt noch gerecht werden und

Strategie und politische Kommunikation

Motor strategisch steuernden Wandels sein können. Trotz der zum Teil dramatischen Veränderung der Parteienlandschaft in Deutschland, trotz Mitgliederschwund, schleichender Auszehrung und nachlassender Bindungskraft sind es allerdings nach wie vor maßgeblich die Parteien, welche „die Aufrechterhaltung des öffentlichen Raumes" verbürgen und die Sphäre des Politischen verteidigen müssen (Fröhlich 2003: 180f.).

Unter Blockadeverdacht stehend wird nicht selten die Vorbereitung politischer Weichenstellungen an Parteien vorbei betrieben und werden Parteien als Akklamationsmaschinen für Strategien gesehen, die andernorts entwickelt wurden (vgl. Sarcinelli 2007). Beispielhaft für dieses Vorgehen ist die Agenda-Politik der rot-grünen Koalition unter der Kanzlerschaft Gerhard Schröders. Sie kann als exemplarischer Fall eines gouvernementalen Stils angesehen werden, bei dem Kommunikation über eine Reformstrategie gerade in der Phase der Entscheidungsvorbereitung aus den demokratischen Institutionen in extrakonstitutionelle Kommissionen, Kreise und Ad-hoc-Zirkel ausgelagert wurde. Eine solche Durchsetzungsstrategie trocknet jedoch Parteien als Foren demokratischer Willensbildung und Kommunikation aus, beraubt sie ihrer zentralen Politikvermittlerrolle und degradiert sie zu politischen „Notariaten". Darüber täuscht auch nicht hinweg, dass es kurzfristig immer wieder gelingen kann, in „Chefsachenmanier" und mit Solidaritäts- und Geschlossenheitsappellen einen Parteitag zu demonstrativer Zustimmung zu veranlassen. Ganz abgesehen davon, dass versäumt wurde, mit der Agenda-Strategie zugleich auch eine Kommunikationsstrategie zu entwickeln. Das beginnt bereits bei der Reformsemantik mit ihren nicht gerade anmutenden technokratischen Begriffen (Agenda 2010, Hartz IV-Reformen etc.) und reicht bis zu dem Versäumnis der Verknüpfung von Reformmaßnahmen mit Leitideen und Prinzipien. Wer Strategiewandel herbeiführen will, muss aber mit Symbolen, Formeln und Sprachspielen operieren, welche die Komplexität reduzieren und klare Botschaften enthalten, muss überzeugen können und zugleich Emotionen ansprechen, muss Sachfragen mit übergreifenden Wertorientierungen verbinden und sollte schließlich seine Kommunikationsstrategie im politisch-kulturellen Begriffs- und Themenhaushalt seiner Partei verankern können (vgl. Klein 2007). Denn auch Strategien sind in der Regel pfadabhängig. Wo jedoch der Pfad traditioneller Verankerung in den Ideen und im Begriffshaushalt einer Partei verlassen wird, erweist sich die Integration einer überzeugenden Kommunikationsstrategie in die politische Strategieentwicklung als umso relevanter.

Politische Strategien, deren Ziele und Zumutungen nicht intensiv und in den Parteien in der Öffentlichkeit diskutiert werden, hängen politisch „in der Luft". Das Hauptreformvorhaben seiner zweiten Amtsperiode hatte Bundeskanzler Gerhard Schröder im Vorfeld der Wahl weder angekündigt noch innerparteilich vorbereitet. Die Agenda 2010 wurde letztlich als administratives „Top-down"-Programm der Partei und dann auch der Öffentlichkeit mehr aufgenötigt als vermittelt, geschweige denn innerparteilich (mit-)entwickelt. Nicht auf Überzeugung, innerparteiliche Abklärung, Kompromissfindung und damit auch auf Basisverankerung zielte die Agenda-Kommunikation, sondern auf die Folgebereitschaft für eine vermeintlich alternativlose politisch-administrative Entscheidung. Seinerzeitige Begründungsversuche offenbaren ein technokratisches Politikverständnis. Die Reformen seien „notwendig und ohne vernünftige Alternative" (Schröder 2003: 3), so Gerhard Schröder als Bundeskanzler und Parteivorsitzender auf dem Sonderparteitag seiner Partei; oder wie es der seinerzeit für die Regierungskoordination zuständige Kanzleramtsminister Frank-Walter Steinmeier ausdrückte: Man habe sich vom Reich der Freiheit in „das Reich des Notwendigen" begeben (Steinmeier 2003). Solche Legitimationsmuster entsprechen einem „klassischen", in der politischen Ideengeschichte bis in die politische Gegenwart hinein immer wieder diskutierten Kommunikationsmuster: Politik als exekutiver Vollzug des mehr oder weniger Zwangsläufigen und Notwendigen.

Aus dem Olymp politikphilosophischer Betrachtung, mag es naheliegen, die Kommunikation der Agenda-Strategie als eine Art präpolitisches Phänomen zu beurteilen. Und in der Tat verschwimmt im vorliegenden Fall die Unterscheidung zwischen Zielen, Zwecken und Mitteln (Arendt 1993: 123ff.); bleiben die Maßstäbe, an denen der Einsatz der Mittel für bestimmte Zwecke beurteilt werden kann, unklar und mutiert dann Kommunikation zum bloßen Akzeptanzmanagement, bei dem es nur noch auf das Wie und auf die „Performance" einiger Spitzenakteure anzukommen scheint, wo eigentlich über die mit der Strategie verbundene Leitidee, über die Ziele und Wege, über Zumutungen und Akzeptanzbedingungen hätte gestritten werden müssen. Eine ganz andere Frage ist, ob ein so weitgehender Strategiewechsel wie er mit der Agenda 2010 vollzogen wurde, auf anderem Wege als durch Quasi-Usurpation der Partei überhaupt hätte innerparteilich durchgesetzt werden können und ob das politische Scheitern der Strategieprotagonisten nicht als Preis für die Durchsetzung der Reformagenda unvermeidlich war.

Handelt es sich bei der Agenda-Politik um ein besonders drastisches Beispiel politisch-administrativer Strategieentwicklung und Strategievermittlung ohne die der strategischen Bedeutung des Politikansatzes angemessene parteiendemokratische Verankerung, so verweist die Forschung schon seit geraumer Zeit auf ein generelles Kommunikationsproblem. Die Rede ist von einer wachsenden Spaltung der Parteien in zwei unterschiedliche „Organisationsrationalitäten und Kommunikationslogiken" (Wiesendahl 2002: 364, 1998: 443). „Mitglieder- und Berufspolitikerpartei" entwickelten sich „kognitiv immer stärker auseinander (Wiesendahl

Strategie und politische Kommunikation

2002: 379). Diskutiert werden Entwicklungen hin zu neuen Parteitypen, die jeweils bestimmte Aspekte des organisatorischen Strukturwandels (Eindringen in den Staat, Kartellbildung, Dominanz von Berufspolitikern, Aufstieg professioneller Experten, medienzentrierte Kommunikation) hervorheben (vgl. Wiesendahl 2004). Für die Frage nach den Kommunikationschancen im Zusammenhang mit Strategiefragen verdient dabei das Austrocknen der Mitgliederkommunikation einerseits und die wachsende Bedeutung von Berufspolitikern sowie eine zunehmende Medien- und Wählerorientierung andererseits Interesse. Uwe Jun hat diese Entwicklung hin zu „professionalisierten Medienkommunikationsparteien" (Jun 2004: 115) mit Blick auf SPD und Labour Party vergleichend untersucht. Vor allen Dingen verkörpert durch den Prototyp der britischen Labour Party würde sich dieser neuartige Typ einer Medienpartei durch professionelles Kommunikationsmanagement, Unterwerfung von Personen und Inhalten unter die Medienlogik, ein entscheidungsdominantes strategisches Zentrum, Flexibilisierung von Politikpositionen und durch den Bedeutungsverlust der Massenmitgliedschaft für Wahlkämpfe auszeichnen. Dass sich eine solche Entwicklung für Strategiefähigkeit und Machtperspektive als verhängnisvoll erweisen kann, zeigt die jüngste Entwicklung der beiden genannten Parteien allerdings auch.

Zwar ist Vorsicht geboten gegenüber einer Generalthese, welche den Wandel von der Parteien- zur Mediendemokratie behauptet (vgl. kritisch dazu Sarcinelli/Schatz 2000) oder die Parteien auf dem Weg vom „Traditionsverein zur Event-Agentur" (Sarcinelli 2002) sieht. Dennoch: Der Strukturbruch zwischen den Kommunikationsanforderungen einer „Mitgliederpartei" und einer „Medienpartei", die Vernachlässigung der Mitgliederlogik und der kontinuierlich abnehmende „Legitimationspuffer einer prinzipiell geneigten Stammwählerschaft" (Bürklin 1992: 36) korrespondieren mit einer wachsenden Bedeutung der Medienlogik. In parteiendemokratischer Sicht erschwert dies die Durchsetzung strategischer Ziele und macht politische Willensbildung abhängiger von den Launen plebiszitärer Stimmungstrends. Soll den Parteien auch in Zukunft als Ort der *Strategieentwicklung und -vermittlung* eine privilegierte Rolle zukommen, so sind sie mehr denn je als Politikvermittlungsagenturen – im Rahmen der Binnenkommunikation ebenso wie der Außenkommunikation – gefragt (vgl. Sarcinelli 2009: 185-216). Gefordert ist dabei ein „Organisationslernen", das komplexe Kommunikations- und Interaktionsprozesse zulässt, in denen die unterschiedlichen Ressourcen und Interessen der Mitglieder der Organisation Handlungsfähigkeit verleihen. Dabei kommt es auf die rechte „Balance zwischen Integration und Umweltoffenheit" an. Denn strategiefähig können Parteien nur als hinreichend umweltoffene Organisationen sein, die „über genügend Umweltwissen (verfügen), um auf ihre Umwelt gestaltend Einfluss zu nehmen" (Frey/Wiesendahl 2004: 992f.).

5.2 Mediendemokratie: der öffentlichkeitsdemokratische Kontext

Moderne Gesellschaften als Kommunikations- und als Mediengesellschaften zu bezeichnen, erscheint deshalb angemessen, weil in ihnen Kommunikation zu einem „soziale[n] Totalphänomen" (Saxer 1998: 83) mit nahezu beliebiger Funktionalität geworden ist. Geht es dabei um die Beobachtung gesellschaftlicher Entwicklungen, um Selektion, Verdichtung und Bewertung sowie um die Entdeckung und Deutung von Themen, so kommt darin nicht nur der wirklichkeitskonstituierende Charakter der Massenmedien zum Ausdruck, sondern auch ihre strategische Rolle. Denn in der Mediengesellschaft ist Kommunikation zur Machtprämie, zum „strategischen Spiel" geworden, „das über Erfolg oder Misserfolg von Individuen, Organisationen, gesellschaftlichen Gruppen und ganzen Gesellschaften entscheidet (Münch 1995: 85). Dabei fungieren die Medien einerseits als Resonanzboden und andererseits als „Turbolader" (Sarcinelli 2009: 112) des gesellschaftlichen Wandels. Der inzwischen alltagssprachlich verbreitete Begriff „Mediendemokratie" unterstellt dabei einen engen Wirkungszusammenhang zwischen Politik und Medien, sollte jedoch nicht in wörtlicher Übersetzung des griechischen Wortstammes als „Herrschaft der Medien" überinterpretiert werden. Mag „die Vorstellung einer von den Medien getriebenen Demokratie" verbreitet sein, so wird sie in der Wissenschaft noch kontrovers diskutiert (Marcinkowski 2007: 97).

Ebenso wie Parteien, Verbände oder soziale Bewegungen sind die Massenmedien Teil des intermediären Systems, das zwischen gesellschaftlicher Basis und politischer Führung spezifische Vermittlungsleistungen zu erbringen hat. Sie stellen Öffentlichkeit her, dienen als „Politikdarstellungsplattform" für politische Führungseliten ebenso wie als „Politikwahrnehmungsplattform" für Bürgerinnen und Bürger (Sarcinelli 2007: 121).

In politischer Hinsicht kommt ihnen dabei eine Doppelrolle zu. Als Umweltbeobachtungs- und Vermittlungssystem (siehe Luhmann 2000: 274ff.) sind sie „Spiegel" der öffentlichen Meinung, also „Medium". Zugleich stellen sie als Wirklichkeitskonstrukteure einen politischen „Faktor" dar. Nicht selten nehmen sie die Rolle eines politischen Akteurs ein, der zwar mit keinem politischen Mandat ausgestattet ist, aber im Zweifel beansprucht, als Anwalt der Bürgerinteressen zu handeln.

Interesse verdient in diesem Zusammenhang die Frage, was die „Logik" von Mediengesellschaften ausmacht und welche Rückwirkungen diese auf politische Strategiebildung und -vermittlung haben kann. Aus einer abstrakt systemtheoretischen Sicht, die jedem gesellschaftlichen Teilsystem eine Eigenrationalität zuerkennt, kann Medienlogik nicht in ein anderes, z.B. das politische System, importiert werden. Denn für das politische System sind die Medien „Umwelt", die von

Strategie und politische Kommunikation

der Politik wahrgenommen wird und allenfalls „Irritationen" im politischen System auslöst (vgl. Marcinkowski 1993). Aber, wie andere Institutionalisierungen auch, definieren sie „Handlungskorridore" (Mayntz/Scharpf 1995) und setzen Handlungsanreize für die Politik. Insofern bieten sie nicht nur die Plattform für Publizitätserfordernisse von Staat und Politik. Vielmehr fungieren sie als institutionalisierte Regelsysteme und als Regelwerk, das handlungsleitend wirkt. Ihre strategische Bedeutung liegt in ihrem politisch-institutionellen Charakter. „Medien als politische Institution zu begreifen heißt also gerade nicht, sie als autonome, dem politischen System gleichsam äußerliche Kraft zu konzipieren, sondern als einen Bestandteil desjenigen Regelwerks, mit dessen Hilfe kollektiv verbindliche Entscheidungen erzeugt und durchgesetzt werden. (…) Medien gewinnen in dem Maße politische Qualität, wie die durch sie eröffneten Handlungsoptionen von Politik und für Politik genutzt werden. Zugleich bleiben sie in dem Sinne ‚medial', dass die Funktionslogik des publizistischen Regelwerks auf Neuigkeit, Information und Publizität, aber nicht auf kollektiv verbindliches Entscheiden abgestellt ist" (Marcinkowski 1993: 102).

Nun erweist es sich als problematisch generalisierend von Medienlogik zu sprechen, so plausibel auch die Redewendung von der „Ökonomie der Aufmerksamkeit" (vgl. Franck 1998) und so richtig die vielfach beobachtete Generaldiagnose einer zunehmenden Publikums-, Nachfrage-, also Marktorientierung für die Beschreibung des dynamischen Medienwandels sein mag. Tatsächlich lassen sich aber bei differenzierter Betrachtung je nach Medientypus verschiedene Varianten von Medienlogik (Schatz 2008: 134) unterscheiden. Das betrifft die Strukturierung des Publikums nach erreichbaren Zielgruppen, die Massenattraktivität und Reichweite der Inhalte und Nachrichtenwerte, den Stellenwert bestimmter Darstellungsformen (Bild, Schrift, Wort) und die Nutzbarkeit für politische Kommunikation. Die Befunde differieren dabei erheblich zwischen öffentlich-rechtlichen und privat-kommerziellen Rundfunk- und Fernsehanstalten, Pay-TV, dem privat-kommerziellen Zeitungs- und Zeitschriftenmarkt (Boulevardpresse, meinungsführende überregionale Zeitungen, Lokalpresse etc.) sowie dem Internet.

Damit ergeben sich dann auch ganz unterschiedliche Antworten auf die Frage nach möglichen Zusammenhängen zwischen Medienlogik und Strategie. Wer auf hohe Reichweite und Massenattraktivität politischer Botschaften setzt, wird sich eher der privatkommerziellen elektronischen Medien und der Boulevardpresse bedienen. Wer hingegen Multiplikatoren- und Opinion-Leader-Effekte über Elitemedien erzielen will, sucht eher die Platzierung in überregionalen Qualitätszeitungen und politischen Magazinen. Was politische Instrumentalisierbarkeit und Wirkung anbelangt, erweist sich das Internet als die am schwersten kalkulierbare Kommunikationsplattform. In der Bereitstellung von Informationen nicht mehr wegzudenken, in potentieller Reichweite und Reaktionsgeschwindigkeit nicht zu übertreffen sowie in den Interaktionsmöglichkeiten (Chats, Weblogs, Foren) noch unterschätzt, beflügelt dieses Medium viele Hoffnungen auf eine digitale Dauerpartizipation. Dabei ist die Frage noch weithin ungeklärt, wie das Internet über die Bereitstellung von Informationen und Ermöglichung von Interaktionen in den Prozess der Strategieentwicklung und -vermittlung von politischen Organisationen eingebunden werden kann und wie die im Rahmen von Internetdiskursen artikulierten Interessen in Organisationsdiskurse transformiert werden können (vgl. Siedschlag 2005).

Trotz aller Differenzierungsnotwendigkeiten lassen sich einige Befunde und Trends benennen. So steht Politik, vor allem strategisch ambitionierte Politik, im Rahmen eines informationellen und mehr noch unterhaltenden Überangebots in einer harten Konkurrenz um Aufmerksamkeit. Kaum mehr überschaubar ist die Zahl der medialen Plattformen. Das erleichtert allen Anbietern möglicher Themen den Zugang zu den Medien, verschlechtert zugleich aber die Chancen politischer Anbieter wahrgenommen zu werden. Der Kampf um Aufmerksamkeit betrifft dabei nicht nur die Fähigkeit zur Thematisierung, die Fähigkeit also ein Thema auf die Agenda zu bringen. Er betrifft auch den Wettbewerb um Relevanz, Gewichtung und Deutungshoheit, kurz um eine politische Perspektive, die über Augenblicksinteressen hinausgeht. Reduzierte Chancen des politischen Systems zur Vermittlung „intentionale[r] Kommunikation" korrespondieren dabei nach Auffassung von Heribert Schatz damit, dass „die Beobachtungs-, Artikulations-, Kritik- und Kontrollleistungen der Medien aus der Sicht der Politik unberechenbarer und selektiver" (Schatz 2008: 167) werden. Dies fördert nicht nur die Neigung zu Infotainment und Politainment (vgl. Dörner 2001), zu unterhaltenden Formaten der Politikvermittlung. Es fördert auch die latente Neigung zustimmungsabhängiger politischer Akteure, mit medienattraktiven Signalen den Augenblickserfolg über die Generierung aktueller Publikumsaufmerksamkeit zu suchen: Politik nicht als Strategie, sondern als „Aktualitätenkino".

Dieser vielfach empirisch belegten Medienrealität steht „die Gestaltung und Erfüllung kommunikativer Erwartungen" (Raschke/Tils 2007: 426) als normatives Ziel strategischer Kommunikation gegenüber. Die Bevölkerung wolle nicht nur eine überzeugende Politik, sie wolle auch überzeugt werden, so Raschke und Tils. Insbesondere darin liege der Anteil kommunikativer Politik. Es gehe um „Erwartungssteuerung und Orientierungsvermittlung". Primäre Ziele seien „der Aufbau realistischer Erwartungshorizonte sowie die Etablierung eines sachlich, zeitlich und sozial übergreifenden Orientierungsrahmens, der Zu- und Einordnung unterschiedlicher Politikentscheidungen in einen größeren Politikzusammenhang leis-

Strategie und politische Kommunikation

te[t] und durch eine derartige Perspektivierung Akzeptanz generieren" könne (Raschke/Tils 2007: 426).

Das „mediendemokratische" Dilemma bei der Verfolgung dieser strategischen Ziele hat Richard von Weizsäcker (1992: 157) einmal mit der Formel vom „unheilvollen Umkehrprozess der Wichtigkeiten" umschrieben. Hier gilt es jedoch vor einer generalisierenden Kulturkritik zu warnen, die eine generelle Strategieunfähigkeit von Politik unter mediengesellschaftlichen Bedingungen behauptet. Einer solchen Pauschaldiagnose steht entgegen, dass die konkreten institutionellen und politisch situativen Bedingungen (vgl. Pfetsch 2003: 67, Sarcinelli 2009: 28) spezifischer Systeme auch unterschiedliche Wirkungen entfalten und unterschiedliche Spielräume für die Verfolgung von Strategien oder für Strategiewechsel bieten. „Grundsätzlich ist davon auszugehen, dass Medieninstitutionen sowohl ermöglichende Effekte haben als auch zu Friktionen und Blockaden politischer Prozesse führen können". Konsequent systemtheoretisch argumentierend kommt Marcinkowski unter Verweis auf Kathleen Thelen zu der Diagnose, dass der Institution Medien „kein fester Platz im politischen Institutionengefüge zugewiesen" sei. Sie vagabundiere vielmehr im bestehenden Netz und lasse sich fallweise an formelle Regeln des Politischen anlagern (Marcinkowski 2007: 105).

5.3 Staatlichkeit: der politisch-administrative Kontext

Verbreitet ist die Neigung, politischen Kleinmut oder Strategieversagen mit einer in nationaler und internationaler Hinsicht zunehmend komplexen Welt zu begründen; einer Welt, die aufgrund vielfältiger Interdependenzen vermeintlich keine substantiellen politischen Handlungsspielräume mehr lässt. Diese Argumentation kann schon mit Blick auf die Fähigkeit andere Systeme nicht überzeugen, in denen es durchaus gelingt, weittragende Reformen durchzusetzen. Das zeigt jedenfalls die vergleichende Demokratie- und Staatstätigkeitsforschung (vgl. Schmidt 2005). Dass Politik auch in Deutschland nur im Rahmen eines polyzentrischen Geflechts innergesellschaftlicher und vielfach auch transnationaler Verhandlungsnetzwerke erfolgreich sein kann und die Möglichkeiten zu hierarchischer Steuerung begrenzt sind, gehört zu den Kontextbedingungen politischer Kommunikation in allen modernen Demokratien. Dabei ist und bleibt wohl auf nicht absehbare Zeit der Staat die entscheidende Legitimationsbasis. Denn im staatlichen Rahmen werden Positionen zugewiesen und wird über „Macht haben oder Nicht-Machthaben" (siehe Luhmann 2000) entschieden, eine Grundvoraussetzung für Mehrheitsbildung, Entscheidung und Durchsetzung von Politik.

In kommunikativer Hinsicht folgenreich sind dabei die „Transformationen des Staates" (Leibfried/Zürn 2006a). Was Leibfried und Zürn als „Zerfaserung von

Staatlichkeit" und mit Blick auf zunehmende internationale Verflechtungen als „post-nationale Konstellation" beschreiben (Leibfried/Zürn 2006b: 41, 19), wird in der wissenschaftlichen Debatte schon seit Längerem auch mit Blick auf innerstaatliche Verhältnisse als Souveränitätsverlust diskutiert. In ihrer Entscheidungssouveränität eingehegt werden politische Administrationen nämlich nicht nur durch die Einbindung in das internationale System, in transnationale Organisationen und insbesondere in den EU-Kontext, sondern auch durch formelle und informelle Rahmenbedingungen der innerstaatlichen institutionellen Ordnung. Eine „eigentümliche Mischung aus Konkurrenz- und Verhandlungssystem" (Czada/Schmidt 1993: 11) ist dabei für den in Deutschland gegebenen politischen „Handlungskorridor" (Mayntz/Scharpf 1995) kennzeichnend. Dieser wird von politischen Mit- und Gegenspielern, staatlichen Vetospielern (insbesondere Bundesverfassungsgericht und Bundesrat) sowie einspruchsberechtigten „Mitregenten" (insbesondere Gewerkschaften, Verbände, Sozialversicherungsträger) (vgl. Schmidt 2002: 24) mitbestimmt. Damit wird zwar dem verfassungspolitischen Anliegen, Machtkonzentration zu verhindern, in hohem Maße Rechnung getragen, jedoch werden jeder forschen Reformstrategie in materieller, institutioneller und prozessualer Hinsicht „Fesseln angelegt". Denn das politische Institutionengeflecht in Deutschland ist so konstruiert, dass die „Opposition machtpolitisch stets mit von der Partie ist" (Walter 2004: 83), sei es durch die Ministerpräsidenten und durch den Bundesrat, sei es in öffentlich-rechtlichen Gremien und vor allem im Zusammenhang mit zahlreichen korporatistischen Bündnissen. Angesichts solcher institutioneller Arrangements wird jedes größere Reformvorhaben zum politischen Kraftakt. „Ob sich aus der Verbindung von Konkurrenzdemokratie und Verhandlungsdemokratie produktive Kopplungseffekte oder Entscheidungsblockaden ergeben, hängt [allerdings] (...) davon ab, wie die politischen Akteure mit den Zwängen umgehen, die aus den institutionellen Vorgaben resultieren, ob es also beispielsweise gelingt, die Orientierung an Selektions- und Erfolgskriterien des Parteienwettbewerbs den Funktionserfordernissen eines bundesstaatlichen Verhandlungssystems anzupassen" (Lehmbruch 2000: 28).

Der Gedanke mag nahe liegen, den skizzierten politisch-administrativen Kontext als institutionelle (Blockade-)Struktur zu überwinden und nach einer Reform der Verfassung zu rufen, die weit über die zaghaften Schritte der Föderalismusreform hinausgeht und dann Strategien „aus einem Guss" erlaubt, wie dies etwa in einem reinen mehrheitsdemokratischen und in Präsidialsystemen mit strikter Begrenzung der Regierungszeit eher möglich ist. Das sind reizvolle akademische Gedankenspiele. Trotz des häufigen Umbaus und dem dabei allerdings nie grundlegend geänderten institutionellen „Spielregelwerk[s] der politischen Willensbildung und Entscheidungsfindung" zeichnet sich jedoch keine Änderung der

Strategie und politische Kommunikation

Staatsverfassung ab (Schmidt/Zohlnhöfer 2006: 12), die ein „Durchregieren" erlauben könnte (Czada 2003: 198). Zu stark bestimmen Machtteilung und institutionelle Verflechtung den „Geist der Gesetze" (Montesquieu) und gehören inzwischen zur Staatsräson der Bundesrepublik Deutschland.

Andererseits gibt es allerdings langfristige Entwicklungen, die darauf schließen lassen, dass sich auch in Kernbereichen des politisch-administrativen Systems Anpassungsprozesse an die mediengesellschaftliche Dynamik beobachten lassen. Heribert Schatz skizziert dies in seiner Studie zum „Regieren in der Mediengesellschaft" mit Blick auf den Wandel der „klassischen" Verwaltung zur „politischen" Ministerialbürokratie" (Schatz 2008: 154ff.). Bezeichnet „klassisch" eine Verwaltung, die mit den herkömmlichen professionsspezifischen Kompetenzen wie Sachlichkeit, parteipolitische Neutralität, politische Loyalität, Verschwiegenheit etc. zu Diensten ist, so waren Kenntnisse über die Durchsetzbarkeit vorgeschlagener Maßnahmen im politischen Raum, Kompetenzen zur „Vermittelbarkeit" also, nicht gefordert. Inzwischen sieht Schatz strukturelle Veränderungen im Aufgabenspektrum der Ministerialbürokratie, in der Öffnung der Rekrutierungs- und Karrieremuster der Beamtenschaft, in der Ausweitung des Instituts des politischen Beamten, in der Rollendiffusion zwischen Beamten und Politikern und in der verstärkten Bildung von Netzwerken unterhalb der politischen Führungsebene. Unter Spitzenbeamten gebe es den Typus des „Mitpolitikers" und „politischen Kommunikators" häufiger als früher. Dies lasse dann vermuten, dass „politische Beamte ohne lange bürokratie-interne Sozialisation für die Medien weitaus aufgeschlossener und damit interessanter sind als der ‚reine Laufbahnbeamte' mit seinem bewusst auf den eigenen Tätigkeitsbereich begrenzten Fachwissen und seiner Kommunikation ‚nach Vorschrift'" (Schatz 2008: 161).

Vergleicht man die bei Schatz noch hinsichtlich ihrer Handlungslogiken (u.a. Wertorientierung, Arbeitsverhalten, Kommunikationsweise, Arbeitstakt) untersuchten, als „klassisch" und als „politisch" charakterisierte Ministerialbürokratie im Hinblick auf ihre Strategiekompatibilität, so ist der Befund ambivalent. Hinsichtlich der Fach- und Sachkompetenz und zu erwartender Geschlossenheit in der Binnenkommunikation zeigt die „klassische" Ministerialbürokratie strategische Vorteile. Geht man hingegen von einem Bedeutungszuwachs der Medienlogik gegenüber der Sachlogik aus, dann erweist sich die „politische" Ministerialbürokratie als flexibler und konfliktfähiger, als offener für politische Vorgaben, zugleich aber auch als anfälliger für die Stimmungsschwankungen medialer Anforderungen. Strategiefähigkeit braucht jedoch beides: Fachkompetenz und Politikvermittlungskompetenz, Standfestigkeit gegenüber politischem Druck von innen und außen und zugleich Sensibilität für legitime gesellschaftlichen Anliegen (vgl. Tab. 2).

Tabelle 2: Handlungslogik der „klassischen" und der „politischen" Ministerialverwaltung

Merkmale	„klassische" Verwaltung	„politische" Verwaltung
Regelausbildung	Verwaltungsjurist	wachsender Anteil von Sozial- und Wirtschaftswissenschaftlern
Rekrutierungs- und Karrieremuster	„Regelbewerber", Laufbahnprinzip	andere Bewerber, Seiteneinsteiger ggf. ohne Erfahrungen im Öffentlichen Dienst
Wertorientierung/ Mentalität	eher strukturkonservierend	struktur-modifizierend bis aktiv-strukturverändernd
Verhältnis zu den Parteien	loyal zur politischen Führung, ansonsten neutral	häufig Parteimitglied; loyal insb. zum eigenen „Chef"
Binnenkommunikation: Internes Arbeitsverhalten	grundsätzlich kooperativ zwecks Optimierung arbeitsteiliger Entscheidungsfindung	Neue Arbeitsformen wie ad hoc-Gremien und Teamwork; stärkere Konkurrenz- und Konfliktorientierung in parteipolitischen Konflikten
Außenkommunikation: Arbeitsverhalten im Außenverhältnis	nach Vorschrift, eher minimalistisch (hermetisch)	nach Opportunität, eher offen, unter Beachtung politischer Vorgaben; Aufbau informeller Kontaktsysteme bei parteipolitischen Divergenzen
Temporalstruktur/ Arbeitstakt	dem Gegenstand angemessen: eher „Schnecke"	den Außenerwartungen angemessen: eher „Windhund"

Quelle: Schatz 2008: 158 (mit Modifikationen)

6 Strategie und Kommunikation: Mehr als die Legitimation des Augenblicks

Abschließend sollen die hier vorgetragenen Überlegungen in zehn Thesen zu den vielfältigen Interdependenzen von Politik und Kommunikation im allgemeinen und strategisch ambitionierter Politik im Besonderen gebündelt und zugespitzt werden.

Strategie und politische Kommunikation

1. *Kommunikation als Mittel und Ziel von Strategie:* Demokratische Politik ist zustimmungsabhängig und damit auch begründungspflichtig. Deshalb ist jedes demokratische System auf die Legitimation durch Kommunikation angewiesen. Kommunikation sollte dabei nicht nur Mittel zur Erreichung politischer Ziele sein. Sie ist kein Appendix, sondern integraler Teil von Politik, weil Kommunikation selbst eine Art politischen Handelns ist. Kommunikation muss Mittel und Ziel von Strategie sein.

2. *Kampf um Aufmerksamkeit:* Die Zunahme von Anbietern und Plattformen im Medienmarkt zwingt auch die Politik zur Professionalisierung ihrer expressiven Mittel zur Aufmerksamkeitsgenerierung. Das betrifft in geringerem Maße den Einsatz eigener politischer Kommunikationsmittel und Medien, ganz überwiegend aber den Kampf um Aufmerksamkeit auf dem Markt der allgemein zugänglichen Massenmedien. Das Internet bietet dabei als Plattform neue Formen direkter Zielgruppenansprache und Mobilisierung. Inwieweit es auch als Interaktions- und Kommunikationsmittel strategisch von Bedeutung sein kann, hängt auch von der Fähigkeit zum Umbau institutionalisierter Willensbildung im intermediären System ab.

3. *Medienkompetenz als Machtprämie:* Sind die öffentlich zugänglichen Massenmedien in der modernen Mediengesellschaft die maßgeblichen Kommunikationsplattformen politischer Wirklichkeitskonstruktion und -auseinandersetzung, so erweist sich deren Beeinflussung als eine zentrale Machtprämie.

4. *Strategische Kommunikation als Dienstleistung:* Im Zuge funktionaler Differenzierung greift auch die Politik zunehmend auf Kommunikationsdienstleister zurück. Strategischen Charakter bekommen Kommunikationsdienstleistungen aber nur dann, wenn sie über die situative Kampagnenkompetenz hinaus zur permanenten politischen Kommunikation befähigen.

5. *Darstellungs- und Entscheidungskommunikation:* Die Fähigkeit zu Strategieentwicklung und Strategievermittlung setzt nicht nur die Beherrschung der Medienlogik voraus. Sie erfordert auch Kommunikationskompetenzen in den Entscheidungsarenen der Politik. Strategische Kommunikation braucht deshalb die eher diskrete, politisch-administrative Vermittlungs- und Durchsetzungskompetenz ebenso wie die auf Medienöffentlichkeit zielende Darstellungskompetenz. Beiden Kommunikationswelten ist jeweils eine Eigenlogik inne. Dass beide nicht zu weit auseinanderdriften, bedarf permanenter Übersetzungsarbeit.

6. *Kontextspezifische Kommunikationskompetenzen:* Politikentwicklung und Politikvermittlung sind pfadabhängig und spielen sich in institutionellen Kontexten ab. Strategische Kommunikation weiß sich den institutionell vorgegebenen

Präferenzen und Handlungskorridoren nicht nur anzupassen bzw. diese auszufüllen. Strategische Kommunikation ist Kommunikation auch auf die Entwicklung und Durchsetzung neuer Handlungsspielräume hin.

7. *Kommunikation im Politikzyklus:* Aufmerksamkeit ist ein knappes Gut. Deshalb wäre die Erzeugung von Dauerinteresse für alles Politische eine Überforderung für politische Akteure ebenso wie für Bürgerinnen und Bürger. Allerdings muss strategische Kommunikation auf die legitimationssensiblen Phasen im Politikzyklus zielen bzw. solche Phasen immer wieder schaffen.

8. *Kommunikation und symbolische Verdichtung:* Die Generierung von Aufmerksamkeit und Urteilsbildung für strategische Ziele erfordert angemessene Vermittlungsstrategien bei der Reduktion von Komplexität. Symbolischer Politik in Form von geeigneten Begriffen, Sprachformeln oder Bildern kann dabei eine legitime Verweis- und Verdichtungsfunktion zukommen. Dass sie auch zu Täuschung und politischem Placebo missbraucht werden, mindert nicht die Notwendigkeit ihres Einsatzes.

9. *Befähigung zum Entscheidungsnotwendigen:* Wenn Kommunikation im strategischen Kontext mehr ist als die Information über das Entschiedene, dann muss Kommunikation als politische Führungsaufgabe ernst genommen werden. Denn der Souverän hat nicht nur Anspruch auf Information. Er will und muss auch überzeugt werden, das Entscheidungsnotwendige politisch möglich zu machen.

10. *Mehr als die Legitimation des Augenblicks:* Strategische Qualität bekommen Kommunikation und Politik erst dadurch, dass sie Entwicklungen „über den Tag hinaus" möglich machen; dass sie den Neigungen zustimmungsdemokratischer Fixierung gegensteuern; dass sie auf mehr zielen, als auf die Legitimation des Augenblicks.

Literatur

Arendt, Hannah 1960: Vita activa oder vom tätigen Leben, Stuttgart: Kohlhammer.

Arendt, Hannah 1993: Was ist Politik? Aus dem Nachlaß herausgegeben von Ursula Ludz, München: Piper.

Barber, Benjamin R. 1998: A Passion for Democracy. American Essays, Princton: Princeton University Press.

Beyme, Klaus von 1997: Der Gesetzgeber. Der Bundestag als Entscheidungszentrum, Opladen: Westdeutscher Verlag.

Strategie und politische Kommunikation

Beyme, Klaus von/Weßler, Hartmut 1998: Politische Kommunikation als Entscheidungskommunikation, in: Jarren, Otfried/Sarcinelli, Ulrich/Saxer, Ulrich (Hg.), Politische Kommunikation in der demokratischen Gesellschaft. Ein Handbuch mit Lexikonteil, Opladen/Wiesbaden: Westdeutscher Verlag, 312-323.

Bürklin, Wilhelm 1992: Gesellschaftlicher Wandel, Wertewandel und politische Beteiligung, in: Starzacher, Karl/Schacht, Konrad/Bernd, Friedrich/Leif, Thomas (Hg.), Protestwähler und Wahlverweigerer. Krise der Demokratie, Köln: Bund-Verlag, 18-39.

Czada, Roland 2003: Der Begriff der Verhandlungsdemokratie und die vergleichende Policy-Forschung, in: Mayntz, Renate/Streeck, Wolfgang (Hg.), Die Reformierbarkeit der Demokratie. Innovationen und Blockaden, Frankfurt/M.: Campus, 173-203.

Czada, Ronald/Schmidt, Manfred G. (Hg.) 1993: Verhandlungsdemokratie, Interessenvermittlung, Regierbarkeit. Festschrift für Gerhard Lehmbruch, Wiesbaden: Westdeutscher Verlag.

Daele, Wolfgang van den/Neidhardt, Friedhelm 1996: „Regierung durch Diskussion" – Über Versuche, mit Argumenten Politik zu machen, in: Daele, Wolfgang van den/Neidhardt, Friedhelm (Hg.), Kommunikation und Entscheidung. Politische Funktionen öffentlicher Meinungsbildung und diskursiver Verfahren, WZB-Jahrbuch 1996, Berlin: edition sigma, 9-50.

Depenheuer, Otto 2000: Öffentlichkeit und Vertraulichkeit, in: Depenheuer, Otto (Hg.), Öffentlichkeit und Vertraulichkeit. Theorie und Praxis politischer Kommunikation, Wiesbaden: Westdeutscher Verlag, 7-20.

Dörner, Andreas 2001: Politainment. Politik in der medialen Erlebnisgesellschaft, Frankfurt/M.: Suhrkamp.

Downs, Anthony 1957: An Economic Theory of Democracy, New York: Harper & Row.

Eulau, Heinz/Wahlke, John C. 1978: The Politics of Representation. Continuities in Theory and Research, Beverly Hills: Sage.

Frank, Georg 1998: Ökonomie der Aufmerksamkeit. Ein Entwurf, in: München/Wien: Carl Hanser.

Frey, Ruth/Wiesendahl, Elmar 2004: Die politische Partei als lernende Organisation, in: Utopie kreativ, H. 168, 910-922.

Fröhlich, Manuel 2003: Der irritierte Kompass: Gesellschaftlicher Wandel und die Orientierungsfunktion von politischer Parteien, in: Glaab, Manuela (Hg.), Impulse für eine neue Parteiendemokratie. Analysen zu Kritik und Reform, München: Forschungsgruppe Deutschland, 169-183.

Gerhards, Jürgen/Neidhardt, Friedhelm 1993: Strukturen und Funktionen moderner Öffentlichkeit. Fragestellungen und Ansätze, in: Langenbucher, Wolfgang R. (Hg.), Politische Kommunikation. Grundlagen, Strukturen, Prozesse, Wien: Braumüller, 52-89.

Grimm, Dieter 1991: Die Zukunft der Verfassung, Frankfurt/M.: Suhrkamp.

Habermas, Jürgen 1990: Strukturwandel der Öffentlichkeit. Untersuchungen zu einer Kategorie der bürgerlichen Gesellschaft, Frankfurt/M.: Suhrkamp (Nachdruck).

Habermas, Jürgen 1992a: Faktizität und Geltung. Beiträge zur Diskurstheorie des Rechts und des demokratischen Rechtsstaats, Frankfurt/M.: Suhrkamp.

Habermas, Jürgen 1992b: Drei normative Modelle der Demokratie. Zum Begriff deliberativer Politik, in: Münkler, Herfried (Hg.), Die Chancen der Freiheit. Grundprobleme der Demokratie, München: Piper, 11-24.

Herzog, Dietrich 1989: Wozu und zu welchem Ende studiert man Repräsentation?, in: Herzog, Dietrich/Weßels, Bernhard (Hg.), Konfliktpotentiale und Konsensstrategien. Beiträge zur politischen Soziologie, Opladen: Westdeutscher Verlag, 307-328.

Herzog, Dietrich, 1993a: Die Funktion des Parlaments in der sozialstaatlichen Demokratie, in: Herzog, Dietrich/Rebenstorf, Hilke/Weßels, Bernhard (Hg.), Parlament und Gesellschaft. Eine Funktionsanalyse der repräsentativen Demokratie, Opladen: Westdeutscher Verlag, 13-52.

Jarren, Otfried/Donges, Patrick 2002: Politische Kommunikation in der Mediengesellschaft. Eine Einführung. Bd. 1: Verständnis, Rahmen und Strukturen, Wiesbaden: VS Verlag für Sozialwissenschaften.

Jestaedt, Mathias 2000: Zwischen Öffentlichkeit und Vertraulichkeit – Der Staat der offenen Gesellschaft. Was darf er verbergen?, in: Depenheuer, Otto (Hg.), Öffentlichkeit und Vertraulichkeit. Theorie und Praxis politischer Kommunikation, Wiesbaden: Westdeutscher Verlag, 67-110.

Klein, Josef 2007: Hartz IV, Agenda 2010 und der „Job-Floater": Die Bedeutung von Sprache in Veränderungsprozessen, in: Weidenfeld, Werner (Hg.), Reformen kommunizieren? Herausforderungen an die Politik, Gütersloh: Verlag Bertelsmann Stiftung, 159-205.

Knaut, Annette 2009: Abgeordnete des Deutschen Bundestages als Politikvermittler zwischen Medialisierung und Informalität. Eine Analyse zu Repräsentation und Kommunikation in ‚Mediendemokratien', Univ.-Dissertation, Landau.

Leibfried, Stephan/Zürn, Michael 2006a: Transformationen des Staates?, Frankfurt/M.: Suhrkamp.

Leibfried, Stephan/Zürn, Michael 2006b: Von der nationalen zur postnationalen Konstellation, in: Leibfried, Stephan/Zürn, Michael (Hg.), Transformationen des Staates?, Frankfurt/M.: Suhrkamp, 19-65.

Lehmbruch, Gerhard 2000: Parteienwettbewerb im Bundesstaat, 3. Auflage, Wiesbaden: Westdeutscher Verlag.

Loewenberg, Gerhard 2007: Paradoxien des Parlamentarismus, in: Zeitschrift für Parlamentsfragen, Jg. 38, H. 4, 816-827.

Luhmann, Niklas 1970: Öffentliche Meinung, In: Politische Vierteljahresschrift, Jg. 11, H. 1, 2-28.

Luhmann, Niklas/Kieserling, André 2000: Die Politik der Gesellschaft, Frankfurt/M.: Suhrkamp.

Machnig, Matthias 2008: Das Strategieparadox, in: Forschungsjournal Neue Soziale Bewegungen, Jg. 21, H. 1, 11-24.

Strategie und politische Kommunikation

Marcinkowski, Frank 1993: Publizistik als autopoietisches System. Politik und Massenmedien. Eine systemtheoretische Analyse, Opladen: Westdeutscher Verlag.

Marcinkowski, Frank 2002: Politische Kommunikation und politische Öffentlichkeit. Überlegungen zur Systematik einer politikwissenschaftlichen Kommunikationsforschung, in: Marcinkowski, Frank (Hg.), Politik der Massenmedien. Heribert Schatz zum 65. Geburtstag, Köln: von Halem Verlag, 237-256.

Marcinkowski, Frank 2007: Medien als politische Institution. Politische Kommunikation und der Wandel von Staatlichkeit, in: Wolf, Klaus-Dieter (Hg.), Staat und Gesellschaft – fähig zur Reform? 23. Wissenschaftlicher Kongress der Deutschen Vereinigung für Politische Wissenschaft, Baden-Baden: Nomos, 97-108.

Mayntz, Renate/Scharpf, Fritz W. 1995: Der Ansatz des akteurszentrierten Institutionalismus, in: Mayntz, Renate/Scharpf, Fritz W. (Hg.), Gesellschaftliche Selbstregelung und politische Steuerung, Frankfurt/M.: Campus, 39-72.

Münch, Richard 1995: Die Dynamik der Kommunikationsgesellschaft. Frankfurt/M.: Suhrkamp.

Münkler, Herfried/Llanque, Markus 1998: Ideengeschichte (Politische Philosophie), in: Jarren, Otfried/Sarcinelli, Ulrich/Saxer, Ulrich (Hg.), Politische Kommunikation in der demokratischen Gesellschaft. Ein Handbuch mit Lexikonteil, Opladen/Wiesbaden: VS Verlag für Sozialwissenschaften, 65-80.

Pfetsch, Barbara 2003: Politische Kommunikationskultur. Politische Sprecher und Journalisten in der Bundesrepublik und in den USA im Vergleich, Wiesbaden: Westdeutscher Verlag.

Raschke, Joachim/Tils, Ralf 2007: Politische Strategie. Eine Grundlegung, Wiesbaden: VS Verlag für Sozialwissenschaften.

Raschke, Joachim/Tils, Ralf 2008: Politische Strategie, in: Forschungsjournal Neue soziale Bewegungen, Jg. 21, H. 1, 11-24.

Sarcinelli, Ulrich 1987: Symbolische Politik. Zur Bedeutung symbolischen Handelns in der Wahlkampfkommunikation der Bundesrepublik Deutschland, Opladen: Westdeutscher Verlag.

Sarcinelli, Ulrich 2002: Vom Traditionsverein zur Event-Agentur? Anmerkungen zur jugendrelevanten Modernisierung der Parteien in der Mediengesellschaft, in: Alemann, Ulrich von/ Marschall, Stefan (Hg.), Parteien in der Mediengesellschaft, Opladen: VS Verlag für Sozialwissenschaften, 347-363.

Sarcinelli, Ulrich 2007: Parteienkommunikation in Deutschland: zwischen Reformagentur und Reformblockade, in: Weidenfeld, Werner (Hg.), Reformen kommunizieren. Herausforderungen an die Politik, Gütersloh: Bertelsmann Stiftung, 109-145.

Sarcinelli, Ulrich 2009: Politische Kommunikation in Deutschland. Zur Politikvermittlung im demokratischen System, 2. überarb. und erw. Auflage, Wiesbaden: VS Verlag für Sozialwissenschaften.

Sartori, Giovanni 1992: Demokratietheorie. Eine Einführung, Darmstadt: Wissenschaftliche Buchgesellschaft.

Saxer, Ulrich 1998: System, Systemwandel und politische Kommunikation, in: Jarren, Otfried/Sarcinelli, Ulrich/Saxer, Ulrich (Hg.), Politische Kommunikation in der demokratischen Gesellschaft. Ein Handbuch mit Lexikonteil, Wiesbaden: Westdeutscher Verlag, 21-64.

Schatz, Heribert 2008: Regieren in der Mediengesellschaft. Zur Medialisierung von Politik und Verwaltung in der Bundesrepublik Deutschland, in: Jann, Werner/König, Klaus (Hg.), Regieren zu Beginn des 21. Jahrhunderts, Tübingen: Mohr Siebeck, 127-173.

Schmidt, Manfred G. 2000: Demokratietheorien. Eine Einführung, 3. überarbeitete und erweiterte Aufl., Opladen: VS Verlag für Sozialwissenschaften.

Schmidt, Manfred G. 2002: Politiksteuerung in der Bundesrepublik Deutschland, in: Nullmeier, Frank/Saretzki, Thomas (Hg.), Jenseits des Regierungsalltags. Strategiefähigkeit politischer Parteien, Frankfurt/M.: Campus, 23-38.

Schmidt, Manfred G./Zohlnhöfer, Reimut 2006: Rahmenbedingungen politischer Willensbildung in der Bundesrepublik Deutschland seit 1949, in: Schmidt, Manfred G./Zohlnhöfer, Reimut (Hg.), Regieren in der Bundesrepublik Deutschland. Innen- und Außenpolitik seit 1949, Wiesbaden: VS Verlag für Sozialwissenschaften, 11-29.

Schmitt-Beck, Rüdiger 2008: Professionalisierte Kommunikation. Acht Thesen zum Verhältnis von politischer Strategie und Öffentlichkeit, in: Forschungsjournal Neue Soziale Bewegungen, Jg. 21, H. 1, 71-73.

Schulz, Winfried 1976: Die Konstruktion von Realität in den Nachrichtenmedien. Analyse der aktuellen Berichterstattung, Freiburg: Alber.

Schumpeter, Joseph A. 1987: Kapitalismus, Sozialismus und Demokratie, Tübingen: Franke.

Siedschlag, Alexander 2005: Die Entwicklung der Internet-und-Politik-Debatte in Deutschland und den USA, in: Siedschlag, Alexander (Hg.), Kursbuch Internet und Politik 2004/2005. Politische Öffentlichkeit. Wiesbaden: Westdeutscher Verlag, 139-163.

Stöss, Richard 2001: Parteienstaat oder Parteiendemokratie, in: Gabriel, Oscar W./Niedermayer, Oskar/Stöss, Richard (Hg.), Parteiendemokratie in Deutschland, Wiesbaden: Westdeutscher Verlag, 13-35.

Walter, Franz 2004: Abschied von der Toskana. Die SPD in der Ära Schröder, Wiesbaden: VS Verlag für Sozialwissenschaften.

Weizsäcker, Richard von 1992: Im Gespräch mit Gunter Hofmann und Werner A. Perger, Düsseldorf: Econ-Taschenbuch-Verlag.

Wiesendahl, Elmar 2002: Parteienkommunikation parochial. Hindernisse beim Übergang ins Online-Parteienzeitalter, in: Alemann, Ulrich von/Marschall, Stefan (Hg.), Parteien in der Mediendemokratie, Wiesbaden: Westdeutscher Verlag, 364-389.

Wiesendahl, Elmar 2004: Parteitypen, in: Nohlen, Dieter/Rainer-Olaf Schultze (Hg.), Lexikon der Politikwissenschaft. Theorien, Methoden, Begriffe, Bd. 2, München: Beck, 645-647.

Windhoff-Héritier, Adrienne 1987: Policy-Analyse. Eine Einführung, Frankfurt/M.: Campus.

Empirische Strategieanalyse:
Großbritannien und Deutschland im Vergleich

Strategy and Politics in the Blair Era

William E. Paterson

> "Events, dear boy, events."
> *Harold Macmillan*

> "A week is a long time in politics."
> *Harold Wilson*

> "In political activity, then, men sail a boundless and bottomless sea: there is neither harbour for shelter nor floor for anchorage, neither starting-place nor appointed destination. The enterprise is to keep afloat on an even keel; the sea is both friend and enemy; and the seamanship consists in using the resources of a traditional manner of behaviour in order to make a friend of every hostile occasion."
> *Michael Oakeshott in his inaugural lecture at LSE, 1951*

1 Introduction[1]

Arend Lijphart's "Democracies" (Lijphart 1984) introduced a classic distinction between majoritarian and consensus democracies. Britain/Westminster is the classic majoritarian example which Lijphart identifies with concentration of power in one-party executives, disproportional electoral systems, centralised government, constitutional flexibility and stability between elections. Consensual systems are characterised by multi-party systems, proportional electoral systems, decentralised government, power sharing in coalition governments and the existence of multiple veto points. These ideal types would lead us to expect strategic leadership in the Westminster model and to more or less exclude the possibility in the consensual model where gridlock and stasis loom as possibilities. Reality is more complex and strategic leadership occurs fairly rarely in the Westminster system and Peter

---

[1] I would like to thank Jim Buller, Simon Bulmer, David Coates Nat Copsey and Pete Kerr and participants at the Lüneburg Workshop on Political Strategy (February 19/20th 2009) for helpful discussion during the preparation of this chapter. The views are of course my own and they should not be held responsible for any errors.

Katzenstein provided a compelling argument in relation to one consensual democracy that policy change was possible just three years after the appearance of Lijphart's work (Katzenstein 1987).

This chapter sets out to examine the case of Tony Blair as a strategic leader. Blair was a post Thatcher leader and the chapter examines the Thatcher case as the context for Blair. In analysing these cases it uses Jim Bulpitt's now famous "statecraft" frame work in relation to Thatcher (Bulpitt 1986) and the approach of Joachim Raschke and Ralf Tils (2007) in relation to Blair.

Strategic leadership is best viewed as a clear and identifiable political vision and the capacity to make that vision for a while dominant. It was associated in the United Kingdom with the wartime leadership of Winston Churchill and was not something that peacetime leaders normally aspired to. Five singular features of the wartime experience made such a leadership style possible .The first precondition was Churchill's complete dominance of his government. There were almost uniquely no potential rivals. Central control of the economic and administrative system was arguably even more complete than that of the Third Reich and the war situation meant there was no disagreement about ends after 1940 when some within the ruling circle had for a period been in favour of concluding peace. There was lastly a parliamentary and societal consensus in favour of handing over unprecedented powers to the Prime Minister reinforced by the suspension of elections (apart from by elections) for the duration of hostilities. This mood came to an end with allied victory when to his great chagrin and surprise Winston Churchill was unceremoniously booted out of office by the British electorate in 1945.

Churchill's successor Clement Attlee also has some claim to be viewed as a strategic leader despite not sharing Churchill's "heroic" leadership style. 1945 was certainly a "critical juncture" in British political development and the social, economic and political settlement that emerged with the Attlee government lasted with some modifications till the advent of Prime Minister Thatcher. Attlee came to power in 1945 with an overwhelming majority, significant wartime experience of government, a clear and radical programme for change and much of the wartime apparatus of controls still intact even augmented by the widespread nationalisation. In that sense he possessed a great deal of strategic capability .The countervailing forces were extremely challenging however. Dominating everything was the parlous state of the British economy. The terms of the alliance with the United States had been incredibly taxing (disposal of UK overseas assets in return for Lend-Lease etc) and Britain was effectively insolvent, wholly mortgaged to the United States and subject to crippling constraints and unpredictable crises. The other really significant check was the presence in the Cabinet of Herbert Morrison and Ernest Bevin both of whom left a huge footprint on that government. Attlee

Strategy and Politics in the Blair Era

was able to work with the space provided by the visceral antipathy that these two big beasts had for each other. His premiership was thus an example of collective rather than hegemonic leadership. His unwavering strategic aim in these very difficult circumstances was to secure the implementation of the 1945 Programme. This view left no room at all for strategy development and when the 1945 Labour Party Programme had all been turned into legislation, Attlee had no follow on ideas and effectively ran out of steam. The upside for Attlee was that in implementing the 1945 Programme he had been able to make a massive contribution to setting the agenda of British politics for the next three decades.

Between the Attlee and Thatcher governments the governing code in Britain was often referred to as *Butskellism*. The term combined the name of Rab Butler, a very prominent Conservative and Hugh Gaitskell, the Labour leader and conveys the idea that all succeeding governments basically adapted the post-war settlement arrived at between 1945-51. Within that broad consensus, governments were seen (see opening quotes) as being subject to sudden squalls and the role of the Prime Minister was often described in maritime metaphors involving tacking and steering round a reef, "rebuilding the ship on the open sea" (Elster) running aground or enduring a salvage operation by the IMF which introduced monetarism. It is somehow fitting that that period of British government came definitively to an end with James Callaghan, ex Chief Petty Officer at the wheel of HMS Great Britain in the Winter of Discontent in 1979 as the ship of state ran on to the rocks.

2   An asteroid collides with the United Kingdom

Britain's weakening economic position and the steeply increasing leverage of the trades unions precipitated a febrile crisis atmosphere throughout the seventies which was reflected in the contemporary political science literature by the concepts of ungovernability and emerging neo-corporatism. The transformation wrought by the Thatcher government was as all encompassing as it was unanticipated. Electorally the landscape was transformed from the tiny majorities of limited duration that characterised the previous two decades and Prime Minister Thatcher won three successive elections with convincing majorities. British post-war governments although invariably single party had always been coalitions of the key ideological and territorial elements in the governing party and the role of the Prime Minister was often that of a balancer rather than an unconstrained leader. In successive governments Prime Minister Thatcher incrementally reduced the diversity of the Cabinet and always enquired before an appointment "Is he one of us?". John Mackintosh (Mackintosh 1968) had already noted the increasing role of the Prime

Minister but under Thatcher the role of the Cabinet was radically diminished in favour of a pre-eminent Prime Minister. Organisationally however she made relatively few organisational changes and analysts have argued this omission weakened her strategic capability.

> "A strengthened Number Ten or indeed better use of existing apparatus might have helped her to perform better, made her less reactive and allowed her to have been a more measured and consistent Prime Minister." (Kavanagh/Seldon 1999: 205)

However impressive the electoral victories the changes associated with Mrs Thatcher might have remained temporary and contingent rather than constituting a second post war "critical juncture" without the ideological sea change associated with Mrs Thatcher and which resulted in her becoming the first British Prime Minister to spawn an ism. Thatcherism as an ideology and a vision had two core elements both of which had enormous real world effects. Keynesianism which had been at the centre of UK economic policy since the immediate post war era had lost some of its privileged position under Callaghan and was now to be replaced by monetarism. Monetarism, a dominating idea of the first Thatcher government led to a huge reduction in Britain's manufacturing industry and a corresponding weakening of the labour voice. Her key and singular idea however which was later widely copied elsewhere was that of privatisation. Privatisation had two elements; firstly it involved returning the nationalised industries and public utilities to private hands. Secondly and politically hugely effective was "the right to buy" legislation that allowed council house tenants to acquire their properties at very advantageous prices. Together these two elements in Thatcherism blew apart the post war consensus and seemed to presage an enduring Conservative electoral and ideological hegemony.

2.1 Jim Bulpitt and the statecraft thesis

The most influential analysis of Thatcherism and the strategic nature of her leadership was made by my old Warwick colleague and friend Jim Bulpitt. It says something about the degree of distaste that UK political scientists felt for Thatcherism that Jim's reputation has soared with the disappearance of Mrs Thatcher from the political stage and his own tragically early death in 1999. His "Territory and Power in the United Kingdom" (1983) has recently been republished in the ECPR Classics Series. Jim Bulpitt was a maverick Conservative activist and strong supporter of Mrs Thatcher but his analysis now commands wide attention even among those who were resolutely opposed to Mrs Thatcher as a political actor.

Strategy and Politics in the Blair Era

Bulpitt's statecraft thesis first appeared in an article in Political Studies (Bulpitt 1986). His depiction of the animating forces of the British political system is in a sense conventional i.e. a first past the post system in which once a threshold is passed parties with a relatively small share of the vote are rewarded with clear majorities, a highly adversarial system and a massive concentration of political power in government and parliament (Buller/James 2008). In traditional American studies of Presidential leadership in a separation of powers system success was measured in terms of how much of his programme a President got through Congress. For Bulpitt analysing the intensely competitive British system of party government the key test of the success of the leader's statecraft lay in winning national elections; this imperative was reflected in the four statecraft functions of party management, political argument hegemony, a winning electoral strategy and governing competence. Although these functions are separated for analytical purposes a watertight division is very difficult. The concept of political argument hegemony picks out possibly the most distinctive feature of Thatcherism but there is division as to its effects. Bulpitt, a party activist saw its advantages in party management terms.

> "The extent to which political argument hegemony contributes to a party's overall success is not clear. It may be an attribute which party elites require mostly for their own self confidence and party management." (Bulpitt 1986: 21)

Others, including myself would see the privatisation agenda, especially the sale of council houses which proved very attractive to a section of core Labour voters, as a brilliant electoral strategy.

> "A government that thinks strategically is rare in British politics." Andrew Gamble

Mrs Thatcher is the first post-war leader in the United Kingdom after Clement Attlee to whom the term strategic leader, subject to the usual caveat about the absolute primacy of electoral success, could be applied the underlying and pervasive economic weakness of the United Kingdom and the persistence of the post-war ideological and institutional complex which included a key super ordinate role for the Treasury had militated strongly against any Prime Minister harbouring enduring ambitions to be a "strategic leader". Those who did like Harold Wilson who attempted to introduce profound changes in the governmental economic policy making machinery in his first government calculated to reduce "the dead hand of the Treasury" in pursuit of an industrial renaissance fuelled by the "white heat of technology" or Edward Heath in his short lived Selsdon man neo-liberal phase, soon abandoned the attempt. British peacetime Prime Ministers unlike US Presidents and German Chancellors did not do "Vision" (Paterson 1998). The two great visionary speeches of the pre Thatcher ancient regime were made by Winston Churchill not as Prime Minister but as Leader of the Opposition in 1946 and both the Fulton Missouri and Zurich speeches were exclusively devoted to foreign affairs. The Labour government of 1945-51 had done "vision" but on the basis of the 1945 Party Programme and collective leadership rather than Prime Ministerial vision.

Mrs Thatcher inherited a parlous economic situation but unlike all her predecessors she was in the fortunate position (critical moment) where it was very widely accepted that the established ideas and institutions were no longer viable and the prospect of a critical juncture opened up. She had confidence that her vision centred on monetarism could remake Britain. Here again she was fortunate that the massive receipts from oil had come on stream and they remained a UK resource[2] and oil receipts could continue to be used to pay the massive social costs of the shakeout of British manufacturing industry.

2.2 Joachim Raschke and Ralf Tils' strategy approach

Jim Bulpitt crafted a tailor made explanation of Thatcherism though a younger generation now argues it can be employed more comparatively (Buller/James 2008). It would also be possible to apply the more explicitly comparative Raschke and Tils framework to Thatcher. In this volume however it seems to me that more value could be added by examining Thatcher through a Bulpittian lens and reserving the Raschke and Tils approach for Blair since in some important ways they complement each other and a dialogue would be fruitful. Let me illustrate this by picking out one element of their framework. Strategic capability (Raschke/Tils 2007: 273-334) i.e. the capacity of collective actors to act collectively in a strategic mode is a feature of Thatcherism which is underplayed in many studies which overplay the impact of her admittedly powerful personality (the handbag effect). It was however always central to the impact of Thatcherism. This is an area where Raschke and Tils with their emphasis on collective actors resonate strongly with Bulpitt's analysis. Ironically for such a colourful personality who was a natural "loner", Bulpitt had little time for a Great Man view of politics (Bulpitt had a strong historical bent) preferring to focus on a leadership "in group" of senior leaders, political advisers and top civil servants (Buller/James 2008: 14). This historical bent was reflected in his calling this group first the Centre but then and more con-

---

[2]   Scottish voters perhaps surprisingly when asked to choose between being rich Scots or poor Brits had chosen the second alternative.

Strategy and Politics in the Blair Era

sistently the Court Party–a clear echo of the work of Sir Lewis Namier whom Bulpitt followed in privileging an interest based explanation of the British polity. Strategy development and strategic steering could also be applied to the Thatcher case though in the British context it is important to recall that the ever present electoral imperatives will in case of conflict always trump strategic considerations. The concentration of power in the United Kingdom with no alternative forum to government at the centre meant that losing could never normally be contemplated.[3] This imperative has scarcely changed with devolution and no UK wide political party would regard governing in Cardiff and Edinburgh as any real compensation for absence of power at Westminster.

3 How strategic was the Blair government?

"Some new images of Blair begin to rise in my mind: of a man who is lightweight as a butterfly, skimming along the surface. We get a sense in all this of Blair's fragility. Perhaps his lack of bottom–something that derives from both the thinness of his project and the lightness of his personality."

Note to self by the late Hugo Young, Britain's leading columnist on July 17th, 2000
(Young in Trewin 2008: 660-1)

"Blair has done rather well. He is good at being a man of his time. That is to say, he well expresses the fact that there is no Big Idea. Maybe the Big Idea is that there is no Big Idea."

Tony Wright, political scientist and leading New Labour MP in conversation with
Hugo Young on May 2nd, 1996 (Wright in Trewin 2008: 479)[4]

These two arresting quotes might suggest that Blair was never a strategic leader in the Thatcher mould. Privatisation was her big idea and no one ever commented on the lightness of her personality. The record of the Blair governments is unsurprisingly infinitely more nuanced infinitely more complex than these quotes suggest. Blair like Thatcher won three successive elections, an unprecedented achievement for a Labour Prime Minister and would thus easily pass the Bulpitt statecraft test. The prehistory of the New Labour government also suggested a quite different picture. The playbook for the first Blair government written by two prominent

---

[3]   One exception was the Labour election manifesto of 1983 which Gerald Kaufman described as "the longest suicide note in history".

[4]   Perhaps unsurprisingly Tony Wright never attained ministerial office under Blair despite his acknowledged brilliance and competence.

Blairites Peter Mandelson and Roger Liddle was entitled "The Blair Revolution" (Mandelson/Liddle 1996) and portrayed Blair as a leader of steely determination. Blair himself has frequently (though perhaps not entirely accurately) declared that he has no reverse gear (cf. Margaret Thatcher "The Lady's Not for Turning"). That he aspired to be a strategic leader was indicated by a passage in the book that argues that there was a need "for a more formalised strengthening at the centre of government that provides the means of formulating and driving forward strategy for the government as a whole." (Mandelson/Liddle 1996: 240).

3.1 Blair in power

It has become almost a commonplace in UK political science to analyse the record of the Blair government in Bulpittian terms (Buller/James 2008) although the resources of his concept of state craft for explaining governmental leadership in the United Kingdom or more widely have by no means been exhausted. This collection offers the opportunity to engage with a different mode of explanation which although it has many overlaps with Bulpitt's account accords a lesser place to the contingent or the imperatives of office seeking than a British scholar like Bulpitt. Joachim Raschke and Ralf Tils published their major study on "Politische Strategie. Eine Grundlegung" in 2007 (Raschke/Tils 2007). The appearance of this major work on political strategy in Germany, a political system dominated by the exigencies of semi-sovereignty (Green/Paterson 2005), is initially surprising but it seeks to be comparative. It is a very rich and dense work which sees political strategy progressing through the three phases of acquiring strategic capability, strategy development and strategic steering.

3.2 Strategic capability

"The strategic capability of collective actors entails their capacity to act collectively in a strategic mode." (Raschke/Tils 2007: 273-334)

For the reasons set out earlier in this chapter maintaining a strategic mode had proved beyond the capacity of successive British governments post Attlee until the Thatcher era. In the run up to government it looked likely that the New Labour government would inherit a golden economic legacy and that strategic leadership therefore looked possible. A precondition for increased strategic capability in a party government setting, especially for a Labour government which had traditionally paid symbolic if not actual obeisance to the noble myth of the sovereignty of the party conference and where the increasing power of the extra-parliamentary sections of the party had led to the break off of the SDP was to increase the autonomy of the party leadership. Of course much had already been achieved in that direction; Neill Kinnock had dealt with the Militant issue and asserted the prerogatives of the leader and the shadow cabinet over other party bodies and John Smith had pushed through the provision for one member one vote in the election of the leader and deputy leader. The role of the trades unions which had reached a peak in the disastrous "winter of discontent" was infinitely weaker though they still provided much of the party's financial backing despite Blair having presided over a huge increase in membership which to some extent swelled the party coffers between 1994-7. Later in seeking to emancipate the leadership from financial dependence on the trades unions and after party membership shrunk post Iraq, Tony Blair concentrated on securing donations from rich backers, a strategy that came back to haunt him in his last years in office and led to him being the first British Prime Minister to be questioned under police caution in the "cash for peerages" scandal.

In clarifying his position as uncontested No. 1 (Tils 2007: 11) in the Labour Party, Tony Blair pursued three interrelated and simultaneous strategies which remained remarkably consistent over his whole period as party leader and Prime Minister. He sought to professionalise and personalise Labour's mode of campaigning .The aim was not only to win but to win big. In pursuit of this aim the electoral appeal was highly personalised on the leader and a "pledge card" featuring Tony Blair was a central feature of the 1997 election. Scarred by the mauling it had received from the Conservative press in past elections a highly effective rebuttal unit coordinated by Peter Mandelson was established in the Millbank Tower. Huge efforts were undertaken to keep candidates on message Philip Gould ensured that the latest polling data were at the centre of the campaign. These measures were highly effective and contributed to a massive majority in 1997 which meant that Labour was able to rule alone. Blair had assumed that the support of the Liberal Democrats might be necessary and a Joint Cabinet Committee had been created to explore the issue (Ashdown 2001). These innovations were widely copied and became an arresting feature of the SPD campaign in 1998 .This concentration continued in office and Blair became the first Prime Minister to have regular weekly sessions with a pollster, Philip Gould (Kavanagh/Seldon 1999: 267).

All previous post war leaders of the Labour Party with the exception of Michael Foot had been concerned to increase the autonomy of the leader from the parliamentary and extra-parliamentary party but Blair's extraordinary personal popularity and the overwhelming desire of the Labour Party to return to power after three defeats by Margaret Thatcher put Tony Blair in an infinitely stronger position than any of his predecessors to redefine the relationship and he carried through this objective with much more strategic direction and consistency than any previous leader. The Battle over Clause 4 gave an early indication of the direction of travel. Being seen to triumph over elements of the Labour Party was a positive electoral advantage for Blair especially in the crucial South of England. In power, buttressed by a huge majority Blair redefined the relationship between the leader and the party. The personal appeal of the leader was allied to a strategy of attracting rich backers in a manner reminiscent of American presidential candidates.[5] Very far reaching changes were made to Labour Party structures; the role of the National Executive Committee was much reduced and its policy making function disappeared. Previously the NEC had run the party but now

> "(…) actual control over party personnel, finance and election strategy was exercised by party officials appointed by Blair or his trusted aides and reporting upwards to the Prime Minister and his staff." (Heffernan 2007: 154)

The role of the Labour Party Conference was also greatly reduced with leadership officials carefully screening and having a veto over the resolutions to be debated. Traditionally voting at party conferences was weighed very heavily in favour of the trades unions who were judged to be more reliable supporter of the party leadership than activist constituency delegates who had been so troublesome in the early eighties; under New Labour the rules were changed and voting weights were now equal between the constituency delegates and the trade unions. In an inversion of past patterns the constituency activists provided very solid support for Blair throughout his leadership; the Conference had become a leadership resource rather than an obstacle, an asset rather than a liability to the leadership. It might have been expected to challenge the leadership over Iraq which was deeply unpopular in the constituency parties but at no point did such a challenge emerge.

British Prime Ministers have an existential relationship with their parliamentary party on whom they rely for support and who can at any time bring their premiership to an end. They do however possess four important levers; the very large number and gradation of governmental posts, extensive powers of patronage under the Royal Prerogative, the inducement of a seat in the House of Lords and the exclusive right of a Prime Minister to call an election combine to place him/her in a strong position. In the case of the Blair government these normal advantages were immeasurably strengthened by huge majorities. In the early years the relationship had an element of "command and control" with all MP's being required

---

[5]   These negotiations were normally solicited through Blair's fund raiser Lord Levy and Jack Dromey, the Labour Party Treasurer claimed to have been largely kept in the dark when questioned during the "cash for peerages scandal".

Strategy and Politics in the Blair Era

to carry pagers on which they could receive instructions. Blair although a master of the House of Commons spent relatively little time there and never toured the tearooms in search of support in the manner of past Prime Ministers.

> "He has therefore quite neglected parliament, because he did not think he needed it." (Young in Trewin 2008: 660)

As time went on the number of the disappointed inevitably grew and the PLP became more fractious (Cowley 2005) and in the last years weakened by Iraq, Blair did come under prolonged pressure from the PLP on a number of issues like University top up fees and it was clear it would not support him in office indefinitely.

Tony Blair's final strategic aim was to modernise the party programmatically and here he gave an early intention of his aims in the Clause 4 challenge. Party programmes had never had the status in the Labour Party (Clause 4 of the Constitution being an exception) that they did in sister parties like the SPD. Rather than fundamental party programmes an accent was placed on election manifestoes. This was replaced under Blair by speeches and papers from Blair which assumed a quasi programmatic and authoritative character. These declarations were subsumed and marketed under the umbrella *Third Way* and Tony Giddens became for a while the court theoretician. It is important to note that The Third Way followed (Giddens 1998) rather than preceded the New Labour government and its characteristic tone was general and aspirational rather than providing tightly constructed guidelines for political action. The core aspirations of economic dynamism and social cohesion exercised a very powerful pull after the years of Conservative rule which had introduced economic dynamism but at the expense of social cohesion Over the longer term the effect was paradoxical; in seeking to free Blair from the dead weight of a party based ideology, these strategies overshot the target and made him ultimately a less authoritative, less weighty figure.

> "Suddenly you begin to remember that Blair has not a great deal of weight. Weight is given by convictions and programmes, projects and in the end an ideological conviction. Blair despises ideology, has made the banishment of ideology one of the cardinal parts of his project: something he is most proud of–the removal of the left-right difference etc." (Young in Trewin 2008: 660)

Taken together the professionalisation of campaigning, the reduction in the role of the party conference and the Parliamentary Labour Party allied to the modernisation of the party programmatically pushed the New Labour strongly in the direction of Angelo Panebianco's model of an "electoral-professional party" with a "pre-eminent" and "personalized leadership" (Panebianco 1988: 264). The consequences of such a development allow of two interpretations in relation to strategic leadership. The manifest intention was to create strategic space for the leader to exploit but the programmatic changes especially involve a move from "policy seeking" to "office seeking" in which the search for electoral advantage by tracking the median voter rather than party members potentially crowds out strategic considerations and in order to answer the question as to whether Blair was a strategic leader we have to turn to further elements of strategic capability, strategy development and strategic steering.

3.3 Reinventing government

In pushing through her radical renewal programme Prime Minister Thatcher had made very few formal changes in party or governmental organisation. In pursuit of emancipation from the embrace of the Labour Party the priority for Tony Blair had been to recalibrate the role of the leader in the Labour Party but great importance was also assigned to strengthening the strategic centre (Mandelson/Liddle 1996). In pursuit of this aim a twin track approach was followed. The "core executive" was successively strengthened (Fawcett/Rhodes 2007). Around the Prime Minister himself the number of advisers was increased and some of them like Andrew Adonis in the Prime Minister's Policy Unit played quite central roles in policy sectors of interest to the Prime Minister. Two special advisers were given especially prominent roles with official civil service status. Jonathan Powell became Chief of Staff and Head of the Prime Minister's Office. In terms of shaping Blair as a strategic leader the other appointment that of Alistair Campbell as Director of Communications and Strategy was perhaps even more crucial. Alistair Campbell brought to the role a markedly forceful personality, an umbilical connection to the Labour Party which Blair lacked and an ability to manage relations with the print media where New Labour felt understandably vulnerable given the concentration and character of ownership of the print media in Britain. However useful Campbell's appointment might have been in electoral and presentational terms it is difficult not to conclude after reading "The Blair Years" (Campbell 2007) that his presence blunted rather than strengthened a long term strategic presence. Peter Mandelson is sometimes credited with providing this kind of input but after his second resignation in 2001, it was Campbell who had continuous access.

> "This could be seen on Saturday in the Alistair Campbell film, when the blockish man stood around while Campbell sat down–no respect, no authority. Just two lads together. Serious lads. But as it seemed equal lads."(Young in Trewin 2008: 660)

Strategy and Politics in the Blair Era 313

More broadly the picture was mixed. Blair's preferred mode of sofa government further reduced the role of the cabinet as a strategic resource though the Cabinet Committees many of which were chaired by Blair himself continued to be important. In some tension with the big picture of increased control through centralisation the Blair government in a move sometimes attributed to Gordon Brown also devolved a number of potentially awkward issues to public agencies which would allow it to escape direct disapproval for inadequate services. This de-politicisation strategy (Burnham 2001) was not new and had been favoured by conservative governments in the past (Bulpitt 1986: 28).

3.4 Collective leadership

Perhaps the most contentious area for analysts relates to the division of Labour between Tony Blair and Gordon Brown who together with Peter Mandelson were the original architects of New Labour. In relation to the Labour Party itself there can be no doubt that Blair was the Number One. The picture in relation to government is much more complex. In return for his not running for the party leadership, Blair had promised Brown the Treasury; in office Brown took an extremely expansive view of the role of the Treasury which Treasury officials and his principal adviser Ed Balls and communications chief Charlie Whelan embraced with enthusiasm.

> "The Treasury set the strategic agenda across government, engaged in specific policy development and monitored progress against targets to a previously unprecedented extent." (Fawcett/Rhodes 2007: 102)

One minister, Lord Simon of Highbury described the division of labour to me as that between a President Blair and a Prime Minister Brown. Some accounts focus on issues like education, health and the euro where divergence between Brown and Blair did significantly impact on Blair's chances of realising his strategic vision. A more realistic view might be that given that Blair was not a "details person" and later became increasingly sucked into foreign affairs that working in tandem with Brown given their very wide areas of agreement was more helpful in realising his strategic ambition than had he had a less ambitious and assiduous Chancellor as partner. Indeed it could be argued that they both needed each other and neither was as effective on their own. Rivalry was pre programmed and often visceral but neither Blair nor Brown let their rivalry stop them working productively together (most of the time!) in the way that rivalries between Anthony Crosland, Roy Jenkins and Denis Healey had prevented fruitful cooperation between the three most brilliant talents of an earlier age in the Labour Party (Radice 2002).

That Blair was able to include a collective leadership element into his strategic leadership alongside the manifest tension with Gordon Brown reflects the extraordinarily beneficent and enduring economic climate that obtained throughout his leadership. How would Blair have been perceived if there had been a significant economic problem to deal with during his period in office? Could the system of dual control have continued to operate or would Blair have had to take on a different role and offer strategic leadership in the economic domain as Prime Minister Thatcher had offered at a point when the economic circumstances were much more challenging. As it was the success of the economy made Gordon Brown's position invulnerable and immovable.

3.5 Strategic profile and strategy development

Attlee and Thatcher were both identified with a clear strategic profile. Blair's strategic profile which eschewed both a party legitimated programme and a tight ideology was much more diffuse. Much of it had been developed before coming to office but it remained a work in progress throughout his period in office. It was developed by a fairly small group of people encompassing Tony Blair, Jonathan Powell, Gordon Brown, Alistair Campbell, Peter Mandelson, David Miliband and Geoff Mulgan with later inputs from Jack Straw and David Blunkett. Interestingly it did not include John Prescott, the Deputy Prime Minister but could be said to include Bill Clinton as a country member; the attempt to recruit Gerhard Schröder in the same role through the Blair-Schröder paper was to end in acrimony (Paterson 2000) though regular meetings of the Progressive Governance network continued throughout the Blair era and beyond though they lost some of their value post Iraq as Blair became more isolated.

Blair's aims and ideas are set out with great economy and accuracy by David Coates in an essay on "The Character of New Labour" (Coates 2000: 1-16). It is clearly a post Thatcherite governing agenda where economic dynamism (Thatcher's legacy) unites with a developed civic society "of stable families, strong communities, and well resourced public services" (Coates 2000: 11) embedded in a culture of rights and responsibilities and respect for law and order. In this new hybrid model, economic dynamism and social cohesion are two sides of the same coin and "the role of government has changed: today it is to give people the education, skills and technical know how to let their own enterprise and talent flourish in the new market place." (Blair 1997).

Strategy and Politics in the Blair Era

Blessed with huge majorities, a rapidly growing economy and greatly enfeebled trade union Blair faced a much more benevolent strategic environment than any of his predecessors as Prime Minister.

3.6 Strategic steering

The articulation and development of a strategy concept is in some senses the easy part and realising it in government is not unexpectedly infinitely more difficult. Raschke/Tils (2007: 387-440) use the term strategic steering to capture the process of realising strategic goals breaking the strategic steering process into five discrete tasks: sustaining leadership, navigating direction, enforcing decisions, mobilising and orientating.

Leadership is not a constant but has to be permanently renewed. Blair's overwhelming electoral success and his associated dominance of the Labour Party guaranteed his leadership until the last months. It was however a conditional leadership in which he had conceded large areas of policy space to Gordon Brown with a resulting double lock on policy where it normally advanced only where agreement was present between the two great beasts. There were the occasional exceptions as when Tony Blair made a commitment to raising expenditure on the National Health Service to European levels on the David Frost show without prior consultation with his Chancellor.

Faced with the complexities of government and a clear expectations/outcomes gap, Blair launched a series of reforms designed to enforce decisions which began with the *Modernising Government* White Paper which introduced the concept of joined-up government. After the second election victory the focus shifted to and remained on delivery. A culture of targets was introduced, the Office for Public Service Reform was created in the Cabinet Office and in 2006 the functions were transferred to the Prime Ministers Strategy Unit. Despite a huge effort the results were extremely modest. A skills agenda was at the very centre of New Labour but a series of international reports between 2000-2007 documented a largely unchanged picture of continuing low skills in the UK workforce (Taylor 2007: 234).

Tony Blair was widely admired for his mobilising skills and the degree to which he rallied the Labour Party behind him bears eloquent testimony to his skills in that area. Over time however his very professionalism and the over reliance on the Communications Unit threatened to undermine this ability. In a widely leaked memo by Philip Gould, he argued "TB is not believed to be real. He lacks conviction; he is all spin and presentation; he says things to please people, not because he believes them." (Sunday Times, June 12th, 2000). These reservations notwithstanding Blair remained the pre-eminent communicator and mobiliser during his period in office. The orientation function is closely connected to the mobilising function and Blair remained the master of this area despite challenges from Gordon Brown.

3.7 Between Iraq and a hard place

Governmental leaders are key actors in the international system. Helmut Schmidt indicated in conversation with me how this severely constrains the time they can devote to strategic leadership. Since Schmidt's period the time demands of the international system have increased exponentially through a veritable explosion of multilateral summits and bilateral meetings. One of the strengths of the Bulpittian statecraft approach is that he covered this external dimension (Bulpitt 1988) and it is I think a weakness of the Raschke/Tils approach (2007) that it does not address the implications of this development.

It is impossible to overlook in the British case. The Premierships of Thatcher and Blair were both brought to an end by foreign affairs. In Thatcher's case this end was sudden and dramatic while Blair's authority seeped away in a manner that could not be disguised by an endless round of vainglorious valedictory visits. Blair's misfortune was to share his later period in office with George W. Bush. In the run up to the Iraq war Blair had come to the conclusion that the price for influence on the United States President was to adopt a policy of extreme closeness and maximum support. This policy had a number of serious consequences. Over time it ran down his considerable reserves of domestic support and in particular it eroded trust on which in the absence of ideology he depended disproportionately. Trust was eroded by the failure to find the weapons of mass destruction and the increasing evidence that this policy had brought little influence. An incident at the St Petersburg Summit (2006) where open microphones picked up the way in which President Bush addressed him and his rather craven response was especially damaging .The over identification with the United States alienated European partners and undercut his claim (and that of every previous post war UK PM) to be acting as a bridge between Europe and America (Paterson 2007). President Bush's manifest inarticulacy and the distrust in Washington felt towards Colin Powell transformed Blair for a period into "The Accidental American" (Naughtie 2004) who acted as a virtual Secretary of State for President Bush and travelled incessantly. The demands on his time largely excluded sustained attention to other issues.

> "I have a bold aim (…) that over the next few years Britain resolves once and for all its ambivalence towards Europe. I want to end the uncertainty, the lack of confidence, the euro-phobia."
> (Tony Blair on being awarded the Charlemagne Prize at Aachen in summer 1999)

Strategy and Politics in the Blair Era

On coming to power Blair, an instinctive European made a public commitment to making the British public feel comfortable as members of the European Union and in private he made equally clear his determination to take Britain into the European Monetary Union. On neither issue did he display strategic leadership and if anything at the end of his Premiership these two goals were further away from realisation than when he came to power. His failure to make progress on European Monetary Union is easier to explain. This was an issue where Gordon Brown wrested the keys out of his hand and made progress dependent on the five tests (Marsh 2009). It is also the case that the Eurozone and the UK economy developed in divergent ways and the case for entry became increasingly difficult to make. It is initially much more difficult to explain why Tony Blair expended so little effort in building any domestic consensus behind creating a domestic consensus. A major part of the explanation is surely an unwillingness to confront the print media which is overwhelmingly opposed to European integration. Alongside this explanation Simon Bulmer suggests another very powerful motive. Drawing on Kai Oppermann's observation that the main legacy of New Labour had been to transform European policy into a "low-salience issue" (Oppermann 2008: 177). Bulmer speculates that this may not have been unwelcome to Blair (Bulmer 2008). Reviewing Blair's actions in this area including his repeated referendum offers, I find this a very persuasive view in line with Jim Bulpitt's argument for the primacy of electoral success. "Office seeking" not "policy seeking" is the default setting for British Prime Ministers (Blair's Iraq policy is an obvious exception). It can also be viewed as another example of Blairitede-politicisation.

Blair's final position does however stand in pretty stark contrast to his initial view on coming to power. Simon Bulmer, Charlie Jeffery and myself had worked on a study for the Bertelsmann Foundation in the late nineties which appeared later in English as "Germany's European Diplomacy" (Bulmer/Jeffery/Paterson 2000). In this volume we argued that German governments, especially the Kohl government had a strategic view of European policy through which they had been able to affect the European milieu in a way which conferred positive benefits on Germany. In writing this study we had a lot of contact with Robert Cooper, then Minister in the British Embassy who was subsequently attached to Downing Street at the end of his period in Bonn. Under Cooper's influence a Prime Ministerial paper ("The Next Steps") was circulated in Whitehall in May 1998 arguing that the United Kingdom should exchange an emphasis on tactics for one of strategy and adopt a policy of strategic alliances in pursuit of a leading position in the EU.[6] In the following years however tactics reasserted themselves and the UK was often to

---

[6]   The paper was not published. See Grant (1998) for context.

revert to blocking alliances to protect economic or constitutional positions and aspirations of leadership were gradually abandoned.

4 Conclusion

This paper had the twin aims of examining the approaches of Jim Bulpitt and Joachim Raschke and Ralf Tils to the exploration of strategic leadership and coming to a view on Tony Blair as a strategic leader. The approaches of Bulpitt and Raschke and Tils share a number of common features. Although both are actor centred they assume an interactive relationship with the structural environment. They also share a view that leadership is partially collective rather than purely individualistic. There are noticeable differences; Bulpitt applies his framework to the external environment which is left out of consideration by Raschke and Tils. Bulpitt's most original criterion that of "political argument hegemony" fits the adversarial, first past the post UK system but is doubtfully transferable to the multi party, coalition dominated political systems of the European mainland. Bulpitt reflects the British political environment in being sceptical about the possibility of strategic leadership and assuming "office seeking" rather than "policy seeking" lies at the heart of politics. Raschke and Tils seem more persuaded about the prospects for political strategy but the excellent case studies in their book indicate that no SPD Chancellor was able to implement a consistent political strategy (Raschke/Tils 2007: 441-528).

Unlike many analysts of leadership neither Bulpitt nor Raschke and Tils assign a key role to personality. While the role of personality may have been exaggerated in relation to Prime Minister Thatcher, it surely has to be part of any explanation of the limited nature of the Blair effect. Having eschewed ideology and party programmes a huge amount depended on Blair personally. He had an almost limitless belief in his powers of persuasion but with a limited policy attention span. "He intervenes, persuades and then forgets." (Michael Barber cited in Fawcett/Rhodes 2007: 101).

For Dennis Kavanagh Attlee and Thatcher are "the two agenda setting premierships of the last sixty years" which we can take as a proxy for successful strategic leadership (Kavanagh 2007: 15). Simon Jenkins has argued that Brown and Blair are merely Thatcher's sons without any distinctive agenda of their own (Jenkins 2007). This view ignores the hybrid construction of New Labour whose originality lay in combining economic dynamism with social cohesion. If we look at the core economic and social policy ideas of New Labour and their delivery, we would have to concede that they are a joint product of Tony Blair and Gordon Brown and

Strategy and Politics in the Blair Era

a theme of this chapter has been the striking degree despite the continual struggle for power between them that there was a significant element of collective leadership in the Blair period. Together they were extremely formidable in marked contrast to the rather unhappy record of Gordon Brown as Prime Minister.

We would also have to concede that in practice the strategic aspirations of the Blair governments exceeded its grasp and delivery remained disappointing. This applies both in the central areas of economy and social cohesion and even more strongly in the reform of the UK Constitution which was never pursued in a strategic manner (Flinders/Curry 2008). The failure to pursue constitutional reform in a strategic manner was mercilessly exposed in the wake of the crisis, precipitated by but not confined to the parliamentary expenses scandal in summer 2009. One area where Tony Blair did pursue a consistent strategic policy was on the peaceful resolution of the Northern Ireland problem and that remains as his major policy legacy. As in all British governments "office seeking" trumped "policy seeking" where aims conflicted with the Iraq issue being the great exception.

There remains a case for saying that he remains a strategic leader .This lies not so much in winning three elections though that is important[7] but more in the manner in which he changed the strategic capability of the office. Here I think his importance lies not so much in his beefing up of the Downing Street structures but the way in which he reinvented the Labour Party and oriented himself so strongly to the opinions of the median voter relatively unmediated by party structures. Here he was perfectly consistent and these were his choices. Unlike the specific policy mix these innovations are likely to be recession proof and take us some way along the road of "presidentialization" (Poguntke/Webb 2005). This should perhaps not surprise us as an under-explored theme is the way in which the Progressive Governance network animated by Bill Clinton developed and exchanged ideas on strategic leadership. Pursuing such a strategy requires a talent for mobilisation which has proved beyond the skills of Gordon Brown but it is a formula that has been copied with considerable success by David Cameron in opposition though doubts are justified about how strategic a leadership he could exercise in an economically enfeebled post recession Britain without the future access to oil resources that made the Thatcher revolution possible.

---

[7]   Harold Wilson the master tactician also won three but not consecutively.

Bibliography

Ashdown, Paddy 2001: The Ashdown Diaries Volume 2. 1997-1999, London: Penguin.

Blair, Tony 1997: Speech to the European Socialists Congress, Malmo, Sweden.

Buller, Jim/James, Toby 2008: Statecraft and the Assessment of Political Leadership in Britain, PSA paper, Swansea.

Bulmer, Simon 2008: New Labour, New European Policy? Blair, Brown and Utilitarian Supranationalism, in: Parliamentary Affairs, October 2008, Vol. 61, No. 4, 597-620.

Bulmer, Simon/Jeffery, Charlie/Paterson, William 2000: Germany's European Diplomacy, Manchester: Manchester University Press.

Bulpitt, Jim 1983: Territory and Power in The United Kingdom: An Interpretation, Manchester: Manchester University Press.

Bulpitt, Jim 1986: The Discipline of the New Democracy: Mrs Thatcher's Domestic Statecraft, in: Political Studies, Vol. 34, No. 1, 19-39.

Bulpitt, Jim 1988: Rational Politicians and Conservative Statecraft in the Open Polity, in: Byrd, Peter (ed.), British Foreign Policy under Thatcher, London: Philip Allan.

Burnham, Peter 2001: New Labour and the Politics of de-politicisation, in: British Journal of Politics and International Relations, Vol. 3, No. 2, 127-149.

Campbell, Alistair 2007: The Blair Years, London: Hutchinson.

Coates, David 2000: The Character of New Labour, in: Coates, David/Peter Lawler (ed.) New Labour in Power, Manchester: Manchester University Press, 1-10.

Cowley, Philip 2005: Rebels: How Blair mislaid his Majority, London: Politico's.

Fawcett, Paul/Rod Rhodes 2007: Central Government, in: Seldon, Anthony (ed.), Blair's Britain: 1997-2007, Cambridge: Cambridge University Press, 79-103.

Flinders, Matt/Curry, David 2008: Biconstitutionality: Unravelling New Labour's Constitutional Orientations, in: Parliamentary Affairs, Vol. 61, No. 1, 99-121.

Giddens, Tony 1998: The Third Way: The Renewal of Social Democracy, Cambridge: Polity.

Grant, Charles 1998: Can Britain Lead Europe?, London: Centre for European Reform.

Green, Simon/Paterson, William (eds.) 2005: Governance in Contemporary Germany: The Semi-sovereign State Revisited, Cambridge: Cambridge University Press.

Heffernan, Richard 2007: Tony Blair as Labour Party Leader, in: Seldon, Anthony (ed.), Blair's Britain: 1997-2007, Cambridge: Cambridge University Press, 143-163.

Jenkins, Simon 2007: Thatcher and Sons: A Revolution in Three Acts, London: Penguin.

Katzenstein, Peter 1987: Policy and Politics in Germany: the Growth of a semi-sovereign State, Philadelphia: Temple University Press.

Kavanagh, Dennis 2007: The Blair Premiership, in: Seldon, Anthony (ed.), Blair's Britain: 1997-2007, Cambridge: Cambridge University Press, 3-15.

Kavanagh, Dennis/Seldon, Anthony 1999: The Powers Behind the Prime Minister, London: Harper Collins.

Lijphart, Arend 1984: Democracies: Patterns of Majoritarian and Consensus Governments in 21 Countries, New Haven: Yale University Press.

Mackintosh, John 1968: The British Cabinet, second edition, London: Stevens & Sons.

Mandelson, Peter/Liddle, Roger 1996: The Blair Revolution, London: Politico's.

Marsh, David 2009: The Euro: The Politics of the New Global Currency, New Haven: Yale University Press.

Naughtie, James 2004: The Accidental American: Tony Blair and The Presidency, Basingstoke: Palgrave.

Oppermann, Kai 2008: The Blair Government and Europe: the policy of containing the salience of European Integration, in: British Politics, Vol. 3, No. 2, 156-182.

Panebianco, Angelo 1988: Political Parties: Organization and Power, Cambridge: Cambridge University Press.

Paterson, William 1998: Helmut Kohl, the "Vision Thing" and escaping the semi-sovereignty trap, in: German Politics, Vol. 7, No. 1, 17-36.

Paterson, William 2000: Darstellungspolitik in einer parlamentarischen Demokratie - Das Westminster Modell im Medienzeitalter, in: Korte, Karl-Rudolf/Hirscher, Gerhard (Hg.), Darstellungs- oder Entscheidungspolitik? Über den Wandel von Politikstilen in westlichen Demokratien, München: Hanns- Seidel-Stiftung, 146-156.

Paterson, William 2007: The United Kingdom Between Mars and Venus, Bridge or Bermuda Triangle?, in: Perspectives on European Politics and Society, Vol. 8, No. 1, 1-12.

Poguntke, Thomas/Webb, Paul (eds.) 2005: The Presidentialization of Politics. A Comparative Study of Modern Democracies, Oxford: Oxford University Press.

Radice, Giles 2002: Friends and Rivals. Crosland, Jenkins and Healey, London: Little, Brown.

Raschke, Joachim/Ralf Tils 2007: Politische Strategie. Eine Grundlegung, Wiesbaden: VS Verlag für Sozialwissenschaften.

Taylor, Robert 2001: New Labour, New Capitalism, in: Seldon, Anthony (ed.), Blair's Britain: 1997-2007, Cambridge: Cambridge University Press, 214-240.

Tils, Ralf 2007: Strategic Steering and Political Power in Parliamentary Democracies: A Comparative Empirical Study of British and German Core Executives under Premier Minister Tony Blair (1997-2005) and Chancellor Gerhard Schröder (1998-2005), ECPR Joint Sessions, Helsinki, May 7-12th 2007.

Trewin, Ian (ed.) 2008: Hugo Young. The Hugo Young Papers: Thirty Years of British Politics Off the Record, London: Allen Lane.

Strategisches Regieren in der Bundesrepublik: Das Beispiel der SPD-Beschäftigungspolitik 1998-2008

Reimut Zohlnhöfer

1 Einleitung

Die Bekämpfung der Arbeitslosigkeit war ein zentrales Ziel der SPD, als sie 1998 nach 16 Jahren Opposition an die Regierung zurückkehrte. Die Forschung zu den Bestimmungsfaktoren von Arbeitslosigkeit und Beschäftigung zeigt aber, dass eine erfolgreiche Beschäftigungspolitik ein voraussetzungsvolles Unterfangen ist, bei dem es nicht zuletzt auf die Koordination verschiedener Politiken und Akteure ankommt (Zohlnhöfer 2007a). Ja, sogar der von der Arbeitsgruppe Benchmarking des rot-grünen Bündnisses für Arbeit vorgelegte Bericht „Benchmarking Deutschland: Arbeitsmarkt und Beschäftigung" argumentierte, dass es genau auf die Abstimmung der Reformen in unterschiedlichen Politikfeldern ankomme, wenn man die Arbeitslosigkeit wirksam bekämpfen wolle: „Bei den anstehenden Reformen des Arbeitsmarktes sind mögliche Synergien zwischen Veränderungen in verschiedenen Politikfeldern im Sinne einer gegenseitigen Verstärkung des beschäftigungspolitischen Nutzens zu beachten. Das volle Potenzial einer Reform in einem Politikbereich kann nur durch Abstimmung mit Reformen in anderen Bereichen realisiert werden. Eine Reformstrategie für mehr Beschäftigung bedarf eines koordinierten Vorgehens in mehreren Politikfeldern, das die arbeitsmarktrelevanten Wechselwirkungen zwischen einzelnen Politikbereichen berücksichtigt und ausnutzt" (Eichhorst/Profit/Thode et al. 2001: 53, vgl. auch SVR 2005: 167).

Will man also die Arbeitsmarktprobleme lösen – und davon ist für die SPD auszugehen, hatte doch Gerhard Schröder angekündigt, sich an den Erfolgen bei der Bekämpfung der Arbeitslosigkeit messen lassen zu wollen –, so ist ein politikfelderübergreifender Ansatz zu empfehlen (und der rot-grünen Regierung, wie oben gezeigt, empfohlen worden), es sollte also eine Policy-Strategie existieren, die Aussagen darüber trifft, wie die notwendige Koordination von Politiken erreicht werden soll und, wichtiger noch, welche Politikinstrumente wie geändert werden sollen. Der folgende Beitrag soll sich daher mit der Frage beschäftigen, inwieweit sich eine solche Policy-Strategie in der Beschäftigungspolitik für die SPD seit 1998 erkennen lässt, und inwiefern sie tatsächlich handlungsleitend für die sozialdemokratische Beschäftigungspolitik seit 1998 geworden ist.

Der Fokus auf die SPD erscheint gerechtfertigt, weil die Partei in besonderem Maße programmatisch auf das Beschäftigungsziel festgelegt ist. Dies schlug sich auch darin nieder, dass die Partei im gesamten Beobachtungszeitraum den zuständigen Minister stellte. Ein zweiter Grund besteht darin, dass sich auf diese Weise die Effekte unterschiedlicher Umweltkonstellationen untersuchen lassen, existieren doch deutliche, für das Strategy-Making relevante Unterschiede zwischen den beiden Regierungsperioden. In der rot-grünen Koalition konnte die SPD die Wirtschafts- und Sozialpolitik, und somit auch die Beschäftigungspolitik, fast vollständig dominieren, weil sich der Koalitionspartner auf deutlich andere inhaltliche Schwerpunkte konzentrierte, sodass die Sozialdemokraten in dieser Konstellation gute Chancen besaßen, die eigenen Vorstellungen auch durchzusetzen – jedenfalls solange der Bundesrat keine Vetomacht besaß. Anders stellt sich die Lage in der Großen Koalition dar. Einerseits war der Bundesrat wenigstens bis 2009 kein vergleichbar wichtiger Vetospieler wie vor allem in der zweiten rot-grünen Wahlperiode. Andererseits beanspruchte die Union in der Großen Koalition anders als die Grünen für sich beschäftigungspolitische Kompetenz und Mitsprache, sodass die SPD gerade nicht davon ausgehen durfte, dass sich die eigenen Policies umstandslos in der Koalition würden durchsetzen lassen. Gerade vor dem Hintergrund des in erheblichem Maße von Konkurrenz geprägten Verhältnisses zwischen den Partnern der Großen Koalition erscheint es aber sinnvoll, die Perspektive einer Partei einzunehmen, um mögliche Strategiewechsel analytisch einfangen zu können, die sich durch die veränderten Umweltbedingungen ergeben haben. Hinzu kommt, dass sich ab 2005 durch das Hinzutreten der Linkspartei die Konkurrenzsituation im Parteiensystem bedeutend verändert hat.

Daher soll im Folgenden zunächst die Strategiefähigkeit der SPD hinsichtlich der Beschäftigungspolitik analysiert werden, wobei insbesondere die Frage nach dem Zentrum (2.1) und der Richtung (2.2) fokussiert wird. Anschließend werden die „Kristallisationspunkte" (NAP 1999: 4, 7) der sozialdemokratischen Beschäftigungspolitik etwas näher untersucht, nämlich das „Bündnis für Arbeit, Ausbildung und Wettbewerbsfähigkeit" (3.1), die Agenda 2010 (3.2) sowie die arbeitsmarktpolitischen Debatten der Großen Koalition (3.3). Der vierte Abschnitt fasst die Ergebnisse zusammen.

Strategisches Regieren in der Bundesrepublik

2 Die SPD als strategiefähiger Akteur in der Beschäftigungspolitik seit 1998?

Raschke und Tils (2007: 273ff.) verweisen darauf, dass zur Herstellung von Strategiefähigkeit einige Voraussetzungen erfüllt sein müssen. Für die hier untersuchte beschäftigungspolitische Policy-Strategie sind vor allem zwei Fragen relevant, damit einem Akteur Strategiefähigkeit zugesprochen werden kann. Erstens muss die Führungsfrage geklärt sein und zweitens die Frage nach der Richtung der einzuschlagenden Politik. Nur wenn es ein innerparteilich akzeptiertes strategisches Zentrum gibt, das sich über die einzuschlagende Richtung der Politik im Klaren ist, kann von Strategiefähigkeit gesprochen werden. Daher werden im Folgenden genau diese beiden Aspekte für die SPD seit Mitte der 1990er Jahre untersucht.

2.1 Die Führungsfrage

Ein knapper Blick auf die Besetzung des Parteivorsitzes der SPD lässt vermuten, dass die Führungsfrage der SPD seit Mitte der 1990er Jahre keineswegs geklärt war. 1995 hatte Oskar Lafontaine in einem spektakulären Coup auf dem Mannheimer Parteitag Rudolf Scharping den Parteivorsitz entwunden. Kanzlerkandidat bei der Bundestagswahl 1998 wurde dann jedoch nicht der Parteivorsitzende Lafontaine, sondern der niedersächsische Ministerpräsident Gerhard Schröder, der 1999 Lafontaine auch als Parteivorsitzender folgte, nachdem letzterer den Parteivorsitz (ebenso wie das Amt des Bundesfinanzministers) einigermaßen überraschend wieder aufgegeben hatte. Doch auch Schröder vermochte sich nicht einmal bis zum Ende seiner Kanzlerschaft als SPD-Chef zu halten, sondern machte 2004 Platz für Franz Müntefering, der seinerseits noch während der Verhandlungen zur Bildung der Großen Koalition zurücktrat und vom brandenburgischen Ministerpräsidenten Matthias Platzeck ersetzt wurde. Dieser wiederum trat nach weniger als einem halben Jahr zurück und wurde durch den Ministerpräsidenten von Rheinland-Pfalz, Kurt Beck, ersetzt. Auch Beck konnte sich nur zweieinhalb Jahre halten, ehe er im Herbst 2008 Platz machen musste, wiederum für Franz Müntefering. Damit hatte die SPD in ihren gut zehn Jahren Regierungsbeteiligung seit 1998 fünf Wechsel im Parteivorsitz erlebt. Dies kontrastiert stark mit der Kontinuität im Amt des Parteivorsitzenden während der ersten Phase sozialdemokratischer Regierungsbeteiligung, als nämlich Willy Brandt die Partei ununterbrochen geführt hatte.

Nun müssen allerdings Wechsel an der Spitze der Partei nicht notwendigerweise auf eine unentschiedene Führungsfrage hinweisen. Tod, Krankheit, aber auch die Verwicklung in einen Skandal können ebenfalls zur Neubesetzung des

Parteivorsitzes führen, ohne dass dies zwangsläufig auf das Fehlen eines strategischen Zentrums schließen lässt. Von den hier relevanten Wechseln fällt allerdings allenfalls der Rücktritt von Matthias Platzeck in diese Kategorie, begründete dieser seinen Rückzug doch explizit (und plausibel) mit gesundheitlichen Problemen. Die anderen interessierenden Führungswechsel waren dagegen ganz offensichtlich Ausdruck einer nicht geklärten Führungsfrage. Der Beginn der Regierungszeit war geprägt vom Konflikt zwischen dem Bundeskanzler, Gerhard Schröder, und dem Parteichef, Oskar Lafontaine. Diesen Konflikt, der sowohl einen machtpolitischen als auch einen Richtungsaspekt hatte, konnte Schröder bekanntlich für sich entscheiden. Doch unumstritten war seine Führung der Partei auch nach Lafontaines Abgang nur relativ kurz. Spätestens mit der innerparteilichen Diskussion um die Agenda 2010 ab dem Frühjahr 2003 war auch Schröder selbst innerparteilich nicht mehr unumstritten, wenn es ihm auch zunächst, insbesondere beim Sonderparteitag 2003, noch gelang, seine Partei durch Machtworte und Rücktrittsdrohungen auf seinen wirtschafts- und sozialpolitischen Kurs festzulegen.[1] Die offenbar von ihm selbst gewünschte Trennung von Kanzlerschaft und Parteivorsitz im Jahr 2004 zeigte jedenfalls, dass die Partei ihm – und insbesondere seinem beschäftigungspolitischen Kurs – nicht mehr ohne weiteres folgen mochte. Gleichwohl ist beim Wechsel von Schröder zu Müntefering festzuhalten, dass der Wechsel vom Amtsinhaber selbst ausging und es ihm gelang, einen Vorsitzenden zu installieren, der sich – anders als Lafontaine – nicht als besserer Kanzler sah, sondern im Gegenteil willens war, Schröder innerparteilich den Rücken freizuhalten (was er ja auch vorher bereits als Generalsekretär getan hatte; vgl. Raschke/Tils 2007: 509). Dies kann insofern durchaus zu einer Erhöhung der Strategiefähigkeit beigetragen haben.

Allerdings währte auch Franz Müntefering erste Amtszeit als Parteivorsitzender nicht lange, da er kurz nach der Abwahl der rot-grünen Koalition von seinem Amt zurücktrat. Der unmittelbare Anlass für seinen Rücktritt bestand darin, dass der Parteivorstand seinem Kandidaten, Kajo Wasserhövel, die Bestellung zum Generalsekretär verweigerte, und stattdessen die Parteilinke Andrea Nahles wählte. Diese Entscheidung ist als innerparteilicher „Putsch" betrachtet worden, der die Führungsfrage neuerlich aufwarf (Egle 2009). Dies ist durchaus zutreffend, da von einigen der Vorstandsmitglieder, die nicht für Münteferings Kandidaten gestimmt hatten (und die keineswegs alle dem linken Flügel der SPD angehörten), ganz offen darauf verwiesen wurde, dass sie besorgt gewesen seien, dass die SPD mit einem Generalsekretär Wasserhövel vollständig unter Münteferings Kontrolle ge-

---

[1] Ein Indiz dafür, dass sich ab 2003 wiederum die Führungsfrage stellte, ist das Wahlergebnis für Schröders Generalsekretär Olaf Scholz beim SPD-Parteitag im November 2003, der gerade einmal 52,6 Prozent der Delegiertenstimmen bekam – „eine Abstimmungskatastrophe" (Raschke/Tils 2007: 509).

Strategisches Regieren in der Bundesrepublik

raten wäre. So führte die stellvertretende Vorsitzende Ute Vogt aus: „Manche Leute, die am Montag für Andrea Nahles gestimmt haben, hatten Angst davor, dass die Partei gar nicht mehr stattfindet" (zit. nach Der Spiegel Nr. 45/2005, S. 41).

Auch das Ende der Amtszeit von Kurt Beck als Parteivorsitzender war Ausdruck der Tatsache, dass die Führungsfrage in der SPD nicht geklärt war, wurde doch auch Beck im Wesentlichen von Teilen der eigenen Partei entmachtet. Dabei ging es hauptsächlich, wenngleich nicht ausschließlich, um die Frage, ob es eine Zusammenarbeit mit der Linkspartei auf Landesebene geben könne, die Beck nach anfänglichem Abstreiten bejahte, was insbesondere vor dem Hintergrund der hessischen Verhältnisse zu einem massiven Verlust an Glaubwürdigkeit führte.

2.2 Die Richtungsfrage

Diese Ausführungen machen deutlich, dass die Führungsfrage in der SPD seit 1998 weitgehend unbeantwortet geblieben ist. Allerdings ist immer noch denkbar, dass die ungeklärte Führungsfrage lediglich Ausdruck von innerparteilichen Machtspielen war und für die Erarbeitung und Anwendung einer Policy-Strategie im Bereich der Beschäftigungspolitik insofern folgenlos geblieben sein könnte, als über die Richtungsfrage unabhängig von der Führung der Partei weitgehend Einigkeit herrschte. Personell erscheint diese Möglichkeit nicht ausgeschlossen. So überdauerte ja Walter Riester als beschäftigungspolitisch wichtigster Minister den Wechsel an der SPD-Spitze von Lafontaine zu Schröder und auch Wolfgang Clement blieb im Amt, als Müntefering Schröder im Parteivorsitz folgte. Ebenso blieb Müntefering noch nach dem Ende seiner ersten Amtszeit als Parteivorsitzender (und sogar über Platzecks Amtszeit hinaus) weiterhin Bundesarbeitsminister, wie auch Olaf Scholz sein Ministeramt noch nach Becks Abgang behielt. Insofern muss also ergänzend zur Führungsfrage auch die Richtungsfrage in der Beschäftigungspolitik betrachtet werden.

Auch hier zeigt sich aber, dass es um die Strategiefähigkeit der SPD in Bezug auf ihre Beschäftigungs- und insgesamt ihre Wirtschafts- und Sozialpolitik nicht zum Besten bestellt war, mangelte es doch an einem innerparteilichen Konsens über den wirtschaftspolitischen Kurs: Die SPD war „weder programmatisch noch politisch-konzeptionell auf die Regierungstätigkeit vorbereitet" (Stöss/Niedermayer 2000: 5), wie im Rückblick auch der Bundeskanzler selbst einräumt (Schröder 2006: 262). Ihr war es im Wahlkampf 1998 mit dem diffusen Konzept der „neuen Mitte" und den thematischen Schlüsselbegriffen „Innovation und Gerechtigkeit" zwar gelungen, ihre programmatischen Differenzen zu überdecken; doch die widersprüchlichen und teilweise unvereinbaren wirtschaftspolitischen Konzepte, die innerhalb der Partei von den gewerkschaftsnahen so genannten „Traditionalisten" auf der einen und den wirtschaftspolitischen „Modernisierern" auf der anderen Seite vertreten wurden, blieben unverbunden nebeneinander stehen (Egle/Henkes 2003, Raschke/Tils 2007: 498f.), ja, zwischen beiden Lagern „schien lange Zeit ein kaum zu versöhnender Grundkonflikt im Hinblick auf die Herausforderung der Globalisierung vorzuherrschen" (Meyer 2007: 85). So argumentierte der Finanzminister und SPD-Chef, Oskar Lafontaine,

> „(...) daß die deutschen Probleme in erster Linie hausgemacht und eine Folge der falschen Wirtschafts- und Finanzpolitik der Regierung Kohl sind. Die falsche Wirtschafts- und Finanzpolitik folgt dem Irrglauben, dass die Volkswirtschaften auf die Globalisierung mit einem Kostensenkungswettlauf reagieren müssten. Das aber ist der zentrale Punkt der Debatte: Auf die zunehmende europäische und in steigendem Umfang auch weltwirtschaftliche Verflechtung unserer Volkswirtschaften dürfen wir nicht mit einem Wettlauf um möglichst niedrige Löhne, möglichst niedrige Sozialleistungen, möglichst niedrige Unternehmenssteuern und möglichst niedrige Umweltstandards antworten." (Lafontaine/Müller 1998: 17).

Mit Hinweis auf die starke deutsche Außenhandelsposition verwarf Lafontaine das „Standortgerede" und machte eine „ideologisch verhärtete (...) Geldpolitik" für die Beschäftigungskrise in Deutschland verantwortlich (vgl. auch Lafontaine 1999: 46-58).

Schröder und die Modernisierer in der SPD hielten dagegen Lafontaines Finanzpolitik für höchst problematisch, und zwar gerade weil sie als unter Globalisierungsbedingungen nicht Ziel führend betrachtet und sie in der internationalen Wirtschaftspresse harsch kritisiert wurde. Entsprechend sprach Schröder vielfach von den Herausforderungen der Globalisierung, denen mit entschlossenen Reformen entgegengetreten werden müsse. So argumentierte er bereits in seiner ersten Regierungserklärung vom 10. November 1998: „die Globalisierung der Waren- und Finanzmärkte zwingt uns zu Anpassungen und zum Umdenken, zum Abschied von liebgewordenen Traditionen und Gewohnheiten" (Schröder 1998: 58). Was unter dem durch Globalisierung bedingten „Abschied von liebgewordenen Traditionen" zu verstehen sein könnte, wurde dann mit dem so genannten Schröder-Blair-Papier vom Juni 1999 dargelegt. „Es war der Versuch, eine Strategie europäischer Sozialdemokraten zu formulieren, die eine angemessene Antwort auf die beiden großen Herausforderungen der Zeit – demografischer Wandel und Globalisierung – geben sollte" (Schröder 2006: 275). In dem Papier kritisierten Blair und Schröder die traditionelle Sozialdemokratie als zu staatszentriert und warfen ihr vor, die Bedeutung von eigener Anstrengung und Eigenverantwortung unterschätzt zu haben. Daher plädierten sie für eine stärkere Rolle des Marktes und

Strategisches Regieren in der Bundesrepublik 329

sprachen sich unter anderem für Unternehmensteuersenkungen, niedrigere Sozialausgaben und einen flexibleren Arbeitsmarkt aus.

Auch nach dem Rücktritt Lafontaines von seinen Ämtern und der Übernahme des Parteivorsitzes durch Schröder gelang es letzterem allerdings nicht, seine Partei auf die Positionen des Schröder-Blair-Papiers festzulegen oder auch nur den oben angesprochenen Grundkonflikt zwischen Modernisierern und Traditionalisten zu überwinden. Aufgrund des erheblichen innerparteilichen Widerstands gegen das Schröder-Blair-Papier wurde zwar vom SPD-Parteitag im Dezember 1999 beschlossen, eine Revision des Grundsatzprogramms anzugehen (vgl. dazu ausführlich Meyer 2007). Grundsätzlich hätte sich ein solcher Programmdiskurs auch dafür angeboten, die zentrale Richtung sozialdemokratischer (Beschäftigungs-) Politik neu abzustecken. Doch das geschah nicht. Die zentralen Akteure beteiligten sich mit Ausnahme von Müntefering kaum an der Programmarbeit und diese nahm auf die sozialdemokratische Regierungspraxis nur wenig Bezug, jedenfalls nicht im Sinne einer normativen Fundierung der Regierungspolitik. Vielmehr dümpelte die Programmdebatte lange Zeit vor sich hin, während derer sich Traditionalisten und Modernisierer belauerten und mit Entwürfen und Gegenentwürfen traktierten, die aber gerade keine „Debatte über die strategischen Alternativen der SPD und ihre möglicherweise verbindenden Grundlinien" auslösten (Meyer 2007: 90)

Das schließlich im Oktober 2007 verabschiedete Hamburger Programm konnte aus diesem Grund auch die schon seit mindestens Mitte der 1990er Jahre ungeklärte Richtungsfrage abermals nicht beantworten (Egle 2009). Das wird beispielhaft daran deutlich, dass in dem Programm sowohl das Bekenntnis zum „vorsorgenden Sozialstaat" (SPD 2007: 5, 55-58) wie auch das zum „demokratischen Sozialismus" (SPD 2007: 5, 16f.) prominent platziert wurde. Während Beobachter aber im Konzept des „vorsorgenden Sozialstaates", wie es Matthias Platzeck, Peer Steinbrück und Frank-Walter Steinmeier im Sommer 2007 vorgestellt hatten, eine Rechtfertigung der Agenda 2010 und den Abschied der Sozialdemokratie von ihrer Rolle als „Schutzmacht der kleinen Leute" sahen (Walter 2007), weist der – insgesamt diffuse – Begriff des „demokratischen Sozialismus", auf den der seinerzeitige Generalsekretär und Vorsitzende der Programmkommission Olaf Scholz im Sommer 2003 sogar gänzlich verzichten wollte und der offensichtlich als Konzession an die Parteilinke ins Programm eingefügt wurde (Egle 2009), in eine gänzlich andere Richtung.

Zusammenfassend lässt sich demnach festhalten, dass die Strategiefähigkeit der SPD in den ersten zehn Jahren ihrer Regierungsbeteiligung sehr begrenzt gewesen ist, war doch weder die Führungsfrage beantwortet noch eine verbindliche Richtungsentscheidung gefallen. In einem nächsten Schritt wird daher nun zu untersuchen sein, inwieweit strategisches Regieren auch unter den Bedingungen geringer Strategiefähigkeit gelungen ist.

3 Beschäftigungspolitische Strategie im Praxistest: Zehn Jahre sozialdemokratische Beschäftigungspolitik

Im Folgenden sollen einige zentrale beschäftigungspolitische Projekte der Bundesregierungen seit 1998 auf die zugrunde liegenden strategischen Komponenten untersucht werden. Für die rot-grüne Koalition bieten sich hier das „Bündnis für Arbeit" in der ersten Wahlperiode und die Hartz-Reformen sowie die Agenda 2010 in der zweiten Regierung Schröder an. Dagegen gibt es in der Phase der Großen Koalition nicht in gleicher Weise einen Kristallisationspunkt. Daher werden für die Regierung Merkel die wichtigsten beschäftigungspolitischen Entscheidungen in ihrer Gesamtheit betrachtet.

Aus einer Strategie-Perspektive erscheint es mir zudem hilfreich, zwei unterschiedliche Ebenen bei der Politikdurchsetzung zu differenzieren. Zum einen ist die – wenn man so will: technische – Durchsetzung bestimmter Maßnahmen im politischen System zu unterscheiden, bei der es darum geht, die formalen oder faktischen Vetoakteure einzubinden oder zu umspielen – in Anlehnung an Vivien Schmidt (2002) würde ich von der *koordinativen Strategie* sprechen. Zum anderen ist die wahlpolitische Durchsetzbarkeit zu diskutieren, die darauf abzielt, die Wähler und die eigene Partei von der sachlichen Notwendigkeit und der normativen Angemessenheit der Reformen zu überzeugen – hier würde ich, wiederum in Anlehnung an Vivien Schmidt (2002) von *kommunikativer Strategie* sprechen wollen.[2]

3.1 Das Bündnis für Arbeit

Das zentrale beschäftigungspolitische Instrument, ja: der beschäftigungspolitische „Kristallisationspunkt" (NAP 1999) der ersten rot-grünen Legislaturperiode war sicherlich das „Bündnis für Arbeit, Ausbildung und Wettbewerbsfähigkeit" (zu Aufbau und Funktionsweise vgl. etwa Lehmbruch 2000, Heinze 2003, Siegel 2003, Streeck 2003). In der Tat hätte eine Konzertierung der Beschäftigungspolitik über die Ressorts hinweg sowie mit den Sozialpartnern unter Hinzuziehung wissen-

---

[2] Vivien Schmidt (2002: 230-239) unterscheidet in ihren diskurstheoretischen Überlegungen zwischen zwei Teildiskursen, einem „coordinative discourse" zwischen den zentralen politischen Akteuren, die ein politisches Programm ausarbeiten, und dem folgenden „communicative discourse", bei dem die politischen Schlüsselakteure die Wähler über das Programm informieren und dafür um Unterstützung werben.

Strategisches Regieren in der Bundesrepublik

schaftlicher Expertise ein erhebliches strategisches Potenzial geboten, wie sich nicht zuletzt an der Vielzahl vergleichbarer Arrangements in vielen europäischen Ländern in jener Zeit zeigt (vgl. Hassel 2000, Jochem/Siegel 2003). Sowohl hinsichtlich der koordinativen als auch hinsichtlich der kommunikativen Strategieebene hätte das Bündnis für Arbeit genutzt werden können. Im Hinblick auf die koordinative Strategie hätte das Bündnis für Arbeit einen wichtigen Beitrag zur Realisierung der weiter oben angesprochenen beschäftigungspolitischen Synergieeffekte leisten können, nicht zuletzt indem auch in Deutschland die Lohnpolitik, die in vielen Ländern im Zentrum dieser angebotskorporatistischen Bemühungen stand, beeinflusst worden wäre. So hätten beispielsweise lohnpolitische Mäßigung gegen sozialpolitisches Entgegenkommen der Regierung „getauscht" werden können. Wenigstens hätte im Rahmen der Gespräche aber eine Übereinstimmung zwischen Regierung, Gewerkschaften und Arbeitgeberverbänden über die Gründe für die unbefriedigende deutsche Beschäftigungsperformanz und die zukünftig notwendigen beschäftigungspolitischen Reformen hergestellt werden sollen.

Diese Übereinstimmung wäre auch Voraussetzung dafür gewesen, die wahlpolitische Durchsetzbarkeit beschäftigungspolitischer Maßnahmen zu verbessern und auf diese Weise das kommunikative Strategiepotenzial des Bündnisses zu nutzen. Prinzipiell können tripartistische Verhandlungssysteme der jeweiligen Regierung nämlich helfen, möglicherweise politisch riskante Reformen aus dem Parteienwettbewerb herauszunehmen, indem sie von den Vertretern von Gewerkschaften (und Arbeitgeberverbänden) mitgetragen werden. Erfolgreiche Konzertierung dürfte es der Opposition jedenfalls erschweren, wahlpolitisches Kapital aus solchen Reformen zu ziehen, weil die prinzipielle Übereinstimmung von Arbeitnehmern und Arbeitgebern den Wählern die Vorstellung eines angemessenen Kompromisses vermitteln dürfte: „In sozialen Pakten wird die gesellschaftliche Akzeptanz für Reformen in der Sozial- und Tarifpolitik durch die Einbindung der Tarifparteien ermöglicht" (Hassel 2000: 502).

In der deutschen Beschäftigungspolitik scheiterte dieser tripartistische Ansatz allerdings formal im Frühjahr 2003, nachdem er schon vorher nur äußerst begrenzte Ergebnisse zu vermelden hatte. Das lag daran, dass der Vorschlag Schröders im Wahlkampf 1998, nach einem Wahlsieg eine Neuauflage des 1996 unter Helmut Kohl gescheiterten Bündnisses für Arbeit vorzunehmen, „allein wahltaktische Gründe" hatte (Streeck 2003: 7) und er wohl selbst keine genauen Vorstellungen darüber hatte, wozu das Bündnis eigentlich dienen, welche strategische Funktion es also übernehmen sollte.

> „Die tiefe innere Zerrissenheit der noch von Lafontaine geführten SPD musste es dem Kandidaten ratsam erscheinen lassen, sich während des Wahlkampfs so wenig wie

möglich über die Mittel zu äußern, mit denen er der Beschäftigungskrise Herr werden wollte. Mit dem Hinweis auf ein noch zu gründendes Bündnis für Arbeit, das die zu treffenden Maßnahmen zunächst aushandeln müsse, konnte er entsprechenden Fragen jederzeit ausweichen." (Streeck 2003: 7).

Die nicht geklärten Führungs- und Richtungsfragen machten es dann allerdings auch nach der Übernahme der Regierung unmöglich, das Bündnis für Arbeit als strategisches Instrument zu verwenden, eine beschäftigungspolitische Koordinierung zwischen Regierung und Sozialpartnern blieb weitgehend aus. Insbesondere die Gewerkschaften konnten nicht zu Zugeständnissen beispielsweise im Bereich der Lohnpolitik oder bei der Reform des Sozialstaates bewegt werden. Dieses wenig kompromissbereite Verhalten hatte die Regierung den Gewerkschaften allerdings dadurch erheblich erleichtert, dass zu Beginn der Legislaturperiode ein Großteil der gewerkschaftsfreundlichen Gesetzgebung – insbesondere die Rücknahme der umstrittenen Reformen in den Bereichen Kündigungsschutz, Lohnfortzahlung im Krankheitsfall, Rente und Gesundheit sowie die Neuregelung der geringfügigen Beschäftigung und der Scheinselbständigkeit – durchgesetzt wurde, ohne dafür Konzessionen von den Gewerkschaften zu verlangen, ja diese gewerkschaftsfreundlichen Reformen wurden offenbar kein einziges Mal in den Bündnisgesprächen auch nur verhandelt (Streeck 2003: 8). Das lag daran, dass Lafontaine und wohl auch erhebliche Teile der SPD-Fraktion nicht bereit waren, den Gewerkschaften im Falle von Nichtkooperation die ihnen genehmen Reformen vorzuenthalten. „Für die Gewerkschaften lag es deshalb nah, sich mit Hilfe ihres privilegierten Zugangs zur Regierung auf der sozialdemokratischen Innenbahn auf das Einsammeln der fälligen Belohnungen für ihre Wahlkampfunterstützung zu beschränken." (Streeck 2003: 8).

Doch nicht nur den Gewerkschaften gegenüber verzichtete die Regierung auf Zugeständnisse, auch von den Arbeitgebern wurden keine Gegenleistungen „im Tausch" beispielsweise für die unternehmerfreundliche Steuerreform verlangt. Auf diese Weise kam es jedoch kaum zur ursprünglich intendierten Koordinierung der beschäftigungspolitischen Aktivitäten der drei beteiligten Seiten, und entsprechend mager blieb die Bilanz des Bündnisses bereits lange vor seinem endgültigen Scheitern im März 2003 (vgl. auch Siegel 2003).

Der Misserfolg des Bündnisses für Arbeit war also zu einem wesentlichen Teil dadurch bedingt, dass die innerparteiliche Führungs- und Richtungsfrage nicht geklärt war und es der SPD entsprechend an Strategiefähigkeit fehlte. Erstens waren sich die relevanten Mitglieder der Regierung selbst uneins über die notwendigen Reformen, sodass kein von allen Regierungsvertretern geteiltes inhaltliches Konzept existierte, das die Bündnisberatungen hätte strukturieren können (so auch

Strategisches Regieren in der Bundesrepublik 333

Heinze 2003: 152). Zweitens gab es aufgrund der Rivalität zwischen Lafontaine und Schröder für die Gewerkschaften stets eine Abkürzung zur Durchsetzung ihrer Interessen, Streecks (2003: 8) „sozialdemokratische Innenbahn", die das Schnüren von beschäftigungspolitischen Paketen im Rahmen des Bündnisses für Arbeit unmöglich machte. Diese Probleme blieben allerdings auch nach Lafontaines Rücktritt von seinen Ämtern virulent, weil die Richtungsfrage wie oben gesehen eben auch nach 1999 nicht geklärt war und die Gewerkschaften nach wie vor großen Rückhalt in der SPD-Fraktion und vor allem im Bundesarbeitsministerium genossen, das ja bis 2002 von Walter Riester, und damit von einem ehemaligen hohen Gewerkschaftsfunktionär geleitet wurde. Insofern konnte die Regierung auch nach Lafontaines Rücktritt kaum Konzessionen von den Gewerkschaften erlangen, weil diesen nach wie vor die Abkürzung über die Fraktion oder das Arbeitsministerium offen stand.

3.2 Die Hartz-Reformen und die Agenda 2010

Obwohl das Bündnis für Arbeit formal noch bis 2003 existierte, war es nach Ansicht kundiger Beobachter bereits seit dem Sommer 1999 „nichts anderes mehr als eine *photo opportunity* zur medienwirksamen Selbstpräsentation eines um sein politisches Überleben kämpfenden Bundeskanzlers" (Streeck 2003: 12). Und auch der beschäftigungspolitische Reformelan der Regierung war nach der Einlösung der Wahlversprechen bezüglich der Rücknahme einiger unpopulärer Maßnahmen aus der Kohl-Ära sowie der – eher missglückten und daher zunehmend unpopulären – Neuregelung der geringfügigen Beschäftigung und der Scheinselbständigkeit weitgehend erlahmt (vgl. Blancke/Schmid 2003, Zohlnhöfer 2004): Der sinkende Problemdruck in Form abnehmender Arbeitslosigkeit – die Zahl der Arbeitslosen näherte sich zeitweise der für 2002 angepeilten Zielmarke von 3,5 Mio. – ließ bis ins Jahr 2001 hinein weiterreichende Maßnahmen in der Arbeitsmarktpolitik entbehrlich erscheinen, sodass sich die Regierung auf begrenzte Neuerungen bei den arbeitsmarktpolitischen Instrumenten im Job-Aqtiv-Gesetz und das Vorziehen der Entscheidung über Niedriglohn-Modelle („Mainzer Modell") beschränkte, die eher symbolische als substanzielle Bedeutung hatten. Weiterreichenden Maßnahmen dagegen wären mit Konflikten mit den Gewerkschaften verbunden gewesen, weil sie eben nicht im Rahmen von Paketlösungen im Bündnis für Arbeit erreicht werden konnten; daher wurden sie angesichts der befriedigenden Entwicklung der Arbeitslosenzahlen vermieden. Hinzu kam, dass ja auch innerparteilich die Richtung möglicher beschäftigungspolitischer Veränderungen keineswegs unumstritten war und das zentrale Bundesministerium für Arbeit und Sozialordnung

(BMAS) nach wie vor von Walter Riester, und damit nicht gerade im engeren Sinne von einem sozialdemokratischen Modernisierer geleitet wurde.

Gegen Ende des Jahres 2001 stieg der Reformdruck jedoch wieder an, da die erheblich zunehmende Arbeitslosigkeit die Erreichung des beschäftigungspolitischen Zielwertes und damit die Wiederwahl der Regierung zu gefährden drohte. Gemeinsam mit dem Näherrücken des Wahltermins führte dies zu neuem arbeitsmarktpolitischen Aktionismus: Die deutliche Kritik des Bundesrechnungshofes an fehlerhaften Vermittlungsstatistiken der Bundesanstalt für Arbeit wurde in der Öffentlichkeit skandalisiert, was es dem Bundeskanzler ermöglichte, eine Expertenkommission zur Reform der Bundesanstalt für Arbeit einzusetzen, die so genannte Hartz-Kommission. Die dort entwickelten Vorschläge gingen weit über das ursprünglich gesetzte Ziel hinaus und liefen auf eine tief greifende Reform auch der arbeitsmarktpolitischen Instrumente und der Regulierung des Arbeitsmarktes hinaus. Pikanterweise beinhalteten die vorgeschlagenen Maßnahmen in vielen Fällen die Rücknahme der bisher betriebenen Arbeitsrechts- und Arbeitsmarktpolitik der rot-grünen Regierung. Dennoch legte Schröder sich und seine Partei im Bundestagswahlkampf 2002 darauf fest, das Hartz-Konzept „eins-zu-eins" umzusetzen. Diese Festlegung entsprang aber nicht einer längerfristigen Strategie, sondern eher dem taktisch geschickten Nutzen einer sich bietenden Gelegenheit angesichts einer im Falle der Untätigkeit als wahrscheinlich angenommenen Wahlniederlage.

Bereits der Start in die zweite rot-grüne Wahlperiode lässt sich dann allerdings wieder auf die Begriffe „Konzeptionslosigkeit und Kakophonie" bringen (Zohlnhöfer/Egle 2007: 11), was sich vor allem an den höchst widersprüchlichen Konzepten ablesen lässt, die von Koalitionspolitikern zur Linderung der wirtschafts- und finanzpolitischen Misere vorgeschlagen wurden. Auch die Regierungserklärung des Bundeskanzlers vom 29. Oktober 2002 konnte keine Aufbruchstimmung erzeugen, sondern wurde auch von wohlmeindenden Journalisten kritisiert: „Es ist die erste Regierungserklärung nach der Wahl, Rot-Grün stellt sich vor zur zweiten Runde, aber es sieht so aus, als habe nicht einmal die Regierung selbst Lust darauf" (Geyer et al. 2005: 231). Entsprechend fiel die Leistungsbeurteilung der Regierung auf einer Skala von +5 bis -5 bereits im Dezember 2002 auf -1,6 – damit war die rot-grüne Regierung, die im September noch einen Wert von +0,5 aufzuweisen hatte, bereits drei Monate nach ihrer Wiederwahl in dieser Bewertung so tief gestürzt wie keine Bundesregierung vor ihr (Politbarometer 12/2002). Und auch bei den Landtagswahlen in Hessen und Niedersachsen Anfang Februar 2003 erlebte die SPD ein Debakel, in beiden Ländern musste sie Verluste von über zehn Prozentpunkten hinnehmen, die, so zeigen es Wahlanalysen, zu einem erheblichen Teil ihrer Konzeptionslosigkeit geschuldet waren (Zohlnhöfer 2007b).

Strategisches Regieren in der Bundesrepublik

Vor diesem Hintergrund erschien wiederum ein strategischer Neuanfang für die Bundesregierung dringend erforderlich. Die Beratungen im Rahmen des Bündnisses für Arbeit wurden abgebrochen und dieser Abbruch lieferte den Anlass für die Lancierung eines neuen Ansatzes in der Beschäftigungspolitik, der am 14. März 2003 in einer neuerlichen Regierungserklärung des Bundeskanzlers unter dem Titel *Agenda 2010* vorgestellt wurde. Dieser Ansatz war nun nicht mehr korporatistisch orientiert, sondern setzte im Gegenteil auf eine Autonomisierung der Politik gegenüber den Verbänden (Trampusch 2005, Weßels 2007). Dieser neue Politikansatz war allerdings bereits zuvor durch die Hartz-Kommission und durch die Einsetzung der Rürup-Kommission direkt nach Abschluss der Koalitionsverhandlungen eingeleitet und erprobt worden.

Mit Blick auf die koordinative Strategie, also die technische Durchsetzung der einschlägigen Sozial- und Arbeitsmarktreformen, ist die Strategie Schröders als durchaus geeignet einzuschätzen. Dass eine Verkürzung der Bezugsdauer von Arbeitslosengeld, die Absenkung der früheren Arbeitslosenhilfe auf Sozialhilfeniveau, die Einschränkung des Kündigungsschutzes und die relevanten Sozialreformen, von der rechnerischen Herausnahme des Zahnersatzes aus der paritätischen Finanzierung der Krankenversicherung bis zum Nachhaltigkeitsfaktor bei der Rentenversicherung, in Kooperation mit den Gewerkschaften durchsetzbar gewesen wären, kann angesichts der Erfahrungen des Bündnisses für Arbeit nicht angenommen werden. Daher mussten diese Entscheidungen außerhalb des Rahmens des Bündnisses getroffen werden. Aufgrund der engen Beziehungen der Gewerkschaften sowohl zu großen Teilen der SPD-Fraktion als auch zum vormaligen Bundesministerium für Arbeit und Sozialordnung mussten diese Akteure jedoch gleichfalls erstens beim Agenda-Setting umspielt werden und zweitens, insbesondere hinsichtlich der Fraktion, unter Zustimmungsdruck gesetzt werden.

Der Gewerkschaftseinfluss auf das BMAS wurde zunächst mit der Einsetzung der Hartz-Kommission umgangen, da auf diese Weise ohne nennenswerte Einwirkung der Gewerkschaften oder des Ministeriums eine Blaupause für Arbeitsmarktreformen erarbeitet wurde, die das Ministerium selbst kaum vorgelegt hätte. Noch größer wurde der Handlungsspielraum des Bundeskanzlers durch die bevorstehende Bundestagswahl, bei der die unbefriedigende beschäftigungspolitische Performanz die Wiederwahl der Regierung gefährdete. Die drohende Wahlniederlage machte es erforderlich, den Wählern die arbeitsmarktpolitische Handlungsfähigkeit der Bundesregierung vor Augen zu führen. Indem Schröder versprach, die Vorschläge „eins-zu-eins" umzusetzen, stellte er genau diese Handlungsfähigkeit unter Beweis. Weder seine Partei noch die Gewerkschaften konnten dem sozialdemokratischen Spitzenkandidaten in der heißen Phase des Bundestagswahlkampfes in den Rücken fallen, sodass es Schröder auch gelang, seine Partei auf einen beschäftigungspolitischen Reformkurs festzulegen. Diese (kurzfristige) Festlegung der SPD auf das Konzept der Hartz-Kommission nutzte Schröder unmittelbar nach der denkbar knapp gewonnenen Bundestagswahl, um den gewerkschaftsnahen Walter Riester durch den Modernisierer Wolfgang Clement zu ersetzen und die Zuständigkeit für die Arbeitsmarktpolitik aus dem Arbeits- und Sozialministerium herauszulösen, das „mehr als jedes andere Ministerium eine Art Verbändeherzogtum der Gewerkschaften" gewesen war (Schmidt 2007: 306), und die entsprechende Zuständigkeit ins Wirtschaftsministerium (das anschließend Bundesministerium für Wirtschaft und Arbeit hieß) zu verschieben.

Wenigstens die Beschränkung des Einflusses der Gewerkschaften auf die Formulierung der rot-grünen Beschäftigungspolitik ist durchaus als Strategieerfolg bei der Durchsetzung von Politikpositionen zu bewerten, die eher im innerparteilichen Modernisiererflügel zu verorten sind. Ein vergleichbares Umspielen der SPD-Fraktion im Bundestag konnte allerdings naturgemäß nicht gelingen, da ihre Zustimmung zu den Reformen gebraucht wurde. Der Widerstand in der Fraktion gegen eine Reihe dieser Maßnahmen war ebenso wie in der Partei nennenswert: Einige gewerkschaftsnahe SPD-Dissidenten begannen sogar, Unterschriften für ein Mitgliederbegehren zu sammeln, das die Agenda 2010 stoppen sollte. Wenngleich es zu dieser Urwahl nicht kam, weil die notwendige Zahl an Unterschriften nicht erreicht wurde, konnte der linke Flügel immerhin einen Sonderparteitag durchsetzen, auf dem der Regierungskurs am 1. Juni 2003 nach durchaus kontroverser Diskussion allerdings mit großer Mehrheit gebilligt wurde.

Die Gefahr des Fehlens einer eigenen Mehrheit im Bundestag blieb dennoch relevant, wie sich bei der Schlussabstimmung über die Gesundheitsreform im Bundestag zeigte, als es sechs Gegenstimmen aus der SPD gab (PlPr 15/64, 26.9.2003, 5475ff.). Die Verabschiedung des Gesetzes war dadurch aber nicht gefährdet, weil ihm die Union ohnehin zustimmen wollte. Auch bei der Verabschiedung der Hartz-Gesetze im Bundestag drohten mindestens sieben SPD-Abgeordnete, den Reformen die Zustimmung vorzuenthalten (z.B. FTD, 2.10.2003). Nachdem die Regierung in einigen Punkten nachgegeben hatte, mochte schließlich nur noch ein Abgeordneter der Grünen dem dritten und vierten Hartz-Gesetz nicht zustimmen (PlPr. 15/67, 17.10.2003, 5795ff. und 5799ff.). Die Zugeständnisse an die koalitionsinternen Hartz-Kritiker wurden allerdings im Vermittlungsausschuss wieder aufgehoben, wo insbesondere Hartz IV noch zusätzlich verschärft wurde. Daher war auch bei der Bundestagsabstimmung über das Vermittlungsergebnis eine eigene Koalitionsmehrheit keineswegs sicher – und sie kam letztlich bei der Abstimmung über die Zusammenlegung von Arbeitslosen- und Sozialhilfe auch nicht zustande, weil sechs SPD- und sechs Grünen-Abgeordnete gegen das

Strategisches Regieren in der Bundesrepublik

Vermittlungsergebnis stimmten (PlPr. 15/84, 19.12.2003, 7389ff.).[3] Damit war die Zahl der Koalitionsabgeordneten, die für das Gesetz gestimmt hatten (294), kleiner als die Zahl aller übrigen Abgeordneten, die an der Abstimmung teilgenommen hatten (303). Da allerdings auch die FDP sowie – mit Ausnahme zweier Abgeordneter – die Union für das Vermittlungsergebnis stimmten, war die Reform mit breiter Mehrheit angenommen. Hier zeigt sich ein weiteres wichtiges Element der koordinativen Strategie bei der Agenda 2010, zu dem die Regierung allerdings institutionell gezwungen wurde: Die durch die Mehrheitsverhältnisse im Bundesrat ohnehin notwendige Kooperation mit der bürgerlichen Opposition wurde zur Ressource, um den Einfluss der Traditionalisten in der SPD-Fraktion zu begrenzen.

Neben den genannten inhaltlichen Konzessionen, die wie gesehen in vielen Fällen vom Bundesrat wieder rückgängig gemacht wurden, musste Schröder beim Sonderparteitag zur Agenda 2010 auch einen Leitantrag akzeptieren, der bestimmte Forderungen der Parteilinken aufnahm, wie die nach einer Ausbildungsabgabe und der Wiedereinführung der Vermögensteuer. Beide Vorschläge blieben allerdings folgenlos. Wichtiger als dieses Zuckerbrot war aber sicherlich die Peitsche, drohte Schröder doch immer wieder mit seinem Rücktritt für den Fall, dass die Partei ihm nicht folgen sollte.

Dieses Vorgehen war insofern durchaus erfolgreich, als es der Regierung Schröder gelang, überraschend weitreichende Arbeitsmarktreformen durchzusetzen. Gleichwohl dürfte die Richtung, in die diese Reformen gingen, in vielen Teilen zufällig zustande gekommen sein. So hatte die Regierung zwar einen übergreifenden Titel für die Vielzahl von beschäftigungs- und wirtschaftspolitischen Reformen gefunden, ein inhaltliches Gesamtkonzept wurde aber dennoch nicht recht sichtbar. Vielmehr wurde die Agenda 2010 nicht zu Unrecht als „ein Sammelsurium des kurzfristig Machbaren" kritisiert (Geyer et al. 2005: 261). Viele der Kernprojekte, so insbesondere die Zusammenlegung von Arbeitslosen- und Sozialhilfe, waren wohl in erster Linie enthalten, weil die Hartz-Kommission sie vorgeschlagen hatte. Dass ein solches Grand Design fehlte, muss aus einer Problemlösungsperspektive allerdings noch nicht von Nachteil sein. Auch die viel bewunderten und insgesamt erfolgreichen beschäftigungspolitischen Reformen in Dänemark und den Niederlanden können sicherlich nicht als Umsetzung einer einzigen kohärenten Policy-Strategie verstanden werden, sondern waren Ergebnis einer Vielzahl von Veränderungen, deren Inhalt und Abfolge keineswegs von vornherein feststand oder auch nur vorgedacht gewesen wäre (vgl. Zohlnhöfer 2009).

---

[3] Weitere 28 Abgeordnete machten in einer persönlichen Erklärung deutlich, dass sie die im Vermittlungsausschuss eingeführten Verschärfungen eigentlich nicht mittragen mochten (PlPr. 15/84, 19.12.2003, 7443f.).

Was bei der Agenda 2010 allerdings fehlte, war eine komplementäre kommunikative Strategie, die sowohl die Partei als auch die Wähler von der sachlichen Notwendigkeit und der normativen Angemessenheit der Reformen überzeugen hätte können. Es wurde nicht deutlich, wie die möglicherweise durchaus einschneidenden Veränderungen, die heute durchgesetzt werden sollten, zu einer besseren Zukunft führen sollten. Erst recht blieb unklar, wie diese bessere Zukunft aussehen sollte, wohin die Reise also gehen und warum das Ziel für die Wähler attraktiv sein sollte. In seiner Regierungserklärung zur Vorstellung der Agenda 2010 habe Schröder, so einige journalistische Beobachter, einen „Katalog von Kürzungen und Streichungen" verkündet, „aber keine Vorfreude auf ein runderneuertes Gemeinwesen" geweckt (Geyer et al. 2005: 261). Entsprechend fehlte die klare Linie, fehlte etwas, das die Reformen hätte zusammenhalten können.

Zudem oszillierte der sozialdemokratische Reformdiskurs stets zwischen Modernisierung und Kapitalismuskritik, zwischen Agenda 2010 und Heuschreckenvergleichen. In den Bundestagswahlkämpfen seit 1998 wurde entsprechend nicht betont, dass Veränderungen notwendig seien, diese aber zu einer besseren wirtschaftlichen Zukunft führen würden, sondern es wurde den Wählern stets versprochen, möglichst alles so zu belassen, wie es war. Dies deckte sich dann aber nicht mit den Erfahrungen der Wähler mit der rot-grünen Reformpolitik, was die Reformpolitik noch weiter delegitimierte und – kaum überraschend – zu Frustration bei den Wählern führte (vgl. auch Meyer 2007: 91).

Wie wenig überzeugt die rot-grüne Bundesregierung von ihrer eigenen Reformpolitik zu sein schien, wurde schließlich schlaglichtartig nach der nordrheinwestfälischen Landtagswahl und der Entscheidung für vorgezogene Neuwahlen deutlich. Für eine Regierung, die der Überzeugung ist, dass ihre Reformen die wirtschaftliche Situation verbessern werden, wäre es darauf angekommen, diesen Reformen möglichst lange Zeit zu geben, Wirkung zu entfalten. Wenn man also an den Erfolg geglaubt hätte, hätte man alles daran setzen müssen, sich bis zum regulären Bundestagswahltermin zu retten – in der Hoffnung, dass die Reformen bis dahin ihre positiven Effekte begonnen hätten zu zeitigen. Stattdessen – und durchaus folgerichtig – mutierte der Bundestagswahlkampf der SPD im Jahr 2005, der ursprünglich ja ein „Plebiszit über die Agenda 2010" hätte werden sollen, zum Wahlkampf einer Oppositionspartei. „Die SPD gerierte sich mehr als Herausforderer, denn als Verteidiger, mehr als aggressive Oppositionspartei denn als staatstragende Regierungspartei" (v. Alemann/Spier 2008: 49). Wenn aber die Regierung selbst offenbar nicht zu ihren Reformen stand, wie sollten diese dann den Wählern – oder auch nur der eigenen Partei – einleuchten, wieso sollten die Mitglieder und Wähler dann glauben, dass sie notwendig seien und es bei ihnen gerecht zugehe?

Strategisches Regieren in der Bundesrepublik 339

Die mangelhafte kommunikative Strategie muss auch (mit)verantwortlich gemacht werden für das Entstehen einer gesamtdeutschen Partei links von der SPD, die der PDS die lange erfolglose Westausdehnung doch noch ermöglichte. Auf diese Weise befand sich die SPD seit 2005 in einer „doppelten Frontstellung" (v. Alemann/Spier 2008: 45), musste sich einerseits der Angriffe der bürgerlichen Parteien und andererseits der Versprechen der Linkspartei erwehren. Wie sich im nächsten Abschnitt zeigen wird, erschwerte diese Situation das sozialdemokratische Strategy-Making noch weiter.

Insofern muss wohl konstatiert werden, dass die rot-grüne Koalition durchaus mutige Reformschritte durchsetzte, von deren Notwendigkeit und normativen Angemessenheit aber wohl selbst nicht so recht überzeugt war, zumindest auf sozialdemokratischer Seite. Daher war die Regierung auch nicht in der Lage, einen überzeugenden Reformdiskurs zu initiieren, der aber gerade nötig gewesen wäre, um den potenziell unpopulären Reformen die wahlpolitische Spitze zu nehmen. Stattdessen versuchte sich insbesondere die SPD im Wahlkampf 2005 in Schadensbegrenzung, was zwar kurzfristig wenigstens zu einem Teilerfolg führte, was es aber mittelfristig zumindest nicht einfacher gemacht haben dürfte, die weiterhin notwendigen Reformen durchzusetzen.

3.3 Die Beschäftigungspolitik der Großen Koalition

Ein vergleichbar zentrales beschäftigungspolitisches Projekt wie das Bündnis für Arbeit oder die Agenda 2010 gab es in der Großen Koalition nicht, vielmehr waren allenfalls kleinere Schritte zu beobachten, die im Folgenden analysiert werden sollen. Bereits aus dem Ressortzuschnitt und der Besetzung des Arbeitsministeriums gingen ambivalente Signale hervor. Für eine Rückkehr zu einer stärker traditionalistischen Beschäftigungspolitik sprach vor allem die Rückverlegung der arbeitsmarktpolitischen Abteilungen ins wiedergeschaffene Bundesministerium für Arbeit und Sozialordnung, die es den Gewerkschaften erleichtert haben sollte, ihre arbeitsmarktpolitischen Vorstellungen in den Willensbildungsprozess einzuspeisen. Dagegen sprach die Besetzung des Ministersessels mit zwei Modernisierern, zunächst Franz Müntefering, nach dessen Rücktritt Olaf Scholz, eher für eine Fortsetzung der beschäftigungspolitischen Reformen.

Vor diesem Hintergrund überrascht es wenig, dass die Beschäftigungspolitik der SPD in der Regierung Merkel neuerlich kein klares Profil erkennen lässt. In der Kontinuität der Agenda 2010 stand die Erhöhung des Renteneintrittsalters auf 67 Jahre, mit der ein noch stärkerer Anstieg der Sozialversicherungsbeiträge verhindert werden sollte. Diese Maßnahme hatte bereits die Rürup-Kommission vorgeschlagen, sie war aber von der Schröder-Regierung nicht weiterverfolgt worden. Es war im Wesentlichen Franz Müntefering, der als verantwortlicher Minister mit dieser Reform die aus seiner Sicht letzte wichtige Lücke der Agenda 2010 schließen wollte und sie deshalb vorantrieb (vgl. Batt 2008: 216f.). Sie blieb innerhalb der SPD allerdings höchst umstritten, wie sich nicht zuletzt an den elf Gegenstimmen und vier Enthaltungen bei der Schlussabstimmung über dieses Gesetz im Bundestag zeigte (PlPr. 16/86, 9.3.2007, S. 8689f.).

Auf der anderen Seite profilierte sich die SPD aber gerade mit einer Reihe von Maßnahmen, die die Agenda 2010 in bestimmten Bereichen zurücknahmen oder zumindest wieder eine stärkere Regulierung des Arbeitsmarktes vorsahen. Besonders prominent waren in diesem Zusammenhang zum einen die Verlängerung des Bezugs von Arbeitslosengeld I für Ältere sowie zum anderen die Einführung von Mindestlöhnen.

Dass hinter diesen Maßnahmen eine Strategie zur Verbesserung der Beschäftigungssituation steht, kann insbesondere hinsichtlich der Verlängerung des Bezugs von Arbeitslosengeld I für Arbeitslose über 50 Jahre bezweifelt werden – dies wurde nicht einmal in der Gesetzesbegründung behauptet (vgl. BT-Drs. 16/7460). Die vergleichende Forschung hat im Gegenteil gezeigt, dass ein negativer Zusammenhang zwischen der Erwerbsbeteiligung und der Höhe von Lohnersatzleistungen für Langzeitarbeitslose besteht (vgl. Bradley/Stephens 2007). Spiegelbildlich zur Agenda 2010, bei der die Parteilinke vergeblich Widerstand geleistet hatte, waren es nun die Verteidiger eben jener Agenda, allen voran der zuständige Bundesarbeitsminister und Vizekanzler, Franz Müntefering, die entschiedenen Widerstand gegen diese Änderung leisteten. Durchaus bemerkenswerter Weise setzte sich der Parteivorsitzende Beck aber im Parteivorstand ebenso wie auf dem Bundesparteitag der SPD gegen die Position des zuständigen Ministers durch.

Die Durchsetzung von Mindestlöhnen war im Vergleich zu diesem Thema innerparteilich weniger kontrovers. Aber auch in dieser Frage ist eine Verschiebung der innerparteilichen Kräfteverhältnisse hin zu einer eher traditionalistischen Position evident. Das zeigt sich nicht zuletzt daran, dass Kurt Beck bereits unter der rot-grünen Koalition einen Mindestlohn befürwortet hatte, der aber vom damaligen SPD-Vorsitzenden Müntefering sowie vom seinerzeitigen Arbeitsminister Wolfgang Clement strikt abgelehnt worden war (Spiegel Online, 25.6.2004).

Somit lässt sich für die Beschäftigungspolitik der SPD ab 2006 zum zweiten Mal nach 2002/03 ein Richtungswechsel konstatieren. Von besonderem Interesse an dieser zweiten teilweisen Rücknahme der eigenen Politik ist dabei vor allem, dass dieser Strategiewechsel nicht, wie 2002/03, auf den beschäftigungspolitischen Misserfolg zurückgeführt werden kann, denn die Arbeitslosenzahlen sanken in der Regierungszeit der Großen Koalition wenigstens bis zum Herbst 2008 in befriedi-

Strategisches Regieren in der Bundesrepublik

gendem Umfang. Warum nahm die SPD dann aber diesen neuerlichen Richtungswechsel vor?

Wiederum dürfte die Position im Parteienwettbewerb eine zentrale Rolle gespielt haben. Wie bereits angesprochen, waren die Sozialdemokraten mit der Etablierung der Linkspartei als bundesweiter Alternative links der SPD in eine „doppelte Frontstellung" (v. Alemann/Spier 2008: 45) geraten. Diese Position schlug sich in dauerhaft schlechten Umfragewerten für die Sozialdemokraten nieder. Schon im Wahlkampf 2005 hatte die SPD auf diese neue Wettbewerbssituation mit einer „rhetorischen Retraditionalisierung" (v. Alemann/Spier 2008: 50) reagiert; in ähnlicher Weise versuchte insbesondere Kurt Beck als Parteivorsitzender in der Großen Koalition mit den Themen Mindestlohn und Verlängerung der Bezugsdauer von Arbeitslosengeld I die Kompetenz der SPD für Fragen der sozialen Gerechtigkeit wieder in den Vordergrund zu stellen, der Union sozial kalten Neoliberalismus nachzuweisen und gleichzeitig der Linkspartei den Wind aus den Segeln zu nehmen. Bei der Debatte um die Verlängerung des Arbeitslosengeldbezuges für Ältere dürfte dies Beck besonders vordringlich erschienen sein, hatte doch der nordrhein-westfälische CDU-Ministerpräsident Jürgen Rüttgers die entsprechende Debatte im Herbst 2006 in Gang gebracht und seine Partei auf diesen Kurs festlegen können. Beck dürfte in Münteferings strikter Ablehnung dieses Vorschlages die strategische Gefahr gesehen haben, dass die SPD auch noch ihren Vorsprung bei der Kompetenz für soziale Gerechtigkeit gegenüber der Union verliert. Dass es der CDU tatsächlich genau darum gegangen sein dürfte, macht eine Bemerkung des CDU-Generalsekretärs Ronald Pofalla deutlich, der Münteferings Weigerung, den Arbeitslosengeld I-Bezug für Ältere zu verlängern, mit den Worten kommentierte: „Ich finde es bemerkenswert, dass die Christlich Demokratische Union sich für Interessen von Arbeitnehmern, die lange gearbeitet haben, einsetzt und die SPD dagegen hält". Das sei „ein ganz spannender Vorgang in der großen Koalition, und ich bin sehr zufrieden, der Partei anzugehören, die in dem Fall auf der Seite der Arbeitnehmerinnen und Arbeitnehmer ist" (zitiert nach Spiegel Online vom 02.11.2006).

Indem Beck darauf insistierte, der Verlängerung des ALG I-Bezugs für Ältere zuzustimmen, konnte er also nur reaktiv eine weitere Beschädigung der Gerechtigkeitskompetenz der SPD verhindern. Dagegen konnten die Sozialdemokraten die Union bei der Debatte um die Mindestlöhne vor sich her treiben, dienten diese doch „angesichts der vehement ablehnenden Haltung der Union als das – lange vermisste – Identifikationsthema zur Profilierung der sozialen Seite der SPD in der Großen Koalition" (Batt 2008: 222). Da die Union aber fürchtete, dass die Frage der Mindestlöhne relevant für den Ausgang der nächsten Bundestagswahl werden könnte, ließ sich diese Politik auch gegen den Widerstand der Union durchsetzen – die koordinative Strategie Becks ging also zumindest in diesem Punkt auf.

Es erscheint allerdings zumindest fraglich, inwieweit sich hinter dieser Positionierung eine beschäftigungspolitische Strategie verbirgt. Es ist jedenfalls nicht recht ersichtlich, welches inhaltliche Konzept zur Verbesserung der Beschäftigungssituation hinter diesen punktuellen Veränderungen stehen soll. Wenn es sich aber bei dieser beschäftigungspolitischen Neuorientierung um mehr als aus dem Parteienwettbewerb hervorgegangene Wahlkampftaktik gehandelt haben sollte, sondern es tatsächlich um eine strategische Neuausrichtung zur Linkspartei hin gegangen ist, ließ sich diese innerparteilich ebenfalls nicht durchsetzen. Auch diese zwischenzeitliche Linksausrichtung scheiterte nämlich mit der Ablösung von Kurt Beck als SPD-Vorsitzender, und zwar scheiterte sie wiederum an der mangelnden Strategiefähigkeit der Partei, die sich in der lange Zeit offenen Führungs-, vor allem aber in der immer noch unbeantworteten Richtungsfrage zeigt. Entsprechend ist nach wie vor unklar, wie sich die SPD in der Zukunft beschäftigungspolitisch positionieren wird.

4   Fazit

Die vorliegende Untersuchung der sozialdemokratischen Beschäftigungspolitik seit 1998 hat gezeigt, dass die Strategiefähigkeit der SPD über den gesamten Zeitraum eng begrenzt war. Das lag einerseits daran, dass die Führungsfrage allenfalls zwischen 1999 und 2003 geklärt war und andererseits zu keinem Zeitpunkt auch nur annähernd Einigkeit über die Richtung der Beschäftigungspolitik herrschte. Entsprechend schwer war es, eine beschäftigungspolitische Strategie zu entwickeln und anzuwenden. So fehlte es vor allem dem „Bündnis für Arbeit" an Führung, sodass es weitgehend folgenlos blieb. Die Agenda 2010 dagegen war zwar eher Reaktion auf äußere Ereignisse (vor allem drohende Wahlniederlagen), doch zeigt die Einschränkung des Vetopotenzials der Gewerkschaften durch die Aufgabe des korporatistischen Entscheidungsfindungsprozesses und insbesondere die Umgehung und schließlich Auflösung des Bundesministeriums für Arbeit und Sozialordnung durchaus eine erfolgversprechende koordinative Strategie, also eine Strategie, die die Durchsetzung bestimmter Politikansätze erlaubt, die sich anders nicht hätten durchsetzen lassen. Was bei der Agenda 2010 allerdings fehlte, war eine komplementäre kommunikative Strategie, die sowohl die Partei als auch die Wähler von der sachlichen Notwendigkeit und der normativen Angemessenheit der Reformen überzeugen hätte können. Im Gegenteil, der sozialdemokratische Diskurs richtete sich im Wahlkampf 2005 mit Heuschreckenrhetorik und Sozial-

Strategisches Regieren in der Bundesrepublik 343

staatsverteidigung wieder traditionalistisch aus, was zwar die Wahlniederlage in Grenzen hielt, aber die Fortsetzung der Reformpolitik noch weiter erschwerte. Entsprechend mangelte es der sozialdemokratischen Reformpolitik in der Großen Koalition an Konsistenz, wie sich an den Beispielen Erhöhung des Renteneintrittsalters einerseits und Dauer der Arbeitslosengeldzahlungen und Mindestlöhne andererseits zeigte.

Von den Umweltbedingungen spielte vor allem der Wettbewerb um Wählerstimmen eine wichtige Rolle. Dieser erzwang vor dem Hintergrund einer unbefriedigenden beschäftigungspolitischen Performanz ab 2002 die Abkehr von der „Politik der ruhigen Hand", also der strategischen Nulloption des Nichtstuns, die durch die ungeklärten Führungs- und Richtungsfragen bedingt war. Ebenso begrenzte der Parteienwettbewerb aber auch die Anwendbarkeit von Schröders koordinativer Strategie bei der Agenda 2010. Schröders Strategie war nämlich bei der reinen Durchsetzung der Reformen durchaus erfolgreich, ja, er konnte die parteipolitisch entgegengesetzten Mehrheitsverhältnisse im Bundesrat sogar zur Begrenzung des Vetopotenzials des reformskeptischen Flügels seiner eigenen Partei einsetzen. Es war die durch das Fehlen einer kommunikativen Strategie mit bedingte Entstehung einer gesamtdeutschen linken Alternative zur SPD, die die Sozialdemokraten zu einem neuerlichen Kurswechsel zwang.

Insofern fällt das Urteil über die beschäftigungspolitische Strategie der SPD seit 1998 nicht allzu günstig aus. Obwohl die Bekämpfung der Arbeitslosigkeit ein zentrales Ziel der sozialdemokratischen Regierungsbeteiligung war, ist es der Partei zu keinem Zeitpunkt gelungen, sich auf eine beschäftigungspolitische Richtung festzulegen und strategische Optionen zu deren Umsetzung zu erarbeiten. Zentral ist aber die Frage, ob es unter den gegebenen Umweltbedingungen überhaupt eine solche beschäftigungspolitische Strategie gegeben hätte. Diese Frage stellt sich vor allem vor dem Hintergrund relevanter Zielkonflikte, so einerseits zwischen verschiedenen Policyzielen (Vollbeschäftigung vs. hoher Sozialschutz) und andererseits zwischen dem Policyziel der Beschäftigungsausweitung und dem Wiederwahlziel. Daher verfolgte die SPD jedes Ziel nur teilweise, um die Zielabweichung beim jeweils anderen Ziel in Grenzen zu halten. Dieses „teils-teils" war aber nur um den Preis des dargestellten höchst inkonsistenten Politikmusters zu haben. Hinzu kommen ungewöhnlich ungünstige Umweltbedingungen, die einerseits mit der schon mehrfach angesprochenen höchst kompetitiven Situation im Parteienwettbewerb zu tun haben, andererseits aber auch in den Schwierigkeiten einer innerparteilichen Zentralisierung begründet liegen, die im deutschen Föderalismus mit der großen Bedeutung der – häufig bundespolitisch ambitionierten – Ministerpräsidenten ihre Ursache haben.

Insofern scheinen die Probleme der SPD durchaus struktureller Natur zu sein. Ob sich diese Probleme allein mithilfe politischer Strategie lösen lassen, ist daher meines Erachtens zumindest ungewiss. Insbesondere der Fall der britischen Labour Party kann für die SPD in dieser Hinsicht nicht als Vorbild dienen. New Labours marktliberaler Weg in die Mitte, der ja inhaltlich durchaus durch einige Maßnahmen der Agenda 2010 durchscheint, war nämlich einerseits durch das relative Mehrheitswahlsystem von den elektoralen Konsequenzen dieser Politik abgeschirmt, die sich ja auch in Großbritannien trotz der vielgelobten kommunikativen Strategie ergaben.[4] Andererseits ist die Macht in der Labour Party schon aufgrund des zentralistischen politischen Systems stärker zentralisiert, als es jeder SPD-Vorsitzende zu hoffen wagen kann, der sich mit „seinen" Landesfürsten auseinanderzusetzen hat. Insofern bleibt das Fazit, dass es der SPD nicht gelungen ist, eine tragfähige Beschäftigungsstrategie zu erarbeiten, unverändert – nur ist hinzuzufügen, dass sie immerhin unter besonders schwierigen Bedingungen gescheitert ist.

Literatur

Alemann, Ulrich von/Spier, Tim 2008: Doppelter Einsatz, halber Sieg? Die SPD und die Bundestagswahl 2005, in: Niedermayer, Oskar (Hg.), Die Parteien nach der Bundestagswahl 2005, Wiesbaden: VS Verlag für Sozialwissenschaften, 37-65.

Batt, Helge 2008: Weder stark noch schwach – aber nicht groß: Die Große Koalition und ihre Reformpolitik, in: Tenscher, Jens/Batt, Helge (Hg.), 100 Tage Schonfrist. Bundespolitik und Landtagswahlen im Schatten der Großen Koalition, Wiesbaden: VS Verlag für Sozialwissenschaften, 215-246.

Blancke, Susanne/Schmid, Josef 2003: Bilanz der Bundesregierung Schröder in der Arbeitsmarktpolitik 1998-2002: Ansätze zu einer doppelten Wende, in: Egle, Christoph/Ostheim, Tobias/Zohlnhöfer, Reimut (Hg.), Das rot-grüne Projekt. Eine Bilanz der Regierung Schröder 1998-2002, Wiesbaden: Westdeutscher Verlag, 215-238.

Bradley, David H./Stephens, John D. 2007: Employment Performance in OECD Countries. A Test of Neoliberal and Institutionalist Hypotheses, in: Comparative Political Studies 40, 1486-1510.

Egle, Christoph 2009: No Escape from the Long-term Crisis? The Social Democrats' Failure to Devise a Promising Political Strategy, in: German Politics and Society 27 (i.E.).

---

[4] Bei der Unterhauswahl 2005 kam die Labour Party noch auf 35,3% der Stimmen – weniger als bei ihrer ersten Wahlniederlage gegen Margaret Thatcher im Jahr 1979.

Strategisches Regieren in der Bundesrepublik 345

Egle, Christoph/Henkes, Christian 2003: Später Sieg der Modernisierer über die Traditionalisten? Die Programmdebatte in der SPD, in: Egle, Christoph/Ostheim, Tobias/Zohlnhöfer, Reimut (Hg.), Das rot-grüne Projekt. Eine Bilanz der Regierung Schröder 1998-2002, Wiesbaden: Westdeutscher Verlag, 67-92.

Eichhorst, Werner/Profit, Stefan/Thode, Eric et al. 2001: Benchmarking Deutschland: Arbeitsmarkt und Beschäftigung. Bericht der Arbeitsgruppe Benchmarking und der Bertelsmann Stiftung, Berlin/Heidelberg: Springer.

Geyer, Matthias/Kurbjuweit, Dirk/Schnibben, Cordt 2005: Operation Rot-Grün. Geschichte eines politischen Abenteuers, München: DVA.

Hassel, Anke 2000: Bündnisse für Arbeit: Nationale Handlungsfähigkeit im europäischen Regimewettbewerb, in: Politische Vierteljahresschrift 41, 498-524.

Heinze, Rolf G. 2003: Das „Bündnis für Arbeit" – Innovativer Konsens oder institutionelle Erstarrung?, in: Egle, Christoph/Ostheim, Tobias/Zohlnhöfer, Reimut (Hg.), Das rot-grüne Projekt. Eine Bilanz der Regierung Schröder 1998-2002, Wiesbaden: Westdeutscher Verlag, 137-161.

Jochem, Sven/Siegel, Nico A. (Hg.) 2003: Konzertierung, Verhandlungsdemokratie und Reformpolitik im Wohlfahrtsstaat. Das Modell Deutschland im Vergleich, Opladen: Leske + Budrich.

Lafontaine, Oskar 1999: Das Herz schlägt links, München: Econ.

Lafontaine, Oskar/Müller, Christa 1998: Keine Angst vor der Globalisierung. Wohlstand und Arbeit für alle, Bonn: Dietz.

Lehmbruch, Gerhard 2000: Institutionelle Schranken einer ausgehandelten Reform des Wohlfahrtsstaates, in: Czada, Roland/Wollmann, Hellmut (Hg.), Von der Bonner zur Berliner Republik. 10 Jahre Deutsche Einheit, Wiesbaden: Westdeutscher Verlag, 89-112.

Meyer, Thomas 2007: Die blockierte Partei – Regierungspraxis und Programmdiskussion der SPD 2002-2005, in: Egle, Christoph/Zohlnhöfer, Reimut (Hg.), Ende des rot-grünen Projektes. Eine Bilanz der Regierung Schröder 2002-2005, Wiesbaden: VS Verlag für Sozialwissenschaften, 83-97.

NAP 1999: Beschäftigungspolitischer Aktionsplan 1999. Bundesrepublik Deutschland, in: http://ec.europa.eu/employment_social/employment_strategy/99_national_de.htm; 11.4.2007.

Raschke, Joachim/Tils, Ralf 2007: Politische Strategie. Eine Grundlegung, Wiesbaden: VS Verlag für Sozialwissenschaften.

Sachverständigenrat zur Begutachtung der gesamtwirtschaftlichen Entwicklung (SVR) 2005: Die Chance nutzen – Reformen mutig voranbringen. Jahresgutachten 2005/06, Stuttgart: Metzler-Poeschel.

Schmidt, Manfred G. 2007: Die Sozialpolitik der zweiten rot-grünen Koalition (2002-2005), in: Egle, Christoph/Zohlnhöfer, Reimut (Hg.), Ende des rot-grünen Projektes. Eine Bilanz der Regierung Schröder 2002-2005, Wiesbaden: VS Verlag für Sozialwissenschaften, 295-312.

Schmidt, Vivien A. 2002: The Futures of European Capitalism, Oxford: Oxford University Press.

Schröder, Gerhard 1998: Regierungserklärung, in: Deutscher Bundestag, Stenographische Berichte, 14. Wahlperiode, 3. Sitzung, 10.11.1998, 47-67.

Schröder, Gerhard 2006: Entscheidungen. Mein Leben in der Politik, Hamburg: Hoffmann und Campe.

Siegel, Nico A. 2003: Die politische Ökonomie der Makrokonzertierung in Deutschland: Das Beispiel Bündnis für Arbeit, in: Jochem, Sven/Siegel, Nico A. (Hg.), Verhandlungsdemokratie, Konzertierung und Reformpolitik im Wohlfahrtsstaat, Opladen: Leske + Budrich, 148-193.

SPD 2007: Hamburger Programm. Grundsatzprogramm der Sozialdemokratischen Partei Deutschlands. Beschlossen auf dem Hamburger Bundesparteitag der SPD am 28. Oktober 2007, Berlin.

Stöss, Richard/Niedermayer, Oskar 2000: Zwischen Anpassung und Profilierung. Die SPD an der Schwelle zum neuen Jahrhundert, in: Aus Politik und Zeitgeschichte 5, 3-11.

Streeck, Wolfgang 2003: No Longer the Century of Corporatism. Das Ende des „Bündnisses für Arbeit", Köln (=MPIfG Working Paper 03/4).

Trampusch, Christine 2005: Sozialpolitik in Post-Hartz Germany, in: WeltTrends 13 (47), 77-90.

Walter, Franz 2007: „Vorsorgender Sozialstaat". Die neue SPD – kalt und streberhaft, in: Spiegel Online vom 03.09.2007 http://www.spiegel.de/politik/deutschland/0,1518,503507,00.html; 10.3.2009.

Weßels, Bernhard 2007: Organisierte Interessen und Rot-Grün: Temporäre Beziehungsschwäche oder zunehmende Entkoppelung zwischen Verbänden und Parteien?, in: Egle, Christoph/Zohlnhöfer, Reimut (Hg.), Ende des rot-grünen Projektes. Eine Bilanz der Regierung Schröder 2002-2005, Wiesbaden: VS Verlag für Sozialwissenschaften, 151-167.

Zohlnhöfer, Reimut 2004: Die Wirtschaftspolitik der rot-grünen Koalition: Ende des Reformstaus?, in: Zeitschrift für Politikwissenschaft 14, 381-402.

Zohlnhöfer, Reimut 2007a: Politische Steuerung von Arbeitslosigkeit und Beschäftigung?, in: Schmidt, Manfred G./Ostheim, Tobias/Siegel, Nico A./Zohlnhöfer, Reimut (Hg.), Der Wohlfahrtsstaat. Eine Einführung in den historischen und internationalen Vergleich, Wiesbaden: VS Verlag für Sozialwissenschaften, 353-371.

Zohlnhöfer, Reimut 2007b: Zwischen Kooperation und Verweigerung: Die Entwicklung des Parteienwettbewerbs 2002-2005, in: Egle, Christoph/Zohlnhöfer, Reimut (Hg.), Ende des rot-grünen Projektes. Eine Bilanz der Regierung Schröder 2002-2005, Wiesbaden: VS Verlag für Sozialwissenschaften, 124-150.

Zohlnhöfer, Reimut 2009: Globalisierung der Wirtschaft und finanzpolitische Anpassungs-reaktionen in Westeuropa, Baden-Baden: Nomos.

Zohlnhöfer, Reimut/Egle, Christoph 2007: Der Episode zweiter Teil – ein Überblick über die 15. Legislaturperiode, in: Egle, Christoph/Zohlnhöfer, Reimut (Hg.), Ende des rot-grünen Projektes. Eine Bilanz der Regierung Schröder 2002-2005, Wiesbaden: VS Verlag für Sozialwissenschaften, 11-25.

Schluss

Positionen einer politischen Strategieanalyse

Joachim Raschke/Ralf Tils

Dieser Band und das Buch „Politische Strategie" (Raschke/Tils 2007) arbeiten daran, Konturen eines neuen Forschungsfelds und eines Ansatzes zur Analyse von Strategie in der Politik zu umreißen. Die Bezeichnungen des neuen Felds heißen „Strategieforschung" oder „Politische Strategieanalyse", letzteres ist zugleich die Benennung für den von uns entwickelten Approach. Politische Strategieanalyse ist keine neue Disziplin oder Subdisziplin, sondern ein quer liegender Gegenstandsbereich und ein übergreifender Analyseansatz. Sie grenzt an politischem Handeln die Dimension des Strategischen ab, hat aber keinen festen Ort in der Politikwissenschaft. Strategieforschung ist Bestandteil gegenstandsbezogener Felder der politischen Systemanalyse (national und komparativ), der (hier nicht thematisierten) Internationalen Beziehungen ebenso wie – unter bestimmten Aspekten – der Politischen Theorie.

Approach ist politische Strategieanalyse durch den inneren Zusammenhang von Gegenstand, Methode, Theorie. Ein durch Definition abgegrenztes strategisches Handeln (Gegenstand) wird durch „passende" Methoden empirisch untersucht, durch Theorien systematisiert und erklärt. Kontroverse Definitionen und konkurrierende Theorien und Methoden sind Bestandteil eines Forschungsansatzes, der diese Elemente aufeinander bezieht, ohne vorzuschreiben, wie die Passung von Theorie und Methode zum spezifischen Gegenstand auszusehen hat. Approach ist insofern auch ein strukturiertes Suchprogramm.

1 Konzeptualisierung politischer Strategie

Die Grundzüge einer Konzeptualisierung politischer Strategie sehen wir heute nicht anders als in unserer Grundlegung politischer Strategie (Raschke/Tils 2007). An zwei Punkten möchten wir auf anschließende Diskussionen eingehen und unsere Lösungsvorschläge bei den Konstruktionsproblemen von Definition und strategischem Akteurmodell verdeutlichen.

1.1 Definitionsprobleme

Die politologische Definition eines politischen Zentralbegriffs sollte anknüpfen an verbreiteten Vorstellungen, diese begrifflich weiterarbeiten und schärfen. Bei unserer Grunddefinition scheint das gelungen: „Strategien sind erfolgsorientierte Konstrukte, die auf situationsübergreifenden Ziel-Mittel-Umwelt-Kalkulationen beruhen." (vgl. Raschke/Tils 2007: 127-132).

Probleme gibt es an zwei Punkten, bei denen auch das Alltagsverständnis unklar und unsicher ist. Das betrifft vor allem die Zeitausdehnung. Sehr häufig gilt als strategisch nur, was langfristig ist, ein andermal können aber auch kurzfristige Prozesse als strategisch bezeichnet werden – unklar bleibt, welchen Kriterien das folgt. Und es gibt eine Tendenz, nur ganz wichtige Fragen für strategiewürdig zu halten, durchkreuzt davon, selbst in drittrangigen Fragen wie einer Hundesteuer von Strategie zu sprechen – vieles bleibt ohne System.

Zeitausdehnung

„Situationsübergreifend" als Definitionsmerkmal sieht harmlos aus. Tatsächlich aber ist die Ausdehnung von „Situation" nicht objektiv festlegbar. Wo endet die Situation und wie zeitlich ausgedehnt ist das Situationsübergreifende? Das gängige Strategieverständnis denkt bei Strategie immer an das Langfristige. Aber wie lang genau ist langfristig? Sportreporter wissen nicht, ob sie – auf *ein* Fußballspiel bezogen – von Strategie reden dürfen oder ob für ein Spiel alles Taktik ist. Politologen und Politiker wissen nicht, ob es auch eine Strategie für *einen* Parteitag geben kann.

Unsere Antwort für diese Unklarheiten heißt *strategische Einheit*. Der Akteur (oder Beobachter) selbst legt mit der strategischen Einheit fest, in welchem Rahmen sich alle weiteren strategischen Überlegungen und Handlungen abspielen. Bestimmt er beispielsweise den kommenden Parteitag als strategische Einheit, gibt es damit strategische Ziele für *einen* Parteitag. Der Unterschied zwischen Strategie und Taktik bleibt auch bei einer so kleinen Strategieeinheit wirksam: Situatives Reagieren in Einzelsituationen während des Parteitags (etwa beim Auftauchen neuer Kandidaten oder Anträge) ist taktisches Verhalten, das – mehr oder weniger – an die einen Parteitag übergreifende Strategie rückgebunden ist.

Alles, was über eine Einzelsituation hinausgeht, ist damit Strategie prinzipiell zugänglich. Die strategische Einheit kann in ihrer zeitlichen bzw. sachlichen Ausdehnung kurz (Parteitag), mittel (Wahlkampf) oder lang (Legislaturperiode) sein. Im Gegensatz zur Langfristigkeit des herrschenden Strategieverständnisses macht es also bei unserer Definition Sinn, zusätzlich zwischen kurz-, mittel- und langfristiger Strategie zu unterscheiden.

Positionen einer politischen Strategieanalyse 353

Fest steht, dass das Situationsübergreifende zum Strategiebegriff gehört, aber die Ausdehnung des Situationsübergreifenden steht nicht fest. Es muss jeweils durch den Akteur bzw. Beobachter definiert werden. In zeitlicher Hinsicht gilt dasselbe ebenso für das Militär: Es gibt den siebenjährigen und den hundertjährigen Krieg, es gibt aber auch den Sechs-Tage-Krieg – der zeitliche Rahmen ist auch für militärische Strategie dehnbar.

Relevanz

Folgt man der Idee einer selbst zu wählenden strategischen Einheit, ergibt sich auch eine Verflüssigung bei den Zielen. Neben wichtigen kommen für Strategie ebenso weniger wichtige Ziele in Betracht. Die grundlegende Reform des Sozialstaats ist sicherlich ein wichtiges, der Erfolg einer Parlamentsdebatte ein weniger wichtiges Ziel. Beide aber können Bezugspunkt für strategische Überlegungen sein. Da die Sozialstaatsreform sich nicht in Wochen oder Monaten, sondern in Jahren oder Jahrzehnten abspielt, ist hier „langfristig" mit „wichtig" verbunden. Ein Parteitag oder eine Haushaltsdebatte, die über drei Tage gehen, entsprechen den Merkmalen „kurzfristig" und – vermutlich – „weniger wichtig".

Die Bestimmung der strategischen Einheit erfolgt entweder über die Zeit- oder die Sachdimension. Die jeweils anderen Dimensionen (zeitlich, sachlich, sozial) folgen dieser Grundentscheidung. Ist ein Zeitraum der Ausgangspunkt, ergibt sich daraus bereits eine bestimmte Bandbreite überhaupt nur wählbarer Ziele. So lässt sich beispielsweise mit der strategischen Einheit eines Parteitags allein kein Regierungswechsel erzwingen. Hat die Strategie ihren Ursprung in einer Sachfrage, resultieren daraus sinnvolle oder untaugliche Zeitspannen für die Umsetzung. Das zeigt das Beispiel einer grundlegenden Sozialstaatsreform. Die soziale Dimension der strategischen Einheit – also relevante Akteure und der Aktionsraum – bleibt an die Bestimmung der Sach- oder Zeitdimension gebunden. Sie ist eine Konsequenz aus der festgelegten Strategieeinheit.

Wer, wie wir, von der prinzipiellen Wählbarkeit strategischer Einheiten durch Akteure ausgeht, kann nicht mit statisch-objektiven Festschreibungen weniger Grundeinheiten operieren, wie es bei der beliebten Bezugnahme auf Carl von Clausewitz geschieht. Clausewitz hatte für militärische Auseinandersetzungen die zwei Einheiten Krieg und Gefecht festlegt, um sie dann mit dem Konzept von Strategie und Taktik zu verbinden. Danach ist Krieg ein Konflikt „großer Interessen, der sich blutig löst" (Clausewitz 1980: 303). In diesem Krieg finden Gefechte statt. Diese Einteilungen führen ihn zur feststehenden Abgrenzung von Taktik als „Lehre vom Gebrauch der Streitkräfte im Gefecht" (Clausewitz 1980: 271) und Strategie als „Lehre vom Gebrauch der Gefechte zum Zwecke des Krieges"(Clausewitz 1980: 271).

Bei der Definitionsfrage führt kein Weg von Clausewitz in die Politik. Es gibt in der Politik keine sinnvolle Analogie zu Krieg und Gefecht – und zwar weder zu Krieg noch zu Gefecht. Damit existiert auch keine Grundunterscheidung für eine feststehende Zuordnung von Strategie und Taktik. Eine Analogie zum Krieg läge in der Politik beim Erobern staatlicher Machtpositionen. „Gefecht" wäre nur jener Ausschnitt von Konflikten, die direkt auf die „große Machtfrage" zu beziehen sind – also insbesondere der Wahlkampf. Politik ist aber mehr als die Verteilung von Machtpositionen klar abgrenzbarer Akteure. Sie besteht nicht nur aus Staat und Machterwerb. Vielmehr existiert eine Pluralität strategischer Akteure (Parteien, Verbände, Bewegungen etc.), Ziele (Macht, Gestaltung etc.) und anderer Subeinheiten, für die sich kein einheitliches strategisches Bezugssystem finden lässt. Es gibt in der Politik nicht eine feststehende Subeinheit für alle Ausprägungen von Makropolitik, analog zum „Gefecht" im Militärischen (von dem aus Clausewitz seine Definition aufgebaut hat). Parlamentsdebatte, Kampagne, Parteitag, Politikfeld – den politischen Raum kennzeichnet eine große Vielfalt von Subeinheiten ohne die *eine* elementare Grundeinheit.

Eine Übertragung des Modells von Clausewitz auf die Politik würde zu einer extremen Reduktion des Politischen führen. Deswegen ist es im Rahmen politischer Strategie sinnvoller, von subjektiv wählbaren strategischen Einheiten auszugehen, deren Ziele und Zeiträume durch die Akteure selbst bestimmbar bleiben. Gleichwohl gibt es objektive Unter- und Obergrenzen strategischer Einheiten. Zum Beispiel, wenn diese nur noch den Bereich einer Einzelsituation betreffen (im Sinne einer ungerahmten, momenthaften Interaktion) oder sich im Endlosen verlieren (wie bei einer Epochenstrategie).

Unser Lösungsvorschlag der strategischen Einheit schreibt nichts vor, weder aus den Höhen des Generalstabs (wie bei Clausewitz) noch der Wissenschaft, sondern gibt jedem ein Instrument an die Hand, mit dem er oder sie – bezogen auf den gemeinten Kontext – selbst das Taktische vom Strategischen abgrenzen kann. Dadurch wird im konkreten Fall auch festgelegt, ob es sich um Kürzer- oder Längerfristiges, Wichtiges oder weniger Wichtiges handelt.

Unser Strategie-Begriff beansprucht Offenheit. Die Idee eines strategischen Kontinuums erlaubt, auch schwächer konturierte Phänomene mit dem elaborierten Strategiebegriff zu untersuchen (vgl. Raschke/Tils 2007: 336-339). Das wissenschaftliche Instrumentarium muss rational, konsistent, widerspruchsfrei sein, nicht aber die Realität, die damit untersucht wird. Wissenschaftliche Rationalität wird nicht als eine Rationalität der Wirklichkeit ausgegeben. Die harte Grenze läge bei der Aufgabe des intentionalen Kerns. Unsere Definition betrifft nicht einen Spezialfall, sondern steht für eine größere Reichweite. Sie befreit gängige Strategiebegriffe aus ihren Widersprüchen und schafft Klarheit am Ausgangspunkt der Strategieanalyse. Allerdings ist damit ein Umdenken verbunden.

1.2 Akteurmodell

Das strategische Akteurmodell soll die wesentlichen Bestandteile und Dimensionen der am Strategieprozess beteiligten Akteure umfassen. Wir konzentrieren uns hier auf die individuelle und kollektive Dimension von Strategie, den inneren Prozess des Strategy-Thinking sowie den äußeren Prozess des Strategy-Making (vgl. auch Raschke/Tils 2008b: 12-20).

Abbildung 1: Strategisches Akteurmodell

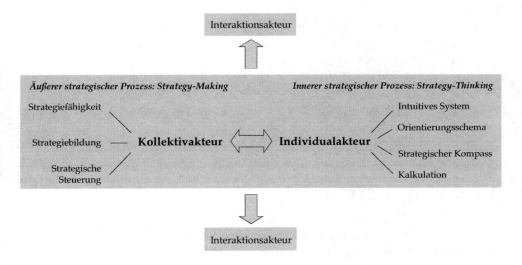

Individuelle und kollektive Strategieakteure

Beim Akteurmodell ist insbesondere die individuelle von der kollektiven Dimension zu unterscheiden, die beim strategischen Handeln eng, aber auch in spezifischer Weise miteinander verwoben sind. Strategie entsteht in einzelnen Köpfen und in kleinen Kreisen. Aber die Spitzenleute müssen Kollektivakteure für strategische Ziele und Operationen erst gewinnen, ohne – schon wegen der Konkurrenz – alle Gründe und Begründungen publik machen zu können. Es gibt in der Politik keine relevanten, individuellen Strategieakteure außerhalb von Kollektiven. Probleme zwischen Individuum und Kollektiv stellen sich also innerhalb kollektiver Akteure.

Individuelle Akteure müssen strategisch kompetent, Kollektivakteure strategiefähig sein, die Vermittlungsprobleme sind von beiden Seiten zu lösen. Dabei sind zwei Fehler zu vermeiden: Führer- und Kollektivzentrierung. Im Zeichen verbreiteter Abwertung des Kollektiven ist heute eher ein überzogener Individualismus das Problem. Er zeigt sich in einer Hypostasierung des Leadership-Faktors[1] und vernachlässigt die konstitutiven und permanenten Wechselwirkungen zwischen Individual- und Kollektivakteuren. Bei einer Kollektivzentrierung gerät der Akteur zu einem homogenen, rational-zielorientiert denkenden, direkt handelndem Kollektiv – eine dreifache Unmöglichkeit. Gerade im Spannungsfeld zwischen individuellen und kollektiven Akteuren entfalten sich die Eigenarten strategischer Politik. Beim Schach braucht Strategie nur einen Akteur, um wirksam zu werden, in der Politik braucht sie ein Kollektiv, das die Strategie nicht unbedingt ersinnt, aber trägt.

Strategisches Handeln ist immer das Handeln einzelner Personen. Jederzeit kann der Kollektivakteur auf die individuelle Ebene herunter gebrochen werden, zum Beispiel das strategische Bewusstsein bei Funktionsträgern, weiteren Eliten oder Spitzenakteuren durch Interview erhoben werden. Individuen schaffen, erhalten, einige von ihnen definieren die Kollektivakteure. Ihre Motive, Präferenzen, Handlungsstile bleiben mit denen des Kollektivakteurs verbunden, aber der Kollektivakteur ist mehr als die Summe individueller Handlungen. Kollektivakteure gewinnen eine eigene, überindividuelle Qualität, die auch das Handeln des Individuums in Kollektiven verändert. Der Einzelne denkt und handelt in Kollektiven anders als wenn er nur für sich kalkuliert und agiert. Die Handlungen der Individuen haben Wirkungen auf der Kollektivebene und das Kollektiv beeinflusst in seinem Rahmen stattfindendes individuelles Handeln. Das Umschalten von Individual- auf Kollektivstrategie ist eines der großen Probleme von Politikern, die ihren Aufstieg in eine Spitzenposition vorwiegend individualstrategisch bewerkstelligen, erst danach aber mit voller Verantwortung auf Interesse und Strategie des Gesamtakteurs umlernen müssen.

Die Untersuchung läuft anders, wenn man sich nur für die Strategien von Individuen für persönliche Zwecke interessiert. Individualstrategien kann man verfolgen etwa für die Wahl als Abgeordneter, für den persönlichen Medienerfolg, für eine Karriere. Strategien sind dann beispielsweise Bestandteil der Analysen von Mikropolitik, Gruppendynamik oder innerorganisatorischem Konflikthandeln. Im Kontext von Parteiendemokratien ist der Individualakteur von Anfang an Teil des Kollektivs: als Mitglied, Funktionsträger, Teilhaber an kollektiver Identität. Typischerweise verfolgt er bei seinem Aufstieg individuelle Strategien. Er braucht er-

---

[1] So beispielsweise in der Bertelsmann-Studie von Fischer/Schmitz/Seberich (2007).

Positionen einer politischen Strategieanalyse

folgreiche Individualstrategien, um an die Spitze zu kommen. Das Bilden von Netzwerken, die Mitwirkung in Strömungen, die Aktivierung interner Unterstützergruppen bleiben, auch wenn sie sich auf Organisationsziele beziehen, gerade für Führungsaspiranten eng mit ihrer Individualstrategie verbunden. Was Politiker für die Gesamtorganisation als Strategie vorschlagen oder mittragen, ist häufig noch stark geprägt von ihren individuellen Interessen.

Erst durch Aufstieg in höchste Positionen übernimmt der Akteur als Spitzenpolitiker – idealtypisch die zweite Phase – strategische Verantwortung für das Kollektiv. „Den ganzen Kollektivakteur denken", „im Interesse des Kollektivakteurs sprechen", „dem Kollektivakteur zugerechnet werden" (auch in strategischer Verantwortung) – wenn „Transformation" wirksam ist, dann bei für den Strategieprozess zentralen Individuen. Erst wenn man voll verantwortlich ist für den (Miss-)Erfolg der Gesamtorganisation, gewinnen auch die kollektiven Strategieprobleme für den Einzelnen den Ernstcharakter, auf den sie bei vertiefender Prüfung angewiesen sind. Insofern beeinflussen Platzierung und Rolle die Erwartungen und Möglichkeiten strategischen Handelns für und im Namen von Organisationen. Man müsste deshalb von einem „Hineinwachsen" sprechen. Nur wenn sich eine hinreichende Zahl strategiekompetenter Akteure an der Spitze einfinden, dort eine angemessene Strukturierung entwickeln (Stichwort: strategisches Zentrum), bereit und fähig sind, von Individual- auf Kollektivstrategie umzuschalten, kann ein Kollektivakteur entstehen, der nicht nur allgemein handlungsfähig ist, sondern auch über Strategiefähigkeit verfügt. Durch angebbare Individualakteure wird der handlungsfähige zum strategiefähigen Kollektivakteur. „Geschlossenheit" des Kollektivakteurs beispielsweise ist kein bloßes Ergebnis spontaner Koordination im Kollektivakteur, sondern entsteht wesentlich auch durch strategisches Handeln von Spitzenakteuren.

Unter dem Strategieaspekt sind die Einflussmöglichkeiten individueller Akteure sehr unterschiedlich. Sicherlich haben politische Führungsakteure in allen Organisationen eine überproportionale Chance, strategische Entscheidungen zu beeinflussen. Das gilt insbesondere, wenn sie zum strategischen Zentrum gehören. Da es ihnen aber immer an Zeit, manchmal auch an strategischer Kompetenz fehlt, können Leute aus „strategischen Apparaten" oder externe Experten Akzente bei der Strategieberatung setzten (vgl. Raschke/Tils 2007: 140-144, 296-311, Raschke/Tils 2008a), die bei den Spitzenleuten Niederschlag finden. Die weiteren und die „mittleren" Eliten, die Aktiven und Strömungen können, gerade wenn es schlecht läuft, nicht nur an der Beeinflussung von Zielen, sondern auch von Strategien durchaus interessiert sein. Inwieweit sie dabei in der Führungsdomäne Strategie durchdringen, hängt von der gegebenen Organisationskultur, Machtverteilung, Elitenspaltung, aber auch von den jeweiligen Spitzenleuten und ihren Führungsstilen ab. Interne Strategiekonflikte können auf die Führung begrenzt sein. Da Strategien in ihren Wirkungen aber die gesamte Organisation betreffen, da sie Einfluss auf die Chancen von Werte- und Interessenrealisierung haben, können sie zahlreiche Akteure mobilisieren. Strategiefragen sind auch Kampf- und Machtfragen. Dabei fungieren politische Führer (Leader) als zentrale Scharniere zwischen internem und externem Strategiehandeln. Herausgehobene Funktion: ja, Monopol in Strategiefragen: nein.

Innerer strategischer Prozess: Strategy-Thinking

Aus der Perspektive einer verstehenden Handlungstheorie[2], die Intentionen, interne Strukturierungen und Berechnungen ernst nimmt und davon ausgeht, dass die „inneren Prozesse" starken Einfluss auf das strategische Handeln ausüben, gehört das Ausleuchten dieser Binnenseite ganz wesentlich zur Strategieanalyse. Wir sprechen von Strategy-Thinking und bezeichnen damit das, was im Individuum an inneren Prozessen der Orientierung, Reflexion, Präferenzbildung und Berechnung vor sich geht.

Tatsächlich greift der innere Prozess mit individuellen Beiträgen permanent in das (äußere) Strategy-Making ein, zum Beispiel im Rahmen von kollektiver Strategiebildung und strategischer Steuerung. Dies ist am besten in seiner Einbettung in den kollektiven Prozess zu analysieren.

Fragt man, was in Strategieakteuren wirklich vor sich geht, kann man unterscheiden: Intuition, Orientierungsschema, Kompass, Kalkulation. Die allgemeine Kategorie der „strategischen Denkweise" ist eine Basisgröße, auf der die übrigen Komponenten des inneren Prozesses aufbauen (Raschke/Tils 2007: 84-111). Die schärfer konturierten, unmittelbar handlungswirksamen Elemente bilden einen Dreiklang: Reduktion (Orientierungsschema, Kompass), Kalkulation, Intuition. Kompass und Orientierungsschema dienen operativer Vereinfachung, einer informierten Reduktion, ohne die der Akteur von der politischen Komplexität überfordert wäre (Raschke/Tils 2007: 111-117, 161-248). Kalkulation ist eine Chiffre für die Abschätzung von Ziel-Mittel-Umwelt-Relationen, die individuell reduzierter abläuft als sie in kollektiver Organisation möglich ist (Raschke/Tils 2007: 249-271). Intuition ist eine wesentliche Stütze innerer strategischer Prozesse, wo das Rationalmodell – aus unterschiedlichen Gründen – nicht oder nur begrenzt angewendet werden kann.

---

[2] Vgl. dazu die Ausführungen im Abschnitt 2.1.

Äußerer strategischer Prozess: Strategy-Making

Den äußeren Prozess verstehen wir als Strategy-Making, in dem der Kollektivakteur durch koordiniertes Handeln seiner Träger der Aufgabe nachgeht, Strategiefähigkeit, Strategiebildung und strategische Steuerung zu entfalten (Raschke/Tils 2007: 273-440). Das Modell des Strategy-Making erscheint auf den ersten Blick banal und alternativlos. Das ist es aber nicht. Es ist ein politologischer Konstruktionsvorschlag, der sich unterscheidet von anderen Ansätzen innerhalb der Sozialwissenschaften und deutliche Differenzen zu strategischem Management und militärischer Strategie aufweist – insbesondere bei der ersten und dritten Säule, Strategiefähigkeit und Steuerung.

Strategiefähigkeit diskutiert man außerhalb der Politik(wissenschaft) zumeist nicht als Zentralproblem und -aufgabe. Armee und Unternehmen wird Strategiefähigkeit weitgehend unterstellt. In der Politik aber ist sie ein grundlegendes Problem der Voraussetzung strategischen Operierens. Deshalb sind alle Versuche fehlgeleitet, Strategiefähigkeit zwar zu thematisieren, dann aber – ohne die Möglichkeit des Scheiterns – einfach vorauszusetzen. Inhaltlich wird die Kategorie entweder zu anspruchslos diskutiert, in der Nähe zu einer allgemeiner gefassten Handlungsfähigkeit (z.B. Scharpf 2000: 107-110) bzw. als Teil von allgemeiner Akteurkompetenz (z.B. Jansen 1997: 195), oder sie wird mit organisationssoziologischen Merkmalen wie beispielsweise einer wahrnehmbaren Akteuridentität überfrachtet, ohne ihren operativen Kern heraus zu schälen (z.B. Braun 1997: 50).

Auch *strategische Steuerung* ist ein eigenes, anspruchsvolles Handlungsfeld. Gedankliche Verbindungen zu „Ausführung" oder „Implementation", wie sie im strategischen Management verbreitet werden, sind irreführend. Sie unterschätzen die allmähliche Verfertigung politischer Strategie beim Handeln, die Gefahr, den strategischen Faden zu verlieren, das Ausmaß der Widerstände und vieles mehr. Strategiefähigkeit und strategische Steuerung, der Anfang und das Ende des strategischen Prozesses, gehören zu den schwierigsten Aufgaben im Rahmen von Strategy-Making.

Die Interaktion mit anderen, ebenfalls strategisch handelnden Kollektivakteuren ist ein Kernelement des Prozesses, aber nicht die einzige Form, sich mit der „Umwelt" auseinanderzusetzen. Während *Interaktion* die wechselseitige Bezugnahme und Beeinflussung von Akteuren meint und das fortlaufende Entziffern der Handlungen der Interaktionspartner erfordert, bezeichnet *Eigenaktion* die monologischen, idealtypisch von externer Beeinflussung gelösten Formen eines Für-sich-Handelns (Raschke/Tils 2007: 394-396). Eigenaktion betrifft vor allem die Festlegung des Kollektivs in Bezug auf Themen, Personen, Symbole (Selbstdefinition) und die vom Akteur betriebene Selbstpräsentation, etwa auf Parteitagen, bei Kampagnen oder Pressekonferenzen. Mit dem Aktionsmodus der Eigenaktion will der Akteur sich *vor* den Veränderungen, die Interaktion immer an ihm vornimmt, präsentieren und strategische Vorteile aus der Nicht-Interaktion ziehen. Die Abgrenzung beider Aktionsmodi ist – wegen der grundlegenden sozialen Orientiertheit an anderen – schwierig, macht aber insbesondere im Kontext von Strategie Sinn, weil das Ausmaß der tatsächlichen Interaktionen strategischer Kalkulation offen steht.

Im vorgeschlagenen Akteurmodell finden sich wesentliche Elemente zur Beschreibung und Erklärung von strategischem Denken und Handeln in der Politik. Der politische Strategieprozess wird als enge Verflechtung individueller und kollektiver Akteure, innerer und äußerer Erscheinungsformen modelliert.

2   Theoretische Einordnung

Politische Strategieanalyse ist ein neuer Approach, der durch den inneren Zusammenhang von Gegenstand, Methode und Theorie gekennzeichnet ist. Strategie ist eine reale, in der bisherigen politikwissenschaftlichen Forschung als systematischer Gegenstand weitgehend ausgeblendete *Dimension* politischen Handelns. Es ist nicht so, dass Strategie in der Politik jederzeit anzutreffen wäre, aber sie stellt eine Dimension politischen Handelns dar, die immer abgefragt werden kann. Das Strategische ist eine besondere Handlungsqualität und stellt ein spezifisches politisches Handlungspotential dar. Strategie erschließt sich am ehesten aus der Perspektive von Akteuren, nicht als Strukturmerkmal objektivierter Handlungen oder ähnlichem, deswegen ist die Einbettung in den Kontext politikwissenschaftlicher Handlungstheorie notwendig. Die folgenden methodologischen Überlegungen bauen darauf auf.

Wir schließen an unsere Gesamtdarstellung an (Raschke/Tils 2007), bei der die Umrisse des Gegenstands deutlich geworden sein dürften, zugrunde liegende Meta-Theorie und Methodologie aber noch nicht hinreichend expliziert worden sind. Wir konzentrieren uns hier auf einen positiven, handlungstheoretisch begründeten Entwurf. Abgrenzungen werden deutlich, ein systematischer Theorienvergleich erscheint aber erst dann sinnvoll, wenn andere Theorien für das Strategie-Thema hinreichend expliziert worden sind. Nach unserem bisherigen Urteil ist mit funktionalistischen, strukturalistischen, systemtheoretischen Theorieansätzen auf dem Feld der Strategieanalyse wenig oder nichts anzufangen. Immer bleiben diese The-

Positionen einer politischen Strategieanalyse　　　　361

orieperspektiven dem wirklichen Akteur äußerlich, ja sie erreichen ihn nicht einmal.[3]

Renate Mayntz (2009: 83-95) hat zu Recht gefordert, bei wissenschaftstheoretischen Erörterungen stärker die besonderen ontologischen Eigenschaften sozialwissenschaftlicher Gegenstände zu berücksichtigen. Wendet man dies auf die Strategieforschung an, lassen sich in einem ersten Zugriff folgende Eigenarten politischer Strategieanalyse hervorheben:

- Starker Anteil offener, „innerer" Strategieprozesse (Strategy-Thinking) zur Erklärung strategischen Handelns.
- Komplexe Wechselbeziehungen zwischen individuellem und kollektivem Akteurhandeln.
- Komplexe Wechselbeziehungen zwischen Mikro/Meso/Makro-Ebene.
- Kontingentes und komplexes Interaktionshandeln zwischen Kollektivakteuren.
- Einbettung strategischer Prozesse in historisch-genetische und kontextuelle Zusammenhänge.

2.1 Verstehende Handlungstheorie

Unter dem Gesichtspunkt von Strategie sind uns für die Theoriebildung zwei Aspekte besonders wichtig. Erstens sollen Theorieelemente im Strategiezusammenhang dazu beitragen, Einzelfälle (sowie typische „häufige Erscheinungen") informativ aufzuschließen, Generalisierungspotentiale aber nicht zu verschließen. Einzelfälle dienen dann nicht nur als Anwendungsfall möglichst allgemeiner „Gesetze" – mit denen auf dem Feld der Strategie schon allein wegen übergroßer Varianz und Komplexität nicht zu rechnen ist. Zweitens ist Strategie als begrifflicher und analytischer Systematisierungszusammenhang ein Phänomen der Moderne. Erst seit dem späten 18. Jahrhundert gewinnt Strategie Konturen einer „Idee", von der her sich ein strategischer Wirkungszusammenhang für Akteure real ergibt und theoretisch zum Beispiel in Idealtypen konstruierbar ist. Damit erscheint uns strategische Theorie nur in historischer Begrenztheit informativ und erklärungskräftig.

Auf welcher Art von Handlungstheorie basiert nun der hier vorgestellte Approach? Aus der bisherigen theoretischen Einordnung ergibt sich, dass eine akteurnahe und akteuroffene Theorie gesucht wird. Deshalb ist *verstehende Handlungstheorie* die Grundlage, die wir für Strategieanalyse vorschlagen. Wir müssen die Akteure verstehen, weil wir von Strategie (fast) nichts verstehen. Das ist eine

---

[3]　Vgl. dazu auch die Einleitung bei Helmut Wiesenthal in diesem Sammelband.

Grundhaltung, die den politisch Handelnden mehr Referenz einräumt als es in der Wissenschaft üblich ist. Verstehende Handlungstheorie ist der einzige Theorieansatz, der den Akteur, seine Orientierungen, Deutungen, Intentionen, Denkoperationen ernst nimmt und zum Ausgangspunkt der Analyse macht. Dafür spricht generell viel, bei der Strategieanalyse alles. Der Beobachter ist nicht prinzipiell klüger als der Akteur. Und selbst wenn er klüger ist, kommt man damit ja dem nicht näher, was tatsächlich handltungsleitend war. Im Rahmen verstehender Handlungstheorie sind Akteurnähe und Wissenschaftsanspruch keine Gegensätze.

Den Gegenpol zur verstehenden Handlungstheorie bildet die *zuschreibende Handlungstheorie*. Zuschreibend sind präskriptiv den Akteuren unterstellte Handlungsorientierungen bzw. Strategien, im Gegensatz zu intentionalen Strategien, von denen man weiß, dass sie der Akteur nicht nur verfolgt, sondern auch beabsichtigt. Zugeschriebene Strategien sind exogen durch normative Annahmen unterstellte Strategien, bei dem der Wissenschaftler, wie Max Weber sagte, „einfach dekretiert" (Weber 1988: 335).

Geht man näher von den Eigenheiten des strategischen Prozesses aus, lässt sich für Strategie ein auf Verstehen beruhendes handlungstheoretisches Fundament folgendermaßen begründen:

- Der innere Prozess der Strategiefindung ist strukturell nicht (durch politische Position, Rolle, Institution) determiniert, er bedarf der interpretativen Einbettung und er ist zu komplex, als dass er durch (axiomatische) Vorab- und Fremdfestlegungen in seinem Realitätsgehalt auch nur annähernd erfasst werden könnte.[4]
- Der innere Prozess, der etwa zu Strategiewahl und Steuerungsentscheidungen führt, ist wichtig für die Gesamtheit des strategischen Prozesses. Strategie selbst ist einer von mehreren Erfolgsfaktoren strategischer Politik. Deshalb lohnt es sich, Strategie als offene Wahlhandlung intensiv zu untersuchen.
- Große Teile strategischen Handelns finden in strategischen Interaktionen statt. Dies erfordert eine Mehrfach-Hermeneutik, mit der einfache Zuschreibungen überfordert sind: beobachtendes Verstehen des Akteurs und des Interaktionsakteurs, wechselseitiges, praktisches Verstehen von Akteur und Interaktionsakteur, beobachtendes Verstehen der Interaktionen.

Max Weber hat den Platz der Sozialwissenschaft zwischen Geistes- und Naturwissenschaften begründet und deshalb die Einheit von Verstehen und Erklären postu-

---

[4]   Nach Braun (1995: 172) ist Handlungstheorie immer dann hilfreich, wenn „die Entscheidungsfindung der Akteure" als „ein wesentliches Erklärungselement" angesehen wird.

Positionen einer politischen Strategieanalyse 363

liert. *Verstehendes Erklären* meint, in der klassischen Formel, „soziales Handeln deutend verstehen und dadurch in seinem Ablauf und seinen Wirkungen ursächlich erklären" (Weber 1980: 1). Diese, dem „gemeinten Sinn" folgende Erklärung sieht Handeln immer als das Ergebnis intendierter Konsequenzen.

Ausgangspunkt: zweckrationales Handeln

Ausgangspunkt einer verstehenden Handlungstheorie für die Strategieanalyse ist der zweckrationale Handlungstypus, bei dem schon eine Zweck-Mittel-Folgen-Berechnung stattfindet (Weber 1980: 12-13). Verstehen bezieht sich also auch auf den Nachvollzug zweckrationalen Handelns, von dem strategisches Handeln eine Unterform ist, unter Einschluss seiner Deutungselemente, für die sich später eine spezifische „interpretative Methode" entwickelt hat. Weber betont, zweckrationales Handeln sei leichter verstehbar als andere Handlungstypen. Das gilt noch mehr für das rational besonders anspruchsvolle strategische Handeln.

Die Strategiedefinition und das „strategische Moment" (Raschke/Tils 2007: 156-159) zeigen das Besondere strategischen Handelns, wie es sich im Anschluss an Webers Typus zweckrationalen Handelns charakterisieren lässt:

- *Situationsübergreifend* steht im Gegensatz zur Situationsorientierung in der klassischen Handlungstheorie.
- *Erfolgsorientiert* ist eine auf strategische Ziele bezogene wirksame Zielverfolgung.
- *Umwelt* umfasst und unterstreicht (im Unterschied zur Definition von Zweckrationalität) strategische Interaktionsakteure als wesentlichen Einflussfaktor strategischen Handelns.
- *Kalkulationen* meinen besonders systematisierte, strategietypische, erfolgsorientierte Vorteilsberechnungen.
- Die Verbindung *übergreifend* und *springender Punkt* gehört – entsprechend unserer Interpretation – zum Kernbestand des strategischen Moments. Dabei ist das Übergreifende schon in Webers Definition von Zweckrationalität angelegt, es wird in der Strategieanalyse aber ausgeweitet (zeitlich, sozial, sachlich). Der springende Punkt und die Verbindung von beidem sind genuin für strategische Handlungszusammenhänge.

Strategisches Handeln, situatives Handeln, planerisches Handeln sind Ausformungen und damit Untertypen zweckrationalen Handelns. Strategisches Handeln folgt dem Sinn eines situationsübergreifenden, erfolgsorientierten, spezifisch kalkulierenden Handelns, worauf immer sich die Ziele im Einzelnen beziehen. Das Handeln ist strategisch gemeint, bevor es die konkret verfolgten strategischen Absichten bzw. Ziele zeigt. Der Akteur schaltet von situativem auf strategisches Handeln um und klärt dabei seine Intentionen auf dieser Ebene. Das Strategische kann in einem politischen „Sinnzusammenhang" (Weber) als rationales Motiv verstanden werden und so Handeln erklären.

Es gibt kein äußeres Merkmal und auch kein Verhaltensmerkmal, an dem allein das Vorliegen strategischen Handelns festgemacht werden kann. Strategisch *interpretierbare* Handlungen müssen nicht auf strategische Intentionen bzw. Interpretationen zurückgehen und entsprechen deshalb – im Rahmen unseres intentionalen Strategiebegriffs – nicht per se strategischem Handeln. Deshalb macht eine Unterscheidung zwischen „strategisch gemeinten" und „strategisch relevanten" Handlungen Sinn (vgl. Raschke/Tils 2007: 155-156).

Einzelfälle und Theorie

Strategieanalyse bewährt sich besonders an Einzelfällen oder vergleichenden Fallstudien. Wie aber kommt man auf handlungstheoretischer Grundlage von Einzelfällen zu einer generalisierenden, empirisch gehaltvollen Theorie? Die Kumulation von Einzelfällen jedenfalls führt nicht zu einer generalisierenden Theorie politisch-strategischen Handelns. Will die Strategieanalyse am Anspruch generalisierender Wissenschaft festhalten – und das sollte sie selbstverständlich – muss sie für ihre Zwecke das Verhältnis zwischen Einzelfällen und Theorie klären.

Theorie hat eine ordnende und eine erklärende Funktion. Die *ordnende Funktion* sorgt für wissenschaftliche Hilfsmittel, die die Aufmerksamkeit strukturiert auf relevante Zusammenhänge des Sinnverstehens lenken. So werden angemessene Beschreibungen und der anschließende Einbau in übergreifende Erklärungstheorien möglich. Begriffe (insbesondere Typen) und Modelle sind solche Hilfsmittel. Bei Max Weber (1980: 4) wird das Verstehen des „Sinnzusammenhangs", in dem der Akteur handelt, als ein Erklären des tatsächlichen Ablaufs des Handelns angesehen. Bei beliebigen Einzelfällen wie auch bei „typischen Fällen" tragen Idealtypen wesentlich zur akteurnahen Erklärung bei. Im Übrigen können auch empirische und theoretische Kausalaussagen zur Überprüfung des gemeinten Sinns in konkreten Sinnzusammenhängen herangezogen werden. Immer ist es schwierig, den gemeinten Sinn treffsicher zu verstehen, immer geht es um Hypothesen, Annäherungswerte und Grade der Wahrscheinlichkeit.

Darüber hinaus sucht politikwissenschaftliche Theorie nach zwar räumlich und zeitlich begrenzten, aber übergreifenden, auf empirischen Regelmäßigkeiten beruhenden Wenn-dann-Aussagen. Für diese generalisierende und *erklärende Funktion* können dieselben Begriffe, Idealtypen, Modelle verwendet werden, die schon bei der strukturierten Erfassung und Darstellung sowie bei Teilerklärungen konkreter, begrenzter Handlungen hilfreich waren. Auf der Basis dieses Grundver-

Positionen einer politischen Strategieanalyse

ständnisses wird Theorie hier also weit gefasst als ein systematischer Zusammenhang von Begriffen, Typen, Modellen, analytischen Bezugsrahmen und generalisierenden Erklärungssätzen.

Anhand einzelner beispielhafter Hypothesen, die auf bisherigen Erfahrungen in der Strategieforschung fußen, lässt sich verdeutlichen, inwieweit auch in unserem Ansatz Aussagen einer generalisierenden Theorie politischer Strategie möglich sind:

- Strategisches Handeln fördert Zugewinne an Rationalitätspotential, feststellbar über Ziel-, Mittel-, Umwelt-Rationalitäten und deren Verknüpfungen.
- Strategische Politik ist mittel- und langfristig effektiver als situative Politik.
- Ohne Strategiefähigkeit des kollektiven Akteurs ist ein höherer Erfolgsgrad strategischer Politik nicht möglich.
- Ohne Klärung von Führungs- und Richtungsfragen und ohne Bereitstellung von Strategiekompetenz ist ein höherer Grad von Strategiefähigkeit nicht möglich.
- Die Regierung antizipierende Strategiefähigkeit ist effektiver als eine in der Regierung nachholend aufgebaute.
- *Eine* Strategie ist besser als keine.
- Investitionen in Strategiebildung zahlen sich aus.

Idealtypen

Idealtypen sind Instrumente sowohl für systematische Deskription wie für die Gewinnung empirisch begrenzter, generalisierender Kausalaussagen. Mit Idealtypen lässt sich eine doppelte Heuristik verfolgen: bei der konkreten Aufspürung des gemeinten Sinns bzw. Sinnzusammenhangs, dessen Verursachung von Handlungen und deren charakteristische Differenz zum Idealtypus ebenso wie bei der Entdeckung generalisierender (wenn auch raum-zeitlich begrenzter), auf empirischen Regelmäßigkeiten aufbauender Wenn-dann-Aussagen (im Rahmen erklärender Theorie).

Der Idealtypus „wird gewonnen durch einseitige S t e i g e r u n g e i n e s oder e i n i g e r Gesichtspunkte und durch Zusammenschluß einer Fülle von diffus und diskret, hier mehr, dort weniger, stellenweise gar nicht, vorhandenen E i n z e l erscheinungen, die sich jenen einseitig herausgehobenen Gesichtspunkten fügen, zu einem in sich einheitlichen G e d a n k e n bilde." (Weber 1988: 191). Diese „durch g e d a n k l i c h e Steigerung bestimmter Elemente der Wirklichkeit" gewonnenen Idealtypen haben, neben der Darstellung, der sie „eindeutige Ausdrucksmittel verleihen", eine heuristische Funktion insofern sie „der Hypothesenbildung die Richtung weisen" (Weber 1988: 190).[5]

Wir haben das Material für die Formulierung strategierelevanter Idealtypen durch Interviews, Beobachtung, Dokumenten- und Sekundäranalyse dem qualifiziertem Akteurwissen entnommen, durch wissenschaftliche Bearbeitung „reine" Typenbegriffe konstruiert (mittels Weglassung, Zuspitzung, Herstellung von logischer Konsistenz bzw. Widerspruchsfreiheit) und auf diese Weise sowohl empirische Nähe als auch theoretische Aufschließung ermöglicht. Beispiele der dabei entstandenen Idealtypen politischer Strategieanalyse sind unter anderem: der Begriff *strategischen Handelns* als Weiterentwicklung des Weberschen Idealtypus zweckrationalen Handelns; das *strategische Moment* als Zuspitzung auf das Strategische im entsprechenden Sinn- und Handlungszusammenhang; *strategische Denkweise* als Zuspitzung eines spezifisch strategischen Denkmodus; *Strategiefähigkeit*, fokussiert über nur drei Elemente (Führung, Richtung, Strategiekompetenz); *Strategiebildung*, zentriert über vier Elemente (Ziele, Lage, Optionen, Entscheidung) oder *strategische Steuerung* als Handlungsprozess, der sich über Leadership, Macht, Erwartungen und Leistungen konstituiert.[6]

Auch in der Strategieanalyse wird damit kein rationalistisches Vorurteil bedient. Strategisches Handeln, obwohl dem Rationalitätspol von Politik näher als andere Handlungsformen, ist nicht frei von den Restriktionen gewöhnlicher Praxis. Schon Max Weber wusste: „Das r e a l e Handeln verläuft in der großen Masse seiner Fälle in dumpfer Halbbewußtheit oder Unbewusstheit seines ‚gemeinten Sinns'. (…) Wirklich effektiv, d.h. voll bewusst und klar, sinnhaftes Handeln ist in der Realität stets nur ein Grenzfall." (Weber 1980: 10).[7] Die Sozialwissenschaft dagegen muss ihre Begriffe des möglichen, gemeinten Sinns so bilden, „(...) als ob das Handeln tatsächlich bewusst sinnorientiert verliefe. Den Abstand gegen die Realität hat sie jederzeit, wenn es sich um die Betrachtung dieser in ihrer Konkretheit handelt, in Betracht zu ziehen und nach Maß und Art festzustellen." (Weber 1980: 11).

Der Theorieansatz des verstehenden Erklärens ist keineswegs allein auf qualitative Methoden festgelegt. Auch statistische Daten oder Korrelationsanalysen sind sinnvoll, wo die Dinge handlungstheoretisch geklärt sowie Operationalisierungen möglich sind und sich der Aussagewert durch Vermehrung der Fallzahl steigern lässt. Das Paradebeispiel für produktive Korrelationsanalysen könnte die Analyse von Erfolgsfaktoren sein. Reale Regelmäßigkeiten unter präzisierten (Rand-)Be-

---

[5] Alle Sperrungen dieses Absatzes entstammen dem Original, *J.R./R.T.*

[6] Vgl. dazu die entsprechenden Kapitel in Raschke/Tils (2007).

[7] Sperrung im Original, *J.R./R.T.*

Positionen einer politischen Strategieanalyse

dingungen[8] sind Voraussetzungen für informatives Strategiewissen. Da die Elitenebene mit Spitzenakteuren besonders wichtig ist, bietet die (qualitative und quantitative) Komparatistik Chancen, die Fallzahl zu erhöhen oder typisierte Varianz zu untersuchen (vgl. Bates 2007).

Rationale und interpretative Aspekte

In der aktuellen Theoriesprache sind neben rationalen auch interpretative Aspekte eingeführt. Was für Max Weber noch eine wissenschaftstheoretische Einheit war, hat sich in den vergangenen Jahrzehnten in getrennten, vielfach kontroversen Forschungsprogrammen weiterentwickelt. Die Unterscheidung *rationales* und *interpretatives Paradigma* nimmt diese Entgegensetzung auf (vgl. Braun 1997). In integrierender Perspektive lässt sich damit noch einmal das Besondere strategischen Handelns verdeutlichen.

Da strategisches Handeln einem Rationalitätsanspruch folgt und deshalb besonders zu forcierter wissenschaftlicher Rationalanalyse einlädt, ist gerade dieser Handlungstyp im Spannungsfeld rationaler und interpretativer Dimensionen zu charakterisieren. Dabei geht es nicht um ein Nebeneinander, sondern um das Doppelgesicht von Rationalem und Interpretativem, der rationalen und der interpretativen Dimension sozialen Handelns in der Strategieanalyse.

Die Bezugspunkte Ziele, Mittel, Umwelt, Kalkulation, Erfolgsorientierung entsprechen einem Rationalmodell. Auf sie muss nach Regeln sachlicher Explikation, der Begründung, Konsistenz eingegangen werden. Gleichzeitig sind auch diese Kategorien und ihre Verknüpfungen nur als interpretierte, nicht als irgendwie „objektive" möglich. *Ziele* sind von Akteuren auf der Basis ihrer eigenen Wahrnehmung formulierte zukünftige Zustände, die sie anstreben und mit ihren Mitteln zu erreichen suchen. In der *Umwelt* treten strategische Interaktionsakteure auf, deren tatsächlich gemeinter Sinn kann – vom Akteur wie vom Beobachter – nur interpretativ entschlüsselt werden. Selbst *Kalkulationen* sind eher kalkulatorische Interpretationen als irgendwelche quantifizierbaren Rechenarten. Das wird besonders deutlich bei den vielen, metaphergestützten Maximen (vgl. Raschke/Tils 2007: 252-254). Kalkulation scheint ja mehr dem Ökonomischen und Quantitativen verhaftet zu sein, tatsächlich meinen wir damit eher „Abschätzung" (im Sinne einer Abwägung, bei der beispielsweise ein Gesichtspunkt gegen einen anderen gestellt) als „Berechnung" (zum Beispiel in der Form von Wahrscheinlichkeitsberechnungen).

Das harte Rationalitätskriterium ist die *Erfolgsorientierung*, die auf wirksame Verfolgung strategischer Ziele rückbezogen bleibt. Da diese Ziele macht- und

---

[8]   Max Weber (1980: 6) spricht von Bedingungen, Anlässen, Hemmungen, Förderungen.

wertbezogene Elemente umfassen, bewegt sich auch Erfolgsorientierung im Spannungsfeld von Macht- und Wertorientierung (zu denen normative Mittelbewertungen hinzukommen). Das Spannungsfeld zwischen Überzeugungs- und Machtpolitik wird nicht einseitig zugunsten eines durch Machtgewinn Nutzen maximierenden Akteurs aufgelöst. An die Stelle eines Akteurs, der egoistisch auf ökonomische oder machtbezogene Nutzenmaximierung gepolt ist, tritt ein auf Erfolgsorientierung angelegter strategischer Akteur mit wert- *und* machtbezogenen Zielen.

Das *Rationalmodell* politischer Strategie dient, seines präskriptiven Charakters entkleidet, als Heuristik verstehender Erklärungsanalyse wie auch zur Entzifferung strategischer Interaktionsakteure. Die strategische Orientierung der Akteure profitiert davon. Der *interpretative Ansatz* steht in der Tradition der verstehenden Handlungstheorie von Max Weber. Das Interpretative erschließt das breite Feld von Deutungen, mit denen sich der Akteur in der politischen Welt, insbesondere gegenüber strategischen Interaktionsakteuren orientiert. Auf der individuellen Ebene umfassen Interpretationen unter anderem Vorstellungen über Wert oder Unwert strategischer Politik, über das „strategische Bewusstsein", über Grundvorstellungen des Strategy-Making, die Ausgestaltung des Orientierungsschemas, den strategischen Kompass oder Vorstellungen über die Rolle von Erfahrung und Intuition. Wesentlich bezieht sich Interpretation aber auch auf wechselseitiges Verstehen bzw. Deutungen des Verhaltens anderer. Die strategisch relevante Umwelt besteht nicht zuletzt aus strategischen Interaktionsakteuren, deren interpretiertes Handeln wichtigen Einfluss auf das eigene strategische Handeln hat. Ohne permanente Alltagshermeneutik, die Eigenarten relevanter Interaktionsakteure typisiert und die stattfindenden Prozesse auf dieser Grundlage deutet, kann strategisch nicht operiert werden.

Schwierigkeiten, das interpretative Paradigma auf der Meso-Ebene kollektiven Handeln anzuwenden, sind bei strategischem Handeln zwar vorhanden, erscheinen uns aber überwindbar. Die Elitenzentrierung wichtiger Teile des strategischen Prozesses und die Zurechnung gerade des Strategiehandelns von Spitzenakteuren zum Kollektivakteur erlauben, wenn sich die entsprechenden Zugänge finden lassen, die interpretative Ausleuchtung folgenreicher Binnenprozesse bei den Spitzenakteuren. Damit entschärft sich das von Frank Nullmeier (1997) bei seiner hilfreichen Adaption interpretativer Ansätze für die Politikwissenschaft betonte Mikro-Makro-Problem. Strategisch relevante Deutungen, die auf der Mikroebene ihren Ausgang nehmen, verbreitern sich in handlungsstützenden Elementen im Kollektivakteur, um durch ihn Wirkungen und Legitimationen auf der Makroebene zu erzielen. Beispiel: Eine Koalition wie ein rot-rot-grünes Linksbündnis ist rechnerisch schnell geklärt, gleichzeitig aber ein interpretatives Großunternehmen, das – mehr noch als auf der Policy-Ebene – durch wechselseitig zugerechnete Interpre-

Positionen einer politischen Strategieanalyse 369

tationen blockiert wird. Der Umbau von Deutungen bedarf also einer Stufenfolge strategischer Reflexion und Konzeption einzelner Akteure und anschließender selektiver Vermittlung im Kollektiv, um schließlich auf der Ebene des politischen (Parteien-, Regierungs- oder Gesamt-)Systems wirksam zu werden.

Anders als beim *akteurzentrierten Institutionalismus* (Scharpf 2000), bei dem institutionsgebundene Positionen und Rollen als zuverlässiger Indikator auch für strategisches Handeln angesehen werden, ist der Blick auf „das konkrete Handeln der einzelnen Politiker", den „politischen Prozess" als „die eigentliche erklärende Variable" zu schärfen (Braun 1997: 64). Und weiter: „Das interpretative Paradigma bricht mit der bisher unangefochtenen Annahme in der Politikwissenschaft, dass Institutionen und Regeln in stets gleicher Weise räumlich und zeitlich als Restriktionen oder Möglichkeitsräume auf die politischen Akteure und ihr Handeln einwirken. Es stellt dagegen fest, dass die Bedeutung von Institutionen für das tatsächliche Handeln der Akteure durch einen historisch variablen Deutungsprozess bestimmt ist. Die Bedeutung kann keineswegs mit einfachen kausalen Wahrscheinlichkeitsregeln festgehalten werden." (Braun 1997: 64). Das Gleiche gilt für das hier – neben Institutionen – relevante Strukturmerkmal der „Interaktions- oder Beziehungsstrukturen" (Mayntz 2009: 33) – auch sie sind nur Rahmenbedingungen, die der Interpretation bedürfen.

2.2 Abgrenzungen innerhalb des rationalen Paradigmas

Innerhalb des rationalen Paradigmas kam es zu weiteren, an ökonomische Denkweisen angelehnten Ausformungen, von denen wir uns abgrenzen. Das ökonomisch-rationale Paradigma, das Rational Choice-Theorien zugrunde liegt, steht nicht in der sozialwissenschaftlichen Tradition Webers, sondern utilitaristischer und wirtschaftstheoretischer Annahmen. Dabei wurde dem Akteur axiomatisch unterstellt, er bilde seine Präferenzordnung anhand des Eigennutzes und des Nutzenmaximierungsprinzips (größter egoistischer Nutzen bei geringsten Kosten) sowie aufgrund vollständiger Information (Schmidt 2004: 586).

Rational Choice hat in der Politikwissenschaft seit Downs eine Entwicklung von ökonomisch-objektivistischer, „harter" zu soziologisch-subjektiver, „weicher" Theorie durchlaufen. Die Erweiterung der Motive (zum Beispiel soziale, moralische), die Begrenzung der Rationalitätsunterstellung („bounded rationality") und manches andere führten zur Aufweichung der harten Rational Choice-Theorie, die – zumal wenn sie zusätzlich mit interpretativen Elementen verbunden wurde – auf Kosten des ursprünglichen Vorteils ging. Der bestand in einer, wenn auch realitätsfernen Erklärungs- und Prognosefähigkeit mit minimalem empirischem Aufwand. Je mehr Aufweichung stattfand, desto weniger stellten sich die Vorteile der „harten" Rational Choice-Theorie ein (Allgemeinheit, Einfachheit, Sparsamkeit), ohne dass damit die Nachteile des Ausgangsmodells behoben worden wären. Wenn man Rational Choice nachträglich mit Motivvielfalt, subjektiver Rationalität, interpretativen Elementen, Entscheidungskomplexität anreichert, kann man auch gleich – ohne Umbauakrobatik – von Max Webers zweckrationalem Handlungstypus im Rahmen seiner verstehend-erklärenden Handlungstheorie ausgehen. Baut man Rational Choice so lange um, bis man wieder bei Weber angekommen ist, stellt sich die Frage, wozu die Reise gut war. Sie ist dann nur die Rückeroberung der Handlungstheorie durch die Sozialwissenschaften – was interessant ist für die disziplinären Positionskämpfe zwischen Ökonomie und Sozialwissenschaften, für mehr aber nicht.

Spieltheorie ist ein engerer Theoriezweig im Rahmen des rationalen Paradigmas. In spieltheoretischen Ansätzen ist Strategie, neben Akteuren und Auszahlungen, eines der drei fundamentalen Konzepte (vgl. Scharpf 2000: 27). Individuelle oder kollektive Akteure, die in der Lage sind zweckgerichtete Entscheidungen zu treffen, verfügen danach über unterschiedliche Strategieoptionen (als Sequenzen von Handlungen) in einer begrenzten Akteurkonstellation. Auszahlungen repräsentieren „(...) die Beurteilung einer gegebenen Anzahl möglicher Ergebnisse auf der Grundlage der Präferenzen der beteiligten Spieler" (Scharpf 2000: 27). In dieser Perspektive bezeichnen „Strategie-Spiele" Situationen, in denen die besten Entscheidungsalternativen der Akteure vom Entscheidungsverhalten der anderen beteiligten Spieler abhängen (Schelling 1960: 9-10). Strategische Situationen werden verstanden als eine Untergruppe sozialer Situationen, in denen Akteure interagieren, zu konsistenten Entscheidungen kommen, und ihre unabhängig voneinander getroffenen Entscheidungen gemeinsam das Ergebnis der Interaktion bestimmen (Morrow 1994: 1). Für eine komplexe Strategieanalyse hinderlich sind insbesondere Minimalismus, Formalismus, Rigidität in der Begrenzung, Fokussierung nur auf Situation und Interaktion sowie ein schmaler Strategiebegriff – neben dem, was wir weiter unten mit den Begriffen von externer Zuschreibung und extremer Reduktion kritisieren.[9] Spieltheorie ist eine Ausschnittstheorie, vielleicht nur eine Heuristik für ein sehr begrenztes, fixiertes Interaktionssegment, dessen Handlungen mit Strategie etikettiert werden.

Uns geht es hier nicht um eine generelle Bewertung von Rational Choice und Spieltheorie. Sie haben Erträge für Politikwissenschaft gebracht (vgl. Ordeshook 1986, Wiesenthal 1987a, Pappi 1996, Gates/Humes 1997, Kunz 1997, McCarty/Meirowitz 2007, Ward 2002, Mayntz 2009). Rational Choice ist sicherlich heuristisch interessant, insbesondere für prämissenarme Vorhersagen durch Interakti-

---

[9] Vgl. dazu den Abschnitt 2.3.

Positionen einer politischen Strategieanalyse

onsmodellierung. Für empirische ex post-Analysen von Realprozessen aber scheint die Theorie weniger geeignet (Ward 2002). Die Frage, die uns interessiert, ist enger gefasst: Was leisten Rational Choice und Spieltheorie speziell für politische Strategieanalyse? Da ist ihr bisheriger Beitrag eher mager. Bei Rational Choice und vor allem der Spieltheorie läuft zwar der Anspruch des Strategischen mit – letztere beansprucht sogar, *die* strategische Theorie zu sein – tatsächlich bleibt aber die Ausformung des Strategischen eigentümlich blass. Eine generelle Strategievermutung zugunsten von Rational Choice geht in die Irre. Zwar ist in dieser Theorierichtung manches implizit strategisch, aber das explizit Strategische ist bisher arm an Theorie und Empirie.

Strategie in der internationalen Politik

Für Strategie in der internationalen Politik wurde ein ausformuliertes Analysekonzept auf der Grundlage von Rational Choice vorgelegt (Lake/Powell 1999: 3-38). Bei ihrem *Strategic Choice Approach* betonen die Autoren die Ähnlichkeit der Bedingungen in der Innenpolitik und reklamieren die Übertragbarkeit ihres Modells, dessen Ausgangspunkt aber die internationale Politik bleibt.

Die Wahlhandlungen und Entscheidungen seien häufig „strategic", und das meine „(...) each actor's ability to further its ends depends on how other actors behave" (Lake/Powell 1999: 3) – ein schmaler, interaktionistisch fokussierter Strategiebegriff. Strategische Interaktionen zwischen rational-zweckorientierten Akteuren stehen im Mittelpunkt der Analyse: „A situation is strategic if an actor's ability to further its ends depends on the action others take." (Lake/Powell 1999: 8) Die wechselseitige Antizipation von Handlungen führt zu einem Entscheidungsset der Akteure, das die strategische Interaktion definiert.

Akteure und Umwelt werden jeweils durch zwei Dimensionen charakterisiert. Die Akteure durch Präferenzen, die die Rangordnung zwischen den möglichen Ergebnissen einer Interaktion festlegen, sowie Annahmen (beliefs) über die Präferenzen anderer. Die strategischen Umwelten durch Handlungen, die den Akteuren zugänglich sind, sowie durch eine Informationsstruktur, die definiert, was die Akteure sicher wissen und was sie aus dem Verhalten der anderen Akteure schlussfolgern müssen. Die Variation von Akteurmerkmalen in einer konstanten Umwelt oder die Variation der Umweltfaktoren bei konstanten Akteuren – durch diese (jeweils zwei) primären, unabhängigen Variablen werden die Unterschiede in den Ergebnissen erklärt. Sie beschreiben das „strategic setting" dieses Ansatzes, dessen wichtigster Fokus strategische Interaktion darstellt.

Strategie in der Innenpolitik

Für die Strategie in der Innenpolitik bleiben die Aussagen meist Teil von Bereichsanalysen, also etwa der Demokratie-, Parteien-, Wahl-, Koalitions-Forschung, ohne dass ein übergreifender analytischer Rahmen politischer Strategieanalyse entwickelt worden wäre. Dazu können im Folgenden nur wenige illustrative Hinweise erfolgen. Im Ganzen ist es ein Feld, das der weiteren differenzierten Aufarbeitung bedürfte.[10]

Unterkomplexität und „heroische Vereinfachung" (Schmidt 2008: 207) sind einige der grundlegenden kritischen Einwände gegenüber der ökonomischen *Demokratietheorie* von Anthony Downs. Parteien haben nur ein Motiv: Machtgewinnung/-erhalt, und kennen nur eine Strategie: Stimmenmaximierungsstrategie. Selbst bei dieser einen Strategie werden die vielen, ganz unterschiedlichen Referenzpunkte und strategischen Interpretationen nicht entfaltet. In der *Parteienforschung* hat Elmar Wiesendahl (1998: 96-108) die besonders verengten und realitätsfernen Rational Choice-Analysen grundlegend kritisiert. Wo dagegen die interessante empirische Analyse in der Tradition von Rational Choice gesucht wird, löst sich deren harter Kern auf in einer Vielzahl von Differenzierungen, Zielkonflikten, ergebnisoffenen Abwägungen und Kompromissen – „hard decisions" eben –, die nur in einem lockeren analytischen Bezugsrahmen rekonstruiert werden können (Müller/Strøm 1999). Solche entscheidungsorientierte Komplexitätssteigerung erhöht den impliziten strategischen Gehalt der Studie, ohne sie zu einem Teil der systematischen Strategieanalyse von Parteien zu machen. In der *Wahlforschung* ist das Potential von Rational Choice etwas größer (Arzheimer/Schmitt 2005: 243-303), vor allem wegen der standardisierten Handlungssituation. Zwar bleibt Rational Choice eine reduktionistische Heuristik, dennoch können darauf basierende Analyseansätze für einige Aspekte individuellen Wahlverhaltens erklärungskräftig sein. Gleichwohl wird Rational Choice auch hier nur als komplementär zu den komplexeren Ansätzen der soziologischen und sozialpsychologischen Wählerforschung angesehen. In der *Koalitionsforschung* wird dekretiert: „Coalition politics is strategic" (Müller/Strøm 2000: 4) – ohne dass dabei eine spezifischere strategische Qualifizierung erfolgte. Die Aussage gründet sich eigentlich nur auf die Interaktion zielorientierter, sich wechselseitig rational antizipierender Akteure.

Dem Ziel eines von Rational Choice ausgehenden Untersuchungsansatzes, der Aspekte begrenzter Rationalität akzentuiert, das Rationalmodell interpretativ weiterentwickelt, die Innenpolitik übergreifend erfasst und an der Strategiefrage genuin interessiert ist, am nächsten kommen die Arbeiten von Helmut Wiesenthal (1987b, 1991, 1993, 1997). Bei ihm sind metatheoretische Grundlagen entfaltet, em-

---

[10] Vgl. dazu erste Bestandsaufnahmen in Tils (2005: 41-56) und Raschke/Tils (2007: 76-78).

Positionen einer politischen Strategieanalyse

pirisch-analytische Untersuchungskonzepte vorangetrieben, Fallstudien beigesteuert, so dass hier ohne explizite strategieanalytische Ansprüche implizit das höchste theoretische Analyseniveau erreicht wird. An solche kritisch-konstruktive Weiterentwicklung älterer Rational Choice-Theorien kann jede Variante handlungstheoretischer Strategieanalyse anschließen – was wir reichlich getan haben.

2.3 Kritik an Rational Choice und Spieltheorie

Beim gegebenen Stand[11] und sich heute stellenden Aufgaben einer politischen Strategieanalyse offerieren Rational Choice und Spieltheorie bisher kein tragfähiges Gesamtkonzept. Dies gilt besonders, wo Schließungstendenzen dieser Theorierichtungen Wege zu offenen Forschungshorizonten verbauen. Wir wissen noch zu wenig, als dass es sinnvoll wäre, willkürliche oder übervereinfachende Annahmen an die Stelle explorativer Ansätze zu setzen. Rational Choice müsste strategisch expliziter und anspruchsvoller entwickelt werden, um einen systematischen Theorienvergleich zwischen verstehender und zuschreibender Handlungstheorie vornehmen zu können. Bisher ist bei Rational Choice und Spieltheorie nur ein strategisches Potential, aber keine komplexe Strategieanalyse erkennbar.

Unsere Hauptkritik gegenüber Rational Choice und Spieltheorie als Gesamtalternative theoretischer Strategieanalyse bezieht sich auf *externe Zuschreibung* und *extreme Reduktion*. Dabei ist externe Zuschreibung ein Kritikpunkt vor allem harter Rational Choice-Varianten und der Spieltheorie, wohingegen der Vorwurf extremer Reduktion der gesamten Theoriefamilie gilt. Hier kann die Strategiefrage nicht im Einzelnen im inzwischen überaus differenzierten Feld von Rational Choice und Spieltheorie nachgezeichnet werden, wir konzentrieren uns auf typische Schwächen, Leerstellen, Fehlleistungen, die mit diesen Theorierichtungen verbunden sind.[12]

Externe Zuschreibung

Beim inneren Prozess gabeln sich die Wege. Es gibt Wissenschaftler, die sich für den inneren strategischen Prozess der Akteure nicht interessieren. Anhänger von Rational Choice und Spieltheorie begnügen sich mit externen Zuschreibungen. So wird der Handelnde zu einer Black Box, wobei die ganzen Schwierigkeiten des

---

[11] Theoretisch weniger konsistent als Helmut Wiesenthal hat sich Lars Neuwerth (2001) auf den Weg zu einem Konzept politischer Strategieanalyse auf der Grundlage verschiedener Rational Choice-Varianten gemacht.

[12] Es verwundert, wie häufig für Rational Choice andere Zwecke als die der realitätsnahen Erklärung genannt werden: Zwecke der Heuristik, immanente Kriterien der Theoriekonstruktion (z.B. axiomatisch-deduktiv) oder forschungsökonomische Zwecke.

inneren Prozesses von Strategiefindung verborgen bleiben. Das ist Zuschreibung, so lässt sich kritisieren, auf unzureichender Wissensbasis. Sie widerspricht der fundamentalen Erfahrung von Strategie als einem permanenten Suchprozess und als häufigem Gegenstand von Kontroversen und mindestens so häufigen „Fehlern".

Wir greifen bei den vielfältigen externen Zuschreibungen die *Präferenzen* heraus. Zugeschriebene Motive beziehen sich beim rationalen Paradigma auf Eigennutz und Nutzenmaximierung. In der Politik kann das heißen: kollektive Orientierung an Machtgewinn bzw. Machterhalt oder individueller Nutzen durch Vorteile aus Ämtern. In weicheren Varianten kam es zur Erweiterung um soziale und moralische Motive. Aber auch unterhalb dessen ist das Spannungsverhältnis zwischen Macht- und Gestaltungszielen in der Politik offen und das heißt, von standardisierten Zuschreibungen frei zu halten, denn gerade hier liegt ein wesentliches Anwendungsfeld politischer Strategie.

Im Übrigen ist von hier auch keine Brücke zur Orientierung der Akteure möglich. Es fehlt die Einlassung auf den inneren Prozess, der für die Akteure im Mittelpunkt steht. Die Behauptung, man käme durch dessen Auslassung besser zum Ziel, halten wir für falsch. Tatsächlich haben wir auch keinen Politiker gefunden, der Erkenntnisse der Spieltheorie oder analog vereinfachter Modelle in sein Handeln aufnähme. Schon das Konsistenzgebot ist mit politischer Praxis unvereinbar.

Fritz Scharpf (2000) sieht die Schwächen von Rational Choice in der Politikwissenschaft und ersetzt dann im Rahmen des akteurzentrierten Institutionalismus doch nur die eine externe Zuschreibung durch eine andere. „Egoistisch-rationales Handeln" wird als „grundlegende Triebkraft sozialer Interaktion" (Scharpf 2000: 48-51) in den Hintergrundbereich verschoben, während das extern zuschreibende Erklären durch *Institutionen* geleistet werden soll. Institutionelle Kontexte sind die wichtigsten Einflussgrößen für und daher „die nützlichsten Informationsquellen" über Akteure (Scharpf 2000: 78). Sie sollen deren Wahrnehmungen und Präferenzen im Hinblick auf mögliche Optionen erklären. Ableitungen aus sozialen Rollen oder Behauptungen über institutionelle bzw. organisatorische Eigeninteressen, die von Scharpf in „einem quasi-objektiven Sinne" definiert werden (2000: 118), ersetzen die Erkundung tatsächlich und subjektiv eingenommener Präferenzen.

Obwohl Renate Mayntz im Rahmen des akteurzentrierten Institutionalismus selbst die Annahme von „Standardinteressen" gemacht und in ihrem methodologischen Programm fest verankert hat (vgl. Mayntz 2009: 63-64), sieht sie die Probleme, die auch mit der ungeklärten Beziehung zwischen individuellen und kollektiven Akteuren in Strategiefragen zusammenhängen: „Analysen komplexer Makroprozesse, in denen strategisch handelnde Kollektivakteure eine zentrale Rolle spielen, rekurrieren nur selten auf eine beim Individuum ansetzende Handlungs-

Positionen einer politischen Strategieanalyse

theorie, sondern arbeiten mit der Annahme von Standardinteressen. Da jedoch auch die jeweils handlungsbestimmenden Interessen kollektiver Akteure situationsabhängig und historisch-kontingent sind, kann mit der ungeprüften Annahme einer bestimmten Handlungsorientierung der Erklärungszweck verfehlt werden." (Mayntz 2009: 19). Auch die strategische Interpretation und Entscheidung, ließe sich hinzufügen, trägt zur Variation kollektiver Interessen erheblich bei.

Die Behauptung, den strategischen Akteuren würde „dieselbe Bedeutung" wie den „ermöglichenden, beschränkenden und prägenden Effekten" von Institutionen zugeschrieben (Scharpf 2000: 72), übersieht, dass das Interesse für die wirklichen Reflexionen und Intentionen der Akteure ersetzt wird durch zugeschriebene Institutioneneffekte. Eigentlich müsste man bei Scharpf von einer „institutionsorientierten Akteurtheorie" sprechen, das aber ist eine zuschreibende Handlungstheorie. In letzter Konsequenz ist bei externer Zuschreibung trotz handlungstheoretischen Ausgangspunkts die Rekonstruktion durch Handlungstheorie gar nicht mehr notwendig.

Auch die methodologische Begründung ist anfechtbar. Theorie gilt als umso leistungsfähiger, je mehr sie empirische Daten durch theoretisch begründete Annahmen ersetzen kann. Solche Theorie sei aber nur in der neoklassischen Ökonomie mit ihren harten Zuschreibungen (oder in den Naturwissenschaften) möglich. Dagegen sei die interaktionsorientierte Politikwissenschaft auf „empirische Daten angewiesen" (Scharpf 2000: 76). Da diese empirischen Daten „nur schwer zu erheben" und „für jedes Individuum anders" sein können (!), geht der akteurzentrierte Institutionalismus den Weg der Institutionen zur Erklärung der Akteure. Nur so sei einem „totalen Empirismus" (Scharpf 2000: 76) zu begegnen.

Der Geist externer Zuschreibung bleibt erhalten in einem solchen Forschungsprogramm, auch wenn die Komplexität deutlich erhöht wird. Die Begründung dieser Form von Akteurstrukturalismus wird erstaunlich stark von forschungspragmatischen Gesichtspunkten getragen. Die allgemeine Schwierigkeit, verlässliche Informationen über Intentionen anderer zu erhalten, Probleme des Zugangs zum Feld der Akteure gegenüber der leichten Zugänglichkeit institutioneller Informationen (Scharpf 2000: 78, 81), insgesamt die Verringerung der Informationskosten empirischer Forschung kann unserer Ansicht nach jedoch nicht über die Methodologie bei der Untersuchung strategischer Akteure entscheiden. Fast scheint es so, als würde Scharpf sein eigener Rigorismus an dieser Stelle selbst etwas unheimlich, weshalb er anschließend ein paar Abschwächungen einbaut (2000: 83).

Nicht zuletzt werden produktive Weiterführungen des akteurzentrierten Institutionalismus für die Strategieanalyse durch die Selbstbegrenzung auf eine policy-orientierte Analyseperspektive erschwert. Scharpf räumt Politikprozessen im Rahmen seines Entwurfs keine Autonomie ein, sieht Politics teils in Abhängigkeit, teils als Störfaktor von Policy und verfehlt damit das typisch strategische Spannungsverhältnis zwischen Policy und Politics. Von dieser Kritik an spezifischen konzeptionellen und methodologischen Grundentscheidungen unberührt bleibt unsere generelle Position, dass mit dem akteurzentrierten Institutionalismus ein Gesamtkonzept präsentiert wird, aus dem jede Strategieanalyse viel lernen kann.

Extreme Reduktion

Es geht nicht um die Frage, ob Wissenschaft überhaupt Reduktion erfordert. Die Frage heißt: wie viel und welche Reduktion? Gut sind unserer Auffassung nach mittlere Grade und realitätsnahe Komplexitätsverringerungen. Immer bleibt die Frage: Reduktionismus wofür? Was gewinnt man damit? Gründe und Ausreden, mit empirischer Forschung, die sich auf die Komplexität der Realität einlässt, nicht wirklich zu beginnen, gibt es natürlich immer. Akteurnahe Empirie ist aber gerade im Feld politischer Strategie der Schlüssel für relevante Aussagen. Was-wäre-wenn-Erklärungen, Als-ob-Annahmen (z.B. für die Gleichsetzung individuellen und kollektiven Handelns) und rationale Modellwelten – anstelle von *„wirklichen* Menschen, Regierung oder Parteien" (Downs 1968: 31) – können sie nicht ersetzen.

Um welche Gegenstände geht es? Bei strategischer Politik handelt es sich um komplexe Mikro-Meso-Makro-Phänomene (vgl. Tils 2005: 36-37, Raschke/Tils 2007: 141-142), mit einem breiten Spektrum von Eigenschaften, Wechselwirkungen, offenen inneren Prozessen, Wahl- und Entscheidungsfreiheiten, Folgen und Nebenfolgen. Durch übermäßige Reduktion wird die Besonderheit dieses Gegenstands verfehlt. Auf dem Hintergrund unseres analytischen Konzeptes lässt sich noch eine Reihe weiterer Kritikpunkte an Rational Choice und Spieltheorie hervorheben:

- Schon aufgrund eines äußerst schmalen Strategiebegriffs gewinnt die Analyse in strategischer Hinsicht meist keine Tiefenschärfe. „Handlungsoptionen", „Handlungssequenzen", „course of action", „Plan von Handlungsschritten" oder ähnliches gehen nicht spezifisch über das zweckrationale Handlungsmodell hinaus. Das angeblich *strategische* Handeln ist, soweit es überhaupt in den strategischen Kontext gehört, meist – situationsbezogenes – *taktisches* Handeln. Dem Defizit eines gehaltvollen Strategiebegriffs und dessen Fehlanwendung entspricht das Fehlen eines Taktikbegriffs, der Sinn nur in seiner Differenz zu Strategie macht.
- Rational Choice arbeitet mit der Unterstellung *homogener*, statt – wie in der Realität zutreffend – *heterogener Akteure*. Die ganze Unfähigkeit der Rational Choice-Theorie, mit komplexer Organisationswirklichkeit fertig zu werden

Positionen einer politischen Strategieanalyse

(vgl. Wiesendahl 1998: 107-108), führt zur Ausblendung des internen Kampffelds, auf dem allein sich politische Strategie entfalten lässt.

- Das unzureichend geklärte Verhältnis zwischen individuellen und kollektiven Akteuren. *Analogie* (die Partei bzw. das homogene „Team von Führern" entspricht dem Einzelakteur) in der Tradition von Anthony Downs oder präzise *Transformation* (Überführung – und Aufhebung (!) – von individuellem in kollektivem Handeln) im Sinne von Hartmut Esser (1999: 96-98, 120-123) sind etwas anderes als die hier zugrunde gelegte *Wechselbeziehung* zwischen individuellen und kollektiven Akteuren.
- Es geht bei strategischer Politik um mehr als nur um strategische Interaktion. Innerer strategischer Prozess, Ziel*bildung*, Aufbau und Erhalt von Strategiefähigkeit[13], Strategie*bildung* bzw. Eigenaktion sind konstitutive Bestandteile politischer Strategieanalyse.
- Das zentrale Konzept der *Präferenzen* von Akteuren setzt – im Strategiekontext – strategische Ziele voraus, deren *Bildung* und *Priorisierung* aber bereits ein anspruchsvolles und komplexes Unterfangen ist. Auch hier ist Rational Choice nur angelehnt an die eigentlichen Strategieprozesse denkbar.
- Die *Umwelt* strategischer Akteure ist komplex wie sie selbst. Ein übermäßiger Reduktionismus der Kontexte verfälscht die breiten Realitätsausschnitte, mit denen die Akteure sich auseinandersetzen und die sie *selbst* reduzieren müssen. Ihre eigenen Reduktionsleistungen sind – besser oder schlechter gelungen – Teil des zu untersuchenden Wirkungszusammenhangs.
- Der strategische Prozess ist übermäßig voll von Wahlmöglichkeiten, Angeboten des Strategierepertoires, Kalkulationsvarianten – es gibt keine gesicherten Kriterien für deren *deterministische Verengung*.
- *Kalkulation* geschieht bei Rational Choice und Spieltheorie mit feststehenden Größen, während sie in unserem Konzept mit veränderlichen Größen arbeitet. Veränderlich bei Akteur, Zielen, Mitteln, Umwelt, veränderlich im Gesamtprozess des Strategy-Making. Fixierung und Stabilität steht gegen Variabilität und Dynmaik. Kalkulation ist deshalb dort „ausrechnen", bei uns „abschätzen". Rational Choice und Spieltheorie ist die Präzision beim Kalkulieren wichtiger als der Realitätsgehalt des Modells. Präzision kommt vor Realität.
- Permanente Spannungsverhältnisse zwischen wichtigen Parametern wie beispielsweise Macht und Gestaltung, die die Akteure intensiv beschäftigen, können nicht wegdefiniert werden. *Zielkonflikte* sind normal für Kollektivak-

---

[13] Strategiefähigkeit wird häufig unterstellt oder nicht klar zu Akteurskompetenz abgegrenzt oder so abstrakt definiert, dass der praktisch-operative Kern nicht hervortritt und so das Besondere von Strategiefähigkeit als notwendiger Bedingung für strategische Politik nicht erkennbar wird.

teure wie Regierungen oder Parteien. Gerade für deren Bearbeitung wird Strategie gebraucht.

- Auch die *Erfolgsfaktoren* unterliegen im Rahmen von Rational Choice und Spieltheorie den Zwängen der Reduktion. Im Kern geht es um „consistent choices". Dagegen ist für Strategie- und Steuerungsfähigkeit, Leadership sowie andere Strategieelemente kein Raum.

Externe Zuschreibung und extreme Reduktion stehen je für sich im Gegensatz zu einer akteurnahen, offenen Strategieanalyse. Es gibt aber auch einen inneren Zusammenhang zwischen Zuschreibung und Reduktion. Die gleichen Gründe, die zu externer Zuschreibung führen, führen auch zu extremer Reduktion: das schlanke Design, der Minimalismus bei Theorie und Empirie. Wo die zuschreibende Handlungstheorie schnell – wie wir meinen zu schnell – endet, beginnt erst das breite Feld verstehender Handlungstheorie. Wissen wir, um ein Beispiel zu nennen, mit den Informationen Partei, SPD, Parteivorsitzender schon sehr viel oder fast gar nichts über die Strategie der SPD? An der Frage scheiden sich die Geister. Unserer Auffassung nach liegt das Interessante in Variationen und Möglichkeiten, nicht aber in den Allgemeinheiten über das immer zu Erwartende eines Parteiakteurs, den wir seit fast 150 Jahren zu kennen meinen.

3 Strategie und Rationalität

Für die Moderne ist charakteristisch, dass es keine integrale Vernunft oder Rationalität mehr gibt (Schnädelbach 2007). Dass sie vielmehr zerfallen ist in unterschiedliche Rationalitäten, in Dimensionen von Rationalität. Prozess-, Verfahrens-, Diskurs- oder instrumentelle Rationalität sind für uns nicht die richtigen Bezugsgrößen. Aufgabe wäre, im Rahmen allgemeiner Rationalitätsanalyse analytische Umrisse einer spezifischen *strategischen Rationalität* zu erarbeiten, die – ohne Maximierungstendenz – zugleich anspruchsvoll und realistisch ist. Die von vornherein Realitätsbedingungen in sich aufnimmt und sich dennoch unterscheidet von in der Politik gängigen Behauptungen eines immerwährenden „rationalen Vorgehens".

Strategie ist eng mit der Rationalitätsfrage verknüpft – und zwar in dreifacher Hinsicht. Es geht *erstens* um die Frage, welche Rationalität für Strategie konstitutiv ist und worin der strategische Rationalitätskern besteht (Rationalität von Strategie). *Zweitens* ist zu fragen, wie viel Rationalität des Akteurs möglich und notwendig ist (Erfordernis für Strategie). Und *drittens* bleibt zu klären, wie viel Rationalisierung durch Strategie möglich wird (Effekt von Strategie).

Positionen einer politischen Strategieanalyse

Der Blick auf die *strategische Rationalität* darf nicht verkennen, dass Strategie zuallererst ein praktisches Phänomen ist, mit quasi-theoretischen Ansprüchen, insofern sie eine gewisse Abstraktion, Systematik, Methodik erfordert. Man sollte Herkunft und Rückbindung an Praxis nie aus dem Auge verlieren, sonst verfängt man sich in der strategischen Rationalitätsfalle, die darin besteht, die rationalen Aspekte von Strategie zu maximieren, statt sie in einer Balance zu den praktischen Erfordernissen zu halten. Deshalb haben wir zum Beispiel das *strategische Kontinuum* entwickelt (Raschke/Tils 2007: 336-339), das auch geringere Rationalitätsausprägungen in die Analyse mit einbezieht, und empfehlen zugleich eine mittlere Linie bei den Rationalitätserwartungen.

Strategische Rationalität umfasst nicht nur Mittel- und Prozessaspekte, sie meint auch die rationale Entwicklung und Prüfung von Zielen – in Abhängigkeit von Umwelt- und Mittelrelationen. Auf der Ebene von Strategie sind Ziele, Mittel, Umwelt integriert und durch Kalkulation verbunden. Die spezifische strategische Rationalität zeigt sich im Gesamtprozess: beim Denken, Kalkulieren, Argumentieren, Entscheiden. Die „Logik des Misslingens" (Dörner 1989) hängt eng mit strukturellen Denkschwächen, aber auch mit strategischen Missverständnissen zusammen. Dörner (1989: 288) präsentiert eine Liste von „Unzulänglichkeiten des menschlichen Denkens" bei der Arbeit mit komplexen Systemen, für die Leistungen der Problemlösung, aber auch strategisches Vorgehen gefragt sind: Ziele werden nicht konkretisiert, Zielkonflikte nicht erkannt, es werden keine klaren Schwerpunkte gebildet, benutzten Realitätsmodellen fehlt Realitätsnähe, Informationen sind einseitig oder unzulänglich, über Zeitverläufe bestehen falsche Vorstellungen, es wird falsch oder gar nicht geplant, Fehler werden nicht korrigiert. Im bewussten, flexiblen Umgang mit solchen Unzulänglichkeiten liegen dann auch Chancen, Fehlorientierungen abzuschwächen oder zu vermeiden. „Zeit", „komplexes System" – aus strategischer Sicht würde man hinzufügen „springender Punkt" – sind immer wiederkehrende Probleme alltäglicher Denkprozesse. In Grenzen sind Verbesserungen lehr- und lernbar. Eine „Logik des Gelingens" ist natürlich nicht identisch mit Strategie, aber sie könnte unter anderem an erfolgsorientiertem Strategiedenken anschließen.

Die Systematisierung des inneren Prozesses, Orientierungen am strategischen Moment oder an Erfolgsfaktoren, die praktische Umsetzung vieler systematisch-methodischer Aussagen politischer Strategieanalyse – all das ist Ausdruck des Rationalitätskerns strategischer Bemühungen. Anders als bei Rational Choice tritt an die Seite von Denk- und Entscheidungsrationalität auch eine Handlungsrationalität, die die Umsetzung strategischer Konzepte und Entscheidungen einem rationalen Steuerungsprozess unterwerfen will.

Mit Blick auf die *Rationalitätsmöglichkeiten* waren – zumal in der frühen Phase von Rational Choice – überzogene Rationalitätsannahmen charakteristisch. Sie entstammten offenkundig einer realitätsfernen Modellwelt. Der Versuch, die ökonomische Wissensrationalität durch eine soziologische Orientierungsrationalität zu ersetzen, führt zu Abschwächungen und Rückzügen. Konzepte begrenzter Rationalität, subjektiver Rationalität und die interpretative Einbettung von Rationalität sind Ausdruck dieser Aufweichungsversuche. Unter dem Strategieaspekt ist die „enge Rationalität" das Problem: das rationale Kalkül bezieht sich auf zu wenig und nicht das Wesentliche. Alle externen Zuschreibungen arbeiten an dieser Verengung mit – wo doch schon die Vorstellungen der Akteure über die Möglichkeiten von Rationalität und die Produktivkraft der Intuition erheblich variieren.

Auf der Akteurebene ist Rationalität eine empirische Frage, im Spannungsfeld von Fähigkeiten, Anforderungen und Anreizen. Rationalität ist mehr Ziel als Prämisse strategischen Handelns. Und sie ist weder einziges Ziel noch einzige Voraussetzung.

Schließlich hat Strategie *Rationalitätseffekte*. Schon das Verfolgen strategischer Politik setzt Interaktionsakteure unter Druck, selbst strategisch zu werden und löst damit Rationalisierungsprozesse aus. Das gilt innerhalb wie zwischen Kollektivakteuren. Eine Verbreiterung strategischen Handelns erhöht keineswegs die Erfolgsaussichten jedes einzelnen, dennoch kann man sich einem in Gang gesetztem Rationalisierungsprozess nur durch tendenziell irrationale Argumentationen entziehen („Politik ist anders", „Intuition ist alles", „Strategie ist unmöglich" etc.).

Strategie kann – realistisch verstanden – zu einem Projekt sinnvoller Rationalisierung von Politik werden. Dann muss man es gegen grundsätzliche Rationalitätszweifel ebenso wie gegen Überrationalisierung verteidigen und die Grenzen von Rationalität akzeptieren.

4   Strategie und Demokratie

Zwischen Strategie und Demokratie besteht ein Spannungsverhältnis, aber kein Ausschließungsverhältnis. Schon in der frühen, direkten Demokratie Athens spielte politische (verbunden mit militärischer) Strategie ihre Rolle. Die Entstehung moderner Demokratie in Amerika und Europa hat von strategisch denkenden Oppositionellen profitiert. Führung, Parteien, Konkurrenz sind Grundtatsachen moderner Demokratie. Strategie bringt kein neues Prinzip in die Demokratie, sie schließt an diese Elemente an. Historische und systematische Evidenz sprechen also für die Vereinbarkeit von Demokratie und Strategie.

Positionen einer politischen Strategieanalyse

Dennoch ist Strategie nicht neutral gegenüber demokratischen Institutionen und Prozessen. Strategie ist eine potentielle Machtressource. Ihre Anwendung erhöht die Erfolgsaussichten einer Politik, einer Opposition, einer Regierung, einer Partei. Die Nicht-Anwendung bringt Nachteile gegenüber Strategieakteuren. Strategie hat Einfluss auf Balancen der Macht, Durchsetzung, Kontrolle. Dabei zeigt sie ein Doppelgesicht: Sie kann das Demokratie- ebenso wie das Störpotential erhöhen. Wohin die Tendenz geht, hängt unter anderem ab von Institutionen (z.B. Grad der Zentralisierung), politischer Kultur, Leader-Moral, Öffentlichkeit.

Die Demokratiefrage greift nicht auf alle Aspekte von Strategie durch, deshalb ist Differenzierung notwendig (Raschke/Tils 2007: 37-40). Für Strategiefähigkeit und Teile der Steuerung sind *Partizipationschancen* grundlegend. *Transparenz* ist möglich und notwendig. Bei Strategiefähigkeit gilt die Priorität der Richtungs- und Führungsfrage. Die können auch durch Plebiszit entschieden werden (Sach- und Personalplebiszit). Strategie hat sich auch auf solche Vorgaben einzustellen, sie bleibt ihnen nachgeordnet. Im Bereich von Strategiebildung und Teilen strategischer Steuerung gelten Ansprüche der *Effizienz*. Dafür ist mehr Leadership notwendig. Hier können auch Geheimhaltung und Begrenzung der Öffentlichkeit Erwartungen an demokratische Effizienz erfüllen.

Es gibt vor allem zwei Bereiche, in denen Strategie zum kritischen Problem werden kann: innerparteiliche Demokratie (Fragen der Beteiligung und Machtverteilung) sowie offener Diskurs (Fragen der Transparenz und Geheimhaltung aufgrund von Konkurrenzverhältnissen). Hier müssen sich Fragen der Demokratisierung an das spannungsreiche Akteurdreieck von Führung, Mitgliedern, Wählern richten (Raschke/Tils 2007: 41-43). Wo Strategiewissen eingesetzt wird für Manipulation, Lüge, Verteufelung, verletzt dies Gebote politischer Moral in der Demokratie, ohne dass strategisches Denken die Ursache wäre.

Am Ende rücken in demokratietheoretischer Perspektive vor allem zwei Fragen ins Zentrum. Sie lauten:

- Ist Strategie demokratisierbar? Unsere Antwort hieße: in Grenzen ja. Bei Partizipation in Teilen des strategischen Prozesses sowie beim Austesten des Transparenzprinzips von Demokratie.
- Ist Strategie nützlich für Demokratie? Auch hier ein begrenztes ja. Es gibt ein Demokratiepotential von Strategie. Demokratie kann von strategischer Politik profitieren. Eine Kontrollfrage mag manchen Nutzen verdeutlichen: Was wäre Demokratie ohne Strategie?

5 Politikwissenschaftliche Anwendungsfelder

Die politikwissenschaftlichen Anwendungsfelder von Strategie sind tendenziell unbegrenzt. Besonders nahe liegend sind sie unter den Bedingungen von Kollektivakteuren, Interventionen in den politischen Prozess und strategischen Interaktionen. Damit stellt sich die Frage, ob es in der modernen Politik überhaupt Bereiche gibt, die weniger oder gar nicht relevant sind. Wir gehen davon aus, dass es keine Omnipräsenz strategischen Handelns gibt. Teile der Verwaltung sind nicht relevant, auch Bürgerinitiativen mit dem Schwerpunkt Selbsthilfe statt Intervention sind es nicht. Das Gleiche gilt für Akteure mit funktionsbedingt geringer politisch-korporativer Anbindung, zum Beispiel einen Einzelakteur wie den Bundespräsidenten oder einen Kollektivakteur wie das Bundesverfassungsgericht. Damit bleibt allerdings ein sehr breites Anwendungsspektrum politischer Strategie übrig: Demokratie, Parteien, Öffentlichkeit, Regierung, Verwaltung, Opposition, Reformpolitik, Politikfelder, Verbände, soziale Bewegungen – um nur diese zu nennen.

Aber auch die politische Theorie kann mit ihren Mitteln zur politischen Strategieanalyse beitragen. Zum einen die Politische Theorie (mit einem großen P und im Singular), die Grundlagenfragen politischer Theorie berührt (vgl. Buchstein/Göhler 2007). Zum andern wird politische Theorie (kleines p und im Plural) gebraucht, um Sortierung und Entfaltung von Theorien vornehmen zu können, die für Eigenarten politischer Strategieanalyse angemessen sind. Zu den Grundfragen Politischer Theorie im Zusammenhang mit Strategie gehören (unter anderem):

- das Problem des Verhältnisses von Theorie und Praxis. Strategie ist ein, vielleicht *das* Scharnier zwischen Theorie und Praxis. Wie kann Politik strategischer werden, um vorhandene Ideen einer Realisierung näher zu bringen?
- die Auseinandersetzung mit Theorien rationalen Handelns. Dabei geht es vor allem um die Präzisierung von Rationalitätsgrenzen und Rationalitätspotentialen politisch-strategischen Handelns.
- die Einordnung in das Feld der Demokratietheorien. Wenn „deliberativ" nicht mehr als Gegensatz zu „strategisch" gesehen wird,[14] kann Strategie zum integralen Bestandteil aller Varianten der Demokratietheorie gemacht werden – am ehesten bei komplexen, am schwierigsten bei partizipatorischen Demokratietheorien.
- die Klärung des Verhältnisses zu anderen Teilsystemen und deren Disziplinen (Militär, Ökonomie). Dies erfordert einen geschärften Politikbegriff sowie die

---

[14] Siehe dazu den Beitrag von Thomas Saretzki in diesem Band.

Positionen einer politischen Strategieanalyse 383

Erarbeitung der Unterschiede zwischen militärischer, ökonomischer und politischer Strategie.

6 Probleme und Aufgaben empirischer Strategieanalyse

Wichtigstes Ziel politischer Strategieanalyse ist die realitätsnahe Empirie strategischen Handelns. Theoriebildung muss sich dem unterordnen. *Präzision*, verstanden als Informationsgehalt, wird eindeutig bevorzugt gegenüber größtmöglicher *Allgemeinheit* und *Einfachheit* der Modellierung. Aus unserer Sicht ist Theoriebildung ein wichtiges Kriterium, wenn sie an der Seite von Präzision und nicht von Allgemeinheit gedacht wird.[15] Gegen forcierte Ziele von Sparsamkeit, Einfachheit und Allgemeinheit muss die Frage nach dem „Wozu?" gestellt werden. Kostensparen, Müheschonen, Nähemeiden auf Kosten des Informationsgehalts erscheinen uns in einer Politikforschung, die auch dann für ihre Ergebnisse fast nie allgemeine Gültigkeit beanspruchen kann, wenig sinnvoll.

Weil es schwer ist, die Intentionen strategischer Akteure zuverlässig zu erfahren, liegt die Versuchung nahe, auf Muster auszuweichen. Es gibt aber gute Gründe, an strategischem als intentionalem Handeln festzuhalten (Raschke/Tils 2007: 133-134). Deshalb ist es sinnvoll, eine qualitative *Methodologie der Annäherung* zu entwickeln. Wahrscheinlich muss man zum Beispiel *Strategieziele* – scheinbar einfach, tatsächlich aber schwierig zu erheben – meist als wissenschaftliches Konstrukt kreieren. Dabei ist man dann zum Beispiel bei Regierungen auf Informationen wie politisches Mandat (wichtige Wahlaussagen bzw. -versprechen), zentrale Issues (in Regierungsprogramm, Regierungserklärung etc.), Einlassungen des Regierungschefs bzw. Insidern, Handlungsschwerpunkte oder journalistische Hintergrundberichte angewiesen. Man nähert sich politischer Strategie also einkreisend, aus vielen Quellen, als Ergebnis von kontrollierter Informationsverdichtung und Interpretation. Empirisch müssen wir fast immer mit in solcher Weise gemischter, annähernder Methode arbeiten, ohne Purismus.[16] Statt von scharf definierten Zielen könnte man von „strategischen Zielhorizonten" der Akteure ausgehen. Auch für Strategiebildung und strategische Steuerung muss eine Methodologie der Annäherung entwickelt werden.

---

[15] Ausgehend von „unvermeidlichen Unvereinbarkeiten in der Forschung" diskutiert Weick (1985: 54-64) die widersprüchliche Trias von allgemein, genau und einfach – man müsse sich entscheiden.

[16] Bei Max Weber (1980, 1988) finden sich viele Hinweise zu Schwierigkeiten des „deutenden" Verstehens, die Interpretation der Interpretation.

Das für die Empirienähe der Strategieforschung erforderliche Konzept des strategischen Kontinuums weicht den Gegenstandsbereich politischer Strategie auf, um ihn nicht rationalistisch zu überfordern. Dies hat aber notwendigerweise mangelnde Trennschärfe zur Folge. Unserer Auffassung nach findet sie ihre Grenze dort, wo das Kriterium der Intention aufgegeben wird.

Wenn die Forschung erst beginnt, ist noch alles möglich. Besondere Forschungsdesiderate der politischen Strategieanalyse sehen wir bei strategischer Steuerung, Erfolgsfaktoren, Kalkulation, strategischem Leadership und strategischen Interaktionen. Bei Erfolgsfaktoren beispielsweise könnten die fünf Faktorenkomplexe hypothetisch zum Ausgangspunkt genommen werden, die in unseren bisherigen Untersuchungen einen hohen Stellenwert erhielten. Das waren im Einzelnen Führung/Leadership, Richtung/Richtungsnavigation, Strategiekompetenz und Performanz (insbesondere Organisations-, Problemlösungs-, Kommunikationsstärke), Konkurrenzstärke (Wählerattraktivität und Wettbewerbsposition) sowie Strategie (als verfolgtes Konzept).

7 Schluss

Man kann für die Entwicklung einzelner Felder der Politikforschung drei grundlegende Phasen unterscheiden: Erkundung, Entfaltung, Etablierung. In der ersten Phase der *Erkundung* (explorative Phase) stehen die Felderschließung, erste empirische Beschreibungen, Definitions- und Typisierungsversuche, die Entwicklung analytischer Bezugsrahmen und die Bildung von Hypothesen im Mittelpunkt. So entwickeln sich Theorieentwürfe, die dann in ersten empirischen Studien überprüft werden können. Im Laufe der Exploration werden Konturen eines neuen Forschungsfelds sichtbar.

Entfaltung (formative Phase) zeigt sich durch eine zunehmende Institutionalisierung und Spezialisierung innerhalb des sich entwickelnden Felds, bei dem unterschiedliche Theorieansätze in Konkurrenz zueinander stehen und es zu wechselseitiger Kritik kommt. Erstmals wird ein systematischer Theorienvergleich möglich. In der formativen Phase ermöglichen vielfältige, auch größere empirische Forschungsprojekte eine Kumulation empirischer Erkenntnisse.

Nach der endgültigen *Etablierung* (konsolidierte Phase) eines politikwissenschaftlichen Forschungszweigs gilt die Suche vor allem der Verbreiterung möglicher Anschlüsse im Fach sowie der Kombination mit anderen Forschungsperspektiven und Teilgebieten. Die interne Ausdifferenzierung im Feld nimmt weiter zu, Grenzen zwischen unterschiedlichen Forschungsansätzen verwischen, es erfolgen erste Relativierungen ursprünglich klar gezogener Grenzlinien zwischen einzelnen theoretischen Analysezugängen. Das Forschungsfeld ist mit der konsolidierten Phase im Mainstream der Politikwissenschaft angekommen.

Bei der Entwicklung politischer Strategieanalyse befinden wir uns heute noch in der explorativen Phase der Erkundung eines neuen Felds, in der der Eigenwert guter Beschreibungen, erster Definitionen, Systematisierungen und Typisierungen besonders hoch ist. Gehaltvolle Hypothesen auf einem breiteren empirischen Fundament sind erst noch zu erarbeiten. Der Weg über konfigurative Fallstudien liegt nahe und wurde auch schon beschritten, in diesem Band und darüber hinaus. Dieses Vorgehen hat bereits zu vertieften Einblicken in die Welt strategischer Politik geführt.

Künftiges politikwissenschaftliches Strategiewissen hätte von drei Seiten Zugewinn zu erwarten. *Erstens* durch kumulatives empirisches Wissen, das Möglichkeiten der Generalisierbarkeit auslotet. Dabei gibt es ein breites Spektrum von der Reinterpretation vorhandener empirischer Studien über eine Vielzahl großer und kleiner Fallstudien bis hin zu methodisch kontrollierter Komparatistik oder einer Anwendung der vergleichenden Perspektive. *Zweitens* durch Theoriewissen im Wege weiterer Profilierung anderer theoretischer Zugänge, Vertiefungen des hier vorgeschlagenen Ansatzes und Theorienvergleich. Immer verbunden mit Aussagen zu methodologischen Konsequenzen, möglichst auch zu Transferchancen in Richtung Orientierungswissen. *Drittens* durch die Weiterentwicklung des systematischen Einbaus der Strategiefrage in die ausdifferenzierten Teilbereiche der Politikwissenschaft. Dazu gehört auch die Profilbildung politischer Strategie auf der Basis des Austausches und in Abgrenzung zu Analysen ökonomischer und militärischer Strategie.

Der vorliegende Band zeigt, dass ein gewisser Fundus begrifflicher und konzeptioneller Verständigung besteht, von dem weitere Überlegungen ausgehen können. Er trägt dazu bei, die Strategiefrage mit einer Reihe von unterschiedlichen Bereichen politikwissenschaftlicher Forschung zu verknüpfen. Darüber hinaus bietet er theoretische Vertiefungen und eine methodologische Positionierung verstehender Strategieanalyse. Zusammen mit Raschke/Tils (2007) liefert er eine Folie, an der weitere Forschungen und Kritik anschließen können. Die Aufgabe, vor der wir die politikwissenschaftliche Strategieforschung sehen, ist der Schritt in die formative Phase.

Literatur

Arzheimer, Kai/Schmitt, Annette 2005: Der ökonomischer Ansatz, in: Falter, Jürgen W./Schoen, Harald (Hg.), Handbuch Wahlforschung, Wiesbaden: VS Verlag für Sozialwissenschaften, 243-303.

Bates, Robert H. 2007: From Case Studies to Social Science: A Strategy for Political Research, in: Boix, Carles/Stokes Susan C. (eds.), The Oxford Handbook of Comparative Politics, Oxford: Oxford University Press, 172-185.

Braun, Dietmar 1995: Handlungstheorien, in: Nohlen, Dieter/Schultze, Rainer-Olaf (Hg.), Lexikon der Politik, Band 1: Politische Theorien, München: Beck, 168-173.

Braun, Dietmar 1997: Handlungstheoretische Grundlagen in der empirisch-analytischen Politikwissenschaft. Eine kritische Übersicht, in: Benz, Arthur/Seibl, Wolfgang (Hg.), Theorieentwicklung in der Politikwissenschaft – eine Zwischenbilanz, Baden-Baden: Nomos, 45-73.

Buchstein, Hubertus/Gerhard Göhler (Hg.) 2007: Politische Theorie und Politikwissenschaft, Wiesbaden: VS Verlag für Sozialwissenschaften.

Clausewitz, Carl von 1980: Vom Kriege, 19. Auflage, Bonn: Dümmler.

Dörner, Dietrich 1989: Logik des Misslingens. Strategisches Denken in komplexen Situationen, Reinbek: Rowohlt.

Downs, Anthony 1968: Ökonomische Theorie der Politik, Tübingen: Mohr.

Esser, Hartmut 1999: Soziologie. Allgemeine Grundlagen, 3. Auflage, Frankfurt/M.: Campus.

Fischer, Thomas/Schmitz, Gregor Peter/Seberich, Michael (eds.) 2007: The Strategy of Politics. Results of a Comparative Study, Gütersloh: Verlag Bertelsmann Stiftung.

Gates, Scott/Humes, Brian D. 1997: Games, Information, and Politics: Applying Game Theoretic Models to Political Science, Ann Arbor: University of Michigan Press.

Jansen, Dorothea 1997: Das Problem der Akteurqualität korporativer Akteure, in: Benz, Arthur/Seibl, Wolfgang (Hg.), Theorieentwicklung in der Politikwissenschaft – eine Zwischenbilanz, Baden-Baden: Nomos, 193-235.

Kunz, Volker 1997: Theorie rationalen Handelns. Konzepte und Anwendungsprobleme, Opladen: Leske + Budrich.

Lake, David A./Powell, Robert 1999: International Relations: A Strategic-Choice Approach, in: Lake, David A./Powell, Robert (eds.), Strategic Choice and International Relations, Princeton: Princeton University Press, 3-38.

Mayntz, Renate 2009: Sozialwissenschaftliches Erklären. Probleme der Theoriebildung und Methodologie, Frankfurt/M.: Campus.

McCarty, Nolan/Meirowitz, Adam 2007: Political Game Theory: An Introduction, Cambridge: Cambridge University Press.

Morrow, James D. 1994: Game Theory for Political Scientists, Princeton: Princeton University Press.

Positionen einer politischen Strategieanalyse

Müller, Wolfgang C./Strøm, Kaare (eds.) 1999: Policy, Office or Votes? How Political Parties in Western Europe Make Hard Decisions, Cambridge: Cambridge University Press.

Müller, Wolfgang C./Strøm, Kaare 2000: Coalition Governance in Western Europe. An Introduction, in: Müller, Wolfgang C./Strøm, Kaare (eds.), Coalition Governments in Western Europe, Oxford: Oxford University Press, 1-31.

Neuwerth, Lars 2001: Strategisches Handeln in Wahlkampfsituationen. Der Bundestagswahlkampf 1998, Hamburg: Kovač.

Nullmeier, Frank 1997: Interpretative Ansätze in der Politikwissenschaft, in: Benz, Arthur/Seibl, Wolfgang (Hg.), Theorieentwicklung in der Politikwissenschaft – eine Zwischenbilanz, Baden-Baden: Nomos, 101-144.

Ordeshook, Peter C. 1986: Game Theory and Political Theory: An Introduction, Cambridge: Cambridge University Press.

Pappi, Franz Urban 1996: Zur Anwendung von Theorien rationalen Handelns in der Politikwissenschaft, in: Beyme, Klaus von/Offe, Claus (Hg.), Politische Theorien in der Ära der Transformation, Opladen: Westdeutscher Verlag, 236-252.

Raschke, Joachim/Tils, Ralf 2007: Politische Strategie. Eine Grundlegung, Wiesbaden: VS Verlag für Sozialwissenschaften.

Raschke, Joachim/Tils, Ralf 2008a: Akteure, Berater und Beobachter, oder: wie kommt Strategie in die Politik?, in: Zeitschrift für Politikberatung, Jg. 1, H. 2, 299-306.

Raschke, Joachim/Tils, Ralf 2008b: Politische Strategie, in: Forschungsjournal Neue Soziale Bewegungen, Jg. 21, H. 1, 11-24.

Scharpf, Fritz W. 2000: Interaktionsformen. Akteurzentrierter Institutionalismus in der Politikforschung, Opladen: Leske + Budrich.

Schelling, Thomas C. 1960: The Strategy of Conflict, Cambridge: Harvard University Press.

Schmidt, Manfred G. 2004: Wörterbuch zur Politik, 2. Auflage, Stuttgart: Kröner.

Schmidt, Manfred G. 2008: Demokratietheorien. Eine Einführung, 4. Auflage, Wiesbaden: VS Verlag für Sozialwissenschaften.

Schnädelbach, Herbert 2007: Vernunft, Stuttgart: Reclam.

Tils, Ralf 2005: Politische Strategieanalyse. Konzeptionelle Grundlagen und Anwendung in der Umwelt- und Nachhaltigkeitspolitik, Wiesbaden: VS Verlag für Sozialwissenschaften.

Ward, Hugh 2002: Rational Choice, in: Marsh, David/Stoker, Gerry (eds.), Theory and Methods in Political Science, second edition, Houndsmill: Palgrave, 65-89.

Weber, Max 1980: Wirtschaft und Gesellschaft. Grundriss der verstehenden Soziologie, 5. Auflage, Tübingen: Mohr.

Weber, Max 1988: Gesammelte Aufsätze zur Wissenschaftslehre, herausgegeben von Johannes Winckelmann, 7. Auflage, Tübingen: Mohr.

Weick, Karl E. 1985: Der Prozeß des Organisierens, Frankfurt/M.: Suhrkamp.

Wiesendahl, Elmar 1998: Parteien in Perspektive. Theoretische Ansichten der Organisationswirklichkeit politischer Parteien, Opladen: Westdeutscher Verlag.

Wiesenthal, Helmut 1987a: Rational Choice. Ein Überblick über Grundlinien, Theoriefelder und neuere Themenakquisition eines sozialwissenschaftlichen Paradigmas, in: Zeitschrift für Soziologie, Jg. 16, H. 6, 434-449.

Wiesenthal, Helmut 1987b: Strategie und Illusion. Rationalitätsgrenzen kollektiver Akteure am Beispiel der Arbeitszeitpolitik 1980-1985, Frankfurt/M.: Campus.

Wiesenthal, Helmut 1991: Elemente einer Theorie rationaler politischer Akteure, unveröffentlichte Habilitationsschrift, Universität Hamburg.

Wiesenthal, Helmut 1993: Akteurkompetenz im Organisationsdilemma. Grundprobleme strategisch ambitionierter Mitgliederverbände und zwei Techniken ihrer Überwindung, in: Berliner Journal für Soziologie, Jg. 3, H. 1, 3-18.

Wiesenthal, Helmut 1997: Methodologischer Individualismus als Akteurtheorie, in: Benz, Arthur/Seibel, Wolfgang (Hg.), Theorieentwicklung in der Politikwissenschaft – eine Zwischenbilanz, Baden-Baden: Nomos, 75-99.

Autoren

Prof. Dr. Ludger Helms lehrt Politikwissenschaft am Institut für Politikwissenschaft der Universität Innsbruck.

Prof. Dr. Hans Keman lehrt Politikwissenschaft an der Fakultät für Sozialwissenschaften der Freien Universität Amsterdam.

Prof. Dr. Dr. Karl-Rudolf Korte lehrt politisches System der Bundesrepublik Deutschland und moderne Staatstheorie an der Universität Duisburg-Essen.

Prof. Dr. Wolfgang Merkel ist Direktor der Abteilung „Demokratie: Strukturen, Leistungsprofil und Herausforderungen" am WZB und lehrt Politikwissenschaft an der Humboldt-Universität zu Berlin.

Prof. Dr. Herfried Münkler lehrt Theorie der Politik am Institut für Sozialwissenschaften der Humboldt-Universität zu Berlin.

Prof. Dr. Frank Nullmeier lehrt Politikwissenschaft und leitet die Abteilung „Theorie und Verfassung des Wohlfahrtsstaates" des Zentrums für Sozialpolitik an der Universität Bremen.

Prof. Dr. William Paterson gründete und leitete das Institut für Deutsche Studien der Universität Birmingham.

Prof. Dr. Joachim Raschke lehrte Regierungslehre am Institut für Politikwissenschaft der Universität Hamburg.

Prof. Dr. Ulrich Sarcinelli lehrt Politikwissenschaft am Institut für Sozialwissenschaften der Universität Koblenz-Landau.

Prof. Dr. Thomas Saretzki lehrt Politische Theorie und Politikfeldanalyse am Zentrum für Demokratieforschung der Leuphana Universität Lüneburg.

Prof. Dr. Manfred G. Schmidt lehrt Politische Wissenschaft am Institut für Politische Wissenschaft der Ruprecht-Karls-Universität Heidelberg.

Dr. Ralf Tils ist Politikwissenschaftler am Zentrum für Demokratieforschung der Leuphana Universität Lüneburg.

Prof. Dr. Elmar Wiesendahl ist Direktor und Leiter des Fachbereichs Sozialwissenschaften an der Führungsakademie der Bundeswehr in Hamburg.

Prof. Dr. em. Helmut Wiesenthal lehrte Politikwissenschaft am Institut für Sozialwissenschaften der Humboldt-Universität zu Berlin

Prof. Dr. Reimut Zohlnhöfer lehrt Politikwissenschaft, insbesondere international vergleichende Politikfeldanalyse, an der Otto-Friedrich-Universität Bamberg.

Neu im Programm Politikwissenschaft

Uwe Andersen / Wichard Woyke (Hrsg.)
Handwörterbuch des politischen Systems der Bundesrepublik Deutschland
6. Aufl. 2009. XXIV, 873 S. Geb. EUR 49,90
ISBN 978-3-531-15727-6

Dieses Buch bietet die Grundlagen zu allen wichtigen Aspekten des politischen Systems der Bundesrepublik Deutschland und eignet sich sowohl für politikwissenschaftliche Einführungskurse als auch zum Nachschlagen. Das Standardwerk wurde für die 6. Auflage komplett überarbeitet und erweitert.

Viktoria Kaina / Andrea Römmele (Hrsg.)
Politische Soziologie
Ein Studienbuch
2009. 507 S. Br. EUR 29,90
ISBN 978-3-531-15049-9

Mehr als 25 Jahre nach Erscheinen des letzten Überblicksbandes zur Politischen Soziologie fasst das als Sammelband angelegte Studienbuch den aktuellen Forschungsstand der Politischen Soziologie im Schnittbereich von Politikwissenschaft und Soziologie zusammen. Ausgewiesene Forscherinnen und Forscher geben einen Einblick in die theoretisch-konzeptionellen Grundlagen und Fortentwicklungen der zentralen Subdisziplinen der Politischen Soziologie, zum Beispiel der Werte- und Einstellungsforschung, der Wahl- und Parteiensoziologie, der Parlamentarismus- sowie politischen Partizipations- und Kommunikationsforschung. Der profunde Überblick über grundlegende Begriffe, Konzepte und Analyseinstrumentarien wird nicht nur um empirische Befunde ergänzt. Der Band bietet zudem eine Übersicht über die Analyse- und Forschungsdesigns der Politischen Soziologie, ihre zentralen Forschungsmethoden und verwendbaren Datengrundlagen. Unter besonderer Berücksichtigung neu konzipierter und noch entstehender BA- und MA-Studiengänge ist der Band ein unverzichtbares Studienbuch in einem wichtigen Bereich der Politikwissenschaft.

Roland Sturm
Politik in Großbritannien
2009. 252 S. Mit 46 Tab. Br. EUR 19,90
ISBN 978-3-531-14016-2

Das britische Regierungssystem gehört zu den „Klassikern" der vergleichenden Regierungslehre. Das „Westminster Modell" des Regierens hat sich in den letzten Jahrzehnten jedoch weitgehend verändert. Wie und auf welchen Feldern, kann hier erstmals in einem Gesamtkontext der Reformen des politischen Systems nachgelesen werden. Stichworte: Devolution, Wahlsystemreformen, House of Lords-Reform, Civil Service-Reform, Freedom of Information Act und Human Rights Act. Diese Darstellung legt Grundlagen für das Verständnis des britischen Regierungssystems.

Erhältlich im Buchhandel oder beim Verlag.
Änderungen vorbehalten. Stand: Juli 2009.

www.vs-verlag.de

Abraham-Lincoln-Straße 46
65189 Wiesbaden
Tel. 0611.7878-722
Fax 0611.7878-400

VS VERLAG FÜR SOZIALWISSENSCHAFTEN

Neu im Programm Politikwissenschaft

Hermann Adam
Bausteine der Wirtschaft
Eine Einführung
15. Aufl. 2009. 433 S. Mit 85 Abb. u. 31 Tab.
Br. EUR 24,90
ISBN 978-3-531-15763-4

Dieses Lehrbuch ist ein seit vielen Jahren bewährtes Standardwerk. Alle volkswirtschaftlichen Grundbegriffe und Zusammenhänge, die man kennen muss, um die aktuellen politischen, wirtschaftlichen und gesellschaftlichen Probleme in Deutschland unter den weltwirtschaftlichen Bedingungen der Globalisierung zu verstehen, werden mit einfachen Worten erklärt. Inhalt und Darstellungsweise sind auf Studierende der Politik- und Sozialwissenschaften und der Volkswirtschaftslehre in den Anfangssemestern zugeschnitten. Darüber hinaus ist das Buch für Sozial- und Gemeinschaftskundelehrer sowie für Teilnehmer an politischen Bildungsveranstaltungen eine wertvolle Hilfe.

Sonja Blum / Klaus Schubert
Politikfeldanalyse
2009. 191 S. (Elemente der Politik) Br.
EUR 14,90
ISBN 978-3-531-16389-5

Politikfeldanalyse fragt danach, was politische Akteure tun, warum sie es tun und was sie damit bewirken. Ihr Ziel ist, systematisches Wissen über Politik für die Politik bereitzustellen. Entsprechend der Zielsetzung der Reihe „Elemente der Politik" gibt dieser Band einen einführenden Überblick über
– das Verhältnis zwischen Politikwissenschaft und Politikfeldanalyse
– die wichtigsten theoretischen und methodischen Zugänge
– zentrale Begriffe (z. B. Akteure, Institutionen, Steuerungsinstrumente)
– den sog. „Policy-Cycle" sowie
– Ursachen und Erklärungen für politische Veränderungen

Thomas Meyer
Soziale Demokratie
Eine Einführung
2009. 308 S. Mit 11 Tab. Br. EUR 24,90
ISBN 978-3-531-16814-2

In vielen Demokratien wurden in den letzten Jahren zahlreiche soziale Errungenschaften in Frage gestellt oder schrittweise abgebaut. Dieser Band führt in die theoretischen, ökonomischen und praktischen Grundlagen der Sozialen Demokratie ein und bietet somit eine wichtige Alternative zu neoliberalen Politikentwürfen.

Erhältlich im Buchhandel oder beim Verlag.
Änderungen vorbehalten. Stand: Juli 2009.

www.vs-verlag.de

VS VERLAG FÜR SOZIALWISSENSCHAFTEN

Abraham-Lincoln-Straße 46
65189 Wiesbaden
Tel. 0611.7878-722
Fax 0611.7878-400